中国古代民间文学史

高有鹏 著

河南大学出版社
·郑州·

图书在版编目(CIP)数据

中国古代民间文学史/高有鹏著.—郑州:河南大学出版社,2018.5
ISBN 978-7-5649-3345-6

Ⅰ.①中… Ⅱ.①高… Ⅲ.①民间文学—文学史—中国—古代 Ⅳ.①I207.7

中国版本图书馆 CIP 数据核字(2018)第 114242 号

责任编辑　范　昕
责任校对　郑　鑫
封面设计　翟淼淼

出版发行　河南大学出版社
　　　　　地址:郑州市郑东新区商务外环中华大厦 2401 号　　邮编:450046
　　　　　电话:0371-86059712(高等教育出版分社)
　　　　　　　　0371-86059713(营销部)　　　　　　　　网址:www.hupress.com
排　　版　郑州市今日文教印制有限公司
印　　刷　河南瑞之光印刷股份有限公司
版　　次　2018 年 12 月第 1 版　　　　　　　　　　　印　次　2018 年 12 月第 1 次印刷
开　　本　787mm×1092mm　1/16　　　　　　　　　印　张　20
字　　数　403 千字　　　　　　　　　　　　　　　　定　价　49.00 元

(本书如有印装质量问题,请与河南大学出版社营销部联系调换)

作者简介

高有鹏,河南项城人,历史学博士,上海交通大学教授,博士生导师,中央电视台百家讲坛主讲人。出版学术著作《中国民间文学史》(2001)、《中国现代民间文学史论》(2004)、《中国民间文学通史》(2012)、《中国民间文学发展史》(2015)、《神话传说与民族记忆》(2015)、《马克思主义民间文艺学》(2018)等,出版长篇历史小说《袁世凯》(一二三卷)、《清明上河》、《大宋风月》等,出版书法作品《大篆论语》、《大篆道德经》等。

绪 论

中国民间文学的文化价值

民间文学就是民间社会的口头语言艺术。

民间文学是主要由底层社会群体创作与传播的口头艺术。它是社会分层的产物,即民间社会的大众创作和流传的口头语言艺术。它因为口头传播而形成自己鲜明的个性,即它的创作过程就是它的传播过程,它的传播进行过程就是它的创作完成体现过程。它的文化归属权隶属于一定时代和地域的社会群体。它的叙事方式、抒情方式、语言表达方式与审美表现方式,特别是它的传播方式,诸如相对稳定的传承性、不同时代与地域的变异性,以及民族性、社会世俗生活的实用性等方面都体现出自己的特色。

在相当长的一个时期,民间文学更多地被称为"劳动人民口头创作",它主要是针对在漫长的社会发展中,那些体现个人意志并以个人名义公开出版、发表于世的人文现象,而表现出的社会底层民众的集体创作的"口头文本"。绝大部分劳动人民是不识字的体力劳动者,他们的口头创作才能被称为"民间文学"。但是我们又不得不承认,仅仅把体力劳动者看作劳动人民,把其他人排斥在外,这样就表现出一种狭隘。当然,历史上,体力劳动者成为民间文学的重要主体,这是不可忽视的。因为许多民间文学作品并不是完全由那些不识字的体力劳动者创作的,还应该包括底层社会的知识分子等群体。在相当多的场所,这些知识分子甚至成为民间文学的重要创作主体与传播主体。民间文学的创作与传播的主体都是多元的,并不仅仅在不识字的体力劳动者中存在。诸如神话,它是全民共享的,那些原始社会已经存在的民族祖先神,像炎帝、黄帝、大禹他们,受到全社会的敬祀,在社会分层的背景下,民间社会与上层社会的表达方式存在一定差异。更不用说,有许多笑话,在上流社会与底层社会都有流传。事实上,识字与不识字并不重要,重要的是它是否以口头形式被广泛流传。当然,我们应该指出,并不是所有的口头文学都是民间文学。也就是说,"民间文学"作为文学的存在并不仅仅局限于社会的底层,它有时也会得到上层社会的认同,如李白、刘禹锡他们对民间文学的运用,更不用说段成式他们对民间文学内容的具体记录;但它的流传并不是无界限的,与上层社会的对立与冲突是它非常重要的内容。一般说来,民间即底层,民间文学的主要流传范围是在社会底层。没有底层社会的具体流传,民间文学就不存在。民间信仰包括原始信仰,是民间文学的存在基础,它可以跨越时空而存在。民间文学自身以多种形式存在与发展,不同体裁、不同内容、不同风格在不同场域中其功能与价值也是不同的;底层与上层并不是完全对立的,它们也有可以共享的文化空间,有共同的资源与利益。民间文学的文化价值与审美功能是多种形式体现出来的,孔子所说的"兴、观、群、怨"是相当准确的概括总结。民间文学、官方主流文学等文学类别的划分,是在文化多元整体的基础上进行的,但它们之间的冲突,主要是文化属性的差异,在历史上以对立的方式表现得更为普遍。这就是我们所说的社会上层作为管理者应该不断地尽量满足社会成员最基本的物质文化需求,否则就会形成社会发展的不平衡,就会出现社会动荡。

民间文学更多的是在社会发展的不平衡,特别是社会动荡中产生。不识字的体力劳动者更便利于民间文学的口头创作,他们创作的口头文学表现出的社会底层最直接的人民性是我们研究民间文学应该特别注意的内容。我们的社会历史发展中,文化资源的分配与使用是非常不合理的。体力劳动者不识字是一种普遍现象。而同时,口头传播又有着自己的便利,所以我们应该多方面理解民间文学的发生与发展。现在我们常常把语言看作文学的存在基础,那么,从语言的区别上看,它们之间的对比就如同人们通常所用的两个成语,一个是下里巴人原生态的艺术创作,冠之以"俗",另一个则是阳春白雪的精雕细刻,冠之以"雅"。"俗"与"雅"之间存在着许多冲突,有时甚至很尖锐。但它们并不是绝对的对立,有时它们可以转化,即在通常的意义上,"大俗"可以成为"大雅"。在相当长的历史时期,封建士大夫蔑视民间文学,视之以"粗俗",认为它不登大雅之堂。这在事实上构成了一种强大的文化传统,形成相当普遍的文化价值观。当然,也有一些有识之士对民间文学给予高度评价,而且这些人还都是优秀的作家和学者,他们大胆提出"礼失求诸野"的重要主张。但他们毕竟没有取得文坛的统治权,没有形成社会文化发展的主导力量,像屈原、李白、杜甫、刘禹锡、李梦阳、李调元、曹雪芹等,他们许多人在社会上是不为统治者所容的,但是他们的文化思想仍然是属于上层社会的,常常表现出一厢情愿的热情与向往,如李白高唱"仰天大笑出门去,我辈岂是蓬蒿人",杜甫高唱"致君尧舜上,再使风俗淳"。他们颠沛流离于民间社会,虽然身在朝廷之外,但他们的作品却如何也不能称为民间文学。这也体现出一种文学规律,即优秀的作家,总是与人民保持着血肉相连的联系,总是关注着民间文学这一文化现象,自觉地学习、运用民间文学的语言与思想,使自己的作品表现出特殊的感染力和震撼力。这种情况不独在我国有,从塞万提斯、莎士比亚到歌德、巴尔扎克、托尔斯泰,所有的文学巨匠都与民间文学有着千丝万缕的联系。所以,高尔基强调指出,"如果不知道人民的口头创作,那就不可能懂得劳动人民的真正历史",因而也就不会成为优秀的作家①。它们之间虽然有联系,民间文学毕竟不同于作家文学,也不同于通俗文学,在文化认同与文化识别上民间文学保持自己独特的思想情感表达方式与审美表现方式,其首先体现在口头传播的文化发展机制上。总之,民间文学是社会大众的口头语言艺术。它作为一种文学概念,是社会认同和文化选择的结果,其实质是民间信仰的审美存在。

我们研究民间文学,应该有自己面向民间社会的科学态度与公允的价值立场,同样应该有自己宽阔的视野与切实而有效的方法。

从历史发展的长河中认识和理解民间文学,我们可以更全面准确地把握社会文化发展规律及其实质、价值与意义。珍视民间文学的历史,是我们建构马克思主义民间文学理论体系的重要基石。

一

与中国文化传承的方式相对应,即文字传统、生活传统、口头传统,中国民间文学的保存,一般有三种形式,文献的、文物的、口头的。这三者我们应该看做一个相互联系的整体,尤其不能忽视文献的内容。口头性固然是它极其重要的特征,但它不得不借助文字被更长久地保存。由于历史的原因,我国古代典籍中对民间文学的记录多出自封建文人之手,除了认识上的狭隘及有妄作改篡的现象外,更多的是支离破碎,仅为我们提供了一些大致的内容。但我们也不能因此而摒弃它,而且从历史的角度考察民间文学,还必须以古代典籍的材料为主要依据,它是我们必备的参照系。

古代典籍对民间文学的记载因人因时而异,有的仅仅提及很少的片断,诸如一些史书和仪典,像司马迁的《史记·陈涉世家》曾提到"大楚兴,陈胜王"那样的歌谣;有的保留得稍多一些,诸如诸子著作和后世的一些笔记、方志,但较多的是作为文人的论据,仍然缺乏自觉的态度;保存民间文学内容较多的典籍情况也不尽一样,如《诗经》中保存较多,《尚书》《易经》中去掉一些卜语也可看到一些歌谣,而《山海经》《淮南子》《搜神记》《神异记》《乐府诗集》《太平广记》《路史·后纪》《帝王世纪》等典籍就不同了,越往后世,专门记述民间文学作品的就越多。明清之后形成了特别关注民间文学的文化思潮和文化传统,民国之后就更大规模地运用白话记述民间文学的现象,使许多传统民间文学的记录保持了原汁原味,如五四歌谣学运动中的《歌谣周刊》等报刊,甚至影响到整个白话文运动、新文学运动发展,更不用说新中国成立后的民间文学搜集整理工作的巨大成就及其非凡的价值与意义了。

---

① [苏]高尔基:《苏联的文学》,曹葆华译,新文艺出版社,1953年版,第112页。

从文献上去钩沉、整理民间文学是一项十分艰辛的工作。我国文明历史悠久，文献典籍浩若烟海，任何一位学者都难以穷尽它，只能尽力开掘；我们更多的是要靠按图索骥，尽量挑选出典型的内容，勾勒出基本轮廓，理出其嬗变轨迹及其发生背景。

民间文学在古代典籍中的保存与作家文学有着显著不同。作家的存在依赖于具体的文学作品，而这些作品作为文本的存在一般是固定不变的；即使有变化，那也是少量的版本上的差别，相当有限。最为著名的如《西厢记》有"董西厢""王西厢"等差别，《水浒传》版本更多，《红楼梦》还有许多续书。这在今天还牵涉到著作权保护问题，若有大量抄袭、剽窃，就会受到法律和道德的双重制约。民间文学的生命恰恰就在于类似内容的传播，其匿名性特征与作家文学的著作权观念形成鲜明对照——民间文学的传播过程，既是其存在的基础，又是其创作过程。在全社会、全世界范围内，民间文学作为文化遗产首先属于具体的保护主体，国家保护、社会保护、民族保护、学术保护、知识保护、教育保护、家庭保护、部门保护等保护形式与方式，都是为了使民间文学得到更好的传承与传播，可以为更多的人共享。没有更多的人共享其文化精神，即民间文学失去了更广泛的传播，失去了更持久的传承，它在文化发展中的价值与意义就会减弱。这与我们提出保护民间文化知识产权并不矛盾。民间文学的归属权属于一定地域、一定民族的大众，它虽然没有著作人姓名，但任何人也不敢随意据为己有，它是有时代、有地域、有民族所属空间与阶段确指范围的。更重要的是它是有具体的文化权利和文化尊严作为存在基础的。它的艺术魅力是无穷的，它被那些有识之士称作"天籁""国风"。民间文学的经典作品是一代又一代人民大众共同创造的，它的记录、整理，在今天成为我们必不可少的研究依据。它的版本形成是相当复杂的，几乎同一类作品在每一个时代和每一个地区都是不同的。如著名的四大民间传说"牛郎织女""孟姜女""梁山伯与祝英台""白蛇传"，它们的发生过程、嬗变轨迹就是一个典型。那么，我们应该如何从史的角度来描述这种现象呢？千百年来，这些民间传说的传播经久不息，我们只能从一个方面去记述它。在这一方面，鲁迅先生是我们的榜样，他的《中国小说史略》《汉文学史纲要》等著作在方法上为我们做出了表率。历史唯物主义是我们研究民间文学的重要理论方法，一是看到人民大众的文化力量，一是看到民间文学关乎每一个人的自由与解放。我们论述民间文学史不仅要看到它的影响面，更重要的是要看到它的原型形成和变化过程，选取典型的内容进行考察、分析。事实上，我们的民间文学史写作就是为他人提供一个尽可能准确的路标。

民间文学的发生与记述并不是完全对等对应的。民间文学的土壤是社会现实生活，而任何时代的社会现实生活都离不开对于前代社会历史文化的继承；同样，文化需要传播与传承，民间文学是文化发展的一部分，传播与传承在某种程度上可以看作民间文学的生命。每一个时代都会产生丰富的民间文学，而被记述的民间文学作品则是极其有限的。但是，浩若烟海的民间文学并没有因为不被记述而停止传播与传承,它作为口头遗产仍然川流不息。历史上这样的事例很多,它告诉我们,写作民间文学史不能仅仅看它被记述的时代,更重要的是从它的具体内容上去分析研究。如盘古神话问题,它的记录,最直接的材料是三国时吴人徐整的《三五历纪》和《五运历年纪》,而这两部著作后来也散逸,只零星存在于其他一些典籍中。那么是否在三国时代才有盘古神话的发生与流传呢?这显然是不可能的。从其内容来看,它应该是我国最为古老的神话,因为从世界上许多古老神话来看,只有描述天地起源的神话才是产生时代最早的①,许多民间故事更是这样。这种现象在民间歌谣中更为突出,如《伊耆氏蜡辞》"土反其宅,水归其壑,昆虫毋作,草木归其泽",它见于《礼记》,而在《山海经》和一些甲骨卜辞中也能见到类似内容②。再如《弹歌》和《昔葛天氏之作乐》见诸《吕氏春秋》等文献,其产生时代可以判断为原始时代。这就是说,我们离不开古代典籍的文献材料,更离不开结合作品的实际内容去写作民间文学史。当然,我们首先要依据文献,其次才是具体的判断分析。

在古代典籍中还有这样一种现象,关于同一个历史人物或事件,在不同的典籍中记述的具体内容相异。如鲧禹治水神话,《山海经·海内经》中有"洪水滔天,鲧窃帝之息壤以堙洪水,不待帝命;帝令祝融杀鲧于羽郊;鲧复生禹;帝乃命禹卒布土以定九州"的记载;而在《国语·晋语八》中,则记为"昔者鲧违帝命,殛之于羽山;化为黄熊,以入于羽渊";在《楚辞·天问》中有"鸱龟曳衔,鲧何听焉?顺欲成功,帝何刑焉?永遏在羽山,夫何三年不施?伯禹腹鲧,夫何以变化?化为黄熊,巫何活焉?洪泉极深,何以填之?地方九则,何以坟之?应龙何画?河海何历"等一系列发问;在《淮南子·地形训》中又有"凡鸿水渊薮,自三百仞以上,二亿三万三千五百五十里,有九渊。禹乃以息土填洪水以为名山"的记述;另见《汉书·武帝本纪》龙师古注引《淮南子》,今无;又见《绎史》卷十二引《随巢子》等,都有类似内容,还加入"禹治鸿水,通轩辕山化为熊"而"涂山氏往,见禹方作熊,惭而去,至嵩高山下化为石,方生启"的情节。这就要求我们在"史"的描述形式上会聚尽可能详备的典籍来整体把握民间文学某系统,并勾勒出各种民间文学作品之间的复杂联系。

中国文化典籍博大精深,如汗牛充栋,琳琅满目,靠任何个人都难以通览,但关于民间文学的典籍我们是可以择其要而完成总体把握的,当然,这绝非一时半刻所能奏效。民间文学的典籍整理工作现在已经取得阶段性的成果,这为我们提供了可喜的方便,使我们得以在前人的肩上站得更高,看得更远。新文化运动以来,结束了民间文学无单体史、通史的局面,特别在相关的古籍整理、文献材料的钩沉方面取得了可喜的成就。如胡适与郑振铎关于俗文学的研究、钱南扬关于谜史的研究,钟敬文关于

---

① 参见[苏]梅列金斯基等著:《世界各民族神话大观》,魏庆征译,国际文化出版公司,1993年版。
② 参见郭沫若:《卜辞通纂》,《郭沫若全集》,科学出版社,1983年版。

中国近代民间文学史的研究,袁珂等人关于神话史的研究,刘守华等人关于故事史的研究,张紫晨关于歌谣史的研究,潜明滋关于史诗史的研究等,特别是顾颉刚等人关于孟姜女故事的研究,罗应麟关于白蛇传故事的研究等,这些学者通过艰辛的努力,为我们汇总了相关的文献材料。这里特别应该提到的是袁珂先生对古代神话的文献整理所做出的卓越贡献,包括近年来出现的《中国风俗通史》等著作。可以说,靠几代学人的辛苦努力,可以借助充足的文献材料与学术思想成果,我们在此基础上已经具备了良好的中国民间文学发展史的学术环境。

二

中国民间文学在生活中传承,形成特殊的文物等形态。文物的史学意义主要表现在它以实物的形式向人们展示了历史的原貌,考古的方法在事实上就是面对历史的遗留物所进行的一种异常艰辛、复杂的鉴别。在通常的意义上,文物的概念我们多局限于出土的实物,而那些存留在民间的物品和典籍中的图片等丰富的有形物品则不被重视。民间文学的存在方式是多元的,文物是一种具体的民间文学观念的体现——它以直接的、生动的典型形象映现出一定的审美观、价值观、人生观,无论是书面语言还是口头语言的描述,都无法替代这种特殊的效果。

民间文学的文物表现为这样一些基本形式:

1. 出土文物。主要包括一些器皿花纹或实物具形(有些系民间文学作品情节的图绘,有些系民间文学人物或动物的形象典型),多集中在墓葬的发掘。这也是考古工作的重点。

2. 岩画。它主要集中在相对偏僻的山区或边区,最为典型的如连云港将军崖岩画、内蒙古阴山岩画、云南沧源崖岩画等。这应该是最原始的记录。

3. 民间木刻、版画、编织、装饰和古玩等图案。其典型体现为具有规模意义的制作,如天津杨柳青、苏州桃花坞、河南朱仙镇等传统版画。这些作品色彩鲜艳,造型突出,使民间文学的具体形象栩栩如生地展现在世人眼前。这部分文物最为丰富。

4. 壁画。它通常选取一些传说故事的片断或系列,而且较多地与宗教艺术掺杂在一起。诸如敦煌壁画和神庙中的水陆道场画等。以洞窟、宫殿为存在背景,场面相对广阔,给人以全景式的展现。

文物是无言的故事,它不仅是民间文学的载体,更重要的是它还体现出民间文学的存在环境及其具体的功能。许多文物所表现的民间文学内容并不仅仅为了记载一定的传说故事或歌谣、戏曲,而是服务于一定的节庆、仪式等社会性的生活需要,具有实用性的特征。诸如汉画像石中的神话情景,是古人为逝者设置的美好、理想的天国,表达衷心的希望和祝愿;古庙会上的古玩具,像布老虎、泥泥狗等物品是服务于傩的内容,即驱邪、避灾、逐疫、纳祥;民间剪纸更是为了突出喜庆的内容,而且包含着求子(高禖)和图腾等古老的信仰。但无论出于何种目的,它们在事实上保存了具体形象的民间文学的艺术图案,成为我们认识和理解民间文学的感性材料,同样是我们写作民间文学史不可忽视的内容。出土文物、岩画、壁画、民间木刻、版画、编织、装饰等图案和古玩,这些都是物具化的民间文学,是一系列丰富多彩的民间文化符号,它们在不同的时代被不同身份不同知识背景的人所阐释,所叙述,所传播,成为五彩斑斓的口头文学。千百年来,它们无时无刻不影响着我们的历史发展,作用于我们民族文化传统的具体形成。在这些文物中,有许多异常珍贵的文化遗产,将它们的具体内容与古代典籍文献材料结合起来看,一些复杂的问题会迎刃而解。近代学者王国维在这一方面做出了艰苦卓绝的努力和贡献,他的《殷卜辞中所见先公先王考》等论著即是利用文物材料研究历史,成为"新史学的开山"。鲁迅治文学史,念念不忘请人帮助收集汉画像石资料,陈梦家、张光直等学者从青铜器图案研究古文化史[①],常任侠、孙作云通过石刻研究文化艺术史和图腾史[②],以及闻一多的《伏羲考》[③]等被后世学者概括为神话考古方法,为我们提供了明鉴。利用文物研究文化,是新史学的重要成就。还值得一提的是郑振铎的《插图本中国文学史》[④],如他在《例言》中所讲,插图的作用除了"增高读者的兴趣",另一种更重要的原因是"在那些可靠的来源的插图里,意外的可以使我们得见各时代的真实的社会的生活的情态"。这些插图是意义更为特殊的文物——而当前的民间文学史著作在数量上很少,像这样附有丰富插图的更少。缺少了插图的民间文学史将失去它应有的份量,更不用说会给文化史带来多少缺憾!因为相对于实物(图案)而言,任何语言的表述效果都是极其有限的;换句话讲,图案的显示效果是任何语言都难以替代的。而同时,图案的显示离不开语言阐释与描述,在具体的表述与表现中民间文学被传播、传承。

三

中国民间文学通史作为一种特殊的文学史,如果仅仅局限于古代典籍,会给人以

---

① 张光直:《中国青铜时代》,生活·读书·新知三联书店,1983年版。
② 常任侠:《常任侠艺术考古论文选集》,文物出版社,1984年版;孙作云《中国古代的灵石崇拜》,《民族杂志》,1937年5卷一期。
③ 闻一多:《闻一多全集》(一),生活·读书·新知三联书店,1982年版。
④ 郑振铎:《插图本中国文学史》,人民文学出版社,1957年版。

支离破碎的印象外,它将失去自己的学术生命。典籍作为文献是有限的,而以口头的形式仍然存在于民间的民间文学是无限的——尽管我们必须以文献为基本线索去认识民间文学的嬗变轨迹。在这一方面,文化人类学、社会学、口述史学、民俗学等学科已经有成功的范例为我们提供出借鉴,尤其是以布罗代尔为代表的口述史学实践的成功经验应该为我们所重视①。它告诉我们,文献的历史是极其有限的,口述的历史更趋于完整和真实。中国现代民间文艺学的进程以大量的事实证明了这一方法的科学性。特别是近年来被誉为中国民间文化四大发现的"中原神话、纳西族祭天古歌、沧源岩画、防风神话"②,几乎都是以口述史学的基本方法为线索发掘出来的。更不用说当前刚刚结束的《中国民间文学三大集成》在事实上就是口述史学的一种自觉实践,田野作业的科学考察方法成为我国民间文艺学事业开拓、发展的最为有效的手段。诚如胡适在20年代面对北大歌谣研究会收集的歌谣所感叹的那样,"有了这些新史料作根据,我的文学史自然不能不彻底修改一遍了"③。

  口述的记录整理取得成就最为显著的当数中原神话和我国少数民族史诗,以鲜活的形态与中外民间文学典籍形成对照。前者被海内外学者称为文化史上的"奇迹"④,后者显示出我国民族民间文学的灿烂无比,它们用铁的事实表明中华民族卓越的聪明才智及其所创造的璀璨文明是整个人类文明不可忽视和不可缺少的一页。神话在原始社会就存在,而且成为民族文化的重要组成部分。但是,由于多种多样的原因,国际上一些别有用心的学者如英国的威登等殖民主义分子,大肆叫嚣"中国人缺乏创造神话的智慧"⑤。二十世纪三四十年代,我国神话学取得重要进展,闻一多等学者在边疆少数民族地区发掘出许多珍贵的神话,但这对于反击威登之流的妄言、证明中华民族神话的完整性和系统性仍然缺乏有力的证据。今天就不同了,在我们进行全国范围的民间文学集成调查,进行地毯式的非物质文化遗产抢救与保护时,我们发现越来越多的地区存在着大量的包括神话在内的仍然流传的民间文学作品,我们不仅仅证明了我们民族所具有神话创造的智慧,而且我们古老的民间文学特别是古典神话将为人类文明做出更大贡献。事实上,不走进民间社会,我们就很难真正理解民间文学,更不用说去发现民间文学的深刻与厚重。

  这里我们不是在宣扬民族主义,在鼓吹民粹,而是告诉人们应该注意一个民族的文化权利与文化尊严,守护自己的文化资源,发扬光大民族文化精神。同样,文学史

---

① 参见杨雁斌:《口述史学面面观》,《国外社会科学》,1994年第6期。
② 《文汇读书周报》,1998年6月13日载文。
③ 胡适:《白话文学史》"绪言"部分,岳麓书社,1986出版。
④ 钟敬文:《中原古典神话流变沦考·序》,上海文艺出版社,1991年版。
⑤ 参见马昌仪:《人类学派与中国近代神话学》,《民间文艺集刊》第一集,上海文艺出版社,1981年版。

缺少了这些内容,就是不折不扣的迂腐和孱弱,因为它失去了异常珍贵的内容,形成严重的残缺与失重。民间文学研究离不开文献解读与文物阐释,更离不开深入民间社会,在民间文化生活中具体而细致地感受和理解民间文学极其丰富的价值与功能。

我国少数民族民间文学更是如此。

少数民族地区的民间文学蕴藏最为丰富的是史诗和歌谣,特别是民族史诗,它具有非凡的意义和价值。闻名世界的三大英雄史诗——藏族的《格萨尔》、柯尔克孜族的《玛纳斯》、蒙古族的《江格尔》,都是长期在民间以口头形式流传而成为民族神圣的经典的。其他还有蒙古族的《勇土谷诺干》《喜热图莫尔根汗》、达斡尔族的《阿拉坦噶乐布尔特》、赫哲族《满斗莫日根》《什尔大鲁莫日根》《大竹林》、维吾尔族的《乌古斯传》、柯尔克孜族的《英雄扎西吐克》、哈萨克族的《英雄托斯提克》、乌孜别克族的《阿勒帕米西》、彝族的《梅葛》《查姆》《勒俄特依》《阿细的先基》、哈尼族的《奥色秘色》、佤族的《西岗里》、纳西族的《崇班图》《创世纪》《黑白战争》《哈斯战争》、白族的《开天辟地》、拉祜族的《牡帕密帕》、景颇族的《遮米麻和遮帕麻》、土家族的《摆手歌》、独龙族的《创世纪》、壮族的《姆六甲》《布洛陀》《布伯》《郎正射日》、布依族的《赛胡细妹造人烟》《造万物歌》《十二个太阳》、侗族的《祖源》《祖先落寨歌》、黎族的《姐弟》、水族的《开天立地》、傣族的《变扎戛帕》、苗族的《古歌》、瑶族的《密洛陀》、畲族的《高皇歌》,等等。这些史诗的保存都是以口传为主要形式,有的由专业歌手演唱,有的成为巫觋的经书,它们或以整齐的歌句组成,或以说唱为主要形式,千姿百态,在民族文化中都有着不可替代的崇高的地位。这些史诗一般容量丰富,有宏大的跨度,可称为各个民族的百科全书。其想象奇特,手法多样,集古老的神话和优美的歌句为一体,堪称世界文化的瑰宝。这些史诗的发现,又大都依据各个民族的口传——没有口头的作品整理,这些瑰宝将一直被尘封。民间文学的实质性特征也正在于口头性。关注到这一特征就意味着打开了一条新的通道,让我们走向更为广阔的天地。

民间文学史的写作是一个系统的工程,它不仅仅要论述某种民间文学作品的存在及其意义和价值,还要指出其具体状态的历史条件和生活背景。也就是说,民间文学不是单纯的个体存在,而是融注民间文化的整体之中,时刻为人民所运用;同时,它在具体形成和发展变化中,常常同作家文学等人文现象发生复杂的联系,又保持着自身的独立性特征,从而共同影响着人们的社会生活、精神世界。这里最为复杂的就是民间文学普遍同民间信仰发生密切联系,而民间信仰又同图腾、宗教等内容相融合。揭示出这些内容的具体成因,同样是民间文学史不应该回避的方面。民间文学归根到底是属于人民大众,为人民大众所创作和运用的,它既有历史的积淀,又有鲜明的时代性。从宏观来看,民间文学在历史的长河中作为民间文化,同人文文化共处于一个空间。

民间文学史还应该注意两个重要方面,一个是搜集整理和改旧编新,一个是不同时代的民间文学观。前者从我国文学史上可以相当普遍地看到,诸如魏晋时代干宝的《搜神记》等志怪小说、唐代段成式的《酉阳杂俎》等笔记小说,以及明清时期冯梦龙、李调元和蒲松龄等人的作品,不时闪烁着民间文学的奇彩。但这些作品虽然保存了一些民间文学方面的内容,却并不是纯粹的民间文学,它们包含着作者的审美评判、道德观念。后者是一些学者在注疏、论述、引用一些民间文学作品时表现出来的学术观念即民间文学观,从古至今构成了一部容纳百家的民间文学(化)思想史。这是中国文化思想史的重要组成部分,如屈原的神话观、孔子的不语怪力乱神论到近世王国维、鲁迅、茅盾、胡适、瞿秋白、毛泽东、顾颉刚、刘半农、钟敬文、江绍原等不同身份的人物所表现出来的具体的民间文学观,这同样是民间文学史应该注意的内容。

今天,中国民间文学史的写作不论是资料搜集上还是写作手段的运用上,都面临着可喜的机遇,但也面临着许多挑战。特别是现代民间文艺学建设积累了丰富的经验教训,我们有了前人铺下的基石,也有了新的利器,可以冷静地把握历史,进行理性的分析、审视和总结。我非常欣赏一位学者所说的话,参天大树能够仰望天空,抗击风雨雷电而不屈,是因为它有深植于大地的根系。古人云,欲灭其国,先毁其史;我们要发展,离不开继承,而继承、发扬、光大,就必须懂得历史。当我们不懂得历史,不懂得自己宝贵的财富与精神的时候,又如何真正懂得自己的立场、责任、使命、前途和权利!

目 录

第一章 中国神话时代 …………………………………………………（1）
  一 盘古时代 ………………………………………………………（2）
  二 女娲时代 ………………………………………………………（4）
  三 伏羲时代 ………………………………………………………（7）
  四 炎帝神农时代 …………………………………………………（9）
  五 黄帝时代 ………………………………………………………（13）
    （一）战争神话 ………………………………………………（15）
    （二）治世神话 ………………………………………………（17）
    （三）发明创造神话 …………………………………………（19）
  六 颛顼帝喾时代 …………………………………………………（21）
  七 尧舜时代 ………………………………………………………（23）
  八 大禹时代 ………………………………………………………（29）

第二章 商周时代的传说、故事和歌谣 …………………………………（41）
  一 历史著作中的民间传说 ………………………………………（42）
  二 诸子著作中的民间传说 ………………………………………（46）
  三 商周时代的民间故事 …………………………………………（52）
  四 商周时代的民间歌谣 …………………………………………（57）

第三章 秦汉间俗说 ………………………………………………………（69）
  一 汉乐府民歌 ……………………………………………………（72）
  二 史传文学中的民间文学 ………………………………………（85）
  三 民间文学思想体系 ……………………………………………（91）
    （一）刘向与民间文学 ………………………………………（91）
    （二）刘安与民间文学 ………………………………………（96）
    （三）应劭与民间文学 ………………………………………（99）
    （四）王允的《论衡》及其民间文学思想理论 ………………（101）

第四章 魏晋风度 ……………………………………………………… (107)

一　魏晋南北朝时期的民间传说和民间故事 ………………… (108)

二　魏晋南北朝时期的民间歌谣和谚语 ……………………… (118)

（一）魏晋歌谣的时政意识 ………………………………… (119)

（二）南朝乐府民歌 ………………………………………… (122)

（三）北朝乐府民歌 ………………………………………… (131)

（四）魏晋南北朝时期民间谚语的保存 …………………… (136)

第五章 隋唐新声 ……………………………………………………… (141)

一　隋代民间文学的创新 ……………………………………… (141)

二　唐代民间文学的发展 ……………………………………… (149)

（一）唐代民间故事的记述 ………………………………… (152)

（二）敦煌变文与曲子词 …………………………………… (165)

（三）唐传奇与民间文学 …………………………………… (168)

（四）民间歌谣与谚语 ……………………………………… (176)

第六章 清明上河：宋代民间文学的大繁荣 ………………………… (181)

一　宋代民间歌谣和谚语 ……………………………………… (184)

二　《突厥语大词典》与《福乐智慧》 …………………………… (190)

三　笔记小说与民间传说故事 ………………………………… (196)

四　宋代的"说话"与民间文学 ………………………………… (203)

五　宋代民间戏曲 ……………………………………………… (211)

第七章 "石人一只眼"：元代民间文学 ……………………………… (219)

一　元杂剧与民间文学 ………………………………………… (220)

二　"说话"与笔记中的民间传说和民间故事 ………………… (224)

第八章 天机自动：明代民间文学 …………………………………… (234)

一　民歌和民间叙事诗 ………………………………………… (235)

二　别具特色的明代民间谚语 ………………………………… (244)

三　明代民间传说与民间故事 ………………………………… (248)

（一）传奇小说与笔记中的民间传说和民间故事 ………… (251)

（二）历史传奇与历史传说 ………………………………… (254)

（三）民间笑话和寓言故事 ………………………………… (260)

第九章 最后一声叹息：清代民间文学 ……………………………… (263)

一　民间歌谣和谚语 …………………………………………… (264)

（一）民间情歌 ……………………………………………… (264)

（二）民间儿童歌谣 ………………………………………… (271)

二　清代民间长诗与少数民族歌谣集 ……………………………………（276）
（一）民间长诗 ………………………………………………………（276）
（二）少数民族歌谣集《盘王歌》 …………………………………（278）
三　清代民间弹词与鼓词 …………………………………………………（281）
四　清代民间传说与民间故事的多元构成 ………………………………（288）
（一）新旧传说的交织与并存 ………………………………………（288）
（二）清代民间故事 …………………………………………………（291）
（三）民间笑话和民间寓言 …………………………………………（295）

后　记 ……………………………………………………………………（298）

第一章 中国神话时代

所谓神话时代,是按照神话的具体内容所呈现出的社会性质相对划分的。无论这种时代是否在历史上确实存在过,而作为神话对人类进步的足迹所形成的折射,却是值得我们重视的。古人把神话时代的那些帝王概括为三皇五帝①,而对三皇和五帝则又有不同的理解。今天,在我们明白了神话和历史的分野时,我们会很容易地避开历史化的误区,但前人划分的依据是我们不应该忽视的。当然,所谓的三皇五帝与我们所说的神话时代,是有着重要区别的。关于这一点,吕思勉的《中国民族史》、徐旭生的《中国古史的传说时代》等著作,都进行了详尽的讨论。我在这里所提出的神话时代及其划分的方法,既有像吕思勉、徐旭生等学者依据古文献并进行相应的神话内容分析,又有更为重要的田野作业即科学考察所发现的意义显示。基本上可以把整个中国神话时代划分为这样几个阶段:一、盘古时代。这是中国古典神话的开端,标志着天地的生成。二、女娲时代。它是随着社会的发展而女性占据特殊地位的阶段关于人类诞生的文化阐释的体现,生育成为这一时期的母题内蕴。三、伏羲时代。它的主要内容是文化(文明)初创,包括渔猎文明的发生。四、炎帝神农时代。这是农耕文明的开创时代。五、黄帝时代。这是中国神话的一个重要转折时期,它一方面是原始文明的集大成,一方面第一次以无比辉煌的神性业绩构筑成庞大的神系集团,对中华民族的形成起到至关重要的作用。六、颛顼帝喾时代。其神性业绩主要在于绝地天通,这一时代的文化内核是巫成为社会精神的主体。七、尧舜时代。这是关于政治理想的神话,以禅让为核心。八、大禹时代。洪水神话成为大禹神性业绩的基本背景;同时,这一时代也意味着中国神话时代的终结。我这样勾勒中国神话时代,以古典文明为划分依据,并不排斥少数民族的神话时代与神话系统。关于这个问题,我将更为充分地展开论述。也就是说,这样论述并不意味着与中华民族的文化整体观念相悖,而是说各民族在历史进程中相互交融,各自创造了绚丽多彩的神话。在古典文化中所展现的中国神话时代和神话系统,与各少数民族中的神话内容,都来自记忆中

---

① "三皇五帝"的称谓始见于《吕氏春秋》,此前《孟子》《荀子》中已有"三王五霸",这不是原始神话,而是政治神话;但他们的出现是有历史文化根据的,具有文化英雄的痕迹。

的口头描述。从许多少数民族的神话中,我们可以十分清楚地看到各族人民的密切联系;而且,我们也可以看到,即使是汉民族的神话,也同样融汇了许多非汉民族的文化成分;若没有民族的交融与联系,就没有今天的中华民族。

原始神话的主角无疑是原始大神,而这些原始大神或者是氏族部落的酋长,或者是人们总结自己的经验所想象出来的祖先;在每一尊神像的背后,都闪放出远古人民智慧的光辉。正由于这种原因,我把整个中国神话时代划分为这样几个阶段。在每一个阶段里,神性的构成不尽相同,这是因为不同的神话时代在人们的精神世界所处的位置不同。如,黄帝时代之前,包括盘古神话、女娲神话、伏羲神话在内,一般是单体神性,即使有一个以上的,也被描述成兄妹婚姻中的夫妇;而到黄帝时代,这种局面就被打破了。实际上,这种局面在炎帝神农时代就已经出现,其内容是在炎黄战争中具体表现出来的。黄帝在中华民族的形成中具有非凡的意义,许多神性角色与他的联系,一方面说明历史上以他为首的政治集团统一了诸多部落,另一方面说明在神话发展变化中存在着一个非常普遍的依附性规律。特别是后者,对于我们划分中国神话时代具有非常重要的意义,使我们能把许多表面看来零乱无章的神性角色联系在一起,在大致上勾勒出了漫长的远古时代历史渐进的轨迹。

在我们中华民族漫长的史前时代,神话曲折地映现出各个历史时期的不同特征。中国神话时代的划分是相对的,我们视野中的古典神话材料,大部分都可以在这里找到相应的时期,但由于中华民族独特而曲折的发展历史背景,我所使用的材料多限于古文献和文物图案等,论述的神话时代也就以汉民族为主。关于少数民族的神话,在一些章节中有专门论述。许多少数民族在社会发展中或者没有文字,或者文字出现很晚,这就给神话时代的划分造成不便。对于这类情况,我同样采用具体问题具体分析的态度。

一　盘古时代

盘古神话的主要内涵是天地开辟,这是原始人民对自己的生存背景进行探寻所作的遐想。这个时代其实就是天地形成的阶段,在全世界各民族的神话传说中几乎都有体现。我国的盘古神话显示出自己的文化个性,即我们中华民族的自然发生观念及朴素而生动的原始审美观念。

盘古这个词在我国古代典籍中出现的时代较晚,初见于三国时吴人徐整的《三五历纪》和《五运历年纪》中,但它的形成肯定是非常久远的。有学者以为古婆罗门教《摩奴法典》已有相似内容,便断言盘古即太梵神。这在事实上忽视了神话重构,而过于强调文化借用。在先秦典籍中,盘古神话的雏形就已经显现出来,如《庄子》和《山海经》所提到的"倐""忽""烛龙"等神性人物概念。这里应该提出的一个现象是,在各民族文化发展中关于神话的记忆及描述上,普遍存在着一个规律,即越是离我们久远的时代被描述得越晚,而且描述的内容越详细。盘古神话的出现正是这样。在三国时代才出现的盘古神话,绝不意味着在三国时代才发生,而是这时才被记述。在这之前盘古神话肯定已有广泛的流传,只是由于记述手段的欠缺,才出现得如此迟晚。1986年,饶宗颐在《盘古图考》中断定汉代兴平元年(194年)四川益州已存盘古石像。如屈原在《天问》中就提出过这样一些问题:"遂古之初,谁传道之?上下未形,何由考之?冥昭瞢暗,谁能极之?冯翼惟像,何以识之?明明暗暗,惟时何为?阴阳三合,何本何化?圜则九重,孰营度之?惟兹何功,孰初作之?斡维焉系?天极焉加?……九州安错?川谷何洿?东流不溢,孰知其故?东西南北,其修孰多?南北顺椭,其衍几何?"虽然这时已进入相对发达的文明阶段,即已超越了神话产生的原始思维阶段,但原始思维结构的审美思维形式仍然存在,神话记忆也就自然通过言语载体等媒介而表现出来,形成了具体的神话传说。神话是人类童年的智慧,阐释性特征就构成了神话在民间流传并成为人们认识周围世界的重要因素。于是,《三五历纪》和《五运历年纪》就有了相对于《天问》的具体解答。如,"天地混沌如鸡子(蛋),盘古生其中,万八千岁。天地开辟,阳清为天,阴浊为地。盘古生其中,一日九变,神于天,圣于地。天日高一丈,地日厚一丈,盘古日长一丈。如此万八千岁,天数极高,地数极深,盘古极长。""盘古之君,龙首蛇身。""首生盘古,垂死化身:气成风云,声为雷霆,左眼为日,右眼为月,四肢五体为四极五岳,血液为江河,筋脉为地里,肌肉为田土,发髭为星辰,皮毛为草木,齿骨为金石,精髓为珠玉,汗流为雨泽,身之诸虫因风所感化为黎甿。"在后来的《述异记》等典籍中也有许多类似的阐释性内容。如,"秦汉间俗说,盘古氏头为东岳,腹为中岳,左臂为南岳,右臂为北岳,足为西岳。先儒说盘古泣为江河,气为风,声为雷,目瞳为电。古说盘古氏喜为晴怒为阴。""昔盘古氏之死也,头为四岳,目为日月,脂膏为江海,毛发为草木。""盘古氏,天地万物之祖也,然则生物始于盘古。"在神话世界中的盘古氏被描绘成如此豪迈、博大、辽阔的巨人形象,显现出古代人民非凡的气度和胸怀。

　　神话时代有历史的影子,但它却不能等同于人类发展的具体时期。关于这一点,著名神话学家列维·施特劳斯在他的《结构神话学》中有详细的论述,他认为神话的语言结构存在着一个很重要的置换原则,这就是神话的传承性描述问题。也就是说,中国的神话时代以盘古氏为创始标志并非偶然,它有广泛的心理基础并以"历史文化遗留物"的形式表现出来,其最为典型的标志就是在我国广大地区分布着传说中的盘古"遗迹"。从文献上看,盘古"遗迹"主要分布在我国南方。如,任昉《述异己》中讲到"南海中有盘古国,今人皆以盘古为姓,则盘古亦自有种落"。在少数民族地区,盘古信仰非常深广,如瑶族《过天榜》中说:"昔时上古天地不分,吐界混沌,乾坤不改,无日月阴阳,不分黑白昼夜,是时忽生我盘古。圣皇首先出身置世,凿开天地,置水土,造日月阴阳。"张相文《粤西琐谈》中说:"盘古本为苗人之祖,原为架瓠之转。"白族《打歌》也有关于盘古的记载。梁绍壬《两般秋雨庵随笔》中有"荆湖南北以十月十六日为盘古生辰","始兴县南十三里有盘古之墓","郴州有盘古仓,会昌有盘古山,湘乡有盘古堡,零都有盘古庙"等记载;罗泌《路史》提到"广陵有盘古冢、庙……成都、淮南、京兆皆有庙祀";杜光庭《录异记》记有"广都县有盘古三郎庙,颇有灵应";《元史·祭祀志》有"至元十五年四月修会川县盘古祠祀";《明史·锡兰传》有"侧有大山,高出云汉,有巨人足迹人石,深二丈,长八尺,云是盘古遗迹"等,都是讲盘古信仰的物化形式,在这里,盘古崇拜同自然崇拜、祖先崇拜等信仰联系在一起。在顾炎武《天下郡国利病书》等文献中提到祭祀盘古的行为,如"衡人赛盘古,重病及仇怨皆祷祀","巫有帛,长二三丈,画盘古而下,以至三皇,无所不有……谓之盘黑鼓"。甚至地方农民起义也以盘古为号,召令人民起来斗争。南方是盘古神话流传的密集区域,所以闻一多等学者即断言盘古为南方民族的神祇,尽管有人提到盘古神话之所以在南方流传是因为中原移民的缘故,但毕竟缺乏实证。近年来这种局面被打破,不独在南方有盘古神话,北方尤其是中原也有,如桐柏县的盘古山每年三月三有庙会,应合于我国古代的上祀节;中原腹地西华县最近也发现盘古遗迹"盘古城",太行山济源等地的盘古庙至今奉有香火。盘古之神在各地都赢得开辟天地等赞颂,这说明盘古神话在我国神话传说中占有相当重要的地位,体现出浓郁的民族感情。我们把这些内容概括为"盘古时代",可以更清晰地看到浩如烟海的神话传说之间复杂而又具体的联系;更重要的是我们可以从中看到中华民族亿万子孙在历史发展中血肉相连的深情厚谊,以及中华民族敢于开拓、敢于牺牲的大无畏精神。盘古神话代表着我们古老的民族精神,激励着我们去创造更美好的生活,为全人类的进步与发展做出更大的贡献。

盘古时代是我国神话时代的第一个阶段,它的出现标志着我国神话系统的形成,并显示出其丰富性。一系列的神话时代不仅从古代文献典籍上可以看到,而且能从浩如烟海的民间传说即活的口头作品中看到,这是我们中华民族的光荣和自豪。

二 女娲时代

女娲是传说中的民族母亲神,其主要业绩在于补天和造人,制作笙篁琴瑟等文化创造活动。如果说盘古时代是一个开辟时代,那么女娲时代就是创制时代的开始,在其后还有伏羲、神农等作为后继,可以说女娲时代奏响了一个无比辉煌灿烂的创制时代的序曲。

女娲神话集中了我们中华民族最神圣也最亲切的情感。补天,是我们生存的基础；造人，是我们生命的起源。

女娲的出现不仅久远，而且相当频繁，这在我国古代文献典籍中是个奇特的现象。她最早出现的面目是"化生"，如《山海经·大荒西经》记载："有神十人，名曰女娲之肠，化为神，处栗广之野，横道而处。"屈原在其《天问》中也有一句看似没头没脑的话："女娲有体，孰制匠之？"显然里面包含着女娲造人的神话。王逸在注释时也说她"一日七十化"。"化"就是变，包含着生育主题。补天的情节在《淮南子》中才出现："往古之时，四极废，九州裂，天不兼覆，地不周载；火爁焱而不灭，水浩洋而不息，猛兽食颛民，鸷鸟攫老弱。于是，女娲炼五色石以补苍天，断鳌足以立四极，杀黑龙以济冀州，积芦灰以止淫水。苍天补，四极正，淫水涸，冀州平，狡虫死，颛民生，背方州，抱圆天……乘雷车，服应龙，骖青虬，援绝瑞，席萝图，黄云络，前白螭，后奔蛇，浮游消摇，道鬼神，登九天。"显然这是神仙化后的景致，虽然保存了原始神话，但已发生了变异，被宗教情绪所感染。《山海经》和《淮南子》都是我国神话传说史上不可忽视的重要典籍，在一定程度上是我国上古神话传说的集大成者，对后世的民间文学产生了相当重要的影响。女娲神话在这些典籍中被详述绝不是偶然的，而有着深厚的文化基础作为传播的背景。它在神话时代中处于一个极其重要的承前启后的地位，即以补天与盘古神话中的开辟天地相衔接，而以造人与后世的创造性神话相联系。

类似补天的神话在我国少数民族中也有流传，如苗族的《龙牙颗颗钉满天》、阿昌族的《遮帕麻与遮米麻》、高山族的《蜜蜂》等，其中都有补天大神，体现出不同民族的天时观。在白族神话中，传说龙王导致大洪水，形成天地崩溃，盘古、盘生兄弟杀死龙王后变成天和地，并分别用云和水加以补造。彝族神话中称，天地开辟后，天神要检查天地的坚固程度，就打雷试试天，震地试试地，待天地损坏，就用云和地公叶子分别补天、补地。在布依族神话中，传说力嘎用手举起了天，但若一松手天就要塌下，他就拔下自己的牙齿把天钉起来，于是牙齿就变成了一颗颗明亮的星星。这些神话都充满了神奇的想象。女娲神话和这些神话一样，是远古人民对天体认识的艺术表现。

天地构造在我国古代文化中是方圆形状，即天圆地方，人们依据这种形状又把天地分为数重，天人合一是当时一种普遍的信仰，如果天穹发生了奇异景观，那就意味着人间要遭受不幸。如《太平御览》就曾转述过许多"天裂"现象："天开西北，长二十余丈，广十丈"（《汉志》），"天裂，广一丈，长五十余丈"（《十六国春秋》），人们普遍以为"天裂人见，兵起国亡；天开见光，血流滂滂"（《京氏易妖占》）。在这种观念的基础之上，女娲补天的信仰也就自然为社会所广泛接受。于是，补天的神话传说不仅存在于人们的口头上，而且体现在民间节日和"文化遗迹"上，如，《词晶》中称"宋以前以正月二十三日为天穿节；相传云：女娲氏以是日补天，俗以煎饼置屋上，名曰补天穿"（卷之五），《事文类聚》中称"江东俗，正月二十日为天穿，以红缕系煎饼饵置屋上，谓之补天穿"（《癸巳存稿》卷十一引），《风俗》称"正月十九日，广州谓为天穿日，作饆饦祷神，曰补天穿"(《癸巳存稿》卷十一引)。在《路史·后纪》中提到古人把太行山称作"女娲山",传说女娲"于此炼石补天"。至今,陕西骊山六月十六日为补天节,人们在民间庙会中朝拜女娲宫。在桂林叠彩山明月峰和江苏连云港的花果山,都有传说中的"仙石"即女娲补天后遗留的石头。在河北涉县有娲皇山,在河南西华有女娲城、女娲陵、女娲庙,民间百姓举办庙会祭祀其补天"伟业"。这说明补天信仰在我们明白了宇宙构造的现代社会仍然存在,只是以神话传说的形式给人们以审美的精神愉悦。

造人的神话传说看起来晚于"补天",但若按神话发生理论推究,当早于"补天"。造人是人们对生命起源的探询。记载女娲造人最为详细的材料,就现在能够见到的当数汉应劭的《风俗通义》最早:"(俗说)天地开辟,未有人民。女娲抟黄土作人,剧务,力不暇供,乃引绳絚泥中,举以为人。"有的版本还加上了一句"故富贵贤知者黄土人也,贫贱凡庸者引絚人也",明显带有上智下愚的等级观念。造人主题在后世文学作品中也屡屡出现,如李白《上云乐》中有"女娲戏黄土,团作愚下人;散在六合间,濛濛若沙尘"之句,皮日休《偶书》也提到"女娲掉绳索,絚泥成下人"。女娲造出的人是贫贱还是富贵并不重要,重要的是对于人的生命起源所作的神话阐释体现了神话的审美思维。类似女娲这样抟土造人的神话,在我国其他少数民族中也有许多。有的讲造人的就是女娲,而有的则称是其他神或用泥或用雪或用神树造就了人,都反映出劳动创造世界也创造人自身的文化主题。如,瑶族的《密洛陀》、彝族《梅葛》、布依族和布朗族的族源解释,以及纳西族的《天女织锦缎》等,都提到或捏制或纺织或雕琢出人的情节。有的学者将此解释为与一定的生产力发展相适应,这就违背了神话发生的一般规律。比如有的神话提到神人能飞,那么是否意味着那时也有高度发达的航天事业呢?不言而喻,神话是原始人民的想象,尽管这种想象的心理机制要受制于客观条件。

女娲神话的生育主题在发生变异时转换成了对婚姻起源的阐释。这是女娲神话时代的重要标志性内容,是"化生"主题的延续和变异,其中包含着两层内容,一是《风俗通义》中所提及的"为女婚姻,置行媒,自此始",一是唐卢仝《与马异结交》中所提到的"女娲本是伏羲妇",女娲神话与伏羲神话相联系的纽带正在于此。女娲与伏羲结为婚姻存在着一个前提,那就是兄妹婚。《路史·后纪》注引《风俗通》中提到"女娲,伏希(羲)之妹";《独异志》讲得更详细:"昔宇宙初开之时,有女娲兄妹二人在昆仑山,而天下未有人民。(其)议以为夫妻,又自羞耻。兄即与妹上昆仑山,咒曰:天若遣我二人为夫妻,而烟悉合;若不,使烟散。于烟即合,其妹即来就兄,乃结草为扇,以障其面。"女娲为生育女神,其婚姻形态从个体走向合体,应该是从群婚向对偶婚的转化痕迹。类似的神话情结相当多,如彝族的《阿细人的先歌》、独龙族的《嘎美嘎莎造人》、瑶族的《插田鸟》等,都是反映合作创造人类。《插田鸟》的变异成分更多,讲到女娲与盘古相结合生下人,这和女娲与伏羲相结合的意义实质上是一样的。直接提到女娲与伏羲相结合生育人类的还有水族的《空心竹》、仡佬族的《伏羲兄妹制人烟》、土家族的《兄妹开亲》、瑶族的《伏羲兄妹》等，而且又增加了洪水神话的内容，使情节更为繁复。如，有的说兄妹为躲避洪水钻进葫芦中，由此我们也可以管窥到葫芦在原始思维中的信仰意义。与《魏书·临淮王传》中所提“夫妇之始，王化所先，共食合瓢，足以成礼”相联系，我们可以想象到葫芦、洪水等内容与生殖、性崇拜之间的寓意所在。它告诉我们，生育主题在民俗生活中的重要地位早在远古时期就已形成，今天我们生活中的许多民俗符号和女娲神话及其信仰崇拜是分不开的。

女娲遗迹在我国分布相当广，如《路史·后纪》所举“任城县东南七十里”的承匡山女娲庙、骊山女娲谷、峨眉女娲洞、赵城女娲墓等，其神话传说在口头上的流传更广，遍布长江和黄河流域，甚至远在越南等地也有流传，苏联科学院院士李福清在他的著述中很详细地列举并论述了这个问题。我们不能将女娲神话时代简单比照于历史上具体的女权时代，但我们应该看到其悠远绵长的存在意义，特别是它所体现的异常丰富的信仰意义。这个时代标志着我们中华民族对生命起源问题的辛勤探索，它使我们看到中华民族凝聚力的形成与神话传说母题流传之间的联系。同胞，这是一个神圣的字眼，而其具体意义就在于对伟大的民族母亲神的敬仰所生发的人世间的特殊感情。虽然我们十分清楚人的生命和生育等一系列常识，但不可否认的是女娲神话有着永久的魅力，它不仅激励和鼓舞着我们，而且把中华儿女汇成一股强大的洪流，使我们所向披靡，一往无前。

三 伏羲时代

伏羲神话的主要内容在于开辟文明。这个神话时代的意义在于上承盘古对天地的开辟、女娲对人生命的创造，赋予人以文明的面目，从而使人与动物相区别。伏羲的神性角色即文明开创大神。《风俗通义》中的《皇霸》引《春秋运斗枢》说：“伏羲、女娲、神农，是三皇也。”我国古代文化尤其讲究至尊的地位，这样把伏羲列为“三皇”之首，正是对其开创文明的功业的推崇。其意思为，伏羲对文明的开辟创造，和女娲造就人类、神农造就人们耕作从而告别茹毛饮血的蒙昧时代有着同样重要的意义。

伏羲的神性角色最早在《易》中得到详尽的描述。如《易·爻辞下》：“古者庖(伏)氏之王天下也，仰则观象于天，俯则观法于地，观鸟兽之文与地之宜，近取诸身，远取诸物，于是始作八卦，以通神明之德，以类万物之情”，“作结绳而为网罟，以佃以渔。”《路史》中记述其开创的业绩更多，如“(伏羲)豢育牺牲，服牛乘马，草鞮皮蒙，引重致远，以利天下，而下服度”(《后纪一》)，“伏羲化蚕”(《后纪五》注引)，“聚天下之铜仰观俯视，以为棘币”(《后纪一》)，“伏羲推策作甲子”(《后纪一》注引)，“古者庖(伏)羲立周天历度"(《后纪一》注引),"(其)正姓氏,通媒妁,以重万民之俪,俪皮荐之以严其礼"(《后纪一》),"(其)爰兴神鼎,制郊禅"(《后纪一》)等。《拾遗记》中提到伏羲为"春皇",记载了他"去巢穴之居","丝桑为瑟,均土为埙","规天为圆,矩地取法,视五星之文,分暑景之度,使鬼神以致群祠,审地势以定山岳","立礼教以导文,造干戈以饰武"等传说。《广韵》注引《河图挺期辅》中称伏羲"钻木取火";《太平御览》引《序命历》说伏羲"始名物虫鸟兽之名",并引《帝王世纪》说伏羲"尝味百药而制九针,以拯夭枉焉";《孔丛子·连丛子下》称"伏羲始尝草木可食者,一日而遇七十二毒,然后五谷乃形";《绎史》称其"冶金成器,教民炮食","因居方而置城郭";《新论》称"伏羲制杵臼,万民以济";《管子》称其"作九九之数,以合天道,而天下化之";《史记·太史公自序》和《艺文类聚》引《古史考》等文献也说伏羲开制八卦,使人类进入一个新阶段。在这些文献中,我们所看到的伏羲不仅是一个非凡的文化英雄,而且是一位无与伦比的科技领袖,科学、文化、艺术、冶金、历法包括婚姻礼仪等,所有的文明都沐浴过他神性的光辉。从另一个方面我们可以假想,若没有伏羲氏如此艰辛而伟大的创造,我们的世界将是一片洪荒。所以《文选·东都赋》由衷赞叹道:"且夫建武之元,天地革命,四海之内,更造夫妇,肇有父子,君臣初建,人伦实始,斯乃伏羲氏之所以基皇德也。"我们称伏羲为科学大神、文化大神、哲学大神、音乐大神、宗教大神,把文明的桂冠都献给他也不为过;而历史表明,伏羲氏不是别人,他是千百万劳动者的智慧和勇敢的化身,他代表着中华民族对全人类的卓越贡献。

伏羲还体现出我们中华民族的图腾,即民族的徽帜。《文选·鲁灵光殿赋》中曾提到伏羲"龙身""鳞身",《艺文类聚》引《帝王世纪》中说他"蛇身人首"。这都是龙图腾在伏羲身上的典型体现。还有一些文献把伏羲同太昊连在一起,按一般道理讲,太昊(东夷大神)代表着太阳图腾,为何与伏羲这位"生于成纪",即西戎之地的龙神相糅合呢?有学者称其"风马牛不相及"。其实,这正是伏羲神话的演变规律,也是其存在意义的集中体现。太昊伏羲之称的典型在河南省淮阳县伏羲陵庙会,淮阳古称宛都,是中原腹地,那么,东夷集团和西戎集团在这里相汇融合为一体是很正常的事。《路史·后纪一》中说"今宛丘北一里有伏羲庙、八卦坛。《寰宇记》云:伏羲于蔡水得龟,因画八卦之坛……《九域志》:陈蔡俱有八卦坛"即指此。中原地区不但是中华民族的文化发祥地,而且是重要的文化汇聚地,伏羲神话在这里的密集分布不是偶然的,这个神话时代的具体形成和中原地区的开发较早有着密切关系。古代文献把伏羲描绘成神异形象,其根据就在于这个神话时代的无比辉煌。《艺文类聚》卷十一引《帝王世纪》说:"燧人之世,有大迹出雷泽,华胥履之,生庖羲氏于成纪也。"《拾遗记》中说:"华胥之州,神母游其上,有青虹绕神母,久而方灭,既觉有娠,历十二年而生庖羲。"这些文献是原始神话的记载,并深刻地影响着后世的神话传说。我们民族文化的传承也是与此分不开的,即既有典籍文献以文字作为载体,又有口头传说以言语口语作为载体,还有相关的民俗生活构成文化行为,使伏羲神话时代更完整地保存在人们的记忆中。这里最典型的当数每年农历二月二到三月三的河南淮阳太昊陵庙会,人们把伏羲称作"人祖爷",把二月十五作为他的神诞日,举行大规模的祭祀活动。这个庙会与其他地方庙会的明显不同是保存了许多活化石般的"古文化",有传说源自"龙配"即伏羲、女娲相交的花篮舞,有传说历史悠久而带有浓郁的民族图腾、生殖崇拜、性崇拜和祖先崇拜色彩的各类泥泥狗,有古埙的泥玩具,以及进香的民间斋公手持的龙旗等。淮阳当地民间传说中的伏羲、女娲相结合加进了洪水神话的背景,保持了独立而完整的神话系统。在家祭中,人们把伏羲和玉皇一样敬祀,作为生育万物的"人祖"供奉。在西北、西南、东南的广大地区,尤其是大西南地区的少数民族中,伏羲也受到广泛的崇祀,其神话传说与中原地区大致相同。还有人强调伏羲作卦影响了后世二进位的电脑,这更说明中华民族对全人类的杰出贡献。

四　炎帝神农时代

炎帝与神农应该是两个神祇,而在神话的流传中却合为一体①。炎帝神农的神话时代,是伏羲神话时代之后渔猎文明向农耕文明过渡的一个重要转折时代,其中,火神、太阳神、农神三位一体的神性融合,宣告着中国神话时代进入了一个新阶段。

炎帝神农神话时代第一次出现庞大的神性力量集团,在某种意义上讲,它寓意着国家的雏形。国家雏形的徽帜,无疑就是太阳,或者称为太阳崇拜。《白虎通·五行》:"炎帝者,太阳也。"《左传·哀公九年》:"炎帝为火师。"这里所讲的都是这种意思。太阳崇拜自神话时代开端就已存在,盘古神话中的日月起源的阐释、女娲神话中的补天和伏羲神话中的"仰则观象于天",都蕴含有这种崇拜;但只有在炎帝神农时代,作为太阳神身份的炎帝的神职才第一次明朗化。这说明在农耕文明的发展中,太阳崇拜具有十分独特的意义。

关于炎帝神农氏的出生,《水经注》卷十八《渭水》引晋皇甫谧的《帝王世纪》说其"姜姓",其母"女登"在"游华阳"时"感神而生炎帝"。《太平御览》卷七八引《帝王世纪》云:"神农氏,姜姓也。母曰任姒,有乔氏之女,名女登,为少典妃。游于华阳,有神龙首,感女登于常羊,生炎帝。"在《三皇本纪》中有同样的描述,只是将炎帝神农之母述为"有娲氏之女"。《国语·晋语四》:"昔少典娶于有蟜氏,生黄帝、炎帝。黄帝以姬水成,炎帝以姜水成。成而异德,故黄帝为姬,炎帝为姜。"在《新书·益壤》中,也提到黄帝为炎帝之兄。《太平御览》卷七九引《帝王世纪》云:"黄帝,有熊氏,少典之子,姬姓

---

① 《世本》:"炎帝,神农氏。"二者相混为一。

也。母曰附宝,其先即炎帝母家有蟜氏之女,世与少典氏婚。"少典为炎帝、黄帝共同的先人,这一命题的提出暗示着炎帝神农时代从伏羲神话时代向黄帝神话时代漫长的过渡。

《管子·轻重》戊:"炎帝作,钻燧生火,以熟荤臊,民食之,无兹胃之病,而天下化之。"《路史·后纪三》:"于是修火之利,范金排货,以利国用,因时变燥,以抑时疾,以炮以熷,以为醴酪。"《论衡·祭意》:"炎帝作火,死而为灶。"《左传·昭公十七年》:"炎帝氏以火纪,故为火师而火名。"显然,炎帝最初的神性面目是火神,那么,他又如何具有了农神的神性呢?《国语·鲁语上》说得很明白:"昔烈山氏之有天下也,其子曰柱,能植百谷百蔬。"烈山氏即炎帝,《路史·后纪三》讲"肇迹列山,故又以烈山、厉山为氏",即指此。从许多不发达民族的耕作中我们可以看到,火在农业生产中具有非同寻常的作用,以此相推,炎帝在使用火的同时对开拓农业做出了巨大贡献,其道理不难理解。

在史籍的记载中,火神并不仅炎帝一人,如韦昭注《国语·周语》中提到"回禄,火神也";《左传·昭公十八年》提到"禳火于回禄";"疏"中说,"吴回为祝融"。祝融与炎帝是何关系?《山海经·海内经》载:"炎帝之妻赤水之子听訞生炎居,炎居生节并,节并生戏器,戏器生祝融。"祝融当为炎帝的后代。祝融是南方神祇,后来被列为颛顼之后,这同样是神话融合的产物。其他还有"舜使益掌火"等,这些都说明火在史前社会所具有的特殊意义,刀耕火种,没有火的使用,农耕文明是不可能产生的。

炎帝神农开拓了农业,替代伏羲氏时代的渔猎生产方式,在古代文献典籍中记载的材料更多。前面曾提到"炎帝居姜水以为姓","人身牛首"(见《帝王世纪》《三皇本纪》和《鹿门隐书》等),这一方面表明牛图腾的存在,另一方面说明牛在农耕文明中具有重要作用。炎帝神农时代以农耕构成自己的基本特色。《庄子·盗跖》中称"神农之世,民知其母,不知其父,耕而食";《管子·形势解》称"神农教耕生谷,以致民利";《管子·轻重戊》称"神农作树五谷淇山之阳,九州之民乃知谷食,而天下化之"。诚如《礼记·曲礼·正义》所引《世纪》言:"神农始教天下种谷,故人号曰神农。"这个时代不仅改变了人们获取食物的方式,而且改变了人们的生存方式,在某种程度上讲,它是自盘古、女娲至伏羲时代的一个总结,一次突破和飞跃,也是黄帝神话时代的必要铺垫。

炎帝也好,神农也好,作为农耕文明的开拓者,其神性的光辉被不断张扬,标志着中国神话时代又一个新的创造峰巅。《艺文类聚》卷十一引《周书》:"神农时,天雨粟,神农耕而种之。"《淮南子·修务训》:"古者民茹草饮水,采树木之果,食蠃蠬之肉,时多疾病毒伤之害。于是神农乃教民播种五谷,相土地,宜燥湿、肥硗、高下,尝百草之滋味、水泉之甘苦,令民知所辟就。当此之时,一日而遇七十毒。"《新语·道基》:"民人食肉、饮血、衣皮毛,至于神农,以为行虫走兽难以养民,乃求可食之物,尝百草之实,察酸苦之味,教民食五谷。"《白虎通·号》:"古之人民,皆食禽兽肉。至于神农,人民众多,禽兽不足。于是神农因天之时,分地之利,制耒耜,教民耕作,神而化之,使民宜之,故谓之神农也。"《淮南子·主术训》:"昔者神农之治天下也……甘雨时降,五谷繁殖。"《太平御览》卷十引《尸子》:"神农理天下,欲雨则雨,五日为行雨,旬为谷雨,旬五日为时雨,万物咸利,故谓之神雨。"炎帝神农的业绩在这里被描绘成一座辉煌的里程碑。也就是说,在盘古神话中,我们看到了天地的开辟;在女娲神话中,我们看到了人的诞生;在伏羲神话中,我们不仅看到了渔猎生产的起始,而且看到了文明的曙光即卦的创造;而在神农神话中,我们则看到人类赖以生存发展的最重要的基础——农耕不仅保障人类健康发展,告别了茹毛饮血的蒙昧阶段,而且使人自身发展到了一个崭新的时代,即依靠自身不断发展壮大起来。在更多的文献中,这种自身发展被具体描绘为农业技术和农业工具的发明创造。如《论衡·感虚》:"神农之揉木为耒,教民耕耨,民始食谷,谷始播种,耕田以为土,凿地以为井。"《论衡·商虫》:"(神农后稷)藏种之方,煮马屎以汁渍种者,令禾不虫。"《艺文类聚》卷七二引《古史考》:"神农时,民食谷,释米加烧石上而食之。"《艺文类聚》卷九一引《周书》:"(神农)作陶冶斤斧,为耒耜锄耨,以垦草莽。然后五谷兴,以助果蓏实。"《艺文类聚》卷五引《物理论》:"畴昔神农始作农功,正节气,审寒温,以为早晚之期,故立历日。"《三皇本纪》:"(神农)作五弦之瑟,教人日中为市,交易而退,各得其所,遂重八卦为六十四爻。"《路史·后纪》卷三注引《锦带书》:"神农甄四海。"《绎史》卷四引《春秋命历序》:"神农始立地形,甄度四海,远近山川","林薮所至,东西九十万里,南北八十三万里。"《太平御览》卷三六引《春秋元命苞》:"神农世怪兽生白阜,图地形脉道。""白阜为神农图画地形,通水道之脉,使不拥塞也。"《水经注·漻水》:"神农既诞,九井自穿。"《路史·后纪三》:"(神农)教之桑麻,以为布帛。"总之,神农之神奇在于开辟了农耕时代,教会了人民生产、生活,在工具的制作、种子的保存、历日的制定,图画水道、甄度四海及做琴瑟、制卦爻、制衣帛等一系列劳动创造中,显现出他卓越的智慧和非凡的功勋。

  农耕时代改变了人类的生存方式,其重要标志就是劳动技术的提高与劳动工具的发明创造。神农即农神,其意义就在于此。在我国神话时代中,农耕火神不独炎帝,或不仅有此神农,还有稷、叔均、柱等神话人物;那么,他们之间是否有血缘上的联系,是否同处于一个时代呢?《太平御览》卷五三二引《礼记外传》:"稷者,百谷之神也。"《诗经·鲁颂·閟宫》和《诗经·大雅·生民》以及《世本》中都称姜嫄生下了后稷,《山海经·海内经》中则称"帝俊生后稷"。从《尚书·吕刑》《瑞应图》《国语》《孟子》《新语》《淮南子》《史记》《汉书》《越绝书》等典籍所记述的稷的业绩中,可知稷与神农在许多地方是一样的。其不同处在于,炎帝神农虽生于姜水,活动地点多在南方,而稷在《史记·周本纪》中明确提到"周后稷";神的"遗迹"分布点,有"漻水"(《水经注》卷三二)、"荆州"(《初学记》卷七引)、"淮阳"(《三皇本纪》)、"长沙"或"茶陵"(《路史·后纪三》)、"上党羊头山"(《路史·后纪三》)、"河北昭德百谷岭"(《水浒》第九十六回引传说)等处,而后稷"广利天下",其"遗迹"分布点有"雍州武功城西南二十二里古邰国"(《史记·周本纪》正义引《括地志》)、"绛郡"(《太平御览》卷四五引《隋图经》)和山西稷山等。《左传·昭公二十九年》载:"有烈山氏之子曰柱,为稷。"《礼记·祭法》:"厉山氏之有天下也,其子曰农,能殖百谷。"在《国语·鲁语》中则称:"昔烈山氏之有天下也,其子曰柱,能殖百谷百蔬。"《山海经·海内经》:"稷之孙曰叔均,是始作牛耕。"不论是否真正如前所说神农与后稷有血缘关系,在中国神话中,神农与稷大致是同时代的,其中都包含着不同地域文化间的交流,尤其是神话的融合与渗透,因此后稷神话当属炎帝神农时代。

炎帝神农神话不仅在汉民族中广泛流传,而且也在一些少数民族中流传。如苗族神话中说,神农时的西方恩国有谷种,神农曾告示天下,若有人取回谷种,便可娶其公主。结果神农家的狗翼洛取回了谷种,娶了公主;公主生下血球,血球中跳出七男七女苗汉两家。同类的神话还有许多,在各民族的发展中,农耕是一个避不开的话题。

炎帝神农除融合了火神、太阳神、农神之外,还具有一个更为复杂的神性角色,即战神,其表现就是他在与黄帝的争斗中作为一个失败的英雄神而存在。关于这一点,我在黄帝时代中将作更详细的论述。炎帝与黄帝是中华民族不可分割的两位神话人物,迄今我们仍自称炎黄子孙就是这个道理。同时,炎帝神农还是一位医药之神,是民间百姓的生命保护神。《淮南子·本经训》中说他"尝百草之滋味、水泉之甘苦,令民知所避就。当此之时,一日而遇七十毒";《搜神记》卷一载:"神农以赭鞭鞭百草,尽知其平毒寒温之性,臭味所主。"其他如《太平御览》卷七二一引《帝王世纪》《文选·蜀都赋》《事物纪原》《梦粱录》《弘明集》等典籍中,都载有类似的事迹。今天,许多地方还敬祀炎帝神农,如河南商丘火星台即阏伯台附近有神农墓,是把神农作为火神敬祀的;在我国南方广大地区特别是江南地区,一些草药行也曾供奉神农。相比黄帝神话及其信仰而言,神农神话的流传和信仰更多地存在于下层百姓之中。

炎帝神农神话所包含的神性集团因为炎黄之战而显得非常模糊.但究索文献,我们依然可以从中管窥到诸多痕迹;也就是说,有许多神话我们依据其内容可以大致判断其所处的时代。如著名的"精卫填海",《山海经·北山经》中提到"(精卫)是炎帝之少女",那么,我们就可以把精卫列入炎帝神农时代;还有前面曾提到《山海经·海内经》记载"炎帝……生祝融",我们可以把祝融所属的时代,也大致定在炎帝神农时代;甚至著名的夸父逐日神话故事,我们同样可以将其归为这样一个时代,因为这个神话的核心在于太阳崇拜,与炎帝神话中的火神、太阳神相应,而且夸父神话的遗迹也基本处于炎帝神农神话流传分布的区域,所以我们可作此推测,当然也只限于推测①。

五　黄帝时代

在中国神话时代中,黄帝时代达到了辉煌的峰巅。较早提到黄帝时代的是司马迁,他在《史记·五帝本纪》中说:"轩辕之时,神农氏世衰。诸侯相侵伐,暴虐百姓,而神农氏弗能征。于是,轩辕乃习用干戈,以征不享;诸侯咸来宾从,而蚩尤最为暴,莫能伐。炎帝欲侵陵诸侯,诸侯咸归轩辕。轩辕乃修德振兵,治五气,艺五种,抚万民,度四方,教熊罴貔貅䝙虎,以与炎帝战于阪泉之野。三战,然后得其志。"黄帝神话在古代文献中出现最为频繁,其活动的区域大致相当于今天的黄河中下游地区;征伐四方、治理世界和发明创造,成为黄帝神话的核心内容。也就是说,黄帝神话的出现,标志着中国神话系统的完备,其后渐渐走向衰微。在某种程度上讲,黄帝神话系统相当于古希腊神话中的宙斯率众神居于奥林匹斯山的意义。任何人在描述中国古代神话或历史的时候,都无法绕开黄帝时代。所以,至今海内外华夏儿女都自称炎黄子孙,把黄帝作为中华民族最为神圣的祖始神。

《竹书纪年》中提到"黄帝轩辕氏,居有熊"。《史记·五帝纪》中也提到"黄帝居轩辕之丘,而娶于西陵之女,是为嫘祖;嫘祖为黄帝正妃,生二子,其后皆有天下"。晋代皇甫谧在《帝王世纪》中说:"黄帝有熊氏,少典之子,姬姓也。母曰附宝②。其先即炎帝。母家有蟜氏之女,世与少典氏婚,故《国语》兼称焉③";(黄帝)"受国于有熊,居轩辕之丘④,故因以为名,又以为号。"《白虎通·号》:"黄者,中和之色,自然之性,万世不易。黄帝始作制度,得其中和,万世常存,故称黄帝也。"《白虎通·圣人》:"黄帝龙颜,得天匡阳,上法中宿,取象文昌。"《史记·天官书》:"轩辕,黄龙体。"《尸子》:"黄帝四面。"《论衡·吉验》:"传言黄帝妊二十月而生,生而神灵,弱而能言。"《太平御览》卷六引《天文录》:"阴阳交感,震为雷,激为电,和为雨,怒为风,乱为雾,凝为霜,散为露,聚为云,气立为虹、霓,离为背、霱,分为抱、珥:此十四变皆轩辕主之。"《山海经·海内经》中提到轩辕之国,说其"人面蛇身,尾交首上";《离骚》洪承畴补引《春秋合诚图》说:"轩辕,主雷雨之神。"这些记述中的黄帝形象既鲜明又丰富。《淮南子·说林训》

---

①　《山海经·大荒经》有"应龙处南极,杀蚩尤与夸父"句,说明蚩尤与夸父同属一个时代;而蚩尤与黄帝战之前曾与炎帝战,由此也可推测他们属于同一时代。

②　《太平御览》卷七九引《河图握枢》:"黄帝名轩","母地祇之女附宝"。

③　《国语·晋语》:"昔少典娶于有蟜氏,生黄帝、炎帝。黄帝以姬水成,炎帝以姜水成。成而异德,故黄帝为姬,炎帝为姜。二帝用师以相济也,异德之故也。"

④　关于黄帝生地,目前可知河南新郑为其故里。山东寿丘说,全在于孔安国作伪。

高诱注:"黄帝,古天神也,始造人时,化生阴阳。"这样一个大神,以威而震慑天下。如《路史·发挥二》所引《程子》云:"黄帝之治天下也,百神出而受职于明堂之廷。"《列仙传》说:"黄帝者号曰轩辕,能劾百神,朝而使之,弱而能言,圣而预知,知物之纪。"这里的黄帝活脱脱是一个指点江山的盖世英雄大神。

黄帝的功绩首推铸鼎。

鼎,在我国历史上是权力的象征物。《史记·封禅书》:"黄帝作宝鼎三,象天、地、人。"《云笈七签》卷一〇〇《轩辕本纪》云:"轩辕采首山之铜,将铸九鼎于荆山之下,以象太一于雍州。是鼎神质文精也,知吉知凶,知存知亡,能轻能重,能息能行,不灼而沸,不汲自满,中生五味,真神物也。"《鼎录》:"金华山,黄帝作一鼎,高一丈三尺,大如十石瓮,象龙腾云,百神螭兽满其中。"《太平御览》卷六六五引《东乡序》:"轩辕采百山之铜以铸鼎,虎豹百禽为之视火。"

鼎是权力的符号,铸鼎就是立国、治世。《国语·晋语》:"凡黄帝之子,二十五宗,其得姓者十四人,为十二姓:姬、酉、祁、己、滕、葴、任、荀、僖、姞、儇、依是也。"在《史记·五帝本纪》和《路史·国名记甲》等文献中,记载颇详。《山海经》中所述黄帝谱系更加详细,其后可分为五大系,一是禹猇、禺京系,一是昌意、韩流、颛顼系,一是骆明、白马系,一是苗龙、融吾、弄明、白犬系,一是始均、北狄系。其中,昌意、韩流、颛顼系最为旺盛,内分伯服系、淑土系、老童系、三面系、叔歜系、驩兜与苗民系;老童一系又分祝融——太子长琴系、重系、黎——噎系。其次数骆明、白马系为旺盛,白马即鲧,其内分炎融——驩兜系、禹——均国——役采——修鞈——绰人系。戴德《大戴礼记·帝系》云:"少典产轩辕是为黄帝。黄帝产玄嚣,玄嚣产蟜极,蟜极产高辛,是为帝喾;帝喾产放勋,是为帝尧。黄帝产昌意,昌意产高阳,是为帝颛顼;颛顼产穷蝉,穷蝉产敬康,敬康产句芒,句芒产蟜牛,蟜牛产瞽瞍,瞽瞍产重华,是为帝舜,及产象敖;颛顼产鲧,鲧产文命,是为禹。"李延寿在《北史·魏本纪》中指出"魏之先祖出自黄帝轩辕氏",司马迁在《史记·匈奴传》中指出匈奴出自夏后氏(今蒙古族为匈奴后代,为黄帝后裔),房玄龄在《晋书·载记十六》中也提到羌人为有虞氏舜之后(今藏族为羌之后,亦当为黄帝苗裔)。《春秋命历序》对黄帝时代进行总结,说:"黄帝传十世,一千五百二十岁。"此诚如《庄子·盗跖》中所言:"世之所高,莫若黄帝。"

在铸鼎的背后,我们可以看到黄帝对中华民族形成的奠基意义,这对中华民族的发展有着极其深远的影响。铸鼎就是立国,而在立国的同时,我们不能忽视的是前面所提到的三件大事,即统一战争的神话、治理世界的神话和发明创造的神话中所显现的中华民族曲折而艰难的伟大历程。海内外华夏儿女自称黄帝的子孙,其根据就在这里。也就是说,黄帝神话的流传,实际上构成了悠远而丰富的民间阐释系统,其核心内容即在于述说黄帝神圣的业绩对于中华民族形成和发展的意义。

（一）战争神话

黄帝政治集团的形成决定了由黄帝统一各部落。《邓析子·无厚》:"百战百胜,黄帝之师。"《艺文类聚》卷十一引《帝王世纪》:"（黄帝）凡五十二战,而天下大服。"《太平御览》卷七九引《万机论》:"黄帝之初,养性爱民,不好战伐,而四帝各以方色称号,交共谋之。边城日惊,介胄不释。黄帝叹曰：夫君危于上,民安于下,主失其国,其臣再嫁。厥病之由,非养寇也。今处民萌之上,而四盗亢衡,递震于师。于是遂即营垒,以灭四帝。"不论《万机论》是否在为黄帝发动战争作合理性解说,我们都可以清楚地看到,战争神话表现出黄帝政治集团日益强大后统一天下的必然趋势。

战争神话的描述主要有两种,一是黄帝与炎帝争夺帝位,一是黄帝对蚩尤的平伐。前者是黄帝"代神农氏而立"的具体描述,后者是黄帝为稳固政权而做出的艰苦努力。

炎黄之争的战场有两处,一是阪泉,一是涿鹿。《国语·晋语》《吕氏春秋·孟秋纪·荡兵》和《淮南子·兵略训》用炎帝为火与黄帝相异德来解释战争的起源。《论衡·率性》中指明"黄帝与炎帝争为天子"。《大戴礼·五帝德》:"（轩辕）教熊罴貔虎以与赤帝战于阪泉之野,三战,然后得行其志。"《太平御览》卷七九引《帝王世纪》:"神农氏衰,黄帝修德化民,诸侯归之。黄帝于是乃扰驯猛兽,与神农氏战于阪泉之野,三战而克之。"《史记·五帝本纪》:"炎帝欲侵陵诸侯,诸侯咸归轩辕。轩辕……教熊、罴、貔貅、䝙、虎,以与炎帝战于阪泉之野,三战,然后得其志。"《列子·黄帝》:"黄帝与炎帝战于阪泉之野,帅熊、罴、狼、豹、䝙、虎为前驱,雕、鹖、鹰、鸢为旗帜。"阪泉作为地名,《晋太康地志》说即河北涿鹿,《梦溪笔谈》说在山西运城。我以为阪泉与涿鹿二者是有别的,炎黄之争的战场当为多处,才符合实际。明确指出战场是涿鹿之野的是《新书·益壤》:"黄帝者,炎帝之兄也。炎帝无道,黄帝伐之涿鹿之野,血流飘杵,诛炎帝而兼其地,天下乃治。"《新书·制不定》:"炎帝者,黄帝同父母弟也,各有天下之半。黄帝行道,而炎帝不听,故战涿鹿之野,血流飘杵。"两处战争神话,后者突出的是"道"与"无道"之争,而前者突出的是以动物为标志的黄帝军事联盟力量与炎帝力量的悬殊对比,在"三战,然后得其志"中隐现着残酷的争斗,其间曾经过多次搏杀。

与黄帝相抗衡的另一支力量是蚩尤族。这则战争神话在文献中的描述更为出色。《路史·后纪》中罗泌引《龙鱼河图》:"黄帝之初,有蚩尤氏,（其）兄弟七十二人。"《竹书纪年》沈约注:"属于蚩尤之各族,有熊氏、罴氏、虎氏、豹氏。"由此可知,蚩尤集团作为军事力量应当是异常强大的,很可能构成对黄帝集团的威胁。《太平御览》卷七四引《龙鱼河图》:"蚩尤兄弟八十一人,并铜头铁额,食沙石。"《管子·地数》:"葛庐之山发而出水,金从之,蚩尤受而制之,以为剑、铠、矛、戟,是岁相兼者诸侯九；雍狐之山发而出水,金从之,蚩尤受而制之,以为雍狐之戟、芮戈,是岁相兼者诸侯十二。"《太平御览》卷三三九引《兵书》:"蚩尤之时,烁金为兵,割革为甲,始制五兵。"《路史·后纪四》罗泌引《龙鱼河图》:"(其)制五兵之器,变化云雾。"蚩尤集团不但人员众多,而且掌握了较为先进的军事技术,黄帝欲统一天下,就必须平伐蚩尤。蚩尤是"九黎之君",《逸周书·尝麦解》说:昔天之初"命蚩尤宇于少昊,以临四方";在《初学记》卷九所引《归藏·启筮》中,说他"八肱、八趾、疏首";《述异记》说他"能作云雾","人身、牛蹄、四目、六首","齿长二寸,坚不可碎";《管子·五行》称蚩尤"明乎天道";《文选·西京赋》称"蚩尤秉钺,奋发被般,禁御不若,以知神奸,魑魅魍魉,莫能逢旃"。在这些材料中,我们并未见到他引起黄帝征伐的直接原因。在《国语·楚语》中,我们看到了战争引发的踪影,即"九黎乱德";《大戴礼·用兵》说他"昏欲而无厌",这就颇有点"何患无辞"了。在《鹖冠子·世兵》中,我们看到"蚩尤七十(战)";《逸周书·尝麦解》说:"蚩尤乃逐帝,争于涿鹿之阿,九隅无逸。"《路史·后纪四》:"阪泉氏蚩尤,姜姓,炎帝之裔也,好兵而喜乱,逐帝而居于涿鹿。"《太平御览》卷五六引《帝王世纪》:"蚩尤氏强,与榆冈争王于涿鹿之阿。"于是,才有《庄子·盗跖》中的"榆冈与黄帝合谋"和《逸周书·尝麦解》中的"赤帝大慑,乃说于黄帝"。应该说,这才是黄帝讨伐蚩尤的直接原因。蚩尤是不屈不挠的抗争英雄,《述异记·上》说:"蚩尤氏耳鬓如剑戟,头有角,与轩辕斗,以角牴人,人不能向。"《太平御览》卷十五引《黄帝元女战法》:"黄帝与蚩尤九战九不胜。"由此可见战争的激烈。《帝王世纪》说:"(黄帝)征师诸侯,使力牧、神皇直讨蚩尤氏。"在《黄帝内传》和《事物纪原》等文献中又有黄帝采首阳之金"铸为鸣鸿刀","制甲胄以备身","设八阵之形","教熊罴貔貅䝙虎,制阵法,设五旗五麾","铸钲、铙以拟霆击之声","弦木为弧,剡木为矢",甚至"使歧伯所作(《鼓吹》)以扬德建武",两军"战涿鹿之野,流血百里"。尽管如此,黄帝一时还是不能制服蚩尤。《山海经·大荒北经》的一段描述最为生动:"蚩尤作兵伐黄帝,黄帝乃令应龙攻之冀州之野,应龙畜水。蚩尤请风伯雨师纵大风雨。黄帝乃下天女曰魃,雨止,遂杀蚩尤。"《山海经·大荒北经》吴应臣注引《广成子传》:"蚩尤铜头啖石,飞空走险。(黄帝)以馗牛皮为鼓,九击止之。尤不能飞走,遂杀之。"《太平御览》卷十五引《志林》:"黄帝与蚩尤战于涿鹿之野,蚩尤作大雾,弥三日,军人皆惑。黄帝乃令风后发斗机作指南车以别四方,遂擒蚩尤。"《通典·乐典》:"蚩尤氏师魑魅与黄帝战于涿鹿。帝乃命吹角为龙吟以御之。"最后,黄帝征服了蚩尤,《山海经·大荒南经》郭璞注:"蚩尤为黄帝所得,械而杀之,已摘弃其械,化而为树也。"《事类注》卷十一引《帝王世纪》:"黄帝杀蚩尤,以其皮为鼓,声闻百里。"蚩尤被黄帝杀了,他的血变成了"解州盐泽",人称这"卤色正赤"的血为"蚩尤血"(《梦溪笔谈》卷三)。但蚩尤并没有完全销声匿迹,九黎苗裔仍在尊崇他,《史记·封禅书》中的"祠蚩尤"、《史记·天官书》中的"蚩尤之旗"和《述异记》中的"蚩尤戏",以及《东国岁时记》中的"蚩尤之神"赤符,还有《刀剑录》中的"蚩尤剑"

等,都成为人们对蚩尤的怀念。《艺文类聚》卷十一引《龙鱼河图》:"制服蚩尤,帝因使之主兵,以制八方。蚩尤没后,天下复扰乱。黄帝遂画蚩尤形象以威天下。天下咸谓蚩尤不死,八方万邦皆为弭服。"《韩非子·十过》:"昔者黄帝合鬼神于西泰山之上,驾象车而六蛟龙,毕方并辖,蚩尤居前,风伯进扫,雨师洒道,虎狼在前,鬼神在后,腾蛇伏地,凤凰覆上。大合鬼神,作为《清角》。"《拾遗记》:"轩辕去蚩尤之凶,迁其民善者于邹屠之地,迁恶者于有北之乡。"总之,完成了对蚩尤族或蚩尤集团的平伐,黄帝集团的地位才得以从根本上确立和巩固;同时,这也标志着黄帝集团统一天下的宏伟大业具体完成。

(二) 治世神话

黄帝统一大业完成后,最重要的任务是延揽四方贤能之士,保持国家的长治久安。《太平御览》卷三七引《帝王世纪》:"黄帝梦大风,吹天下尘垢皆去。又梦人执千钧之弩,驱羊数万群。帝叹曰:'风为号令垢去土,后在也。岂有姓风名后者哉?千钧之弩,异力;能远驱羊数万群,牧民为善。天下岂有姓力名牧者哉?'得风后于海隅,得力牧于大泽。"姓名制度的出现是更晚的事情,显然,这是后人借黄帝寻贤能所抒发的政治情怀。在黄帝神话中,力牧、常鸿、大隗、风后等能臣的延揽,确实表现了原始先民的政治观念。访寻贤能是后世政治家的理想行为,黄帝作为理想中的政治大神,他头顶上的光环更为夺目。《路史·发挥二》引《程子》"黄帝之治天下也,百神出而受职于明堂之廷",就是指此。《庄子·徐无鬼》:"黄帝将见大隗乎具茨之山,方明为御,昌寓骖乘,张若、䛐朋前马,昆阍、滑稽后车。至于襄城之野,七圣皆迷,无所问途。适遇牧马童子,问途焉,曰:'若知具茨之山乎?'曰:'然。''若知大隗之所存乎?'曰:'然。'黄帝曰:'异哉小童!非徒知具茨之山,又知大隗之所存,请问为天下。'小童曰:'夫为天下者,亦若此而已矣,予又奚事焉!予少而自游于六合之内,予适有瞀病,有长者教予曰:若乘日之车而游于襄城之野。今予病少痊,予又且复游于六合之外。夫为天下亦若此而已,予又奚事焉!'黄帝曰:'夫为天下者,则诚非吾子之事。虽然,请问为天下。'小童辞,黄帝又问。小童曰:'夫为天下者,亦奚以异乎牧马者哉!亦去其害马者而已矣。'黄帝再拜稽首,称天师而退。"《庄子·在宥》:"黄帝立为天子十九年。令行天下,闻广成子在于空同之上,故往见之。曰:'我闻吾子达于至道,敢问至道之精。吾欲取天地之精以佐五谷,以养民人。吾又欲官阴阳以遂群生,为之奈何?'广成子曰:'而所欲问者,物之质也;而所欲官者,物之残也。自而治天下,云气不待族而雨,草木不待黄而落,日月之光益以荒矣。而佞人之心翦翦者,又奚足以语至道!'黄帝退,捐天下,筑特室,席白茅,闲居三月,复往邀之。广成子南首而卧,黄帝顺下风膝行而进,再拜,稽首而问曰:'闻吾子达于至道,敢问:治身奈何可以长久?'广成子蹶然而起,曰:'善哉问乎。来!吾语汝至道。'"这两段传说是历来为政治家所推崇的政治神话。《庄子》的背后所表现的无为情结是另外一回事,这里所传达的却是黄帝治世的神话,是与黄帝"四面"相一致的。《太平御览》卷七九引《帝王世纪》:"力牧、常先、大鸿、神农、皇直、封钜、人镇、大山、稽鬼、奥区、封胡、孔甲等,或以为师,或以为将,分掌四方,各如己视,故号曰'黄帝四目'。"这固然是神话历史化的表现,它所传达的黄帝擢用贤能则确实表现出古代政治理想的神话信息。在此种政治神话的传播中,黄帝的神性面目越来越黯淡,诸如黄帝"苍色,大肩"(《轩辕本纪》),"身逾九尺,附函挺朵,修髯花瘤"(《路史·后纪五》),"河目而隆颡"(《孔丛子·嘉言》),"兑颐"(《河图》)等,完全是一副帝王打扮。黄帝神话的治世立国主题,更多地为世俗性诠释所隐没。如《开元占经》卷一一六引《瑞应图》:"黄帝巡于东海,白泽出,能言语,达知万物之精,以戒于民,为除灾害。"《绎史》卷五引《易林》:"黄帝出游,驾龙乘凤,东上太山,南游齐鲁,邦国咸喜。"《云笈七签》卷一〇〇《轩辕本纪》:"有巨蛇害人,黄帝以雄黄却逐之。"《抱朴子·登涉》:"昔圆丘多大蛇,又生好药。黄帝将登焉,广成子教之佩雄黄,而众蛇皆去。"《绎史》卷五引《新书》:"故黄帝……济东海,入江内,取绿图而济积石,涉流沙,登于昆仑,于是还归中国,以平天下。"最能对黄帝治世立国业绩作出全面评价的,是《淮南子·览冥训》:"昔者黄帝治天下,而力牧、太山稽辅之,以治日月之行律,治阴阳之气,节四时之度,正律历之数,别男女,异雌雄,明上下,等贵贱,使强不掩弱,众不暴寡,人民保命而不夭,岁时熟而不凶,百官正而无私,上下调而无尤,法令明而不暗,辅佐公而不阿,田者不侵畔,渔者不争隈,道不拾遗,市不豫贾,城郭不关,邑无盗贼,鄙旅之人相让以财,狗彘吐菽粟于路,而无忿争之心。于是日月精明,星辰不失其行,风雨时节,五谷登熟,虎狼不妄噬,鸷鸟不妄搏,凤皇翔于庭,麒麟翔于郊,青龙进驾,飞黄伏皂,诸北、儋耳之国,莫不献其贡职。"

具体述说黄帝治世的神话,除了以上所提及的铸鼎和寻贤能之人而用外,是一些典籍所描述的黄帝对各种制度的确立。如《路史·后纪五》罗泌引《晋志》:"黄帝作律,以玉为琯,长尺六寸,为十二月。"《隋志》:"黄帝观漏水制器,取则以分昼夜。"《东溪日谈录》卷八:"黄帝分星次,凡中外宫常明者百二十四,可名者二百二十,微星万一千五百二十。"《后汉书》:"星官之书,自黄帝始。"《随园随笔》:"黄帝始制嫁娶。"《帝王世纪》:"帝吹律定姓。"《路史·后纪一》罗泌曰:"黄帝始分土建国。"《尚书大传·略说》:"黄帝始……礼文法度,兴事创业。"《通典·礼》:"黄帝始制法度,得道之中,万代不易。"在《轩辕本纪》中,黄帝"定百物之名","定药性之善恶","作八卦之说"。《通鉴外纪》卷一讲得更详细:"(黄帝)经土设井,以塞诤端;立步制亩,以防不足。使八家为井,井开四道而分八宅,凿井于中,一则不泄地气,二则无费一家,三则同风俗,四则齐巧拙,五则通财货,六则存亡更守,七则出入相司,八则嫁娶相媒,九则无有相贷,十则疾病相救,是以情性可得而亲,生产可得而均,欺陵之路塞,斗讼之心弭。井一为邻,邻三为朋,朋三为里,里五为邑,邑十为都,都十为师,师十为州。"《汉书·王莽传》:"黄帝定天下,将兵为上将军,建华盖,立斗献。"《事物纪原·伎术医卜》:"凡伎术皆自轩辕始。"其中伎术也包括制度的应用。总之,黄帝创造了以制度为表征的国家,使一切都井然有序。这些内容尽管包含着许多附会,我们却不能不说其中融汇了更多神话的本来面目,它在总体上体现出原始先民的政治观、国家观、伦理观。

(三)发明创造神话

黄帝不但统一了各部落,建立了国家,而且发明创造了许多物质文明,这是黄帝神话的另一个更为重要的主题。这种发明创造共有两种类型,一是以黄帝为名,一是以黄帝之臣或黄帝之族为名,二者从总体上显示出黄帝时代物质文明的灿烂辉煌。

首先是黄帝发明创造了衣食住行所依赖的生活用具和生活方式。民以食为天,饮食的方式的变化标志着社会发展的变迁。《太平御览》卷八四七引《古史考》:"始有燔炙,人裹肉烧之,曰炮,故食取名焉。及神农时,民食谷,释米,加于烧石之上而食。及黄帝始有釜甑,火食之道成。"其卷中所引《周书》载有"黄帝始蒸谷为饭"和"黄帝始烹谷为粥",这都表明黄帝时代饮食方式发生的重大变化,即彻底告别了茹毛饮血的蒙昧阶段。《云笈七签》卷一〇〇《轩辕本纪》"帝作灶",即指此种意义。《管子·轻重》:"黄帝作,钻燧生火,以熟荤臊。民食之,无兹胃之病,而天下化之。"《世本》:"黄帝造火食。"这些记载都是在述说同一种意义。接着是房屋和衣服的制造,《风俗通义·皇霸》:"黄帝始制冠冕,垂衣裳,上栋下宇,以避风雨。"《新语》:"天下人民野居穴处,未有室屋,则与禽兽同域。于是,黄帝乃伐木妖材,筑作宫室,上栋下宇,以避风雨。"《尚书大传·略说》和《春秋内事》也都提及黄帝"上栋下宇,以避风雨"之事。《史记·五帝本纪·正义》:"黄帝之前,未有衣裳屋宇;及黄帝造屋宇,制衣服,营殡葬,万民故免存亡之难。"食、住、衣是日常生活的最基本的需要,行作为神话表现,所描述的内容在这里是车和船的发明创造。《周易·系辞下》:"(黄帝)刳木为舟,剡木为楫,舟楫之利以济不通,致远以利天下……服牛乘骊,引重致远,以利天下。"《路史·前纪七》:"轩辕氏作于空桑之北,绍物开智,见转风之蓬不已者,于是作制乘车,桠轮璞较,横木为轩,直木为辕,以尊太上,故号曰轩辕氏。"《文选·东都赋》:"作舟舆,造器械,斯乃轩辕氏之所以开帝功也。"至此,衣食住行的神话在黄帝时代全部展现出来,所以,我们不得不把这样一个时代看作一个根本上改变了生活方式的转折时代,看作人类从蒙昧、野蛮走向文明的一个分水岭。

其次是黄帝不但教会人民避开风雨、广泛获取食物、免除步行劳苦,而且教会了人民享受生活,创造更多的欢乐和文明,使生活日益丰富多彩起来。《世本》:"黄帝作旃。"《路史·后纪五》:"黄帝造车服为之屏蔽也。""(黄帝)制金刀,立五币,设九棘之利,而为轻重之法。""黄帝受地形,象天文以制官,盖至是名位乃具。""棺椁之作自黄帝始。""黄帝作律,以玉为琯,长尺六寸,为十二月。""(黄帝)迎日推策,造六十神历。"《事物纪原》卷一:"黄帝立子丑十二辰以名月,又以十二名兽属之。""黄帝造星历,正闰除。"《事物纪原》卷七:"凡创始自黄帝也。""占岁起于黄帝。"《后汉书·郡国志》注引《帝王世纪》:"黄帝推分星次,以守律度。""凡天有十二次,日月之所躔也;地有十二分,王侯之所国也。"其他还有"蹴鞠,黄帝所造"(《别录》),"镜始于轩辕"(《黄帝内传》),"黄帝以其缓急作五声以政五钟","五声既调,然后作立五行以正天时,五官以正人位;人与天调,然后天地之美生"(《管子·五行》)和"黄帝始作陶","黄帝始儺","黄帝作《归藏》"(《路史》)等,都尽情展现出黄帝时代的盛景。值得我们注意的还有《绎史》卷五引《黄帝内经》所述:"帝既与王母会于王屋,乃铸大镜十二面,随月用之。"在黄帝的周围,各种创造发明伴随着众多的神系,使这个时代空前地耀眼烁目。

黄帝时代的文明不独黄帝所创造。嫘祖在传说中是黄帝的"元妃",她成为蚕神受到后世祭祀。《史记·五帝本纪》:"黄帝居轩辕之丘,而娶于西陵之女,是为嫘祖。"《事物考》卷五:"西陵氏之女嫘祖,为黄帝元妃,始教民育蚕,治丝茧以供衣服,后世祀为先蚕。"《后汉书·礼仪志上》中提到,每年的三月,人们"祠先蚕,礼以少牢",祭祀这位女神。又如仓颉造字,在古籍中也颇多记载。《论衡·首相》:"仓颉四目,为黄帝史。"《路史·前纪六》:"(仓颉)创文字,形位成,文声具,以相生为字;以正君臣之分,以严父子之仪,以肃尊卑之序;法度以出,礼乐以兴,刑罚以著;为政立教,领事辨官,一成不外,于是而天地之蕴尽矣。天为雨粟,鬼为夜哭,龙乃潜藏。"仓颉的形象在神话中被描述为"四目",在《荀子》《淮南子》《春秋演孔图》《春秋元命苞》和《世本》所引汉代《仓颉庙碑》等文献中,都极力张扬仓颉"四目灵光""通于神明"的神性形象。在《论衡》《说文》中,都述说仓颉"依类象形"而"创字"。《文脉》说:"仓颉制字,泄太极之秘,六书象形居多。"《封氏闻见记·文字》:"仓颉观鸟兽之迹以作文字。"《援神契》:"仓颉视龟而作书。"《佩文韵府》中说:"(仓颉)穷天地之变,仰观奎星圆曲之势,俯察龟文、鸟羽、山川、指掌而创文字。"这颇类于《易·爻辞》中关于伏羲作卦的神话描述。诚然,此类神话都表明我们的祖先经历了漫长的岁月,他们的业绩是何等艰辛。像仓颉造字这样"天雨粟,鬼夜哭",表现出"通神明之德"的情结,反映了后世子孙对祖先的崇仰和怀念。在黄帝时代,不但有仓颉和嫘祖创造了光辉的业绩,而且有更多的贤能之士以"黄帝臣"的名义进行了惊世的发明创造,他们聚集在黄帝周围,形成众星拱月的壮丽景观。如《云笈七签》卷一〇〇《轩辕本纪》载:黄帝时"有臣胡曹造衣,臣伯余造裳","有共鼓、化狄二臣助作舟楫","有臣胲作服牛以用之","有臣雍父始作舂","有臣挥始作弓,臣夷牟作矢","臣伶伦作权量","有臣史王造画","扁鹊、俞附二臣定脉理,疗万姓","有宁子作陶正","令孔甲始作盘盂,以代凹尊坏饮之朴","令风后演河图法而式用之,创十八局,名曰遁甲,以推客胜负之说"。《辨正论》卷一载:"黄帝佐官有七人:仓颉造书字,大挠造甲子,隶首造算数,容成造历,岐伯造医方,鬼申区造占侯,奚仲造车作律管,兴埠坛礼也。"《史记索隐》载:"黄帝使羲和占日,常仪占月,臾区占星气,泠纶造律吕"。《吕氏春秋·仲夏纪·古乐》载:"黄帝又命伶伦与荣将,铸十二钟以和五音,以施英韶。"《路史·后纪五》载:"(黄帝)命竖亥通道理,正里候。"这些记载将所有的霞彩都涂抹作黄帝身后的屏障,从而让后人仰望到黄帝时代空前的众神狂欢的场景。这是中国神话时代最耀眼的篇章,令无数黄帝的子孙深深地感到自豪和光荣。从此,中国神话时代步入一个又一个新阶段,但从未有任何一个神话时代能与黄帝时代媲美,而且,许多神话与黄帝神话发生血缘上的联系。

黄帝神话被后世的方家术士所钟情,他们极力借助黄帝编造成仙、炼丹、封禅的谎言以蛊惑人心,而民间百姓并未为他们所支配,在我们的神州大地,迄今仍保存着许多关于黄帝的神话遗址,表现出华夏子孙对自己祖先的景仰之情。如陕西黄陵县的黄帝陵,每年清明时节都有海内外华人来此拜谒;甘肃天水有黄帝出生的轩辕谷;河北涿鹿有传说黄帝战炎帝、战蚩尤的黄帝城、黄帝泉;河南有新郑黄帝故里、黄帝岭,以及新密风后岭、大隗山和黄帝宫;《路史·后纪五》罗泌注引张氏《土地记》说:"东阳永康南四里石城山上有石城,黄帝游此;而黄山、皖公、缙云、衡山、衡之云阳山,皆有黄帝踪迹焉。"更有数不清的地方保存着丰富的黄帝神话传说,民间百姓把家乡的山山水水、一草一木都同黄帝联系在一起。特别是河南的中西部地区新郑、新密、登封、临汝、灵宝和陕西东部的潼关一带,分布着相当密集的黄帝神话遗址。同时,陕西白水有仓颉造字台,河南的开封、内黄、虞城也有仓颉神话遗址,诸如仓颉墓、仓颉造字台、仓颉城等,许多地方还有庙会敬祀仓颉,甚至把仓颉当作家仙,请求这位传说中的黄帝大臣保佑一方平安。一些姓氏如侯氏、仓氏、夷门氏奉仓颉为自己的祖先。黄帝神话迄今仍然系统、完整地保存在民间,这绝不是偶然的。

六 颛顼帝喾时代

颛顼和喾相处于同一个时代,他们的神性特征没有太大的差别。从文献中可知,他们有着同样的血统。《史记·五帝本纪》:"帝喾高辛者,黄帝之曾孙也。高辛父曰蟜极,蟜极父曰玄嚣,玄嚣父曰黄帝。""颛顼崩,而玄嚣之孙高辛立,是为帝喾。"《国语·周语下》:"星与日辰之位,皆在北维,颛顼之所建也,帝喾受之。"《山海经·海内经》:"黄帝妻雷(嫘)祖,生昌意;昌意降处若水,生韩流;韩流擢首、谨耳、人面、豕喙、麟身、渠股、豚止,取淖子曰阿女,生帝颛顼。"他们都是黄帝的子孙,因为"星辰之位"而发生帝位的继承。真正使他们联系成为一体的是两件事,一是与共工的战争,一是与重、黎的关系。正是这两件事,构成了这个神话时代的重要特色。也就是说,与共工的战争,表明他们两位帝君氏族利益上的一致,而他们与重和黎的联系,则包含着绝地天通这样一个文化主题。

从《山海经》中我们可以看到,颛顼之国事实上就是颛顼之族。《山海经·大荒南经》:"有国曰颛顼,生伯服,食黍。"在《大荒南经》和《大荒北经》中,颛顼之子为"季禺之国""淑士之国"和"叔歜之国""中𦎧之国"等,《大荒西经》中还有一个三面一臂的"不死"之子。这些颛顼之子共同构成了庞大的颛顼氏族这样一个神性集团。颛顼是黄帝的子孙,这是一个大背景,而他的出生则涂上了相当丰富而神秘的色彩。如《大戴礼·帝系》:"昌意娶于蜀山氏之子,谓之昌僕氏,产颛顼","昌意降居若水"。《吕氏春秋·仲夏纪·古乐》:"帝颛顼生自弱水,实处空桑,乃登为帝,惟天之合。"《竹书纪年》沈约注:"母曰女枢,见瑶光之星,贯月如虹,感己于幽房之宫,生颛顼于若水。"《太平御览》卷七九引《河图》:"瑶光之星,如霓贯月,正月感女枢幽房之宫,生黑帝颛顼。"颛顼"仗万灵以信顺,监众神以导物,设御百气,召致雷电"(《绎史》卷七引《真诰》)。他"首戴干戈"(《帝王世纪》),"渠头骈干,通眉带干"(《路史·后纪八》),"有曳影之剑,腾空而舒。若四方有兵,此剑则飞起指其方,则克伐。未用之时,常于匣里裹如龙虎之吟"(《拾遗记》一),"上法日月,参集成纪,以理阴阳"(《春秋元命苞》),所以"共工为水害",这位"戴干""骈干"的高阳帝轻而易举地就诛杀了他。当然,共工亦非等闲之辈。《管子·揆度》:"(共工)乘天势以隘制天下。"《韩非子·五蠹》:"共工之战,铁铦短者及乎敌,铠甲不坚者伤乎体。"最能撼人者,是《列子·汤问》中的"共工氏与颛顼争为帝",其"怒而触不周之山,折天柱,绝地维",使天地都发生了变化。《史记·律书》:"颛顼有共工之阵,以平水害。"《太平御览》卷九〇八引《琐语》:"昔共工之卿曰浮游,既败于颛顼,自没沉淮之渊。"打败共工和共工氏族的,不独颛顼自己,而且有"伯夷父""老彭"和"大款、赤民、柏亮父";此外,还有天下之民谓之"八恺"的"高阳氏才子八人",即"齐、圣、广、渊、明、允、笃、诚"(《左传·文公十八年》)。《大唐新语》:"九夷乱德,颛顼征之。"《大戴礼·五帝德》:"(高阳)乘龙而至四海,北至于幽陵,南至于交趾,西济于流沙,东至于蟠木,动静之物,大小之神,日月所照,莫不祗励。"不唯如此,颛顼"死即复苏"(《山海经·大荒西经》),他"以孟春正月为元,其时正朔立春,五星会于天历营室,天曰作时,地曰作昌,人曰作乐,鸟兽万物莫不应和"(《绎史》卷七引《古史考》)。他还"作浑仪""作《六茎》","硕名冈,倮大泽,制十等之币,以通有亡"(《路史·后纪八》)。最后,他完成了使重与黎"绝地天通"(《尚书·吕刑》)的莫大业绩。他命重、黎绝地天通,使"重献上天",使"黎邛下地"(《山海经·大荒西经》)。《国语·楚语下》:"古者民神不杂。""及少昊之衰末,民神杂糅,不可方物。""祸灾荐臻,莫尽其气。""颛顼受之,乃命南正重司天以属神,火正黎司地以属民,谓绝地与天相通之道也。"绝地天通的背后是人与神的分野,是巫的角色在颛顼神话中的集中体现。在《山海经》中,有群巫所从上下的"登葆山"、太帝所居的"昆仑之丘"和众帝所自上下的"建木""肇山",颛顼所维持的正是这些登天之途为神所专用,那么他自己这位"其佐玄冥,执权而治冬"的北方水帝(《淮南子·天文训》)也就是当然的最大的巫——正由他开始,中国神话时代进入了又一个新的阶段,即神性角色的巫的成分逐渐加重,从而改变了以往神话角色高居于天庭的局面。在颛顼身上,神性愈来愈淡,以巫为表征的人性成分日益浓重。

帝喾的神性业绩与颛顼大同小异。《大戴礼·五帝德》中的高阳帝"乘龙而至四海",同书中的高辛氏则"春夏乘龙";《左传·文公十八年》中,高阳帝"有才子八人",其天下谓之"八恺",高辛氏同样有才子八人,其天下谓之"八元"。所不同者在于"共工氏作乱,帝喾使重、黎诛之而不尽,帝乃以庚寅日诛重、黎"(《史记·楚世家》)。《事物纪原》卷二引《通历》:"帝喾平共工之乱,作鼗、鼓、椌、楬、埙、篪。"《竹书纪年》沈约注:"(帝喾)使鼓人拊鞞鼓,击钟磬,凤凰鼓翼而舞。"由此可见,帝喾对颛顼的继承在神话中异常自然。他们的神性角色日益淡化,为巫或为人所替代,这不仅由于他们共同接受了绝地天通的文化背景,而且在关于他们后代的描述中,他们的身影不再像他们的前辈那样保持着辉煌的神性。他们的子孙既有"八恺""八元",更有许多不祥的后代,使人愈来愈失去心中的景仰之情。如《论衡·解除篇》:"昔颛顼氏有三子,生而皆亡。一居江水为疟鬼,一居若水为魍魉,一居欧隅之间主疫病人。"《后汉书·礼仪志中》注引《汉旧仪》:"颛顼氏有三子,生而亡去为疫鬼。一居江水,是为虎虐鬼,一居若水,是为罔两蜮鬼,一居人宫室区隅沤庚,善惊人小儿。"①《左传·昭公元年》:"昔高辛氏有二子,伯曰阏伯,季曰实沈,居于旷林,不相能也,日寻干戈,以相征讨。后帝不臧,迁阏伯于商丘,主辰,商人是因,故辰为商星;迁实沈于大夏,主参,唐人是因,以服事夏、商。"人鬼之变对人神之变的文化替代,意味着巫作为神话中的文化主体,其意义更复杂,也更丰富;世俗化以此为契机,迅速地向后世的神话系统蔓延开去。

在神话传说的流传和分布上,我们一方面可以看到高辛氏与盘瓠在南方少数民族中广受崇拜,另一方面则是在北方濮阳一带,在传说中的附禹之山,颛顼与帝喾渐渐合为二帝,成为民间记忆中的述说对象。

七 尧舜时代

尧舜时代是中国古典神话中的理想政治时代,它很自然地使我们想起"致君尧舜上,再使风俗淳"的诗句,几乎所有文士都把这个时代看作其评判时政的理想模式。显然,尧舜时代的文化精神即神话意蕴,自先秦时代至今,一直是人们对政治理想向

---

① 《左传·文公十八年》中也有颛顼"不才子"梼杌的传说,《神异经·西荒经》中的不才子名更多,如"梼杌",一名傲狠,一名难驯。

往的最重要的述说方式。特别是其中的禅让,构成了尧舜神话的实质内容,从而也成为千古文人投身政治所期待的明君标准,化作"学而优则仕"以济天下的情结。在民间百姓的视野中,尧舜不但是贤明的君主,而且是横贯人寰的道德和人格理想的典范;"人皆可成尧舜"成为理想社会人人自律、修身养性的崇高境界。与此前神话发生背景的不同之处,是尧舜神话在春秋时期为儒墨文士所盛传。如《墨子》中称赞"尧舜禹汤文武之道",《孟子》《论语》等典籍也称赞"尧、舜、禹、汤、文王",《战国策·赵策》把尧、舜二人列于五帝之中,《管子·封禅篇》把尧、舜列为"封泰山、禅梁父"中七十二家中的二家。《吕氏春秋·古乐篇》所列帝王十三家,其中也有尧与舜。在它们的渲染下,尧舜神话几乎成为理想政治时代的代名词;在神话的流传中,尧舜不但在政治上相承接而形成一体,而且有着血缘上的联系,甚至葬在一处,共同受到后人敬祀。如《易·系辞下》:"神农氏没,黄帝尧舜氏作,通其变,使民不倦,神而化之,使民宜之。"《史记·秦始皇本纪》中提到"尧女,舜之妻"。《列女传》:"有虞二妃者,帝尧之二女也,长娥皇,次女英。"《山海经·大荒南经》:"帝尧、帝喾、帝舜葬于岳山,爰有文贝、离俞、鸱久、鹰、延维、视肉、熊、罴、虎、豹;朱木、赤枝、青华、玄实。"尧舜时代是中国神话继黄帝、颛顼和帝喾之后神性特色尤为卓然的一个时代。在以禅让为表征的文化背景下,具有民主色彩的古典政治理想在神话传说中得到热情的颂扬,光照千秋,对于中华民族文化性格的生成、培养和发展,有着不同寻常的意义。特别在神话传说中,尧和舜不仅是为天下民众的安康而奔走的不辞劳苦的帝王或领袖,而且是令人钦佩的文化英雄;爱情神话在这里第一次被淋漓尽致地展现,成为中国神话时代难得的情歌。

毋庸赘述,尧和舜在血缘上与黄帝都有着直接的联系①,而作为一个新神话时代,他们各自呈现出不同的神性业绩。

《史记·五帝本纪》载"帝尧为陶唐",又提到帝尧以唐为号。《世本》:"帝尧为陶唐氏。"《左传·哀公六年》:"惟彼陶唐,帅彼天常,有此冀方。"《说文》:"尧者,高也,从垚,在兀上,高远也。"颜师古说:"陶丘有尧城,尧尝居之,后居于唐,故尧号陶唐氏。"《国语·晋语》:"昔匄之祖,自虞以上为陶唐氏。"显然,尧是与以土为图腾的文化密切相关的。人们在描述黄帝的图腾时曾提到"中央,土也",从这里我们可以看到尧与黄帝在图腾上的相近或一致。尧的活动范围,从《左传》《国语》《汉书》和《诗谱》等文献来看,主要分布在黄河中下游地区,如山西、河南、山东一带,与黄帝大致相当,特别是山西省的汾水流域,尧在民间信仰中地位甚高。《唐谱》:"唐者帝尧旧都之地,今日太原晋阳,是尧始居此,后乃迁河东平阳。"《水经注》引《魏土地记》:"平阳城东十里,汾水东原上有小台,台上有尧神屋石碑。"《括地志》:"故尧城在濮州鄄城县东北十五

---

① 从《大戴礼·帝系篇》中可以看到,尧生于放勋,再生于帝喾,而帝喾出自蟜极,源于玄嚣一系。帝舜生于瞽叟,源于穷蝉,穷蝉出自颛顼,颛顼出自昌意一系。尧与舜皆出自黄帝,分为两系。

里。"在黄河中下游地区,迄今仍密集地分布着尧庙等神话传说中的"文化遗址",这绝不是偶然的。但我们并不能以此便断定尧是陶的开创者,因为神话是民间记忆,而记忆仅是对历史的追述及对一定地域情感的表达,这样讲也丝毫不影响尧作为文化英雄的存在。有举贤禅让这一业绩,尧的神话就已经流芳千古了。如《墨子·尚贤中》说:"古者舜耕历山陶河濒,渔雷泽;尧得之服泽之阳,举以为天子,与接天下之政,治天下之民。"在今天,尧的神话嬗变为《尧王访贤》之类的民间戏曲或传说,成为帝尧神话的主要内容。在禅让神话的辉映下,尧的业绩还有许多,构成塑造其成为文化英雄的重要内容。如《春秋纬·文耀钩》:"唐尧即位,羲和象仪。"仪即浑天仪。民间传说把浑天仪的创制追溯至远古神话时代,附会在尧的身上。其他还有"历象日月,陈剬考功"等业绩,其意义与实质是同样的。《易纬·乾凿度(佚文)》:"尧以甲子天元为推述。"《尚书纬·中候》:"陶唐氏尚白,以十二月为正,荐玉以白缯。"《礼纬·稽命征》:"唐虞五庙,亲庙四,始祖庙一。"《绎史》引《尚书·璇玑钤》:"帝尧炳焕,隆兴可观,曰载,曰车,曰轩,曰冠,曰冕。作此车服以赐有功。"①尧的时代在神话传说中一片祥和,孔子感叹道:"唯天为大,唯尧则之。"这一方面是对尧的神话业绩及尧的人格、道德力量的赞扬,一方面是对尧的时代的向往。《述异记》卷上:"尧为仁君,一日十瑞。"十瑞乃"宫中刍化为禾,凤凰止于庭,神龙见于宫沼,历草生阶,宫禽五色,乌化白神,木生莲,蓂蒲生厨,景星耀于天,甘露降于地"。《博物志·异草木》说得更神:"尧时有屈佚草生于庭,佞人入朝,则屈而指之。"《绎史》卷九引《田俅子》:"尧为天子,蓂荚生于庭,为帝成历。"而这一切景象无疑都是为了衬托尧时的政治清明。在尧的时代,夔、皋陶等一批能臣,或"击石拊石,百兽率舞"(《尚书·尧典》),或"决狱明白,察于人情"(《白虎通·圣人》)。《论衡·是应篇》:"獬豸者,一角之羊也,性知有罪。皋陶治狱,其罪疑者,令羊触之,有罪则触,无罪则不触。斯盖天生一角圣兽,助狱为验。故皋陶敬羊,起坐事之。"《说苑·君道》:"当尧之时,舜为司徒,契为司马,禹为司空,后稷为田畴,夔为乐正,倕为工师,伯夷为秩宗,皋陶为大理。"几乎所有的能臣都聚集在尧的麾下,形成尧时代政治清明的盛景。

然而,这并不是尧神话时代的全部内容。在神话传说中,尧时曾有洪水,曾有大旱,曾有战争,这说明在禅让政治的背后,同样隐藏着无数的血腥。《韩非子·外储》说:"(尧)举兵而诛共工于幽州之都。"《逸周书·史记解》:"久空重位者危。昔有共工自贤,自以无臣,久空大官,下官交乱,民无所附,唐氏伐之,共工以亡。"最著名的事例如《子史精华》引《淮南子》中有尧使羿射日的一段:"逮至尧之时,十日并出,焦禾稼,杀草木,而民无所食。猰貐、凿齿、九婴、大风、封豨、修蛇皆为民害。尧乃使羿诛凿齿

---

① 《路史·后纪十》中有尧制弈棋等神话传说,与其他神话时代相比,禅让成为文化主题,这些神话则明显处于弱势。

于畴华之野,杀九婴于凶水之上,缴大风于青丘之泽,上射十日而下杀猰貐,断修蛇于洞庭,禽封豨于桑林。"应该说,"为民害"者辈都是与尧相抗衡的部落,待战争平息后,始有"万民皆喜,置尧以为天子"的局面。尧的形象在这里和平蚩尤的黄帝当是同样的,然而,文献典籍所推重的却不是这些,而是帝尧统治下的繁荣和太平①。所幸的是,在民间流传的神话传说中更多的是这些内容,表现出尧受人民大众喜爱和拥戴的民族情结。也就是说,尧神话的流传被割裂在三种层面之中:一是上层统治者自比于尧的知人善任,以尧时的莺歌凤舞来掩饰自己的内茬;一是中间层的知识分子.他们期待着自己被重用以施展抱负,因而常把尧比作当政者,甚至一厢情愿地吟诵着自己所编造的谄媚之辞;一是下层民众,他们借尧的神话来讴歌自己心中的审美理想,激励自己为美好的未来而奋斗,尧也因而千百年来一直为千千万万的民众所喜爱和向往。所以,《尚书纬·中候》中所说的"尧即政七十载,景云出翼,凤凰止庭,朱草生郊,甘露润泽,醴泉出山,荣光出河,休气四塞",与《春秋纬·合诚图》中所说的"出观河之首,常若有神随之者……赤帝起诚天下宝"相合成一幅神人政治的图画,在流传中同作为民间保护神的"尧王"传说并行不悖。

  尧舜一体。联结尧与舜成一体的神话内容,是我们一再述说的禅让主题。在《路史》中,有"尧即政七十年,仲月甲日至于稷,沉璧于河。青云起,回风摇落,龙马衔甲,赤文绿色,自河而出,临坛,吐甲迥滞"之类的描写,与黄帝时"河图洛书"的故事如出一辙,其时"尧德清平,比隆伏羲","万民和乐"。《艺文类聚·龟》引《龙鱼河图》称:"尧时与群臣贤智到翠妫之川,大龟负图来投尧。尧敕臣下写取告瑞应,写毕,龟还水中。"待尧得舜"举以为天子"时,文献上出现两种景观:一种是《山海经·海外南经》郭璞注:"昔尧以天下让舜,三苗之君非之,帝杀之。有苗之民叛入南海,为三苗国。"另一种是《黄氏逸书考》中的《尚书纬·中候》②所载:"尧归功于舜,将以天下禅之,乃洁斋修坛场于河洛。择良日,率舜等升首山,遵河渚,有五老游焉,盖五星之精也,相谓曰:'河图将来告帝以期,知我者重瞳黄姚。'五老因飞为流星上入昴。"(《论语比考》中又加上"赤龙衔玉苞,舒图刻版,题命可卷,金泥玉检,封盛书威",和尧所感叹的"咨汝舜,天之历数在汝躬,允执其中,四海困穷,天禄永终"等内容)这两种景观的出现,我宁信前一种。因为后一种类似的情况太多,而前一种表明所谓的禅让绝不是轻而易举的,战争在尧的时代从来都没有消失过。后人还把这种禅让神话加上尧曾让位于许由,而许由逃入箕山颍水洗耳的内容(《高士传》)。《孟子·万章上》中又强调"天命",他说:"舜相尧二十有八载,非人之所能为也,天也。尧崩,三年之丧毕,舜避尧之

---

① 在神话传说中,还有尧诛丹朱等内容,其实丹朱并非尧子,当是其他部落首领。后人为推崇尧让贤不让子,才附会成"尧取散宜氏之子……生丹朱"(《世本》张澍稡集补注本)。

② 《重修纬书集成》本不见录。

子于南河之南;天下诸侯朝觐者不之尧之子而之舜,讼狱者不之尧之子而之舜,讴歌者不讴歌尧之子而讴歌舜。故曰天也。夫然后之中国,践天子位焉。"这同样是在为尧和舜做掩饰。其实,这里面所淹没的内容还有很多,禅让的礼坛绝不会如此风平浪静。舜的强大表明,政柄必须归于"龙颜重瞳"的舜才能慑服天下。①

舜作为尧的继位者,并没有使自己淹没在尧的光辉之中。他以贤能和宽容成为古典政治理想的楷模,并作为道德、人格的典范赢得了广泛的尊敬。舜与尧政治利益上的一致,使舜成为尧帝位的候选人,而更重要的还是舜在政治斗争中有力地帮助尧巩固了帝位,这见于《史记·五帝本纪》中"舜归而言于帝"的一段:"(舜)请流共工于幽陵,以变北狄;放驩兜于崇山,以变南蛮;迁三苗于三危,以变西戎;殛鲧于羽山,以变东夷。"但仅此还不够,还不足以保证舜继承或替代尧,更重要的还是舜作为部落英雄出众的胆识、能力和品格所赢得的广泛拥戴。这首先表现在他耕于历山与象相处的生活。《史记·五帝本纪》:"舜耕历山,历山之人皆让畔;渔雷泽,雷泽之人皆让居;陶河滨,河滨器皆不苦窳。一年而所居成聚,二年成邑,三年成都。"同书的另一类内容:"舜父瞽叟盲,而舜母死,瞽叟更娶妻而生象,象傲。瞽叟爱后妻子,常欲杀舜。"对这两条材料进行联系或诠释的记载在文献中很难找到,而在民间流传的神话中,却讲述了舜耕历山的工具是象。民间神话的保存,是使古典神话得以修复或还原的关键。舜所耕的历山在今黄河、长江的中下游,从考古材料来看,这一带确实有许多象群出现。在舜的活动范围内,象应该是一支能与他相抗衡的巨大部族力量,而舜坚决地制服了这支力量,保证了这一地区的基本稳定。这种情况在神话史上是一种普遍现象,即象作为部族的图腾,他们与舜部族的斗争被"瞽叟爱后妻子,常欲杀舜"所掩盖。尤其是这种现象被后人的教化功利所运用,神话的色彩就更加黯淡了。"舜姓虞"(《潜夫论·志氏姓》),而"虞"义在于"即鹿无虞②,惟入于林中"(《易·屯》),意即为猎。《论衡·偶会》:"舜葬苍梧,象为之耕。"《墨子》中也有同样的记载。《帝王世纪》:"舜葬苍梧九嶷山之阳,是为零陵,谓之纪市,在今营道下,有群象为之耕。"长期以来,唯理学说极大地限制了我们对古代神话的理解,这就是我们迄今仍有许多人仅仅把象理解某个人的根源。这里的"群象"才是揭开谜底的重要内容,却只在民间神话中一再显现,为文人士大夫们所忽视。《楚辞·天问》洪兴祖补注时说"舜德足以服象",就是把象作为人来理解的。其实,我们翻阅《史记·五帝本纪·正义》所引《括地志》,即可明白此意:"鼻神亭,在营道县北六十里。故老传言,舜葬九嶷,象来至此。后人立祠,名为鼻神亭。"鼻神,无疑出自象的神话。

其次,在有关舜的神话中,诸神的爱情第一次得到自然张扬,这就是舜与尧之二

---

① 参见拙作《关于神话重构与尧舜禅让神话的真相问题》,《文化遗产》,2018年第1期。
② 《说文》:"虞,驺虞也,白虎黑文,尾长于身。"

女娥皇、女英的情爱。《列女传·有虞二妃》："有虞二妃，帝尧二女也，长娥皇，次女英。"在近世尤其是当代，使这一神话更为远播的是毛泽东《七律·答友人》的诗句中所化用的"斑竹泪"。《山海经·中山经》："（洞庭之山）帝之二女居之，是常游于江渊。澧、沅之风，交潇湘之渊，是在九江之间，出入必以飘风暴雨。"舜与二女的爱情故事，是舜神话的组成部分，虽然文献中描述较略，但内容是非常感人的，民间神话热烈赞扬它，是很自然的现象。《述异记》："昔舜南巡，而葬于苍梧之野。尧之二女娥皇、女英追之不及，相与恸哭，泪下沾竹，竹文上为之斑斑然。"娥皇、女英与舜的爱情被神话的迷雾所缭绕，其感人的内容应该是相当丰富的。《史记·五帝本纪》："舜年二十以孝闻。三十而帝尧问可用者。四岳咸荐虞舜曰可。于是尧乃以二女妻舜，以观其内；使九男与处，以观其外。舜居妫汭，内行弥谨。尧二女不敢以贵骄，事舜亲戚，甚有妇道。尧九男皆益笃。……尧乃赐舜绨衣与琴，为筑仓廪，予牛羊。"由此可见，尧之二女与舜的结合绝不是平平淡淡地相互厮守。描述舜与二女历经患难的见《楚辞·天问》洪兴祖补引的《列女传》："瞽叟与象谋杀舜，使涂廪。舜告二女，二女曰：'时唯其戕汝，时唯其焚汝。鹊如汝裳，衣鸟工往。'舜既治廪，戒旋阶，瞽叟焚廪，舜往飞。复使浚井，舜如二女，二女曰：'时亦唯其戕汝，时其掩汝！汝去裳，衣龙工往。'舜往浚井，格其入出，从掩，舜潜出。"在《孟子·万章上》和《史记·五帝本纪》中有类似的情节，却无"舜告二女"而得到二女帮助的内容。舜与二女的情谊，应该是在这样的环境中不断升华的，这才会有斑竹泪的感人故事。《列女传·有虞二妃》："瞽叟又速舜饮酒，醉，将杀之。舜告二女，二女乃与舜药浴汪，遂往，舜终日饮酒不醉。舜之女弟系怜之，与二嫂谐。"去掉最后一句，可见二女时刻都在关爱舜，不断助其渡过难关。在《山海经·海内北经》中，舜的妻子变成了"登比氏"，有"二女之灵能照此所方百里"，我以为这是同一神话的演绎或另一种述说方式。总之，舜与娥皇、女英的爱情被颂扬，这在神话时代的发展中是一个了不起的飞跃。因为此前的神话系统中虽然也有夫妻一类的内容，诸如伏羲兄妹、黄帝妻嫘祖等，但都没有这种有关爱情的表述。伏羲与女娲结合时，还要议婚、验婚，掩面而交；黄帝妻嫘祖，也仅仅是得到一位能纺织锦绣的巧工女神，像娥皇、女英这样挥泪斑竹以念帝舜的神话，在中国神话时代确实是第一次出现。

舜作为神话中的文化英雄，不仅以宽容即后人所理解的孝而闻名，还以文明的创造而著称。如《吕氏春秋·古乐篇》："舜立，仰延乃拌瞽叟之所为瑟，益之八弦，以为二十三弦之瑟。帝舜乃令质修《九招》《六列》《六英》，以明帝德。"又如《绎史》卷十所引《尸子》："帝舜弹五弦之琴，以歌《南风》。其诗曰：'南风之薰兮，可以解吾民之愠兮；南风之时兮，可以阜吾民之财兮。'"这使我们联想起《山海经》中提到的深渊中有舜幼时所弃琴瑟的故事，可见舜时代的文化创造与其他神话时代一样，同样是灿烂辉煌的。《尚书纬·中候》中渲染这种内容，我们可窥其一斑："（舜）在位十有四年，奏钟石笙莞,未罢而天大雷雨,疾风,发屋伐木,桴鼓播地,钟磬乱行,舞人顿伏,乐正狂走。舜乃抟璯持衡而笑曰:'明哉乎,天下非一人之天下也,亦乃见于钟石笙筦乎!'乃荐禹于天,行天子事……百工相和而歌卿云,帝乃倡之曰:'庆云烂兮,纠缦缦兮;日月光华,旦复旦兮。'群臣咸进稽首曰:'明明上天,烂然星陈;日月光华,宏予一人。'帝乃再歌曰:'日月有常,星辰有行;四时从经,万姓允诚。于予论乐,配天之灵;迁于圣贤,莫不咸听。'……舜乃设坛于河,如尧所行,至于下稷,容光休至,黄龙龟图,长三十二尺,置于坛畔,赤文绿错,其文曰:'禅于夏后,天下康昌。'"舜在歌舞升平中走上神坛,又亲手把禹推向神权的宝座,从而使中国神话时代走进一个新的阶段。诚然,在这种歌舞升平的世界背后,同样包藏着部族间激战的硝烟,如《尚书·尧典》中的"(舜)流共工于幽州"即一例。

值得我们注意的是,舜神话在流传中融入了更多的"后母型故事",消解了神性的张扬;特别是把象这一图腾族徽淡化为普通人,使舜神话渐渐蜕变为历史传说。尧的神话也存在着同类现象,这是神话世俗化的普遍性表现。事实上,在尧舜神话中,禅让的文化主题并非原型,其为后世附加的痕迹更多。这使我们看到,自黄帝时代之后,巫成为颛顼和喾的神话主题,它和禅让成为尧舜神话的主题一样,神性色彩愈来愈淡,可见神话时代正日益走向历史化、世俗化。所以,待禹的时代来临时,这种趋势几乎达到了极致,禹时代的结束,也就是神话时代的终结;汤的出现,成为历史明朗化的标志。也就是说,当尧舜神话的主题从部族间的争斗和爱情的颂扬到为孝所替代转换时,中国神话时代就基本上完成了述说历史的任务,而转向了对先秦诸子关于"道"的阐释性表达。这也正是中国古典神话的基本走向,是神话时代在人文与民间双重话语述说中所体现的重要特色。

八 大禹时代

大禹时代是中国神话时代最后的强音。它以治水为中心内容,标志着中国神话自此走向消亡,代之而起的是历史传说。其中还有一个非常重要的因素,那就是当文明进入商周阶段时,卜辞和铭文成为史迹的证明。因此,有许多学者据此而把商周之前的历史整个称为中国历史的传说时代,或称口传时代。自大禹神话在这个时代登台亮相,就意味着中国神话时代的消解。而且我们可以看到,在大禹时代,几乎聚拢了中国神话中所有的母题,

大禹神话在某种意义上讲,成了中国神话类型的集大成。特别是禹与尧舜在政治禅让上成为一个神话连体,在神话性质上标志着禅让时代的彻底结束——夏王朝的覆灭,形成远古人民最后的神话记忆。

大禹是黄帝的子孙,《山海经·海内经》说:"黄帝生骆明,骆明生白马,白马是为鲧。"《世本》中说:"黄帝生昌意,昌意生颛顼,颛顼生鲧。"无论如何都离不开黄帝之后鲧生的血缘主题,那么,鲧腹生禹,禹当然是黄帝的后代。在原始信仰图腾崇拜中,禹化为熊等现象也就是自然而然的事情了。但我们还能看到,这种血缘的承继并不是简单的薪火传递,而是在大禹神话系统的形成中本身就融入许多黄帝之外的神性氏族的神话内容。如《尚书·帝命验》中说:"禹身长九尺有余,虎鼻、河目、骈齿、鸟喙、耳三漏。"我们若用今天的文化人类学理论来理解这种现象,就可以看到在禹的体质构成上有着多种血缘的痕迹。

禹的神话背景有两种具体表现,一是洪水,一是鲧神性集团。洪水神话不独在大禹时代出现,如《太平御览》卷八八八引《蜀王本纪》说到"时玉山大水,若尧之洪水",显然,尧时大水同样是原始先民异常深刻的记忆。问题在于鲧、禹之前洪水虽然存在,甚至也很严重,但都未能成为引发时代变迁的重大契机,而在鲧禹集团登场时,洪水成为一种特殊的生活背景,它意味着其中存在复杂而激烈的各神性集团之间的拼杀,尽管后世有许多人力图用禅让来掩盖这些神话内容。《吴越春秋·越王无余外传》中说鲧"家于西羌",就是这种内容的具体表现,成为我们理解缘何出现鲧为天帝所杀的重要依据。作为禹的父辈,鲧曾经是一位杰出的神性英雄,如《墨子·尚贤》中说"昔者伯鲧,帝之元子",作者极力把鲧拉在"帝"的麾下,以便更自然地张扬鲧的神性业绩。《世本》中有"鲧作耒耜""鲧服牛""鲧作城廓"等片断,我们可以看到这种创造的辉煌——对农耕文明的重要贡献和对城郭建造的重要影响。其他还有《楚辞·天问》中提到的"咸播秬黍,莆雚是营"等内容。《尚书·洪范》和《国语·鲁语上》中都提到"鲧障(堙)洪水",《山海经·海内经》郭璞注引《归藏》说得颇为详细:"滔滔洪水,无所止极,伯鲧乃以息石、息壤以填洪水。"《楚辞·天问》中有"鸱龟曳衔,鲧何听焉"之句,透露出鸱、龟帮助鲧治理洪水的壮美场面。《尚书·尧典》中有一段内容对此描绘得更详细也更生动:"帝曰:'咨,四岳!汤汤洪水方割,荡荡怀山襄陵,浩浩滔天。下民其咨,有能俾乂?'佥曰:'於,鲧哉!'"应该说,从许多材料中我们可以看到,在治理洪水的事业中,鲧不但成功过,而且曾因此做出更大的贡献。如《山海经·海内经》中讲到"鲧是始布土,均定九州",《初学记》卷二四引《吴越春秋》记述"鲧曰:'帝遭天灾,厥黎不康。'乃筑城建廓,以为固国"。《楚辞·九章·惜诵》说他"婞直而不豫"。在《路史·后纪十二》罗泌注解神话时,提到黎阳、安阳一带有鲧治洪水留下的"鲧堤"①,甚至说"古长城即尧遭洪水命鲧筑之者"。所以,刘献庭在《广阳杂记》中感叹道:"鲧之功德远矣!"这样,围绕着鲧之死,在古代典籍中展开了不同的述说,从而构成神话悲剧的具体描述。《尚书·洪范》:"鲧堙洪水,汩陈其五行。帝乃震怒,不畀

---

① 《路史·后纪十三》:"鲧障水,故有鲧堤,在相之安阳。鲧筑之以捍孟门,今谓三两城。"

洪范九畴,彝伦攸斁。鲧则殛死。"《国语·周语下》:"其在有虞,有崇伯鲧,播其淫心,称遂共工之过。尧用殛之于羽山。"《墨子·尚贤中》:"废帝之德庸,既乃刑之于羽之郊,乃热照无有及也。"《淮南子·原道训》:"昔者夏鲧作三仞之城,诸侯背之,海外有狡心。"《吕氏春秋·恃君览·行论》中说得更清楚:"尧以天下让舜,鲧为诸侯,怒于尧曰:'得天之道者为帝,得地之道者为三公。今我得地之道而不以我为三公!'以尧为失论,欲得三公,怒甚猛兽,欲以为乱,比兽之角能以为城,举其尾能以为旌。召之不来,仿佯于野,以患帝舜。于是,殛之于羽山,副之以吴刀。"所有的证据都反映了鲧对帝尧集团的蔑视,因而尧才"殛之于羽山"。但是,这些证据无疑都是异常空乏的。屈原曾经为鲧被殛的悲剧命运而愤怒呐喊:"顺欲成功,帝何刑焉!"(《楚辞·天问》)《尚书·尧典》中说鲧治水"九载"而"绩用弗成";《国语·晋语》中说"昔者鲧违帝命,殛之于羽山。化为黄熊,以入于羽渊","舜之刑也殛鲧";《左传·昭公七年》说"昔尧殛鲧于羽山,其神化为黄熊,以入羽渊";《山海经·海内经》说"洪水滔天,鲧窃帝之息壤以堙洪水,不待帝命。帝令祝融杀鲧于羽郊。鲧复生禹。帝乃命禹卒布土以定九州"。从这些纷纭的述说中我们可以看到两方面的内容,一是鲧不待帝命而被殛,一是化为黄熊"入于羽渊",为"羽渊之神"。对此作出回答的是禹,他在后来治水事业成功后,把一切微词都扫荡在鲧禹神性业绩之外,这就是文献中一再强调的"鲧复生禹"。而事实上不独在于他生了禹,在尤为丰富的民间文化中,鲧就相当普遍地受到世人的尊敬。如《路史·后纪十三》罗泌注云:"有渊,水常清,牛羊不敢饮,曰羽渊。渊上多细柳,鸟兽不敢践。"《太平御览》卷四二所引《郡国志》中也提到类似内容,《述异记》中提到浙江会稽人祭禹时不用"黄熊",《拾遗记》中提到民间百姓对鲧"四时以致祭祀",《国语·鲁语上》提到夏后氏"郊鲧而宗禹",《左传·昭公七年》中则载其"实为夏郊,三代祀之"。应该说,在民间信仰世界中,鲧的英雄面目才是更为真实的。《归藏·启筮》中说"鲧死三岁不腐",为吴刀所剖,"化为黄龙","是用出禹"。禹在《说文》中被释作"虫",闻一多考证这种现象时说,虫即龙,禹即龙①。禹使自己的父亲所蒙的"冤"得到了昭雪,依靠自己的实力战胜了大大小小的敌对力量。

《论衡》《吴越春秋》《史记·夏本纪》和《世本》等文献中,都提到禹出于"西羌",《太平御览》卷八二引《帝王世纪》中说禹"长于西羌,夷人",《晋书·地道记》还提到陇西有纪念"禹所出"的"禹庙",也有文献提到大禹生于"东夷"。无论如何,禹是夷人的身份表明,夏王朝的建立同样经历了无数的腥风血雨,之后才有神性的光辉普照大地,所以《诗经·长发》《诗经·文王有声》和《诗经·信南山》等篇章都热烈地颂扬这个王朝的胜利。这不仅是出自西羌的夷人凭借实力对中原部落的胜利,而且是中华民族大交流、大融合、大凝聚的胜利。千百年来,我们中华民族以大禹的品德作为教育子

---

① 闻一多:《闻一多全集》,第一卷,生活·读书·新知三联书店,1982年版,第52页。

孙的楷模,崇尚智慧、勇敢和无私。大禹神话的流传过程,事实上就是中华民族大发展的过程——大禹的神性英雄形象就是在世世代代神话传说的讲述中构成的民族美德和品格的光辉典型。

禹出生在哪里并不重要,重要的是作为神性英雄的禹所具有的功绩,他以他的奋斗为中国神话时代谱写又一生动的篇章。总体看来,禹神话的核心内容可分为三个方面,一是对江河湖海的浚导、挖凿,其中包括对一些水怪的镇压和铲除,这是禹神话的主体;二是禹与涂山氏的联系,包含着桑林之会即野合、狂欢等内容;三是禹铸九鼎、伐三苗、治理世界,呈现出夏王朝最灿烂的神性光辉。治水,是大禹神话的主要内容,但不是唯一的内容。

大禹治理洪水,充满着艰辛。《尚书·禹贡》中记述得最为详细。《史记·河渠书》说:"然河灾衍溢,害中国也尤甚,唯是为务,故道河自积石,历龙门,南到华阴,东下砥柱,及孟津、洛汭,至于大邳。于是,禹以为河所从来者高,水湍悍,难以行平地,数为败。乃厮二渠以引其河,北载之高地,过降水,至于大陆,播为九河,同为逆河,入于渤海。"神州大地,到处都有禹的足迹。《庄子·天下》说:"昔者禹之湮洪水,决江河,而通四夷九州也,名山三百,支川三千,小者无数。禹亲自操橐耜,而九杂天下之川,腓无胈,胫无毛,沐甚雨,栉疾风,置万国。"《吴越春秋·越王无余外传》说他"伤父功不成",而"循江泝河,尽济甄淮。乃劳身焦思以行,七年闻乐不听,过门不入,冠挂不顾,履遗不蹑。"《新书·修政语上》说:"禹尝昼不暇食,夜不暇寝矣,方是时也,忧务故也。"大禹制服了洪水,"万民皆宁性"(《淮南子·本经训》),"自生民以来,未之有也"。(《通鉴外纪》卷二)人们称赞道:"美哉禹功,明德远矣!微禹,吾其鱼乎!"(《左传·昭公元年》)当然,在他的周围聚拢着无数杰出的治水英雄,才使得他的治水事业如此成功。如《吴越春秋·越王无余外传》称:"(禹)遂巡行四渎,与益、夔共谋。行到名山大泽,召其神而问之山川脉理、金玉所有、鸟兽昆虫之类,及八方之民俗、殊国异域、土地里数。"同样,治水事业并非一蹴而就,个中的艰苦卓绝除了他的"禹步""足无爪,胫无毛,生偏枯之疾,步不能过"(《尸子·广泽》)外,更为险恶的是他同敌对力量的争斗和搏杀。首先是治水神话中大禹与共工集团的正面交往。《论衡·吉验篇》说:"洪水滔天,蛇龙为害,尧使禹治水,驱蛇龙,水治东流,蛇龙潜处。"可见禹治水是"奉帝命",这是为其名正言顺而设置背景。洪水在禹之前曾多次为患,至禹时更为严重,如《墨子·七患》引《夏书》所云"七年(在外)",《庄子·秋水》所云"十年九潦",《管子·山权数》所云"五年水"。《孟子·滕文公章句上》:"洪水横流,泛滥于天下,草木畅茂,禽兽繁殖,五谷不登,禽兽逼人,兽蹄鸟迹之道交于中国。"洪水为害甚重,但洪水为何而生这一神话中的重要内容,孟子并没有揭示,揭示这一关键性内容的是《淮南子·本经训》:"共工振滔洪水,以薄空桑。龙门未开,吕梁未发,江淮通流,四海溟涬,民皆上丘陵,赴树木。"可见洪水之害来自共工,或来自共工集团,包括共工之臣在内。《山海经·大荒西经》载"西北海之外""有禹攻共工国山",隐约显示出这些内容。《山海经广注·大荒西经》载:"西北荒有人焉,人面,朱发,蛇身,人手足,而食五谷,禽兽烦顽,名即此共工。"《山海经·大荒北经》载:"共工臣名相繇,九首,蛇身,自环,食于九土。其所歇所尼,即为源泽,不辛乃苦,百兽莫能处。"在《山海经·海外北经》中所述的"相柳氏",其情况与此大致一样,只不过换了一句"相柳氏之所抵,厥为泽溪"。《荀子·成相》说:"禹有功,抑下鸿,辟除民害逐共工。"《山海经·大荒北经》曰:"禹湮洪水,杀相繇;其血腥臭,不可生谷,其地多水,不可居也。禹湮之,三仞三沮,乃以为池。群帝是因以为台。在昆仑之北,有岳之山,寻竹生焉。"诛杀共工之族不单单是为了平息洪水,在这里也就不言而喻了。

获拿无支祁是治水神话的另一重要内容。

《太平广记》卷四六七引《戎幕闲谈·李汤》所载:"禹理水,三至桐柏山,惊风走雷,石号木鸣,五伯拥川,天老肃兵,不能兴。禹怒,召集百灵,授命夔龙。桐柏千君长稽首请命。禹因囚鸿蒙氏、章商氏、兜卢氏、犁娄氏,乃获淮、涡水神,名无支祁。善应对言语,辨江、淮之浅深,原隰之远近。形若猿猴,缩鼻高额,青躯白首,金目雪牙,颈伸百尺,力逾九象,搏击、腾踔、疾奔,轻利倏忽,闻视不可久。禹授之章律,不能制;授之乌木由,不能制;授之庚辰,能制。鸱脾、桓、木魅、水灵、山妖、石怪,奔号聚绕,以数千载。庚辰以战逐去。颈锁大索,鼻穿金铃,徙淮阴之龟山之足下,俾淮水永安流注海也。"同书中又载:"永泰中,李汤任楚州刺史。时有渔人夜钓于龟山之下,其钓因物所制,不复出。渔者健水,疾沉于下五十丈,见大铁锁,盘绕山足,寻不知极,遂告汤。汤命渔人及能水者数十,获其锁,力莫能制;加以牛五十余头,锁乃振动,稍稍就岸。时无风涛,惊浪翻涌,观者大骇。锁之末,见一兽,状有如白猿,白首长鬐,雪牙金爪,闯然上岸,高五丈许,蹲踞之状若猿猴,但两目不能开,兀若昏昧,目鼻水流如泉,涎沫腥秽,人不可近。久乃引颈伸欠,双目忽开,光彩若电,顾视人焉,欲发狂怒,观者奔走。"这是旁证,述说无支祁永不为水患,从中我们同样可以看到禹与无支祁也不单单是能力的较量,还包含着大量氏族部落间复杂的搏杀。这种氏族间的争斗主要表现在无支祁的形状描绘上。李公佐所记李汤遇渔者见水怪之事,应当是当世流行的具有原始色彩的神话记忆,水怪的猿猴形象的来源就是夔。韦昭注《国语》曰:"夔一足,越人谓之山缲(猱),人面猴身能言。"同类的神话传说中也有记述为神牛的,这与远古时代关于夔一足、牛首的神话描述相一致(如刘敬叔《异苑》卷二所载"晋康帝建元中,有渔父垂钓,得一金锁,引锁尽,见金牛;急挽出,牛断,犹得锁,长二尺")。夔氏族的牛图腾与蚩尤氏族的牛图腾在信仰存在意义上是相同的,都是黄帝族的敌对方,而禹被看作黄帝的子孙,龙氏族与牛氏族的矛盾也就自然在神话传说中表现出来。

大禹诛杀防风氏是治水神话中异常特殊的一章。

防风神话是东南地区流传的具有特殊意义的民间文化现象。鲁迅《会稽郡故事杂集》所辑《会稽记》记:"防风氏长三丈,刑者不及,乃筑高塘临之,名曰刑塘。"防风神话悲剧的具体发生是与会稽山大禹聚会群神有直接联系的。《越绝书·外传记地》载:"禹始也,忧民救水,到大越,上茅山大会计,爵有德,封有功,更名茅山曰会稽。"《国语·鲁语下》中记述孔子所言:"昔禹致群神于会稽之山,防风氏后至,禹杀而戮之,其骨节专车,此为大矣。"这里初步揭示出禹诛杀防风氏的原因,但这并不能令人信服。难道"后至"就一定被"杀而戮之"吗?显然,这里隐藏着许多未被言说的内容。《民间文学》1986年第11期和1990年第1期刊登出多则关于防风氏的神话传说,向我们揭示出这一谜底,即禹所代表的中原部落对百越部落的杀伐、征讨,才是导致防风神话悲剧最重要的原因;防风氏巨人族的被诛杀,蕴含着神话传播中的普遍现象——在征讨中获胜者的神话总是占据主流地位。特别是自20世纪80年代中期以来,民间文学集成工作在各地展开,与防风神话相关的材料被越来越多地发掘出来,大禹诛杀防风氏的谜底被更多地揭示、展现在世人面前。应该说,这种现象我们不能忽视,更不能回避;防风神话作为中国神话时代与大禹神话同时期的文化现象,值得我们深思。在地方传说中①,有尧封防风国的情节:共工撞倒不周之山,引发洪水,不周之风造就了防风巨神;防风以青泥造山,受尧之命助鲧治水,而鲧善游,得到防风与玄龟的帮助取到天庭青泥;青泥遇风而长,顶住上天,鲧因而为尧处死;防风造就了山和地之后,这里被尧封为防风国。在禹访防风的传说中,先是有防风在天地崩陷时将自己的八十一个兄弟藏起,他造山造湖的情节,后有大禹出世,防风将大禹捧到伏羲面前,得到伏羲画卦指教,防风率八十一兄弟跟随大禹去治水。这里的防风神话还有一个值得我们注意的情节,即禹诛杀防风之后,防风的头颈中冒出了不尽的洪水。与孔子所答吴国使者的话语不同,防风是百越民族心目中的圣人,是创世的英雄神,这些内容应该是很合理的,至今仍在当地广泛流传。这使我们想起《神异经·东南荒经》中关于朴父的记述:"东南隅大荒之中有朴父焉,夫妇并高千里,腹围自辅。天初立时,使其夫妻开导百川,懒不用意。墒之并立东南,男露其势,女露其牝;不饮不食,不畏寒暑,唯饮天露……古者初立,此人开导河,河或深或浅,或隘或塞,故禹更治,使其水不壅;天责其夫妻倚而立之。"这里的朴父就有着防风的身影。防风神话中有两个系统,一个是禹诛杀防风以示严明,威震群神,一个是防风作为东南巨人或巨人族首领,在与大禹集团的斗争中失利。这两个系统的流传表明中国神话嬗变的普遍性规律:主流文化的功能在于对秩序的维护,就极力述说、宣扬大禹的贤能、宽厚、正直;而非主流文化特别是民间文化的功能是多元的,更注重于情感的自然宣泄,因而也就更真实。在朴父身上的表现更多地倾向于后一个系统,既讴歌了大禹"使其水不壅",

---

① 此材料参见姚宝瑄:《防风神话复原》,《民间文学论坛》,1992年第4期。

又保存了防风巨人型神话的独立意义①。

在以治水为表层次的话语述说方式中,大禹战胜了诸多神怪,杀伐共工、无支祁和巨人防风,事实上都包含着部落战争,只不过是大禹集团取得了全面的胜利,述说的内容就成了大禹治水无比辉煌的功勋。

大禹神话的第二个内容是与涂山氏之女的结合。

大禹神话中涂山氏的出现,其意义更为特殊。治水固然是大禹神话的主体性内容,而以婚姻为外表的神话内涵即氏族联姻所表现出的神性集团的融合,同样值得我们重视。也就是说,在涂山氏的背后,我们可以看到鲧禹集团之外尤其是以狐(九尾狐)为图腾内容的部族对治水事业的融入。与其他神话时代相比,大禹神话中的情爱主体,其意义更为复杂。黄帝与嫘祖的联姻、舜与尧之二女(娥皇、女英)的联姻,在叙述方式上都较为平淡,即使是娥皇、女英沉溺湘江、泪染斑竹,也都是对神性光辉的赞颂、铺垫,而涂山氏就不同了,其中包含的除了部族间的聚合之外,而且还寓意着它的解体,隐喻着战争或其他因素在神话中的具体作用。同时,狐图腾的显示在神话中具有更丰富的文化内涵。《孟子·滕文公》:"禹八年于外,三过其门而不入。"《尸子》:"禹于是疏河决江,十年未阚其家。"《史记·河渠书》:"禹抑洪水十三年,过家不入门。"八年、十年、十三年,在神话中都蕴含着惊天动地的治水壮举和艰辛,对家的割舍显示出大禹非凡的品格。禹和涂山氏之女的结合应该有许多美丽而广阔的空间,在神话中却被其他内容隐没。这首先是《吴越春秋·越王无余外传》中所述的:"禹三十未娶,行到涂山,恐时之暮,失其度制,乃辞云:吾娶也,必有应矣。乃有白狐九尾,造于禹。"《吕氏春秋·季夏纪·音初》:"禹行功,见涂山之女。禹未之遇,而巡省南土。涂山氏之女乃令其妾待禹于涂山之阳。女乃作歌。歌曰:候人兮猗!实始作为南音。"《楚辞·天问》对此大加感慨道:

禹之力献功,
降省下土四方;
焉得彼涂山女(兮),
而通之于台桑?

《吴越春秋·越王无余外传》中提到"禹因娶涂山,谓之女娇。娶辛、壬、癸、甲,禹行。十月,女娇生子启。启生不见父,昼夕呱呱啼泣"。《水经注·涑水》中提到"禹娶涂山女,思恋本国,筑台以望之"。洪兴祖在注《天问》时引《吕氏春秋》中提到"禹娶涂山氏女,不以

---

① 另见《述异记》载:"今南中民有姓防风氏,即其后也,皆长大。越俗祭防风神,奏防风古乐,截竹长三尺,吹之如嗥,三人披发而舞。"

私害公。自辛至甲四日，复往治水。故江淮之俗，以辛、壬、癸、甲为嫁娶日也"等，都没有述说情爱悲剧的内容。颜师古注《汉书·武帝纪》引古本《淮南子》时详细述说了大禹神话的情爱悲剧："禹治鸿水，通轘辕山，化为熊。谓涂山氏曰：欲饷，闻鼓声乃来。禹跳石，误中鼓。涂山氏往，见禹方作熊，惭而去。至嵩高山下，化为石，方生启。禹曰：归我子！石破北方而生启。"洪兴祖在《楚辞补注》中所引古本《淮南子》与此同。《绎史》卷十二所引《隋巢子》略有不同："禹娶涂山，治鸿水，通轘辕山，化为熊。涂山氏见之，惭而去，至嵩高山下化为石。禹曰：归我子！石破北方而生启。"关键之处在涂山氏之"惭"。若我们以人兽之别来理解涂山氏的心理脆弱，离神话的原意无疑会相去甚远；若我们把"惭"的内容置于熊图腾与狐图腾之间的联系或神话性格上的冲突，那么，许多问题就较易解决。"石破北方而启生"的内容，使我想起《山海经·大荒西经》中提到的"有神十人名曰女娲之肠"，从石生到尸生，"惭"的意义就显而易见并非今天的惭愧之意。《说文》中说"娲，古之神圣女，化万物者也"，与在《太平御览》卷一三五所引《帝王世纪》中的一段相合："禹始纳涂山氏女，曰女娲①，合婚于台桑，有白狐九尾之瑞，至是为攸女。"台桑之合，就是桑林之会，就是上巳节高禖崇拜的"盛会"。由此，我们可以看到大禹集团与涂山氏集团之间融合、渗透、聚合、分离、摩擦等一系列交往内容。应该说，这才是大禹与涂山氏神话的真正内涵。九尾之狐的神话原貌在这里若隐若现，更多地被治水传说所掩盖，而透过其字里行间，我们分明能感受到大禹与涂山氏之女载歌载舞，欢庆启的诞生这壮美、热烈的情景。如《吴越春秋·越王无余外传》所云："绥绥白狐，九尾痝痝。我家嘉夷，来宾为王。成家成室，我造彼昌。天人之际，于兹则行。"依此我们可以推测，大禹时代，以熊（龙）为外妆的大禹与以九尾白狐为外妆的涂山氏之女，他们或许有过群婚，在桑林之会中尽情地狂欢，性与生殖的崇拜是他们狂欢的重要主题——而在神话的嬗变中，这种狂欢主题渐渐地被淡化、被世俗衍化。屈原在《天问》中这样问道：

闵妃匹合，
厥身是继；
胡维嗜不同味，
而快朝饱？

其实，两情相悦，大禹与涂山氏之间并没有出现多么深的误会，只是这种诉说衷肠的场面被"归我子"的说法所掩盖，其中的涂山氏化成石也是原始人民特有的情结（另如各地的望夫石传说）。在原始人民看来，生命的野合是神圣而充满自由和欢乐的，化石是生命存在的另一种形式，在禹和涂山氏之女中间，应该有野合即桑林之会

---

① 另见司马贞《史记索引》引《世本》所云"禹娶涂山氏女，名女娲，生启"。

的内容。启母石是大禹与涂山氏之女桑林之会的见证,是他们情爱的纪念碑。这并不是情爱的悲剧,而应该是野性狂欢的神圣赞歌,只是无情的岁月给这个传说蒙上了太多的尘垢。我们应该注意到,涂山氏"候人兮猗"的歌声一直在世间回响着。如《华阳国志·巴志》中载:"江州县郡治涂山,有禹王祠及涂后祠。"《五伦书》说:"涂山氏独明教训而致其化焉。及启长,化其德而从其教,卒致令名。"关于涂山的位置,有多种说法,《苏氏演义》说:"今涂山有四:一者会稽;二者渝州,即巴南旧江州是也,亦置禹庙于其间;三者濠州,亦置禹庙……《左传》注云涂山在寿春东北,即此是也,其山有鲧、禹、启三庙……四者,《文字音义》云,涂山,古之国名,夏禹娶之,今宣州当涂县也。"我们并不能因为至今在河南省登封嵩山还有启母石,就否认其他地方有涂山氏之裔之迹。天下处处有泰山(即东岳庙),和这道理是一样的。在《左传·哀公七年》中提到"禹会诸侯于涂山,执玉帛者万国";在《竹书纪年》中提到"禹会诸侯于涂山,杀防风氏";《博物志》卷八提到"(禹)至南海,经防风(之国)。防风之神二臣,以涂山之戮,见禹使,怒而射之";《爱日斋丛抄》中提到"禹会涂山之夕,大风雷震,有甲步卒千余人,其不被甲者以红绡帕抹其额,自此遂为军容之服"。这里涂山既是山,又是人,是涂山氏神性集团与大禹神性集团相合作的见证。今天各地所流传的大禹与涂山氏的爱情悲剧故事,有许多是对禹神话桑林之会意义的消解。当然,这也是原始神话在嬗变中所表现的普遍现象。

　　大禹治水成为中华民族历史上的一座丰碑,其铸鼎、征伐和治世的业绩同样灿烂辉煌,成为我们民族千古传颂的佳话。

　　铸鼎意味着对天地四方鬼神的告慰,也是对过去的岁月的纪念。伏羲和黄帝都曾经铸过鼎,大禹铸鼎有着更特殊的意义。《史记·封禅书》说:"禹收九牧之金,铸九鼎。"《左传·宣公三年》载:"昔夏之方有德也,远方图物,贡金九牧,铸鼎象物,百物而为之备,使民知神奸。故民入川泽山林,不逢不若,螭魅罔两,莫能逢之。用能协于上下,以承天休。"《论衡·乱龙篇》:"禹铸金鼎象百物,以入山林,亦辟凶殃。"《拾遗记》说:"禹铸九鼎,五者以应阳法,四者以象阴数。使工师以雌金为阴鼎,以雄金为阳鼎。鼎中常满,以占气象之休否。"《帝王世纪》中曾提到"禹铸鼎于荆山",其意都在于对治水事业的总结。范文澜说:"汉族一向有禹治水的神话,正反映着统一治河的共同要求,这种要求可以成为促进国家统一的因素。"①禹铸鼎的意义正在于顺应了这一历史潮流。不仅如此,《天问》中曾提到"禹播降",《述异记》中提到"夏禹时,天雨金三日""天雨稻"。《越绝书·外传纪·越地传》中说:"禹始也,忧民救水,到大越,上茅山,大会计,爵有德,封有功,更名茅山曰会稽。"禹还曾经"命皋陶作为夏籥九成,以昭其功"(《吕氏春秋·仲夏纪·古乐篇》)。封爵也好,作"夏籥九成"也好,都是为了巩固自己

---

① 《中国通史简编》,第一编,人民出版社,1978年版,第51页。

的政权。《十洲记》载:"禹经诸五岳,使工刻石,识其里数高下。其字科斗书。""不但刻剧五岳,诸名山亦然,刻山之独高处尔。"铸鼎与刻山的意义相同。当然,铸鼎者也有失败者,如《墨子·耕柱》所载:"昔者夏后开使蜚廉采金于山川,而陶铸之于昆吾。九鼎既成,迁于三国。"只有具有功德者才有资格铸鼎,铸鼎成为神话中权利与品德并举的创造活动。《太平御览》卷七五六所引的《晋中兴书》说:"神鼎者,神器也,能轻能重,能息能行,不炊而沸,不汲自盈,氤氲之气自然而生也。(其)乱则藏于深山,文明应运而至;故禹铸鼎以拟之。"

征伐三苗在大禹神话中具有重要位置。三苗与共工、相柳、无支祁和防风氏等神性角色不同,它是大禹在治水事业完成之后所出现的"乱神"。尧和舜都曾经征伐过三苗。如《吕氏春秋·恃君览·召类》载:"尧战于丹水之浦,以服南蛮。""舜却苗民,更易其俗。"《尚书·尧典》和《淮南子·修务训》都提到尧和舜"窜三苗于三危"。三苗应是我国南方一个古老的民族或部落,它曾经在西北地区居住。如《后汉书·西羌传》中提到"西羌之本出自三苗";《山海经·海外南经》说:"三苗国在赤水东,其为人相随。一曰三毛国。"《神异经·西荒经》载:"有人面目手足皆人形,而胳下有翼,不能飞。为人饕餮,淫逸无理,名曰苗民,《春秋》所谓三苗。"其形状颇为怪异,"髽首"(《淮南子·齐俗训》),"长齿,上下相冒"(《路史·后纪六》罗泌注引《述异记》)。《史记·吴起列传》载:"昔三苗氏,左洞庭,右彭蠡。"《史记·五帝本纪》载:"三苗在江、淮、荆州,数为乱。"《太平御览》卷二引《金匮》:"三苗之时,三月不见日。"《战国策·魏策》:"三苗之居,左有彭蠡之波,右有洞庭之水,文山在其南,而衡山在其北。"其"恃此险也,为政不善"。《尚书·吕刑》说:"惟时苗民匪察于狱之丽,罔择吉人,观于五刑之中。惟时庶威夺虎,断制五刑以乱无辜。"显然,这是在强词夺理,为大禹奉天命行道制造根据。而事实上,尧和舜都曾为了统一事业征伐过三苗,但都遭到了其顽强抵抗。如《淮南子·修务训》中提到"舜南征有苗"而"道死苍梧";《韩非子·五蠹》《吕氏春秋·离俗览·尚德》和《韩诗外传》等处,也都提到"禹将伐之"而"舜曰不可"。征伐三苗是一项艰难的事业,禹对它的征伐是完成国家统一的重要举措。《墨子·兼爱下》说:"禹之征有苗也,非以求重富贵、于福禄、乐耳目也,以求兴天下之利,除天下之害。"《墨子·非攻下》载:"日妖宵出,雨血三朝,龙生于庙,犬哭于市;夏冰,地坼及泉,五谷变化,民乃大震。高阳乃命(禹于)玄宫。禹亲把天之瑞令,以征有苗。雷电勃震,有神人面兽身,奉珪以侍,搤矢有苗之将,苗师大乱,后乃遂几。禹既克有三苗焉,历为山川,别物上下,卿制四极,而神民不违,天下乃静。"显然,其争斗是相当残酷的。照《尚书·吕刑》所言,就是"上帝不蠲,降咎于苗。苗民无辞于罚,乃绝厥世"。大禹对三苗的征伐,是依靠着众多部族的配合完成的,《路史·后纪六》注引《隋巢子》曰:"有神人面鸟身,降而辅之:司禄益食而人不饥,司金益富而国家实,司命益年而民不夭。四方归禹,乃克有苗,而神人不违。"《淮南子·主术训》:"故禹执干戚,舞于两阶之间,而三苗服。"当然，征伐也并非完全得到其他部族的赞同。如《战国策·魏策》："禹攻三苗，而东夷之民不赴。"禹不仅为了统一大业征伐了三苗，而且征伐了其他部族。如《庄子·人间世》说："禹攻有扈，国为虚厉。"《说苑·正理》曰："昔禹与有扈氏战，三阵而不服。禹于是修教一年，而有扈氏请服。"《淮南子·齐俗训》中提到"昔有扈氏为义而亡"。高诱对此作注曰："有扈，夏启之庶兄也；以尧、舜举贤，禹独与子，故伐启。启亡之。"有扈氏居于西北，三苗居于南方，大禹多方出击，可见其建立统一的夏王朝有多么艰难。其他如《吕氏春秋·恃君览·召类》中所举的"禹攻曹、魏、屈、骜、有扈，以行其教"，曹、魏当是东夷地区的部落，这表明夏王朝建立后天下并不太平，部族间的争斗一直没有停止，禹伐三苗只是征伐他乡的一个典型。他不仅是一位治水英雄，而且是一位邦国领袖，他更是一位宗教神，统摄着人神两个世界，时刻秉恃着天帝的使命去征伐异类。

　　大禹是一位治世的仁君，从生到死都是世间的楷模，备受后人称赞。无疑，这里附会了许多人文传说，但它同样不乏民间百姓的希望和期待。首先是大禹在行动上严格要求自己，如《尚书·大禹谟》："克勤于邦，克勤于家，不自满假。"《战国策·魏策》："帝女令仪狄作酒而美，进之禹。禹饮而甘之；遂疏仪狄，绝旨酒，曰，后世必有以酒亡其国者。"《新语·术事》："禹捐珠玉于五湖之渊，将以杜淫邪之欲，绝琦玮之情。"大禹克勤克俭，而且凡事有度，是社会自然可持续发展，即生态建设的模范。如《逸周书》所载："禹之禁，春三月，山林不登斧，以成草木之长；夏三月，川泽不入网罟，以成鱼鳖之长；且以并农力，执成男女之功。"又如在《吴越春秋·越王无余外传》中，禹"纳言听谏，安民治室，居靡山，伐木为邑，画作印，横木为门，调权衡，平斗斛，造井示民，以为法度"。大禹治世的重要内容在于求贤用能。如《孟子·公孙丑上》："禹闻善言则拜。"《太平御览》卷八二引《鬻子》："禹之治天下也，五声听，门悬鼓、钟、铎、磬，而置鞀于簨簴，曰，教寡人以道者击鼓，教寡人以义者击钟，教寡人以事者振铎，语寡人以忧者击磬，语寡人以狱讼者挥鞀。此之谓五声。是以禹尝据馈而七起，日中不假食。于是，四海之士皆至。"《汉书·晁错传》："昔者大禹勤求贤士，施及方外，四极之内，舟车所至，人迹所及，靡不闻命，以辅其不逮；近者献其明，远者通厥聪，比善戮力，以翼天子。是以大禹能无失德，夏以长茂。"《墨子·节葬下》："禹东教乎九夷，道死，葬会稽之山，桐棺三寸，葛以缄之，绞之不合，通之不坎；土地之深，下毋及泉，上毋通臭。既葬，收余壤其上，垄若参耕之亩，则止矣。"总之，大禹是道德的化身，在他身上集中了中华民族所有的美德，堪称原始神话中不落的太阳。

　　大禹从治水到治世，其神性的光辉不但耀眼，而且令人感到亲切。他建立了夏王朝,他的子孙启曾经秉承了他的光辉①,同时,也是他的子孙熄灭了远古神庙的最后一盏神灯,毁坏了他的大夏王朝②;到了夏桀王,礼崩乐坏,时人愤怒地喊道:

桀,
偈日丧!
吾与汝偕亡!

于是,在殷商王朝取代大禹夏王朝时,文字更清晰地记述了人类的足迹,中国的神话时代就全然消失了。当然,更重要的原因是,随着生产技术的迅速提高,特别是人们认识世界的能力迅速提高,神话的存在只限于记忆的阶段,其新生的土壤被历史传说所替代。大禹时代作为远古人民的精神成果消失于它繁衍的温床,中国古典神话时代也至此结束了。应该指出的是,神话思维并没有终结,它还残存着,甚至在某时空内闪放出绚丽的光芒,而它毕竟已退居到次要地位,代之而起的是新的人文艺术,古典神话在被历史化、哲学化、审美化的同时走进了世俗化,弥漫在一代又一代人的生活中。我们民族的神话被经典束缚住了手脚,但它在民间文化生活中仍然振动着有力的双翼,当我们在文献典籍中渐渐模糊了对它的观感时,在民间文化生活的野性天地中却格外清晰地看到了它多彩的身影。特别令人欣喜的是,在我们的神州大地上,我国古典神话以古庙会为背景,展现出一个个完整而清晰、刚健而清新的神话时代,与之交映的是中华民族丰富多彩的神话传说。

---

① 《山海经·大荒西经》:"开(启)上三嫔于天,得《九辩》与《九扣》以下,此天穆之野,高二千仞,开(启)焉得始歌《九招》。"
② 《墨子·非乐》:"启乃淫溢康乐……万舞翼翼,章闻于天,天弗用式。"

第二章　商周时代的传说、故事和歌谣

　　大禹时代标志着中国神话时代的终结。夏王朝的建立,目前来说是可以确认其年代的①。国家夏商周断代工程正在进展中,当年考古学家悬赏的禹坑被挖掘,禹抗已不再是一代又一代人的梦想。一般来讲,有文字可考的历史是从殷商时期开始的,学者们依据于这个时代即商周时期青铜器的发掘,称之为"青铜时代"。这个时代在我国历史上有着独特的意义。当秦帝国崛起,结束了诸侯争霸的历史时,这个时代也就相应终结,代之而起的是国家的大统一。高度的中央集权政治深刻影响着新的时代和新的文化。但是,和历史上的其他王朝的更迭一样,商周时期的民间文学还在生生不息,无论什么样的长刀都割不断这条流自远古的长河。

　　传说这一概念,在民间文学史上具有特定的意义。它和神话有联系,和故事也有联系。鲁迅曾在《中国小说史略》中提到,传说是由神话演进而来的:"传说之所道,或为神性之人,或为古英雄,其奇才异能神勇为凡人所不及,而由天授,或有天相者。"②王国维说:"上古之事,传说与史实混而不分,史实之中不免有所缘饰,与传说无异,而传说之中往往有事实之素地。"③在民间文学研究者看来,民间传说是一种具有一定真实背景的叙事性文学,这种真实性背景或者是历史上的真人、真事,或者是实际存在的山川风物,或者是影响着人们实际生活的民俗节日、禁忌、信仰等事项④。因为它和历史联系最为密切,所以,历史传说包括历史人物传说备受人们关注。当年的《古史辨》学派甚至把夏之前的历史看作传说;历史学家徐旭生的《中国古史的传说时代》把

---

　　① 《新闻出版报》2000年11月13日报道:"《夏商周断代工程1996～2000年阶段成果报告》公布:中国史纪年前推1229年。夏代始年约为公元前2070年;夏商分界约为公元前1600年;商周分界为公元前1046年。"
　　② 鲁迅:《鲁迅全集》,第9卷,人民文学出版社,1981年版,第18页。
　　③ 王国维:《古史新证》,清华大学出版社,1994年版,第3页。
　　④ 参见钟敬文主编:《民间文学概论》第八章《神话和民间传说》,上海文艺出版社,1980年版。其中举到"民间传说的产生是伴随着历史的"例子,如"随着人类社会发展,神话产生的基础削弱了,而社会生活日趋纷繁和复杂……引起了人们传颂自己历史的要求",黄帝与蚩尤之战、夏禹治水,"就既有神话,也有传说"。

夏商时期称作"古史的传说时代"。我们这里所指的商周传说更多地是指商周历史的传说,包括相关文献中关于商周社会历史及商周历史人物的传说等材料。

神话、传说、故事三者之间的联系非常复杂,但它们相互之间并非浑然不可分,其区别的关键就在于叙述重点即中心所指。商周传说的保存,主要依赖于当世的一些文献,如《尚书》《逸周书》《左传》《国语》《战国策》《公羊传》《竹书纪年》等历史类著作,和《论语》《孟子》《庄子》《荀子》《韩非子》《晏子春秋》《吕氏春秋》《墨子》《管子》《尸子》等诸子著作。

一　历史著作中的民间传说

首先应提到的是《春秋》和《尚书》。班固在《汉书·艺文志》中说:"左史记言,右史记事。事为春秋,言为尚书。""春秋"是一种文体,记录一些历史。春秋战国时代各国都曾有自己的"春秋"。今人所见《春秋》为《鲁国春秋》,相传孔子曾经修改过[①]。它记载的传说不在于多少,而在于所保存的历史传说条理清晰、言简意赅,成为其他历史传说的重要参照。相比之下,《尚书》所记述的传说更为丰富。《尚书》的流传经过了曲折的过程,有《古文尚书》和《今文尚书》。今存《尚书》58 篇,除 33 篇为今古两《尚书》所共有,余为东晋时人伪造。但无论如何,它们都保存了丰富的民间传说这一点是无疑的。《尚书》即"上古之书",古称"书经",法国学者马伯乐曾著有《书经中的神话》,就已经注意到其中的民间传说等内容。《尚书》中有《商书》和《周书》等篇,传说原有百篇之多,孔子曾经纂辑过这部典籍。其中的《尧典》,开题即述"曰若稽古",即根据传说写成。应该说,《尚书》具有明确的传说辑录意识,而且如实地记述了商周时期的各种历史传说。如《尧典》和《皋陶谟》中对尧、舜、禹、皋陶等神话人物故事在商周时期流传情景的记述,既有神话,又有传说。尤其是《禹贡》所记述的大禹治水从神话到传说的"事迹",异常丰富。在《西伯勘黎》中,纣王自认受命在天而为所欲为的形象非常生动,显然具有传说色彩。《尚书》记述历史传说最生动者,当数《金縢》[②]。它记述了周公从辅佐武王到蒙冤受屈后又复出辅佐成王的一段历史传说。它先讲述了武王克殷之后病重,周公祈祷神灵保佑武王痊愈,申明自己愿替武王去死,从而感动神灵,武王病愈,周公依然活着。史官把这件事和祷告辞一同记录下来,放置于金柜中。待武王去世,周成王执政,管叔等人散布流言,使周公被迫避位。周公的避位使

[①] 《史记·孔子世家》:"为春秋,笔则笔,削则削,子夏之徒不能赞一辞。"

[②] 这则传说在后世流传甚广,民国时期河南、湖北、山东、河北一带的地方戏曲中有《金縢记》,即取材于此。

国家发生了变异,天象出现异常。周成王和群臣打开金縢之书时,终于真相大白,为周公的忠心所感动,亲自到郊外迎接周公回到朝中继续辅佐成王。这时,"禾则尽起","岁则大熟",一片欢喜。

《尚书》中的民间传说在整个中国民间文学史上具有独特的地位,一方面它与古典神话联系在一起,表现出浓郁的巫风,另一方面它在叙事手段上影响了此后的民间传说。这种承前启后的意义是和它所处的时代密切联系在一起的。把历史传说纳入对历史事件的叙述,这种方式对于我国后世历史著作的文化传统有着相当重要的影响。在后来的《左传》和《史记》等典籍中,我们都可以看到这些内容。当然,在叙述形态上,《尚书》基本上保持着甲骨卜辞和金铭文的特色。与之相联的还有一部据说是孔子删定《尚书》时所剩余的《汲冢周书》,也称《周书》,文学史家称《逸周书》。这部著作记述周代的政治思想观念,保存了一些历史传说。在一些篇章的开头,它也有"曰若稽古"的字样。如《王会解》《殷祝解》和《太子晋解》等篇,明显地掺杂了一些神话传说。最典型的例子就是《太子晋解》,太子晋虽然只有15岁,但他反应机敏,见识非凡,若后世多才多智的神童。

对商、周历史时期的民间传说进行保存的著作,我们不能不提"春秋三传",即《公羊传》《谷梁传》《左传》。尤其是《左传》中的历史传说,对后世民间文学的发展影响格外深远。如唐代史学家刘知己所说:"左氏之叙事也,述行师则簿领盈视,叱咤沸腾;论备火则区分在目,修饰峻整……若斯才者,殆将工侔造化,思涉鬼神,著述罕闻,古今卓绝。"①

《左传》的原名是《春秋左氏传》,又名《左氏春秋》。长期以来,《左传》的作者问题被人争论不休;同时,也有许多学者对这部著作进行注疏、训释,使它的影响日益扩大。尤其是作为一部历史著作,它的民本思想表现得非常突出,这和民间文学具有最直接的人民性是一致的,所以,它也易于为后世民间文学所关注、吸收、运用。若我们把后世的民间传说整理成一定的典册,不难发现有一套口述的《左传》,即《左传》的故事已经渗透进后世的民间文学之中。再者是《左传》中有许多关于占卜、鬼神、灾祥、禁忌、祭祀、节令、星象②、历法、婚丧习俗等内容的记述,具有神秘意蕴和传奇色彩③,这和民间文学所具有的神秘性、传奇性特征相一致,因而很容易形成史实、历史传闻(说)、神话、故事相融合的叙事特点,诸如作品中的石头说话、雄鸡断尾、降神和报应

---

① 刘知己:《史通·杂说上》,上海古籍出版社,1978年版,第450～451页。
② 如《左传·昭公元年》所记"昔高辛氏有二子,伯曰阏伯,季曰实沈"与商星、参星的神话,已明显走向传说化。
③ 《左传》中有许多幽灵传说,如"庄公八年"中的齐侯杀彭生,彭生后来化为豕"人立而啼","宣公十五年"中的杜回被草结绊倒应魏颗之梦,"僖公二十八年"中的晋文公梦与楚子争斗,以及"庄公十四年""昭公二十九年"中的龙传说,都是典型的民间传说。

等奇闻,每一种奇闻在事实上都构成了民间传说故事。

重视口述历史,广泛采撷民间传说,这种史著撰写方法不仅使作品更加生动传神,而且为后世保存了珍贵的民间传说资料。在某种意义上讲,《左传》中的民间传说具有原型、母题意义,它在民俗学、神话学、传说学等方面具有重要的文献价值。如《孟姜女》这个家喻户晓的民间传说,其源头我们在《左传·襄公二十三年》中可以见到:

> 齐侯还自晋,不入,遂袭莒,门于且于,伤股而退。明日,将复战,期于寿舒。杞殖、华还载甲,夜入且于之隧,宿于莒郊。明日,先遇莒子于蒲侯氏。莒子重赂之,使无死,曰:"请有盟。"华周对曰:"贪货弃命,亦君所恶也。昏而受命,日未中而弃之,何以事君!"莒子亲鼓之,从而伐之,获杞梁,莒人行成。
>
> 齐侯归,遇杞梁之妻于郊,使吊之。辞曰:"殖之有罪,何辱命焉?若免于罪,犹有先人之敝庐在,下妾不得与郊吊。"齐侯吊诸其室。

虽然有人不同意齐侯郊吊是孟姜女传说的最早的形态,但我们在认真考察文献之间的联系时,就有更多的理由认为顾颉刚先生当年的见解是有意义的①。当然,《左传》的重要意义表现在它是我国第一部完备的编年史,民间传说的采用和保存只是其中的一个方面,问题在于它开创了把民间传说即口述史纳入史籍传统的先河。这种方法表现了作者非凡的胆识,使后世史传文学中人物的表现效果更加传神。我们可以看到,《左传》中所记录的历史人物约有一千四百多个,既有社会上层的天子、士大夫、王公诸侯,又有商贾、倡优、役人、盗贼等社会下层人物,而其中最传神者,是这些社会底层的人物故事。要达到这种效果,作者若不走进民间去遍访那些口述的历史,又怎能产生如闻其声的功效呢?

民间传说的基本功能还表现在对历史事件或生活现象的阐释上。《左传》在阐释功能的表现上既集中又生动,有许多篇章在当世或后世就已经成为人们广泛接受的传说。

风物传说是我国传说中的重要类型,其流传范围的广大是一般传说所不及的。《左传》在表现这类传说时,有的是明确揭示出传说发生的具体根据,有的则是显示某种传说的渊源。如前面所举的《孟姜女》与"齐侯郊吊"的联系,就是对孟姜女传说渊源的原型揭示。再如历史上关于介之推与寒食节的联系,最早介绍以禁火纪念介之推的并不是《左传》,而是汉代蔡邕的《琴操》。晋代陆翙的《邺中记》和《后汉书·周举传》,才把禁火与寒食连接起来。真正揭示这风俗渊源即传说原型的是《左传》。这里

---

① 参见顾颉刚、钟敬文等著:《孟姜女故事论文集》,中国民间文艺出版社,1984年版。

虽然没有直接显示禁火的内容,但它却把晋文公对介之推的追随出亡无所赏赐,导致介之推退隐而亡的重要原因点明——晋文公之悔成为这一传说发生的最重要的背景。《左传·僖公二十四年》:

> 晋侯赏从亡者,介之推不言禄,禄亦弗及。推曰:"献公之子九人,惟君在矣。惠、怀无亲,外内弃之。天未绝晋,必将有主;主晋祀者,非君而谁?天实置之,而二三子以为己力,不亦诬乎?窃人之财,犹谓之盗,况贪天之功以为己力乎?下义其罪,上赏其奸,上下相蒙,难与处矣。"其母曰:"盍亦求之,以死谁怼?"对曰:"尤而效之,罪尤甚焉,且出怨言,不食其食。"其母曰:"亦使知之,若何?"对曰:"言,身之文也;身将隐,焉用文之?是求显也。"其母曰:"能如是乎?与汝偕隐。"遂隐而死。晋侯求之不获,以绵上为之田,曰:"以志吾过,且旌善人。"

《左传》的表现方法在许多方面具有民间文学的色彩,这说明《左传》同民间文学的复杂联系,即它们之间相互影响。有人说,《左传》对文学发展的影响"正如荷马史诗之于西方文学"[①],这是很有道理的。

《国语》中的民间传说多短小精悍,这是它的叙事方式以记言为主所决定的。司马迁曾在《史记·太史公自序》中说:"左丘失明,厥有《国语》。"意谓《国语》乃左丘明所著。今天的《国语》在版本上肯定经过多人加工,共分21卷,记述了周、鲁、齐、晋、郑、楚、吴、越8个国家的历史。有人统计,《国语》中的故事总计有240多个。这些故事之间没有密切的联系,相对独立,有许多就是民间传说的记述,或者掺杂着民间传说的内容。特别是《国语》对各国的历史进行叙述,在某些程度上,我们可以把它看作不同地区的民间传说汇编。如在《楚语》中就提到有别于史官笔录的文体"语",用以教育太子,其实这"语"就是口头传说。在《国语》中有许多通俗化、口语化的语言,就是证明。

《国语》中对各国历史的记述,在篇幅上并不一致。其记述晋国的最为详细,传说也最为丰富,其次是鲁国和周国的,楚国记述了楚灵王和楚昭王,越国记述了越王勾践,吴国记述了吴王夫差,齐国只记述了齐桓公与管仲的谈话。书中的传说故事有许多不是直接叙述,而是通过不同人物的议论、相互间的对话来讲述的,这是《国语》保存民间传说的一个重要特色。

进入商、周两个历史时期之后,神话被传说所替代,对远古神话的阐释和对梦的阐释一样,都成为民间传说的表现内容。《国语·鲁语》中记述了孔子答吴子使的一段话,显然也属于当世的民间传说:

---

① 褚斌杰、谭家健主编:《先秦文学史》,人民文学出版社,1998年版,第209页。

  吴伐越,堕会稽,获骨焉,节专车。吴子使来好聘,且问之仲尼……曰:"敢问骨何为大?"仲尼曰:"丘闻之,昔禹致群神于会稽之山,防风氏后至,禹杀而戮之,其骨节专车,此为大矣。"客曰:"敢问谁守为神?"仲尼曰:"山川之灵足以纪纲天下者,其守为神……"客曰:"防风氏何守也?"仲尼曰:"汪芒氏之君也,守封隅之山者也,为漆姓。在虞夏商为汪芒氏,于周为长狄,今为大人。"客曰:"人长之极几何?"仲尼曰:"僬侥氏长三尺,短之至也;长者不过十,数之极也。"

  《国语》对这类传说的记述,一方面为我们理解远古神话提供了重要的参考证据,另一方面则为我们理解从神话到传说的嬗变及传说的发生规律提供了珍贵资料。和《左传》一样,《国语》中的民间传说作为史料的保存,我们都可以看作我国古代史传文学发展中口述史采录的实践。

  相比较而言,《战国策》也具有语录体的特点,但它更多地保存了民间故事,其保存的民间传说集中于苏秦的活动。刘向在《战国策叙录》中说,其"或曰国策,或曰国事,或曰短长,或曰事语,或曰长书,或曰修书";杨公骥也称其"可能是战国时策论、传说的汇编"①。今传《战国策》共三十三篇,所记史料包括东西周和秦、赵、魏、齐、燕、宋、卫、中山、楚诸国。记苏秦说秦,前后对比十分明显:前曾"归至家,妻不下纴,嫂不为炊,父母不与言",于是发愤读书,"读书欲睡,引锥自刺其股,血流至足",而后成功,"父母闻之,清宫除道,张乐设饮,郊迎三十里。妻侧目而视,倾耳而听。嫂蛇行匍伏,四拜自跪而谢"(《战国策·秦策一》)。在这里不仅可以看到"头悬梁、锥刺股"的原型,而且让人感受到"贫穷则父母不子,富贵则亲戚畏惧"的社会众生相。其他像颜周愿"晚食以当肉,安步以当车,无罪以当贵"(《战国策·齐策一》)的威武不屈的正直形象、孟尝君纳士、毛遂敢于自荐、蔺相如胸怀大度、荆轲义无反顾刺秦除暴等,都成为我国民间文学中的经典性内容,不但保存在民间传说中,而且被戏曲、小说等艺术所选用,深刻地影响着我们民族道德情操的陶铸、审美趣味的冶炼。

二　诸子著作中的民间传说

  相比于历史著作对民间传说的采录采用,诸子著作则有了较为清醒的区分态度与区分意识,如孔子即倡言"不语怪力乱神"。那么,在诸子著作中是否就没有民间传说的具体保存呢?有学者以为:"春秋战国是诸子竞出、百家争鸣的时代,所以子书的

---

① 杨公骥:《中国文学》,第 1 册,吉林人民出版社,1980 年版,第 431 页。

种类和数量很多。由于子书的内容多是阐发个人或学派的学术观点,与史传的专于记事不同,所以其中包含传说的情况也与史传有异。有的子书,如著名的《老子》,又名《道德经》,纯属哲学论著,其中自无传说可寻。又如《论语》《孟子》,记事写人的分量也很轻,像《论语》中的'楚狂接舆过孔子','长沮、桀溺耦而耕','子路遇荷蓧丈人'等篇,多少有一点传说的意味,但只是片断,不够完整。至于《孟子》中的'齐人有一妻一妾',更只是民间故事或文人创作的寓言。《庄子》虽然文学性很强,但本质仍是哲学著作,它里边多的是作者为阐明哲理而作的设譬和寓言,即使有时牵出尧、舜、许由、老子、孔子、梁惠王、惠施这样的历史人物,也只是把他们当作对话的伙伴或说理的工具,并未提供有关他们的传说故事。倒是后人从《庄子》中受到启发,把一些篇章编成故事和戏剧,这种故事和戏剧被看作有关庄子的传说,例如庄子的梦中化蝶(《齐物论》)和他妻死之后的鼓盆而歌(《至乐》)。"什么是典型的传说呢?"《墨子》中的《公输》篇所记的墨子救宋故事,因有真实的人物墨子、公输盘(鲁班),能与历史记载和其他著作相印证(见《战国策·宋策》《吕氏春秋·爱类》),但又不全合于史实,所以是典型的传说。"①问题在于"片断"和"典型"。"片断"和"典型"一样重要,都是对民间传说的记录保存,它们之间的差别只是对传说记述和运用的具体方式不同。不论是"片断"和"典型",都是民间传说;更重要的是有些当时未必很典型而只在后世才日益明确化的情节,我们同样可以把它看作民间传说,至少可以看作是民间传说的"原型"或"母题"。对于诸子保存的民间传说,我们应该从历史实际出发,更应该从整个民间文学发展的角度来看待。也就是说,先秦诸子著作中的民间传说被记述得怎么样并不十分重要,重要的是曾经记述过。我们能够从历史发展中寻找"蛛丝马迹",因为在文化发展中,不同的艺术形态其自身也存在着不均衡。我们对前人在记述和运用民间传说时所能体现的"典型"程度,不能过于苛求。若严格按照我们今天所概括的"定义"对前人的著作进行观照对比,有许多真正的民间传说会被我们忽视。当然,我们在甄别时还应尽量以"典型"的标准来要求、审视,而在寻找民间传说时则宜宽泛而不宜苛刻。因为在我国的历史上,像今天这样清醒而自觉的成熟的民间文学、民间传说记述,基本上不存在。更多的人是在无意识、不自觉中记述了民间文学作品②。诸如《山海经》保存了那么丰富的神话传说,它也只是一部被后人看作"巫书"的著作或资料汇编,而且至今还有许多学者并不把它看作神话典籍,见仁见智者甚为众多。

  诸子著作与前面所举历史类著作存在着明显的差异,即历史类著作在某种意义上来说,其本身就是民间传说尤其是历史传说的重要源头,而诸子著作重在阐述道

---

 ① 祁连休、程蔷主编:《中华民间文学通史》,河北教育出版社,1999年版,第204~205页。
 ② 在今天的民间文学田野作业中,我们记述某些民间传说,更多的只是记述到只言片语,所以,我们不得不"捕风捉影",沿循着一定的线索去寻找那些民间文化生活中的"瑰宝"。

理,其保存民间传说多处于不自觉状态。如《老子》(又名《道德经》)是一部哲学著作,在民间传说的保存上无意之间提到了"虽有甲兵,无所陈之,使民复结绳而用之"(《八十章》)。"结绳"就是民间传说,只不过像这样的记述未免过于简单了一些,但它毕竟保存了民间传说。当然,这样说好像有些牵强,而事实确实如此。在历史上,这样的现象并不少。《论语》《孟子》和《庄子》等典籍就不一样了。在《论语》中,虽然我们也可以看到孔子所"曰"及孔子与他人的对话,但许多地方已经显示出民间传说的原型或雏形。诸如前面引文中所举到的"楚狂接舆过孔子""长沮、桀溺耦而耕""子路遇荷蓧丈人"等,虽然是片断,但也应看作民间传说,何况《论语》本身就是经过口头传播后形成典籍的! 在《八佾》中的"孔子谓季氏八佾舞于庭,是可忍也,孰不可忍也""管仲之器小哉……邦君树塞门,管氏亦树塞门;邦君为两君之好,有反坫,管氏亦有反坫。管氏而知礼,孰不知礼";在《公冶长》中的"臧文仲居蔡,山节藻棁,何如其知也""伯夷、叔齐不念旧恶,怨是用希";在《泰伯》中的"巍巍乎,舜、禹之有天下也,而不与焉""大哉,尧之为君也""舜有臣五人而天下治""禹,吾无间然矣! 菲饮食而致孝乎鬼神,恶衣服而致美乎黻冕,卑宫室而尽力乎沟洫";在《微子》中的"微子去之,箕子为之奴,比干谏而死。孔子曰:'殷有三仁焉'""逸民伯夷、叔齐、虞仲、夷逸、朱张、柳下惠、少连。子曰:'不降其志,不辱其身,伯夷、叔齐与!'谓'柳下惠、少连,(其)降志辱身矣,言中伦,行中虑,其斯而已矣。'谓'虞仲、夷逸,(其)隐居放言,身中清,废中权;我则异于是,无可无不可'";在《子张》中的"子贡曰:'纣之不善,不如是之善也。是以君子恶居下流,天下之恶皆归焉'";在《尧曰》中的"尧曰:'咨,尔舜! 天之历数在尔躬,允执其中。四海困穷,天禄永终。'舜亦以命禹"等,这些内容都包含着民间传说,或者其本身就是传说。在这里,我们不但看到了民间传说的嬗变形态,而且还可以从中窥见孔子他们的民间文学思想理论①。

　　《孟子》也是经过多人整理而成书的。孟子有辩才,在论辩中他广征博闻,运用了许多民间文学作品,包括当时所流传的民间传说。如《梁惠王下》中,他针对人所言汤逐桀、武王伐纣为"以臣弑君",说"贼仁者谓之贼,贼义者谓之残;残贼之人,谓之一夫。闻诛一夫纣矣,未闻弑君也";在《告子下》中他提到"人皆可以为尧舜";针对人所言禹之声高于文王之声,禹所传钟为人所喜爱而连纽都快弄断,他不以为然,以为是年月久远的缘故。在《孟子》中,我们可以看到许多地方所闪放出的民本思想,他所举的例子包括那些民间传说,都体现出他的基本态度。如"三代得天下也,以仁;其失天下也,以不仁。国之所以废兴存亡者亦然","桀、纣之失天下也,失其民也;失其民者,失其心也","尧舜之道,孝悌而已","舜视弃天下,犹弃敝踪也! 窃负而逃,遵海滨而

---

①　如"子不语怪力乱神"等具体的民间文学观,包括"礼失求诸野""国之大事,在祀与戎"等,是我国古代民间文学思想理论的重要内容。

处,终身欣然,乐而忘天下",等等,表现出他独特的民间文学思想。再如《梁惠王》中,孟子对齐宣王所言"王政可得闻与",所答的"昔者文王之治岐也,耕者九一,仕者世禄,关市讥而不征,泽梁无禁,罪人不孥。老而无妻曰鳏,老而无夫曰寡,老而无子曰独,幼而无父曰孤。此四者,天下之穷民而无告者。文王发政施仁,必先斯四者",及"昔者公刘好货"等,既是孟子对当世关于周文王传说的转述,又表明了他的政治理想。

在《庄子》中,我们能够感受到"穷闾陋巷,困窘织屦,槁项黄馘"的庄周,其"宁游戏污渎之中自快,无为有国者所羁"的崇尚自由自在的民间文化心态。和《孟子》相同的是,民间传说在《庄子》中都成为对话或述说某种道理的工具,没有表现出独立的故事形态,但这并不影响其保存民间传说的意义。庄周继承了老子的哲学思想,着重阐释和述说"道""万物一齐"等哲学概念,宣扬"绝圣弃智""使民无知无欲""小国寡民",所采用的民间传说大都具有神话色彩,即远离现实。如《天道》中说"夫天地者,古之所大也,而黄帝尧舜之所共美也";在《逍遥游》中,我们看到鲲鹏之大的传说;在《应帝王》中,看到南海之帝儵、北海之帝忽对中央之帝浑沌谋报而"日凿一窍,七日而浑沌死"的传说(许多学者认为这是盘古神话形成的雏形,另议);在《胠箧》中,可以看到"昔者容成氏、大庭氏、伯皇氏、中央氏、栗陆氏、骊畜氏、轩辕氏、赫胥氏、尊卢氏、祝融氏、伏羲氏、神农氏,当是时也,民结绳而用之,甘其食,美其服,乐其俗,安其居,邻国相望,鸡犬之音相闻,民至老死而不相往来";在《在宥》中,可以看到"昔者黄帝始以仁义撄人之心,尧舜于是乎股无胈,胫无毛,以养天下之形"和"尧于是放讙兜于崇山,投三苗于三危,流共工于幽都";在《山木》中,可以看到"舜之将死,直令禹曰:'汝戒之哉!形莫若缘,情莫若率;缘则不离,率则不劳;不离不劳,则不求文以待形;不求文以待形,固而待物'";在《知北游》中,"知问黄帝曰""黄帝曰"与"舜问乎丞曰"等,显然已非原始神话,而是传说。不论这些传说流传在哪个层面,我们都可以看到庄周对传说的保存,在事实上给我们提供了研究先秦传说的珍贵资料。另外,像《齐物论》中的梦中化蝶和《至乐》中的鼓盆而歌,我们同样可以看作庄周传说的一些原型存在。当然,《庄子》对民间文学更大的贡献是对民间寓言的保存。

《墨子》一书是墨子门人后学所录而编撰成书的,其中也保存了不少民间传说,如著名的墨子救宋,其见之于《公输》,是我们研究鲁班传说的重要文献。在《所染》中,我们看到染丝的比喻所联系到的帝王治国传说,如舜、禹、汤、武染于贤臣,所以才能"王天下"而"功名蔽天地",桀、纣、幽、厉则染于佞人,所以"国残身死,为天下僇"。诸侯兴亡也是同样的道理,其中的兴亡故事即民间传说。

《管子》是齐国学者根据管仲的事迹和传说等材料编成的,其中一些文章如《大匡》保存了齐桓公重用管仲而成霸业的历史传说;又如《小称》保存了"桓公、管仲、鲍叔牙、宁戚四人饮"和管仲临终劝桓公远奸佞小人的历史传说。在《小问》中,管仲因桓公所使求宁戚,不明白宁戚所说"浩浩乎"的用意,结果婢女为其解谜团,并转述了百里奚饭牛而相秦等传说。这则传说应被看作后世巧女故事的雏形。

《尸子》是晋人尸佼在商鞅被刑之后他逃往蜀地时所撰,其中保存了一些民间传说。如《贵言》中以"范献子游于河"的传说为题,通过舟人清涓所答,讲述了"若不修晋国之政,内不得大夫,而外失百姓"的道理。

在《晏子春秋》中,我们看到受人敬重的齐国著名政治家晏婴的传说故事。这部书又叫《晏子》,也可看作诸子之作,也可看作史传文学。书中的晏子充满睿智,正直、善良、勇敢。如《内篇杂下》表现晏子使楚,以使狗国人狗门、橘生淮南为橘而生淮北为枳屡胜楚王;在《内篇谏上》中,晏婴借对圉人的诘问劝阻了齐景公滥杀无辜。晏子品格高尚,躬行节俭,忠于职守,爱护人民。特别是在《内篇杂上》中崔杼弑杀齐庄公,面对崔杼的利诱和威胁,他泰然自若;在《内篇杂下》中,齐景公屡次嘉奖他,都被他谢绝,从而"父之党无不乘车者,母之党无不足于衣食者,妻之党无冻馁者,国之简士待臣而后举火者数百家"。这些传说可以看作后世民间传说中机智人物故事的原型。

最后特别应该提到的是《吕氏春秋》对民间传说的保存。《吕氏春秋》是吕不韦主编的。司马迁在《史记·吕不韦列传》中说:"当是时,魏有信陵君,楚有春申君,赵有平原君,齐有孟尝君,皆下士,喜宾客,以相倾。吕不韦以秦之强,羞不如,亦招致士,厚遇之,至食客三千人。是时,诸侯多辩士,如荀卿之徒,著书布天下。吕不韦乃使其客人人著所闻,集论以为八览、六论、十二纪,二十余万言。"在某种意义上讲,这部类书内容之丰富,堪称先秦时期的一部百科全书,是对整个先秦时期思想文化的总结。编者的主导思想在于参考"治乱存亡""寿夭吉凶"而使人成为治国"智公"。其中所保存的民间传说,也多是历史传说。如《名类》中,从黄帝、禹、汤、文王等帝王传说来谈金木水火土五行与帝王事业的联系:

> 黄帝之时,天先见大螾大蝼,黄帝曰土气胜;土气胜,故其色尚黄,其事则土。及禹之时,天先见草木秋冬不杀,禹曰木气胜;木气胜,故其色尚青,其事则木。及汤之时,天先见金刃生于水,汤曰金气胜;金气胜,故其色尚白,其事则金。及文王之时,天先见火,赤乌衔丹书集于周社,文王曰火气胜;火气胜,故其色尚赤,其事则火。

《吕氏春秋》对民间传说的保存不像《晏子春秋》那样集中谈论历史人物,而是博采百家杂书,许多传说是从其他典籍中采取的,但它同样对保存民间传说做出了重要贡献①。尤其是它对音乐艺术起源传说的记述,为我们研究艺术起源提供了珍贵的资料。如在《古乐》篇中,记述了我们举例中谈到的"昔葛天氏之乐,三人操牛尾,投足,以歌八阕",还记述了"黄帝令伶伦作为律":

> 昔黄帝令伶伦作为律。伶伦自大夏之西,乃之阮隃之阴,取竹于嶰谿之谷,以生空窍厚钧者,断两节间,其长三寸九分,而吹之以为黄钟之宫,名曰舍少。次制十二筒,以之阮隃之下,听凤凰之鸣,以别十二律。其雄鸣为六,雌鸣亦为六,以比黄钟之宫,适合黄钟之宫皆可以生之。故曰:黄钟之宫,律吕之本。黄帝又令伶伦与荣将铸十二钟,以和五音,以施英韶,以仲春之月、乙卯之日,日在奎,始奏之,命之曰咸池。

其他还有"昔朱襄氏之治天下也,多风而阳气畜积,万物散解,果实不成。故士达作为五弦瑟,以来阴气,以定群生""帝颛顼生自若水,实处空桑,乃登为帝,惟天之后,正风乃行。其音若熙熙、凄凄、锵锵。帝颛顼好其音,乃令飞龙作效八风之音,命之曰承云""夔乃效山林谿谷之音以歌,乃以麋骼置缶而鼓之,乃拊石击石,以象上帝玉磬之音,以致舞百兽"等从神话演变而成的传说。在《音初》篇,还记述了有娀氏之二女与北音起源的传说。

《吕氏春秋》对民间传说的记述十分广泛,而其目的性也很明确,即偏重于教化,如《求人》篇中对大禹辛苦于民,四处奔波跋涉,"不有懈堕,忧其黔首,颜色黧黑,窍藏不通,步不相过,以求贤人,欲尽地利,至劳也"的记述,这是从神话走向传说的典型。其他还有一些当世民间传说的记述,如《慎小》中吴起夜日置表于南门之外而取信,具有教化意义。这也是诸子著作中的普遍现象。

《韩非子》《列子》和《荀子》等先秦诸子著作中也有不少民间传说的具体记述,因其侧重处不同,若繁星闪烁,内容过于浩瀚,这里不再一一举例。民间传说除了在历史著作和诸子著作之中有大量保存之外,在一些典册诸如《礼记》等文献中也有许多保存,更不用说像《诗经》《楚辞》等诗歌典籍中的保存了。

---

① 在《吕氏春秋·本味》中曾记述:"有侁氏女子采桑得婴儿于空桑之中",即"伊尹生空桑"故事,并在其中记述了"臼出水而东走,毋顾"及"身固化为空桑"的情节。丁乃通将此类故事列于825A型。标明其为洪水故事。其实这是一篇异常珍贵的殷商祖先传说,《天问》中也曾保存此内容。

三 商周时代的民间故事

民间故事包括幻想故事、生活故事、民间寓言和民间笑话等。它的产生与神话、传说有密切的联系,但作为一种成熟的民间文学形态,它在春秋战国时期才形成和发展起来,并且其现实性表达意义更为明显。这是因为民间故事的思维形式相对于神话和传说,属于更特殊的一个形态;尤其在审美表现上,民间故事对人们社会生活的同步表现显然有了飞跃性的发展。当然,要完全区分民间故事和神话、传说之间的差别,也是非常困难的。若从其发生历史上进行考察,就会发现,民间故事在某种程度上讲,是从神话、传说之中发育出来的,问题在于如何理解民间故事的具体特征。《庄子·逍遥游》中曾提到"齐谐者,志怪者也",并举到"谐之言曰"的例子。西方一位学者说:"故事在远古时代就已经出现。可以追溯到新石器时代,以至旧石器时代。从当时尼安特塔人的头骨形状,便可判断他已听讲故事了。"①另一位学者说:"当我们的考察以自己的西方世界为限时,大约在三四千年前,故事讲述者的技艺就已经在社会的各个阶层培养出来。"②先秦时期著作中的"语体",有《国语》,有《论语》。《国语》中所记的"语"是传说或具有传说色彩的故事,而《论语》中的"语"则更多地属于民间故事即口述民间故事的具体形态。其中最典型的民间故事是在诸子著作中首先出现的,这和先秦诸子对口述文体传统的创造有直接联系。先秦诸子著作中保存的民间故事最集中的内容是民间寓言,这也是我国民间故事发展史上的一个重要特色,它在一开始就对我们提出了如何理解民间故事的原始形态保存与文人化创作及运用的棘手问题。先秦寓言故事是否都属于民间文学的范畴呢?有许多学者是肯定的。如一位学者所述:"据史籍所载,先秦诸子大量收集、加工和改造民间故事作寓言,已成为当时的一种社会风习。先秦史籍中保存下来的大量寓言,绝大部分可以看作是在民间故事基础上的再创造。"③但应该指出的是,明确记载先秦诸子如何"改造"而成为"社会风习"的史料,如今所见并不太多。倒是寓言故事与民间寓言在文体上的区别,应该引起我们的思索。民间寓言属于民间文学的一种,而寓言故事则难免有作家的创作。要十分清晰地辨别二者,也是非常困难的。当然,我们辨别的依据是有条件的,其一在于所述内容的基本语态,其二则在于作为文本是否为后世的历史所验证、认可。同时,我们也因此可以看到后世民间故事的迅速发展及更进一步的成熟,其中

---

① (英)福斯特:《小说面面观》,花城出版社,1994年版,第23页。
② (美)斯蒂·汤普森:《世界民间故事分类学》,上海文艺出版社,1991年版,第2页。
③ 公木:《先秦寓言概论》,齐鲁书社,1984年版,第53页。

一个很重要的原因是文人参与。对于这一点,我们受苏联对民间文学是"劳动人民的口头创作"这一概念的阐释和范畴界定的限制,把民间知识分子这个阶层从民间文学发生的主体层中剔除出去,这是非常狭隘的。阿兰·邓迪斯关于"民间"概念的论述,倒是更值得我们思索。即使在今天我们考察民间故事的发生状态时,也可以看到民间知识分子在民间文学传播(包括创作形成)中的重要作用。这并不是要抹杀文人创作寓言故事和民间寓言之间的差别,而是提出如何理解"民间化"的问题。若没有文人即民间知识分子的参与,民间文学包括大量的民间传说、民间故事在保存上肯定会受到许多限制;在某些时候,民间知识分子因为更熟悉民间生活,他们提供的传说和故事的文本,更宜于为民间百姓所接受,因而也易于被演绎成民间文学。在今天,这种现象仍是很普遍的。例如,在酒桌上,一个处长(受过高等教育,有丰富的生活阅历)讲了一个荤故事,满桌的人大笑不止,这个荤故事就有可能成为当代民间故事并为社会所接受。这时候,处长已经不纯粹是官员即社会上层成员的角色,而是融入或回归到民间百姓这个层面。那么,先秦时期的诸子也应该是这样吧。

诸子著作中民间寓言的保存,应该和诸子的生活阅历及其哲学取向有关。如诸子中的庄周,《史记·老庄申韩列传》中有其史迹。这位才思驰骋八方的哲学家生在中原,曾经做过漆园小吏,还曾编卖草鞋,甚至以贷粟度日,生活相当贫困。《庄子·列御寇》描述其"穷闾陋巷,困窘织屦,槁项黄馘",但他的哲学思想却异常丰富。他接受了老子关于天道自然无为的哲学思想,兼收杨朱、田骈等人的哲学思想,从而进一步提出"万物一齐"等新的哲学思想。在《庄子·大宗师》中,他提出"神鬼神帝,生天生地;在太极之先而不为高,在六极之下而不为深,先天地生而不为久,长于上古而不为老"。他把"道"的内涵与民间文化的内容相糅合。他以为,"安之若命"(《人间世》)才是至高的道德境界;在他看来,"窃钩者诛,窃国者为诸侯;诸侯之门,而仁义存焉"(《胠箧》),"夫尧畜畜然仁"而"其后世人与人相食与"(《徐无鬼》)。他所向往的理想世界是"民之常性",即"冬日衣皮毛,夏日衣葛絺;春耕种,形足以劳动;秋收敛,身足以休息;日出而作,日入而息,逍遥于天地之间而心意自得"(《让王》)。所以,他著作中的"谬悠之说,荒唐之言,无端崖之辞"(《天下》),更接近民间百姓;"卮言为曼衍,以重言为真,以寓言为广"(同前),也更易为民间百姓所接受。在先秦诸子中,庄周的寓言创作成就最大,其对民间寓言的保存同样最为突出。《庄子》中的民间寓言不论是在当世或者在后世,都具有一定的反响。诸如《秋水》中的"坎井之蛙",《外物》中的"辙中有鲋",《养生主》中的"庖丁解牛",《山木》中的"恶贵美贱",《列御寇》中的"舐痔者得车五乘",《让王》中的"捉衿而肘见",《人间世》中的"不材之木",以及《外篇·至乐》中的"鼓盆而歌"等,多成为后世传诵的成语,或被作为文学创作的素材,家喻户晓。在《庄子》中,民间寓言的保存及其被认定,为其他典籍共同使用,是一个重要证据。如《养生主》中的"庖丁解牛",还见之于《管子·制分》和《吕氏春秋·精通》;《山术》中的"恶贵美贱",还见之于《列子·黄帝》和《韩非子·说林上》;《还生》中的"纪渻子养斗鸡",还见之于《列子·黄帝》《庄子》中,体现出庄周对自由的真诚向往,表现出鲜明的神话思维特征。如他在《逍遥游》中所举的长生木、藐姑射之山神人,和他在《齐物论》中所表现的梦境等,都具有神话色彩。判断神话、传说与民间寓言的区别,关键在于其寓意所在。如《逍遥游》:

  楚之南有冥灵者,以五百岁为春,以五百岁为秋。上古有大椿者,以八千岁为春,八千岁为秋。而彭祖乃今以久特闻,众人匹之,不亦悲乎!

  这里所显示的是对生命有涯而短暂的认识。很明显,这种无限而广大、悠远的艺术境界来自于对神话世界的表述,是神话思维的传承。这既是庄周哲学思想的文化风格的表现,也是《庄子》中民间寓言的艺术特点的表现。当然,这和庄周自觉深入民间生活、蔑视权贵的跋扈而庸俗的人生态度有关。再如《达生》:

  桓公曰:"然则有鬼乎?"曰:"有。沉有履,灶有髻,户内之烦壤,雷霆处之;东北方之下者倍阿,鲑蠪跃之;西北方之下者,则泆阳处之。水有罔象,丘有峷,山有夔,野有彷徨,泽有委蛇。"公曰:"请问委蛇之状何如?"皇子曰:"委蛇,其大如毂。其长如辕,紫衣而朱冠。其为物也恶,闻雷车之声,则捧其首而立,见之者殆乎霸。"桓公辴然而笑曰:"此寡人之所见者也。"于是,正衣冠与之坐,不终日而不知病之去也。

  这里的故事既有传说的痕迹,又有民间故事的神思,它所寓示的内容是人的精神状态颇为重要;同时,它表现出浓郁的民间信仰色彩,即泛鬼神意识。与《孟子》《韩非子》《墨子》等诸子著作相比,民间寓言在《庄子》中所表现的民间故事特点更为突出。也就是说,他人更多的是把民间寓言作为对话所使用的工具,而《庄子》更多的是自言自语,是展示民间故事即民间寓言的独立而完整的艺术形态。

  《孟子》运用民间故事阐发其哲学思想,在先秦诸子中也是很突出的。据有人统计,《孟子》全书共260章,而比喻的使用就有160多处,其中的民间故事篇幅不长,其深刻的讽喻性和鲜明的思辨色彩尤为犀利。最突出的是《离娄下》中的"齐人"吹嘘自己"餍酒肉而后返"的一段:

  齐人有一妻一妾而处室者,其良人出,则必餍酒肉而后返。其妻问所与饮食者,则尽富贵也。其妻告其妾曰:"良人出,则必餍酒肉而后返,问其所与饮食者,尽富贵也,而未尝有显者来,吾将瞷良人之所之也。"早起,施从良人之所之,遍国中无与立谈者。卒之东郭墦间,之祭者乞其余,不足,又顾而之他。此其为餍足之道也。其妻归,告其妾曰:"良人者,所仰望而终身也,今若此!"与其妾讪其良人,而相泣于中庭,而良人未之知也,施施从外来,骄其妻妾。

这是一则民间故事,也可以看作一篇民间寓言,其影响相当深远,明传奇《东郭记》、清蒲松龄《东郭箫鼓儿词》等作品都化用了它。孟子的哲学思想中,民本意识具有突出的体现。他主张"民为贵,社稷次之,君为轻",所用的民间故事尤其是民间寓言,也多表现为对所谓蔑视下民的"君子""贵人"辈自大、无聊、无耻心理的无情揭示。"齐人有一妻一妾者"是这样,"今有人日攘其邻之鸡者"也是这样。

孟子是一位杰出的哲学家,对孔子的仁义继承并发扬光大。考察他的经历,我们可以看到,他也曾周游列国,后"退而与万章之徒序《诗》《书》,述仲尼之意,作《孟子》七篇"(《史记·孟子荀卿列传》)。正因为他有这样的经历,胸怀非凡的抱负而不远离人民,所以他被后世尊为"亚圣",代表了民间百姓的道德判断与选择!

韩非子是一位杰出的政治理论家,是先秦法家学说的集大成者。传说他口吃,但擅长于著文,曾和李斯共同受业于荀卿;后来,韩非不能为韩王所用,于是发愤著《韩非子》,为秦王所喜爱。正当秦王欲用韩非时,韩非却被李斯等人陷害而服毒自杀。《韩非子》中保存了许多民间故事,民间故事的基本类型非常完备,如民间幻想故事、民间生活故事、民间寓言、民间笑话等,在《韩非子》中都有集中体现,这在先秦诸子中是不多见的。

民间故事在《韩非子》中集中保存在《内储说》《外储说》《说林》《五蠹》《喻老》《十过》等篇章中,诸如"滥竽充数""画犬马最难""守株待兔""郑人买履""买椟还珠""自相矛盾"等故事,不但在民间广泛传播,而且成为人们常用的俗谚、成语。民间故事在《韩非子》中是用来作为说理论据的,而韩非的目的性很明确,集中了商鞅的"明法"、申不害的"任术"、慎到的"乘势"与老子的"道"等思想,强调实用性、质朴性。这些故事生动而完整,寓意深邃,这些文本也就更为珍贵。

《韩非子》中的民间寓言流传甚广,前面已举例,并称其中有许多已经成为后世常用的成语,这里不再详述;应该指出的是,与其他先秦作家不同,韩非所运用的民间寓言有着鲜明的倾向性,即对保守和懦弱等社会现象的抨击。《五蠹》①中的"守株待兔"抨击的是"守",是坐以待劳的空想、懒惰;《外储说左上》中的"郑人买履"抨击的是墨守成规;《解老》中的"秦伯嫁女"写主人因为妾美而爱妾、"楚人卖珠"写郑人因为椟华丽而买椟还珠,抨击只讲究形式而不论质美者;《外储说左上》中的"画犬马最难画鬼

---

① 《五蠹》之名仿《商君书·靳令》中"六虱"而来,意在抨击时尚的"法古",把空谈的学者(儒)、只谈而不做的纵横家、带剑的游侠、逃避兵役的人和惟利是徒的工商之民称为五蠹,鼓吹变革才是出路。

最易",抨击了躲避现实、沉溺空想者;《说林上》中的善织者鲁国夫妇欲到异乡谋生却不知异乡实情,抨击不从实际出发者;《外储说左上》中的"滥竽充数"者、教燕王学不死之道而学生未到先生已死的假神仙以及自称能在棘木顶端雕刻成母猴却没有雕刻工具的骗子,都是抨击不学无术的招摇撞骗者;《喻老》中的"扁鹊见桓公"抨击不听良言以至于病入膏肓不可救药者;《势难》中的"自相矛盾"抨击说谎而贪欲的无耻者;《喻老》中的"纣为象箸"抨击了欲无止境而不知防微杜渐者;《喻老》中的"赵襄王学御于王子于期"抨击了那些求胜心切而意在防止他人超越自己者,等等。这里几乎包容了所有不利于社会迅速发展的邪恶现象。作为热爱变法事业的学者,韩非倡言的是切实而有效的变法。他在《难一》中先举了韩献子斩人而御献子救人的传说,提出"救罪人,法之所以败也"。他以为,既要变法,又要面对现实,更要严格守法,保证变革的彻底而有序、有效。在他看来,营私舞弊、以势压人、嫉贤妒能、自欺欺人的"当涂之人"(《孤愤》),是变法的大敌。其文激昂慷慨,热情澎湃,洋溢着一位具有卓越才情的学者的赤诚,难怪秦王(始皇帝)读后叹道:"嗟乎,寡人得见此人与之游,死不恨矣!"(《史记·秦始皇本纪》)民间寓言在其文中的作用是很大的。在这种意义上讲,韩非是诸子中尤为出色的一位作家。

《列子》的作者传说是郑人列御寇,其中也保存了一些民间故事。如《汤问》中的《愚公移山》,就是一篇具有神话色彩的民间寓言故事,强调了持之以恒的重要作用。这在先秦民间故事中具有典型意义。诚如一位学者所说:"在寓言文学发展的最初阶段,寓言往往就是神话传说和故事。"① 又如《列子·说符》中的《亡铁者》,揭示了主观和持成见者的畸形心理②。其他还有《战国策》中的"三人成虎"(另见于《韩非子》和《吕氏春秋》)、"狐假虎威"(另见于《尹文子》)、"画蛇添足""南辕北辙",《吕氏春秋》中的"枯梧不祥"(另见于《列子》)、"宣王好射"(另见于《尹文子》)等,都成为影响深广的成语,这显示出先秦民间寓言的独特魅力。

总的来看,先秦时期的民间故事中,民间寓言被记述、保存得最丰富,幻想故事、生活故事也有一些记录,笑话则被记述得较少。这是因为在商周社会中,诸子百家争鸣,游说之风盛行,人们一方面要很好地表达自己的思想和情感,另一方面则要借用广泛传播的民间故事来增强表达效果,所以很自然地选择了民间寓言故事这种文体;笑话的发展相对于其他故事形态来说,要求的艺术表现能力更强,所以它被记述得少是一方面,在当时产生得少也应当是很重要的因素。也就是说,民间故事各种形态的发生和发展,与其他民间文学形态一样,都有一定的背景,都需要相应的发生机制、嬗

---

① 杨公骥:《中国文学》,第 1 册,吉林人民出版社,1980 年,第 446 页。
② 关于《列子》的成书,学者们争论不一。有学者对此考证,以为基本上是魏晋辑录、补充、发挥而成。也有人不以为然。此类论点参见谭家健等:《列于故事渊源考略》(《社会科学战线》),2000 年 3 期。

变机制。当神话走出远古时代,它就渐渐融入世俗生活而淡然了,代替它的是具有神话色彩的传说故事;而当民间文学走进一个更新的时代,它必须与一定的社会需要(需求)相吻合,才能生存和发展。在任何一个时代,民间文学都没有消失过,所不同的是各类文体(形态)之间的不均衡现象。

四　商周时代的民间歌谣

商周时代民间歌谣的保存基本上有两种情况,即:一,先秦典籍的保存,其中又有零星保存和集中保存之别;二,后世典籍文献的保存(包括后人追忆)。先秦典籍的保存集中在《诗经》与《楚辞》中,分别表现了北方与南方两地民间歌谣;历史著作和诸子著作中,也保存有丰富的材料(其他还有卜辞和金铭文所保存的远古歌谣)。

歌谣在先秦典籍中的保存,零星者居多,诸如《尚书》《左传》《国语》《战国策》《晏子春秋》《论语》《孟子》《荀子》《韩非子》《吕氏春秋》《庄子》和《列子》等,都不同程度地记述、保存了商周时期的民间歌谣。其中,《左传》中保存的民间歌谣数量最多,其类型也最全。

《左传》的目的在于记事,在"记"即描述(叙述)中引用了一些民间歌谣,其类型以时政歌谣和儿童歌谣居多,有些谚语也可以看作歌谣。时政歌谣是民间歌谣中反映社会生活最及时的歌谣,如载于《宋宣公二年》的《宋城者讴》:

郑公子归生受命于楚,伐宋。宋华元、乐吕御之。二月壬子,战于大棘,宋师败绩,囚华元……来人以兵车百乘、文马百驷以赎华元于郑。半入,华元逃归……宋城,华元为植,巡功。城者讴曰:
　　睅其目,
　　皤其腹,
　　弃甲而复。
　　于思于思,
　　弃甲复来!
(华元)使其骖乘谓之曰:
　　牛则有皮,
　　犀兕尚多,
　　弃甲则那?
役人曰:
　　从其有皮,

丹漆若何?

华元曰:

"去之,夫其口众我寡。"

从这里我们可以看到华元的无耻被役人揭示得淋漓尽致。同时,我们也可以看到,这里的"对歌",即华元所曰"其口众我寡"的效果。像这样不仅描绘其歌唱内容,又描述其歌唱环境者,在先秦典籍中是很有代表性的。

民间歌谣是社会政治的晴雨表,时政歌最直接地传达了人民的心声,体现出人民的爱憎。在民间歌谣中,所有的丑恶都不能被掩饰。如《左传·定公十四年》中的"宋野人歌":

卫侯为夫人南子召宋朝,太子蒯聩献盂于齐,过宋野。野人歌之曰:既定尔娄猪,盍归吾艾豭!

与时政歌谣对社会历史的直接表现相比,民间儿童歌谣对社会政治的反映有着更复杂的内容。如《左传·僖公五年》:

八月甲午,晋侯围上阳。问于卜偃曰:"吾其济乎?"对曰:"克之。"公曰:"何时?"对曰:"童谣云:

丙之晨,

龙尾伏辰,

均服振振,

取虢之旗。

鹑之贲贲,

天策焞焞,

火中成军,

虢公其奔。

其九月、十月之交乎?丙子旦,日在尾,月在策,鹑火中,必是时也。"

冬十二月丙子朔,晋灭虢。

这种现象即以童谣为谶语的"验证",在《左传》中不少见,包含着典型的神秘文化的意蕴,特别是星占与时政的联系,体现出先秦时代社会文化发展的特点。

《国语》中所保存的民间歌谣也不少,其中不少歌谣成为后世广泛流传的谚语、成语,如《周语》中的"众心成城,众口铄金""从善如登,从恶如崩"等名句,直到今天还为我们所运用。《国语》中的时政歌谣也好,儿童歌谣也好,其保存都具有一定的环境,即具有阐释性内容,述说其发生背景。

以歌谣预示天下大事,作为一种艺术传统,我们在后世的谶书中时有所见,在一些文学作品中也可以看到。这些歌谣已不单单是一种民间歌唱的载体,而且包含了许多人对未来世事的分析与预见。

在先秦典籍诸如诸子著作中,歌谣成为另一种意义的述说表现方式,显示出诸子对社会、历史、人生等问题的思索。如《论语·子路》中的"人而无恒,不可以作巫医";又如《论语·微子》中的"楚狂接舆歌":

楚狂接舆歌而过孔子,曰:
　　凤兮,凤兮!
　　何德之衰?
　　往者不可谏,
　　来者犹可追。
　　已而,已而!
　　今之从政者殆而!

《孟子·离娄上》载"孺子歌":

有孺子歌曰:
　　沧浪之水清兮,
　　可以濯我缨;
　　沧浪之水浊兮,
　　可以濯我足。①
孔子曰:"小子听之,清斯濯缨,浊斯濯足矣。自取之也。"

《庄子》中也引用了一些歌谣,如在《论语·微子》中曾被引用过的"楚狂接舆歌";所不同者,是《庄子》中加上了"天下有道,圣人成焉;天下无道,圣人生焉"。在《大宗师》中,有所谓"孟子反、子琴张歌":

　　子桑户、孟子反、子琴张三人相与友,而子桑户死,未葬。孔子闻之,使子贡往侍事焉。或编曲,或鼓琴,相和而歌曰:

---

①　《文子》中变为"混混之水浊,可以濯吾足乎;泠泠之水清,可以濯吾缨乎"。

嗟来桑户乎!
嗟来桑户乎!
而已反其真,
而我犹为人猗!

在《韩非子》中所引用歌谣也是比较多的。如《韩非子·说林篇下》:

管仲、鲍叔相谓曰:"君乱甚矣,必失国。齐国之诸公子其可辅者,非公子纠则小白也,与子人事一人焉,先达者相收。"管仲乃从公子纠,鲍叔从小白。国人果弑君。小白先入为君,鲁人拘管仲而效之,鲍叔言而相之。故谚曰:
巫咸虽善祝,
不能自祓也。
秦医虽善除,
不能自弹也。

其他如《难二》中的"公胡不复遗冠"等,以及《韩非子·外储说右上》中的"晏子述周秦民歌"等,都并非单纯为了述说歌谣,而是借以抒发自己渴望社会变革的火热情怀。

在《荀子》中也是这样。值得说明的是,这位先秦时期的哲学家自觉地采用民间说唱的艺术形式,其《成相》篇可看做民间歌谣体的长卷。"相"作为一种民间文学体裁,类似于今日民间流行的鼓书,在字句上有明显的节拍。如《尚书·皋陶谟》中所言"抟拊琴瑟以咏","抟拊"即"相",即郑玄在注中所言"抟拊以韦为之,装之以糠,形如小鼓,所以节乐,一名相"。所谓"成",即"奏"。《成相》共有五十六节,每节为五句,第一句、第二句都是三字,第三句是七字,第四句是四字,第五句还是七字。这种句式给人以特殊的韵致美感,恰与今日河南东部地区流行的大鼓书相一致。《成相》中的基本内容为:先述对贤与奸的任用不同而出现了治与乱两种效果,然后举出历史事实包括大量民间传说和民间故事,进一步阐述用奸佞之人所产生的危害,最后再提出自己的具体主张。荀子作《成相》篇时,应该是他在齐国不被任用而被迫去楚,之后又因遇谗而游赵再赴秦,最后终老于楚时所作。在楚国,他曾经为春申君所用,但由于政治旋涡将他推出政坛,所以他空有壮志而不得实现,便走进民间,借此歌谣体述说胸臆。我们不能肯定地说《成相》就是民间歌谣,但可以肯定地说其中保存有不少民间歌谣;荀子在自己的晚年目睹社会政治的全面腐败,借用民间文艺形式来抒怀,为我们保存了当世民间歌谣等民间文艺文体,这是他非凡的贡献。

《尚书》《礼记》等先秦典籍中,也保存了不少传说为这个时期的一些歌谣,如《伊尹歌》《麦秀歌》《曳杖歌》《登木歌》等，此外还有《琴操》中所举的《猗兰操》《龟山操》《岐山操》《箕山操》《舜思亲操》等，《吴越春秋》所举的《渔父歌》《伍子胥引河上歌》《越王夫人歌》《采葛妇歌》等。《史记》《风俗通义》《后汉书》和《韩诗外传》等典籍所引传说中的歌谣，其辨伪非常困难。我们不能一概而论其皆伪或皆真，但至少可以说，这是与先秦典籍的影响分不开的。通过其中的句式，我们可以管窥商、周时代或远古时代歌谣的一斑。这种情况与相传为尧时代的《击壤歌》《康衢童谣》相差无几，我们只能把它们看作传说。

先秦时期即远古歌谣之后的民间歌谣，最集中的保存当推《诗经》与《楚辞》。这两部诗歌总集，分别体现出北方和南方民间歌谣的基本风格。

先谈谈《诗经》中的民间歌谣。

首先我们可以从《诗经》中看到先秦时期以河洛为中心，东到齐，西到渭，北到燕，南到江汉这样一个大致相当于今天黄河中下游地区和淮河流域（大致包括河南、河北、山西、陕西和山东的全部及湖北、安徽的一部分）的民间歌谣保存状况。从《诗经》中，我们能够管窥先民们丰富多彩的文化生活，尤其是民间文艺和禁忌、图腾、巫术等信仰崇拜在民俗事项中的具体表现。

综观《诗经》中"国风"和"小雅"中的民间歌谣，我们可以看到，表现内容最突出者是情爱主题和婚姻生活。在这部分内容中，我们可以看到男欢女爱的尽情张扬，而这正是民间文化生活的主流，即封建卫道士所指斥的"淫"。如《诗经·周南·关雎》诗，开篇即以"关关雎鸠，在河之洲，窈窕淑女，君子好逑"来指明年轻的心对恋情的投入，其暗示的内容则应该是关于"野合"相关的民俗生活。其后的"参差荇菜，左右流之"和"参差荇菜，左右采之""参差荇菜，左右芼之"，并不是指具体的劳动动作，而是"桑间濮上"的欢爱情景；最后的"钟鼓乐之"，则应是仲春之月桑林之会的盛景的想象。也就是说，我们理解《诗经》中的民间歌谣，应该结合当时的民俗生活，而诸如《周礼》《礼记》等典籍中所述的民间盛会，正是《关雎》这类作品的具体背景。《周礼·媒氏》中所述的"仲春之月，令会男女，于是时也，奔者不禁"，《礼记·月令》中所述的"是月也，玄鸟至。至之日，以太牢祠于高禖，天子亲往，后妃帅九嫔御。乃礼天子所御，带以弓韣，授以弓矢，于高禖之前"，指的都是仲春之会及高禖崇拜，这在《诗经》形成的时代应该是广为流行的民俗生活。更重要的是"关关雎鸠"在河洲上所示的意义。朱熹在《诗集传》中对此解释为"雌雄相应之和声也"，但他却又来了一句"生有定偶而不相乱，偶常并游而不相狎"来喻此《关鸠》为颂"后妃之德"（《诗集传》卷一）。清人王先谦举《史记·佞幸传索引》中的"关，通也"，《尚书大传》中的"虽禽兽之声，犹悉关于律"，《太玄·玄测都序》注"关"为"交"，"鸟之情意通，则鸣声往复相交，故曰关"（《诗三家义集疏》卷一）。鸟之交，实际上就是人之交。仲春之会中男女相交相欢相爱，在鸟相交的图画中自然显示出来。再者是诗中所用的"参差荇菜"，即俗称的黄花菜，《唐本草》

称"蓄菜",《本草纲目》中称为"金莲子",在古代既可作药又可食用,还可供观赏,其疗效与洗濯意义相连,给人以特殊的美感。由此,我们联系到乡村民俗生活中以鸟喻男根,以黄花喻少女,可以想见这仲春之会中男女间热烈欢爱的动人情景——而这在当时丝毫没有淫的色彩,一切都顺乎自然。由此,我们再看《邶风·静女》中的"静女其姝,俟我于城隅"和《郑风·溱洧》《召南·野有死麕》《王风·采葛》《鄘风·桑中》等作品,也就不难见其中的情爱世界了。

人常以为《郑风》"淫"。"淫"其实就是无拘无束的情爱。举数《郑风》,可见《缁衣》《将仲子》《叔于田》《大叔于田》《清人》《羔裘》《遵大路》《女曰鸡鸣》《有女同车》《山有扶苏》《萚兮》《狡童》《褰裳》《丰》《东门之蝉》《风雨》《子衿》《扬之水》《出其东门》《野有蔓草》《溱洧》,共二十一首诗。除了《缁衣》被释为"郑武公好贤",《清人》被释为"刺郑文公",《羔裘》被释为"赞美郑国大夫"之外,其余诸篇都是表现男女情爱的。《将仲子》中的"无逾""无折"及"亦可畏也"所形成的复沓结构,体现出一对男女相爱相欢的情形。《遵大路》二章每章四句,每章的前两句都是"遵大路兮,掺执子之袪(或手)兮",自然使我们联想起流传至今的西北民歌《走西口》,其中"走路要走大路"和"紧拉着妹妹(哥哥)的手",其意境与意蕴惊人地一致。在《萚兮》和《狡童》《褰裳》《山有扶苏》中,我们同样可以看到仲春之会的狂欢,"狂且""狂童""狡童"和"叔兮伯兮"是当时最亲昵的称呼。在《出其东门》中,我们看到"有女如云""有女如荼",在《野有蔓草》中,我们看到"零露漙兮""零露瀼瀼"与"邂逅相遇"等,都流露出野合的痕迹。最突出也是最典型的野合情景表现在《溱洧》,它集中体现了溱洧之滨,男男女女踏青修禊,以除不祥,其"维士与女,伊其相谑,赠之以芍药",更直接更具体地描绘了上巳节男欢女爱的恣肆。而这些内容,正是腐儒们非礼勿视勿闻的,因此,也就难怪口口诬其为"淫声"了。

《齐风》中也不乏"淫声",如《还》《著》《东方之日》等篇,描绘情爱间的交流与相悦。《还》曾被认为"刺荒"即讽刺田猎之事,事实上其中的"遭我乎峱(náo)之间兮"与"并驱从两肩兮",和后世民歌中的"雌雄傍地走"意义相同,是男女在野外追逐嬉戏的情景。值得提出的是《齐风》中的《南山》《敝笱》《载驱》《猗嗟》,表面上连成一体,可看做是讽刺齐襄公与其妹文姜淫乱的故事,其实其主题意旨已被民间衍化为男女情爱的歌唱。其中的"匪斧不克""其鱼唯唯""敝笱在梁"和"汶水汤汤""汶水滔滔""美目扬兮",都包含着炙热的情爱,应当是后世民歌"哥啊妹啊"语句的重要起源,表现亲密的情爱。这里的兄妹相媾并不是什么伤天害理的丑恶行为,而是正常的男女相悦,只不过后世腐儒不愿接受这种事实,也就不能理解其存在的合理性了。但我们从唐代诗歌中"女娲本是伏羲妻"等神话传说的嬗变形态中,还可以寻找到其踪迹。也就是说,《诗经》中的传说虽源于历史,但已经不是真实的历史记述,而是再创造成新的意蕴的历史。这种现象在《陈风》中也有所表现。如《宛丘》,有人以为"刺幽公也,淫荒昏乱,游荡而无度焉"(《诗序》);但我们通读全篇之后并没有这种感觉,看到的却是宛丘之上成群的男女自由自在、载歌载舞、尽情欢娱的景象。与之相近的是《东门之枌》,也有人说它是"刺女巫盛行之诗"(《诗序》)。其实《东门之枌》和《宛丘》一样,都是再现了高禖崇拜、桑林之会、仲春之会等具有原始信仰包括生殖崇拜、性崇拜内容的集体狂欢。还有《株林》,有人以为其"刺灵公也,淫乎夏姬,驱驰而往,朝夕不休息焉"(《诗序》)。其中的"胡为乎株林""朝食于株"同样是表现仲春野合的内容,这里的夏南也并不是指夏姬的儿子,而应是泛指美貌女子。

后世学者根据主流文化即统治者巩固社会秩序的需要,强调《诗经》的教化功能,极力扼杀《诗经》之中所张扬的欢爱内容。相反,在民间文艺的发展中,最动人的内容恰恰正是这一部分表现男女情感世界的作品所体现的"淫荡"。在这里根本没有什么无耻、卑鄙、下流、淫乱,更多的是火辣辣的情感表达与抒发,是对美好、幸福、愉快、欢乐等境界的真切向往。《诗经》中的"国风"和"小雅"中的民间歌谣是自由之源、幸福之本、真情之根。可以说,若没有这些内容,"国风"将失去其绚丽的姿色,整个《诗经》也将同其他先秦典籍一样被束之高阁,远没有像现在这样在民间文化、民俗生活中为大众传播所青睐。当然,爱与欢乐是美丽的,其中也不乏忧伤,《诗经》中有不少民间歌谣直接表现了这种痛苦、无奈和焦渴。如《桧风》中的《羔裘》所唱的"岂不尔思,我心忧伤",《素冠》中所唱的"棘人栾栾兮""我心伤悲兮",还有《曹风》中的《蜉蝣》所唱的"心之忧矣",《候人》中所唱的"不遂其媾"与"季女斯饥"。

《诗经》中所保存的民歌,还集中反映了劳动生活、人生苦难与忧愁等内容。在《诗经》形成的时代,农耕技术已经得到相当充分的发展,社会分工带给民间百姓许多欢乐,也带来许多烦恼和仇恨、不满。人们通过这些民歌的诵唱,得到情感的宣泄,获得慰藉,另一方面,人们也把这些民歌作为生产知识和生活经验的教材,甚至是他们的百科全书,通过传唱教育、培养后代,同时,也陶冶着一代又一代人的性情和操守。这类作品最典型的当数《豳风》中的《七月》。"七月流火,九月授衣","四月秀葽,五月鸣蜩,八月其获,十月陨萚","九月筑场圃,十月纳禾稼","二之日凿冰冲冲,三之日纳入凌阴,四之日其蚤,献羔祭韭"等时令的描述,具体表现了于耜、举趾、执筐(采桑、采蒿)、条桑、载绩、狩猎、熏鼠、春酒、食瓜、断壶、叔苴、索绹、乘屋、飨宴、祭祀、祈祷等民俗生活。在后世的民间歌曲中普遍流行《十二月》之歌,即把一年的农事和主要生活事项,包括民间节日,都通过歌谣表现出来,《七月》就是这类歌曲的最原始的类型。我们的先人热爱生活,同样也热爱劳动,在劳动中歌唱快乐。如在《周南·芣苢》中,每个诗句之前都有"采采芣苢"作为复沓章句,描述劳动中的欢乐。又如《召南·驺虞》和《齐风·还》中对猎手的称赞,可看做较早的狩猎歌。在劳动歌谣中,《诗经》中一些作品还表现了唱和的效果,除了《周南·芣苢》外,突出的典型如《魏风·十亩之间》:

> 十亩之间兮,
> 桑者闲闲兮。
> 行与子还兮!
>
> 十亩之外兮,
> 桑音泄泄兮。
> 行与子逝兮!

但并不是所有的劳动都充满了欢乐,当过重的劳役给人民带来苦痛时,民歌就多了一些咒骂、指斥和憎恨。如《唐风·鸨羽》中"悠悠苍天,曷其有常"的发问,充满了悲苦和凄凉。最典型的同类作品是《魏风·硕鼠》和《魏风·伐檀》,人们把那些欺压人的人比作"硕鼠",发出"逝将去汝"的呐喊,对"不狩不猎"的"彼君子兮"提出质问。

还有一些民歌表现了对征战的厌恶。周代连年征战,给人民带来不尽的哀伤和痛苦,诸如《豳风·东山》成为这种苦情倾诉的典型。在《东山》中,每章前几句都是"我徂东山,慆慆不归。我来自东,零雨其濛",展现了厌战、思乡、怀旧的心态。《小雅·采薇》《卫风·伯兮》《邶风·击鼓》等,也是这类歌谣的代表。

原始信仰和祖先崇拜是《诗经》民歌中的重要内容,我们这样理解《诗经》,而更多的学者虽然也承认其中有丰富的民间歌谣,但作具体阐释时总是依照文人诗来理解,有意无意地忽略其中的原始信仰和祖先崇拜。尤其是一些人片面强调《诗经》所具有的人民性,以为其基本价值就在于揭露黑暗、嘲讽丑恶、歌颂正义,这样理解《诗经》是相当偏颇的。《诗经》源自特殊的时代,它虽然具有表现社会现实的意义,但无论如何都摆脱不了特殊时代所赋予的文化特征,即它首先属于生活,其次才属于艺术。《诗经》的诵唱,曾经是先秦时期文艺生活的重要内容,如《左传·文公十三年》:

> 郑伯与公宴于棐。子家赋《鸿雁》,季文子曰:"寡君未免于此。"文子赋《四月》。子家赋《载驰》之四章,文子赋《采薇》之四章。郑伯拜,公答拜。

在《诗经》中,《诗序》说"风,风也,教也","雅者,正也","颂者,美盛德之形容,以其成功告于神明者也"。郑樵在《诗辨妄》中说:"乡土之音曰风,朝廷之音曰雅,宗庙之音曰颂。"

原始信仰和祖先崇拜作为《诗经》民歌的重要内容,在各篇章中以不同的程度存在着。如,原始信仰中的生殖崇拜、性崇拜、动物崇拜通过"鸟兽草木之名"展现出来,有时伴之以野合的描绘,像我们在前面所举到的例子;诸如巫术崇拜、自然崇拜、灵魂崇拜在许多篇章中更是普遍性表现;尤为突出的是星辰崇拜及其伴随的民间传说,成为《诗经》中原始信仰的动人表现。如《小雅·大东》中所列的织女星、牵牛星、启明星、长庚星、天毕星、箕星、斗星,每一颗星辰后面,都有相关的传说作为诗句,融成一体:

>   维天有汉,
>   监亦有光。
>   跂彼织女,
>   终日七襄。
>   虽则七襄,
>   不成报章。
>   睆彼牵牛,
>   不以服箱。
>   东有启明,
>   西有长庚。
>   有捄天毕,
>   载施之行。
>   维南有箕,
>   不可以簸扬。
>   维北有斗,
>   不可以挹酒浆。
>   维南有箕,
>   载翕其舌。
>   维北有斗,
>   西柄之揭。

这应该是先秦文献中最早提到"牛郎织女"的神话传说材料。我们考察这则民间传说,《大东》是一个重要的起点,是原型。其他像许多篇章中提到的祭祀、祈祷、诅咒性内容,与原始信仰有着密切的联系,诸如《小雅·桑扈》中的"兕觥其觩,旨酒思柔;彼交匪敖,万福来求"等,我们可以看作重要的仪式歌谣,直接影响着后世的民间仪式歌的形成和变化。在"国风"中也有并非纯属民间歌谣的作品,如《鄘风·载驰》,有人考证即为许穆夫人所作①;在"颂"中,也未必没有民间歌谣的存在,只是我们通常不把

---

① 见褚斌杰、谭家健主编:《先秦文学史》,第二编第四章,人民文学出版社,1998年版。

一些民间仪式歌谣作为民间歌谣看待。如"商颂"中的《那》《烈祖》《玄鸟》《长发》和《殷武》,是祭祀祖先、先王的"乐歌",而此时周已经灭商,商的子孙还在传唱、怀念自己的祖先和先王,内容和语句都与那些民歌无异,又为何不能视作祭祀时所唱的民间歌谣呢?"商颂"所保存的被征服民族的"乐歌",其实就是正在民间流传的歌谣。《周颂·载芟》在《诗序》中被释为"春籍田而祈社稷也",即春耕祀神的乐歌;《周颂·良耜》是秋收后祀神的乐歌。它们都是集体活动中演唱的"乐歌",也可以被看作民间仪式歌。在某种意义上讲,在整部《诗经》中,处处都可以看到集体性歌唱的意义,而集体性正是民间歌谣存在的基础;那么,一部《诗经》被看作先秦时期或商周时期的民间歌谣总集,并不为过。特别是《商颂·玄鸟》,可以被看作最早的民间叙事诗。正因为许多学者在文化研究中长期固守于偏狭的"民间"概念,即一味强调下层体力劳动者对口头创作的贡献,才人为地抹杀了全民性的重要内容。

祖先崇拜在《诗经》中主要保存在《大雅》和《颂》中,集中表现在《大雅》中的《绵》《生民》《公刘》和《商颂》等篇章。其中《大雅》中所表现的是周民族的几代祖先神,《商颂》中所表现的是殷商民族的祖先神;在信仰成分与表现方式上,它们和西方学者所论述的"史诗"(epic)的具体概念,并无太大的差异。《生民》和《玄鸟》这几篇作品被看作先秦时期所保存的史诗,是有道理的。《大雅》之意即"大事",是重大历史事件,即郑樵在《诗辨妄》中所述"朝廷之音"。如《生民》从姜嫄生育后稷开始,述说后稷在周民族发展史上的事迹:

> 厥初生民,
> 时维姜嫄。
> 生民如何,
> 克禋克祀,
> 以弗无子。
> 履帝武敏歆,
> 攸介攸止。
> 载震载夙,
> 载生载育,
> 时维后稷。

它详细地述说了周始祖诞生的神话传说,并以农耕仪礼等形式来表达后人对祖先的怀念。这是周民族第一代祖先的颂歌。《公刘》描述了周民族的第二代英雄祖先对周国家建立及在由豳创业的艰辛历史,反复咏叹"笃公刘",讴歌其"乃场乃疆""爰方启行""瞻彼溥原""于京斯依""既景乃冈,相其阴阳""于豳斯馆"而"涉渭为乱,取厉取锻,止基乃理,爰众爰有"。在《绵》中又描述了周民族第三代英雄祖先神古公亶父(即王季之父、文王之祖,后称太王)由豳迁往"岐下"建立周国家的历程:

绵绵瓜瓞,
民之初生,
自土沮漆。
古公亶父,
陶复陶穴,
未有家室。

诗中还描述了"周原膴膴,堇荼如饴。爰始爰谋,爰契我龟"的内容。古公亶父领导周民族在"岐下"这片土地上"乃慰乃止,乃左乃右;乃疆乃理,乃宣乃亩""乃立皋门""乃立应门""乃立冢土",而后才有"文王蹶厥生"以及疏附、先后、奔奏、御侮的强大阵容。在《大雅·思齐》中,文王齐家治国,他"不显亦临,无射亦保",全心全意为人民服务,而且"成人有德,小子有造",周王朝的人民无限幸福、光荣和自豪,而这和《生民》《公刘》《绵》都是一脉相承的。同样,在这三篇史诗性的作品中,从内容到形式都是经过许多人共同创造才完成的。

《商颂》的情况更为特殊,因为这里的商民族已经失去了统治者的地位而被周民族所征服。但我们可以看到,在《商颂》中,诸如《玄鸟》这类作品,不会是在短时间内由个别人创作完成的,而是经过了相当长时间的集体传播,在这一时期被整理、保存。诸如《长发》中,先述"濬哲维商,长发其祥",然后以"洪水芒芒,禹敷下土方,外大国是疆"引出"有娀方将,帝立子生商",讴歌契、相、成汤等商民族的英雄神,还赞颂了"实维阿衡(即伊尹),实左右商王",一点也看不出沮丧的情绪,显然是周灭商之前的作品。在《玄鸟》中,以"天命玄鸟,降而生商"引题,在揭示商民族的图腾"玄鸟"的同时,铺叙"武汤""正域彼四方"而"方命厥后,奄有九有",再述说孙子"武丁""肇域彼四海,四海来假"的昌盛景象。显然,这也是商灭亡之前的作品。武王灭纣而封微子启于宋,商的子孙在宋这片土地上继续传唱着他们的先人留下的史诗。和《大雅》中的《生民》《公刘》《绵》一样,这些"乐歌"应该被看作民间歌谣或民间叙事诗、史诗。

《诗经》被看作我国第一部诗歌总集,这是在把文人诗和民间诗同等看待条件下的论断,它也是继《周易》之后的又一部民歌总集;尤其是《大雅》和《颂》中,保存了包括民间仪式歌、民间史诗或民间叙事诗在内的作品,特别是后者,应该为我们重新认识和深入思索。

《楚辞》与《诗经》一样,既是对历史的真实记述,又包含了许多民间歌曲、民间歌谣和民间传说等内容。当年楚人所包括的"九夷八蛮",即南方越、苗、氐、羌、巴等民族的文化，与中原文化相汇聚，一同在楚古歌中表现出来。楚古歌包括《楚辞》在内，是楚文化的一部分，构成其自身的特点，而在楚文化的具体构成中，民俗生活起到了非常重要的"底色"作用。如《汉书·地理志》所说：

  楚有江汉川泽山林之饶。江南地广，或火耕水耨；民食鱼稻，以渔猎山伐为业，果蓏蠃蛤，食物常足。故呰窳偷生，而亡积聚，饮食还给，不忧冻饿，亦亡千金之家。(其)信巫鬼，重淫祀。而汉中淫失枝柱，与巴蜀同俗。

  巴蜀广南本南夷，秦并以为郡，土地肥美，有江水沃野，山林竹木，疏食果实之饶。南贾滇、僰僮，西近邛、筰马、旄牛。民食稻鱼，亡凶年忧，俗不愁苦而轻易淫泆，柔弱褊厄。

这种文化包括民间信仰在内的民俗生活等因素，决定了《楚辞》和楚古歌的基本内容与个性。王逸在《楚辞章句·九歌·序》中说：

  昔楚国南郢之邑，沅湘之间，其俗信鬼而好祠。其祠必作歌乐、鼓舞，以乐诸神。屈原放逐，窜伏其域，怀忧苦毒，愁思沸郁，出见俗人祭祀之礼、歌舞之乐，其词鄙陋，因为作《九歌》之曲。

后来朱熹也谈道："昔楚南郢之邑，沅湘之间，其俗信鬼而好祀。其祀必使巫觋作乐、歌舞以娱神。蛮荆陋俗，词既鄙俚，而阴阳神鬼之间，又或不能无亵慢淫荒之杂。"(《楚辞集注辨证》)王逸、朱熹都强调《九歌》原为楚地沅湘之间的民间祭歌即民间仪式歌，屈原曾经因"其词鄙陋"而重作(写)。他们一味强调的"其词鄙陋"，正是楚古歌的重要特色。

第三章　秦汉间俗说

民间文学发展到秦统一中国时,发生了重要变化。秦始皇进行了一系列文化政策的革新与创制,既是对先秦时代民间文学的总结与继承,又深刻地影响着后世。如秦代设置了"乐府",有"奉常"和"少府"二署。班固《汉书·百官公卿表》记载"奉常"和"少府"所属官职情况,其中有"少府,秦官,掌山海池泽之税,以给供养,有六丞。属官有尚书、符节、太医、太官、汤官、导官、乐府、若卢、考工室、左弋、居室、甘泉居室、左右司空、东织、西织、东园匠十六官令、丞"的详细记载。后来,唐代杜佑的《通典》、宋代郑樵的《通志》、元代马端临的《文献通考》等典籍,都提及"太常卿——太乐署"。1977年,我国考古工作者在陕西秦始皇陵附近发掘出一件重要文物秦错金甬钟,在钟的柄上镌刻着篆书"乐府"两字。应该说,这是最有力的证据。在《史记·李斯列传》中,我们可以看到秦代的俗乐颇为繁盛,如其所引《谏逐客书》:

夫击瓮叩缶弹筝搏髀,而歌呼呜呜快耳者,真秦之声也。《郑》《卫》《桑间》《韶》《虞》《武》《象》者,异国之乐也。今弃叩缶击瓮而就《郑》《卫》,退弹筝而取《韶》《虞》,若是者何也?快意当前,适观而已矣。

秦王朝统治者曾经焚书坑儒,但它并没有消灭文化,而且在吸收与改造民间文艺的基础上取得了一些令后人瞩目的成就。如它曾经把战国时代的"讲武之礼"改名为"角觝"。任昉在其《述异记》中特意提到这个现象:

秦汉间说,蚩尤氏耳鬓如剑戟,头有角。(其)与轩辕斗,以角觝人,人不能向。今冀州有乐,名蚩尤戏,其民两两三三,头戴牛角而相觝,汉造角觝戏,盖其遗制也。

同时在《史记·李斯列传》中,也提到"是时(秦)二世在甘泉,方作觳(角)抵优俳之观",即"角觝戏"。秦之前,吴国的吹箎(《史记·范雎蔡泽列传》)、燕国的击筑(《战国策·燕策三》)、齐国的弹唱(《战国策·齐策一》)都颇盛行,俗乐的影响超过了雅乐。《史记·秦始皇本纪》中提到其"所得诸侯美人钟鼓，以充入之"，刘向在《说苑·反质》中说："关中离宫三百所，关外四百所，皆钟鼓帷帐，妇女倡优。"可见乐府的设立及其影响在秦代是那样普遍和深入。但是，由于秦王朝的苛政给天下百姓带来无尽灾难，强制劳役和沉重的赋税，加上焚书坑儒，终于把其罪恶推向了极点，"大楚兴，陈胜王"（《史记·陈涉世家》）的呼声，为秦帝国敲响了丧钟。这个朝代留下了太多的控诉，诸如《史记》《汉书》和南朝刘敬叔的《异苑》、任昉的《述异记》、宋人郭茂倩的《乐府诗集》、明代杨慎《升庵诗话》、杨泉《物理论》等后世文献，都或载，或记，或引地记下了这些作品。尤为典型的如刘敬叔《异苑》中所载的《秦世谣》：

> 秦始皇，
> 何强梁！
> 开吾户，
> 据吾床，
> 饮吾酒，
> 唾吾浆，
> 餐吾饭，
> 以为粮，
> 张吾弓，
> 射东墙。
> 前至沙丘当灭亡！

在《物理论》中也记述了相似的内容：

> 秦始皇起骊山之冢，使蒙恬筑长城，死者相属。民歌曰：
> 生男慎勿举，
> 生女哺用脯。
> 不见长城下，
> 尸骸相支柱。

对沉重的徭役给人民带来的灾难进行控诉，成为秦代歌谣的主题。与此相关的还有许多关于秦始皇出巡、求仙的传说，尤其是他派徐福率童男童女渡海求仙的故事，也被《史记》等典籍所记载，成为后世同类主题传说的原型。秦代历史短暂，却在后世民间传说中屡屡被演绎成一幕幕惊心动魄的故事，秦始皇成为中国历史上为数不多的暴君的典型，几乎所有的专制罪恶都在他的身上集中体现。这并不是因为千百万人民认识不到秦始皇对统一国家所做的巨大贡献,而是由于令人不堪忍受的劳役和残酷的迫害成为人民憎恨的枷锁,尤其是那些好大喜功、草菅人命、飞扬跋扈的丑恶行径,必然受到唾弃和诅咒。相比而言,秦代歌谣和秦代传说在后世广为流传,而秦始皇命秦博士所作的《仙真人诗》(见《史记·始皇本纪》)、杂赋(《汉书·艺文志》)等时文,都化作了历史的灰烬。如鲁迅所说,"由现存者而言,秦之文章,李斯一人而已"①。那些被秦始皇所焚烧的典籍,有许多被人们口述,到汉代被整理成文,重见天日。秦代文献被保留完整者,当数李斯在秦始皇巡游时所撰的碑文即"刻石",如《泰山刻石》《琅琊刻石》《之罘刻石》《会稽刻石》和《绎山刻石》,"政暴而文泽"(刘勰《文心雕龙·箴铭》)。其他如唐代初年发现的石鼓文(如《汧沔》《霝雨》《而师》《作原》《吾水》《车工》《田车》《銮敕》《马荐》《吴人》)、宋代初年发现的"诅楚文"(如《大沈厥湫文》等"三石"之作),以及后来秦代墓中所发现的竹简(如1978年文物出版社出版《睡虎地秦墓竹简》)等,更多地被锁在学识渊博的学者们的书斋中。只有那些歌谣和传说,作为秦代的风,至今还飘荡着。当然,相伴的还有战火硝烟中灭秦兴汉的一曲曲战地歌谣,诸如《史记·陈涉世家》中所举的"大楚兴,陈胜王",《史记·项羽本纪》中的"力拔山兮气盖世,时不利兮骓不逝。骓不逝兮可奈何?虞兮虞兮奈若何",以及《史记·高祖本纪》中的"大风起兮云风扬,威加海内兮归故乡,安得猛士兮守四方"②。不过,这些歌谣已经成为大秦帝国的挽歌,成为宣告汉帝国的崛起的新声,掀开了历史包括民间文学的新篇章。

汉王朝建立后,统治者吸取了秦帝国灭亡的教训,也汲取了往昔统治者的经验,进行了政治、经济、文化等方面在政策上的调整与革新,建起了新的社会秩序。特别是著名的文景之治,朝廷倡导休养生息,发展生产,强调孝道在社会道德中的作用,出现了繁荣景象。当然,汉王朝也出现了许多新的罪恶,充满动荡和战火,使人民蒙受新的苦难。但它毕竟在进步、发展,尤其是汉代文化政策重视乐府制度的建设,重视对前人文化遗产的整理,重视文人和方士在文化生活中的支配作用,这些都深刻影响着汉代民间文学的具体构成和发展,从而使汉代民间文学形成了一个全新的格局:

(一)汉乐府民歌成为汉代民间文学的重要内容;特别是长篇民间叙事诗的出现,标志着汉代民间文学的成熟发展;戏曲艺术出现了萌芽。

(二)以《史记》和《汉书》为代表的历史著作,保存了丰富的民间文学。

---

① 见《汉文学史纲要·李斯》,《鲁迅全集》,第9卷,人民文学出版社,1981年版,第382页。李斯有《议废封建》《议烧诗书百家语》《议刻金石》《上书言治骊山陵》,也有《狱中上书》,但其人格卑微,其文也失去光彩。

② 任昉《文章缘起》:"汉祖大风歌汪洋自恣,不必三百篇遗音,实开汉一代气象,实为汉后诗开创。若武帝《瓠子》《秋风》《柏梁》诸作,从湘累脱化,有词人本色也。"

（三）以《说苑》《淮南子》《风俗通义》《论衡》以及《四民月令》等著作为代表，出现了以民俗生活和民间文学为主要内容的专门典籍。以王充《论衡》、司马迁《史记》、应劭《风俗通义》和王逸《离骚章句》为代表的著述，标志着中国古代民间文学思想理论的形成。

（四）对以经学为代表的先秦典籍的整理和注释，使民间文学的钩沉与发微得到空前的发展，并成为后世民间文学研究的重要依据。

（五）纬书的盛行，特别是其中的天文占、五行占、史事谶，对民间文学整理工作及认识其社会政治影响产生了重要作用；神仙、精怪、佛事逐渐成为民间文化生活的重要内容。

（六）神庙的大肆修建、画像石刻的广泛流行，这些民间文学的物化具形在文化生活和文化发展中都具有重要意义。

（七）中国戏曲艺术呈现雏形，对后世的戏曲艺术产生重要影响；民间曲艺当称为戏曲之源。

这种格局不仅影响到当世，而且影响到后世。汉代民间文学因此而成为继战国时代之后又一次文化高潮的主体。在某种意义上讲，汉代民间文学在类型和主题上，是秦之前民间文学的集大成；几乎可以说，若全面理解了汉代民间文学，差不多就理解了整个中国古典民间文学。因为这个时期的民间文学意味着对先秦以来历史文化的吸收、整理与再创造，从而具有全新的意义，它同样是后世文学的"元典"。当然，汉代民间文学的保存，在某些方面仍然离不开其他文献，其丰富性、完整性明显超过了它之前的时代，一个非常重要的原因，就是典籍的众多，使我们能够多角度多层次地认识到其具体清晰的存在。

一　汉乐府民歌

汉代民间歌谣以乐府民歌为典型，其形式多样，内容丰富，标志着汉代民间文学所取得的重要成就。汉代民间歌谣远不止乐府民歌一种类型，况且它作为政府干预民间文化、疏导文化生活的一种手段，其保存范围受到限制；汉代民间歌谣还散布在《乐府诗集》之外的典籍中，明确记述了相当可观的少数民族歌谣。

《乐府诗集》为宋代郭茂倩所编，但他并不是仅选取汉代民歌，而是包括了汉代至汉之后到唐五代这样漫长岁月中的乐府民歌，其中有大量作品并不是民歌，而是文人的创作。正如后人顾炎武所说，"乐府是官署之名"，其"后人乃以乐府所采之诗，即名之曰乐府焉"（《日知录》卷二十八）。乐府的建立是与刘邦沿用秦制，"颇采古礼与秦仪杂就之"等具体措施分不开的。秦始皇实行严酷的专制统治，曾经焚书坑儒，使中国文化受到浩劫,但他并不是拒绝一切文化;他曾经"立百官之职",在宫廷设立"太乐"和"乐府"两种掌管音乐歌舞的机构。"太乐"主要负责宗庙祭礼中的音乐歌舞,归奉常所管;"乐府"主要负责一般娱乐的音乐歌谣,归少府所管。刘邦回故乡时所唱的《大风歌》就曾为乐府所存,"于乐府习常肄旧而已"(《史记·乐书》)。到汉武帝时,乐府被加强管理,还增设"协律都尉"来总管具体的创编音乐及搜集民间歌曲等任务①。如《汉书·礼乐志》所说,"至武帝定郊祀之礼",其时"乃立乐府,采诗夜诵,有赵代秦楚之讴,以李延年为协律都尉"。《汉书·礼乐志》中提到武帝"乃立乐府",又提到"哀帝时罢之",许多人也就误以为到汉武帝时才设乐府,才有乐府民歌。《汉书·李延年传》载:"李延年,中山人,身及父母兄弟皆故倡也。延年坐法腐刑,给事狗监中。""延年善歌,为新变声。是时,上方兴天地诸祠,欲造乐,令司马相如等作诗颂。延年辄承意弦歌所造诗,为之新声曲。""哀帝时罢之"并不是因其他,其诏书中的理由是"惟世俗奢泰文巧,而郑卫之声兴","郑卫之声兴,则淫辟之化流"。应该说,真正的原因,一是汉哀帝确实对乐府不感兴趣(有学者提出因他身体病弱),另一种更重要的是这种乐府及民歌的采编、传播,造成了对政权巩固不利的因素。但乐府作为一种官方机构,对民歌的传播起到了重要的推动作用,乐府民歌作为一种官方提倡的文化运动,也就势不可挡了。在后世如六朝时期,乐府已经由音乐歌舞的管理机构变成诗体即诗歌艺术的一种专有名称,再往后,有魏时的古题乐府,又有唐代的新题乐府。乐府民歌对后世诗体的变化和发展产生了重要影响,如郭茂倩在《乐府诗集·新乐府辞》的"序"中所讲:

> 乐府之名,起于汉魏;自孝惠帝时,夏侯宽为乐府令,始以名官。至武帝乃立乐府,采诗夜诵,有赵代秦楚之讴。则采歌谣,被声乐,其来盖亦远矣。凡乐府歌辞,有因声而作歌者,若魏之三调歌诗②,因弦管金石,造歌以被之是也。有因歌而造声者,若清商、吴声诸曲,始皆徒歌,既而被之弦管是也。有有声有辞者,若郊庙、相和、铙歌、横吹等曲是也。有有辞无声者,若后人之所述作,未必尽被于金石是也。新乐府者,皆唐世之新歌也。以其辞实乐府,而未常被于声,故曰新乐也。……其或颇同古义,全创新词,则《田家》止述军输,《捉捕》请先蝼蚁。如此之类,皆名乐府。

---

① 《汉书·艺文志》:"自孝武立乐府而采歌谣,于是有赵代之讴、秦楚之风,皆感于哀乐,缘事而发,亦可以观风俗,知薄厚云。"
② 三调,《唐书·乐志》曰:"平调、清调、瑟调,皆周房中曲之遗声。汉世谓之三调。总谓之相和调。"

郭茂倩把乐府具体划分为"郊庙歌辞、燕射歌辞、鼓吹曲辞、横吹曲辞、相和歌辞、清商曲辞、舞曲歌辞、琴曲歌辞、杂曲歌辞、近代辞曲、杂歌谣辞、新乐府辞"共计十二类。其中的"郊庙歌辞""燕射歌辞""鼓吹曲辞""横吹曲辞""相和歌辞""舞曲歌辞""琴曲歌辞""杂曲歌辞""杂歌谣辞"这八类,保存了汉代乐府诗歌。汉乐府民歌主要保存在"鼓吹曲辞""相和歌辞""杂曲歌辞"和"杂歌谣辞"中。

当然,汉乐府民歌的保存,不独郭茂倩的《乐府诗集》,其他典籍如郑樵《通志·乐略》、吴兢《乐府古题要解》、徐陵《玉台新咏》、蔡邕《礼乐志》、班固《汉书》等,以及《文选》《艺文类聚》《太平御览》,包括《汉书》《文选》等注疏,都保存了相当多的乐府诗和乐府民歌①。徐陵编撰《玉台新咏》,又名《玉台集》,保存了相当丰富的汉乐府诗与民歌。《玉台新咏》编定于梁,共十卷(程琰在《玉台新咏》跋中称宋本收诗690首,吴兆宜《玉台新咏笺注》称收诗869首,今所见为明代赵均翻刻南宋陈玉父本,共659首)。其中卷一和卷十所收汉乐府民歌最多、最集中。卷一收诗40首,有古诗、古乐府、汉童谣等内容,另有枚乘、张衡、苏武等人的诗;卷十收诗153首,包括汉至梁的小诗即五言二句的"古绝句"。著名的乐府叙事民歌或称民间叙事诗《孔雀东南飞》,原名《古诗为焦仲卿妻作》,即保存在卷一。唐代吴兢鉴于前人对乐府编纂的粗疏,编撰成《乐府古题要解》二卷,上卷有"相和歌""拂舞歌""白纻歌""铙歌""横吹曲"和"清商曲";下卷有"杂题"和"琴曲"。其"题辞"对于理解汉乐府民歌的意义很有价值。如他对《相和歌》等所作"题辞":

  以上乐府《相和歌》。案,相和而歌,并汉世街陌讴谣之词,丝竹更相和,执节者歌之。

  以上乐府《铙歌》。案,汉明帝定乐有四品,最末篇曰《短箫铙歌》,军中鼓吹之曲。旧说黄帝所造,以建武扬德。《周礼》所谓王大捷则恺乐,军大献则恺歌是也。

  以上乐府《横吹曲》,有鼓角,《周礼》以鼖鼓鼓军事用角。旧说蚩尤氏帅魑魅与黄帝战于涿鹿之野,帝始命吹角为龙鸣以御之。

吴兢着重对乐府古题的起源和嬗变所论述很有特色,成为我们理解汉代乐府民

---

① 魏晋之后不少学者整理、钩沉乐府诗歌,如《新唐书·艺文志》所载的孔衍《琴操》、荀勖《太乐杂歌》《太乐歌辞》《乐府歌诗》,谢灵运《新乐府集》、释智匠《古今乐录》,郑译《乐府歌辞》,苏夔《乐府志》等,惜其大都不传或散佚。但这表明对乐府诗歌、乐府民歌的整理工作一直未断。

歌存在形态的重要材料。又如他对《相和歌》中《薤露歌》所作的"要解"：

> 旧曲本出于田横门人，歌以葬横。一章言人命奄忽如薤上之露，易晞灭也。词云："薤上露，何易晞。露晞明朝已复落，人死一去何时归！"二章言人死精魄归于蒿里。词云："蒿里谁家地，聚敛魂魄无贤愚。鬼伯一何相催促，今乃不得少踟蹰。"至汉武帝时，李延年分为二曲，《薤露》送王公贵人，《蒿里》送士大夫、庶人；挽柩者歌之，亦呼为《挽柩歌》。《左氏春秋》：齐将与吴战于艾陵，公孙夏使其徒歌《虞殡》。杜预注云："送葬歌也。"即丧歌不自田横始矣。复有《泰山吟行》，亦言人死精魄归于泰山，《薤露》《蒿里》之类也。

再者，班固《汉书》中所见的汉乐府及《铙歌》问题。在班固之前，刘向、刘歆父子整理文献典籍，曾经在《七略》中论及乐府。班固继承了刘氏父子的学术方法对乐府进行分类，在《汉书·艺文志》中专列"诗赋略"，录28家314篇诗，一类分为"郊祀歌"等雅歌，一类分为"赵代之讴、秦楚之风"民间歌谣。而且，班固尤为看重后者，以为其"皆感于哀乐，缘事而发，亦可以观风俗，知厚薄"（《汉书·艺文志》）。班固在《汉书》的"礼乐志""艺文志"和《两都赋》中，详细记述了汉代前期尤其是文景两帝和汉武帝时代乐府运动的状况。如他在《礼乐志》中记述了汉武帝时的"掖庭材人"和"上林乐府"，以及"皆以郑声施于朝廷"和"常御及郊庙皆非雅声"的情景；在《艺文志》中记述"齐讴员""刘讴员""蔡讴员""郑四会员""楚四会员""秦倡员"和"邯郸鼓员""沛吹鼓员""陈吹鼓员""临淮鼓员"等，这应该是文献中民间艺人群体的最早记录。

班固不但记述了乐府对传统民歌的改造与利用，而且具体记述了内外民间文学的交流，如《汉书·叙传上》载"始皇之末，班壹避地于楼烦，致马牛羊数千群。值汉初定，与民无禁，当孝惠、高后时，以财雄边，出入弋猎，旌旗鼓吹，年百余岁，以寿终"。

《汉书·礼乐志》详细记述了哀帝下诏罢废乐府的情况：

> 是时，郑声尤甚，黄门名倡丙彊、景武之属，富显于世。贵戚五侯、定陵、富平、外戚之家，淫侈过度，至与人主争女乐。哀帝自为定陶王时疾之，又性不好音，及即位，下诏曰："惟世俗奢泰文巧，而郑卫之声兴。夫奢泰则下不孙而国贫，文巧则趋末背本者众。郑卫之声兴，则淫辟之化流，而欲黎庶敦朴家给，犹浊其源而求其清流，岂不难哉！孔子不云乎，'放郑声，郑声淫'。其罢乐府官；郊祭乐及古兵法武乐，在经非郑卫之乐者，条奏别属他官。"

在汉哀帝罢遣乐府之后，大批歌工乐人又回到了民间。这时的乐府作为官方文化管理机构已失去了其职能，而民歌包括乐府民歌的创作及传播并没有停止，而是以新的姿态存在着,为当世的民间歌曲注入了活力,并深刻地影响着后世的民间歌谣。这对于民间文艺的繁荣是有益的。特别是大批民间艺人流入社会底层,这对于全社会民间文艺创作主体自身素质的提高,具有积极意义。东汉时的大予乐、举谣言,当属乐府运动的遗响。

乐府民歌运动在汉代历史上的出现,是我国民间文学史上辉煌的一页,它不但在当世具有重要意义,而且深深地影响到后世,诸如唐代出现的新乐府运动。明代学者胡应麟说:"乐府之体,古今凡三变:汉魏古词,一变也;唐人绝句,一变也;宋元词曲,一变也。"(《诗薮·内编》)应该说,乐府民歌的求俗风尚,又一次验证了"礼失求诸野"的文化传统。汉乐府把"礼失求诸野"的文化哲学思想锻炼成一种经久不衰的创作方法,这正是我国文学常变常新的底蕴。

理解汉乐府民歌,绕不开对汉代三大雅歌《房中歌》(《汉书·礼乐志》)、《郊祀歌》(《汉书·礼乐志》)和《铙歌》(《宋书·乐志》)的认识,许多学者都以其为雅,否认其为民间歌谣。其实,若我们对歌辞详细考察,就会发现其俗而不雅的一面。究其原因,在于其中掺和了民间歌曲的成分。如《房中歌》第八章:

　　丰草葽,
　　女罗施。
　　善何如?
　　谁能回?
　　大莫大,
　　成教德。
　　长莫长,
　　被无极。

这种句式明显带有楚地古歌的色彩。唐山夫人改周、秦之声,把原来的祈求子嗣换成颂扬高祖皇帝的内容,形成这种雅中有俗的现象。这种现象在《郊祀歌》和《铙歌》中也存在着。

如《铙歌》的第一首《朱鹭》:

　　朱鹭,
　　鱼以乌。
　　路訾邪。
　　鹭何食?
　　食茄(荷)下。

不以食，
不之吐，
将以问谏者。

它所描述的是古时路设谏鼓的故事，有问，有答，显然以俗为个性，不宜为典雅的祭仪所用，类似于先秦或远古时期的民间歌谣。

最典型的是《铙歌十八曲》之一，属乐府《鼓吹曲辞》的《上邪》：

上邪！
我欲与君相知，
长命无绝衰。
山无陵，
江水为竭，
冬雷震震夏雨雪，
天地合，
乃敢与君绝！

显然，这是一首纯粹的爱情民歌，其口气明显与宫廷生活相异，这又如何能做"黄门鼓吹"的庆宴之声呢？《铙歌》中的《战城南》《巫山高》《有所思》也是如此。可见，其原意绝不在宫廷庆宴，而应是生在民间，或者是从民间采撷来，为"黄门鼓吹"所用。

再如其中的《石留》，全句为"石留凉阳凉石水流为沙锡以微河为香向始溪冷将风阳北逝肯无敢与于扬心邪怀兰志金安薄北方开留离兰"，这成了一桩公案。其中很可能是域外所传或者是音译所造成的混乱；这里可以试着"修复"，即将字句中的衬音清理出来，便可看到一首优美的小诗或歌谣：

石留（榴）"凉阳凉"石（榴），
水流为沙"锡以"（兮）；
微河（为何）为香？
向始（相识）"溪"（兮）冷（能）将（相）风阳（逢），
北（彼）逝！
肯无勿敢与欤"于扬"。
心邪，
怀兰（念）志（至）金（今），
安薄（何）北方开？

"留离兰(恋)"!

"修复"后,全句就成了:

> 石榴石榴,
> 水流为沙兮;
> 为何为香?
> 相识兮能相逢!
> 彼(指河水)逝矣!
> 肯勿敢欤。
> 心邪,
> 怀念至今,
> 安何北方开(石榴为何朝阴一面开)?
> 留恋!

可以将此设想为一对妙龄男女,站立在河边的石榴树丛中,目睹石榴树放出的芬芳香味,引来蜂蝶飞舞。河水闪着涟漪,他们正互诉衷肠,发誓永不分离。

在今天文献中我们所能见到的汉乐府民歌,尤其是那些注为"古辞"的作品,应当如人所说:"凡乐章古辞,今之存者,并汉世街陌谣讴。《江南可采莲》《乌生》《十五》《白头吟》之属是也。"(《宋书·乐志》)由于其大多为后世辑录,考据就出现许多困难。尤其是汉乐府民歌的辨别认定,我们的依据更多地来自文献,特别是对史籍的探寻。同时,我们还必须对民歌本身作认真的分析和判断。

汉乐府民歌的整体内容可分为爱情歌谣、生活歌谣,时政歌谣三大类;另外,民间叙事诗若可以归于其中的话,应归于爱情歌谣类。其他像劳动歌谣、仪式歌谣和儿童歌谣等,在这里保存较少。这种情况是多方面原因造成的,并且与我国文化发展中的记录技术、选择观念有着直接的联系。特别是时政歌谣散见于乐府诗集之外的历史典籍类文献中,就表明了统治者的矛盾心态。虽然他们采录民歌的重要目的之一是"观风俗,知厚薄",但他们更多地却是回避矛盾,不敢正视现实,因而选录或记述的民歌就多属于爱情歌谣和生活歌谣两大类;虽然在生活歌谣中也保存了一些具有时政内容的民间歌谣,但这并不能改变其整体面貌。其实,从《乐府诗集》的目录排列上,我们就可以看到它对《诗经》辑录、编选方法与观念的直接继承。在后世的民间歌谣集中,此类现象甚为普遍,如余冠英所说:"其采录标准是有问题的。"[①]另一点需要强

---

① 余冠英:《乐府诗选》,人民文学出版社,1953年版,第10页。

调指出的是，下层文人的创作，有一些也应该是民间歌谣。这是因为下层文人在民间文学的创作或传播过程中，始终是不可忽视的主体构成部分。乐府诗歌包括乐府民歌中，此类例子很多，《文选》所载《古诗十九首》，是人们公认的文人创作，明人誉为"五言之《诗经》"，"无名氏"的身份其实就是下层文人。弄清楚这个问题，我们才能全面地理解汉乐府民歌；其他时期的民歌，也有这样的情况存在。当然，文人诗与乐府民歌还是有明显区别的。

汉乐府民歌中，保存最多、审美价值最高的，首先是爱情歌谣。这不仅因为爱情是感情中最美丽神圣，也最为脆弱的部分，还因为它最真实地体现出不同时代不同阶层人们复杂的心理世界；同时，爱情歌谣中寄寓着民间百姓对自由幸福的真切向往，它永远都是艺术的精灵——尽管一代代卫道者装模作样地斥责他人"思有邪"，其实许多卫道士正是最无耻的淫欲横行者。在乐府民歌中，我们可以感受到民间百姓火热的情怀，其中包含着对爱情的忠贞不渝，也包含着黑白分明的爱与憎，如《乐府诗集》中的"相和歌辞"。流传很广的是《宋书·乐志》中举到的《江南可采莲》：

江南可采莲，
莲叶何田田。
鱼戏莲叶间。
鱼戏莲叶东，
鱼戏莲叶西，
鱼戏莲叶南，
鱼戏莲叶北。

表面看来这是一首采莲曲，其实它所包含的是男欢女爱的生活内容，只不过其诉说方式更为隐秘含蓄。

其他还有"相和歌辞"中的《陌上桑》《相逢行》《艳歌行》等作品。其中的《陌上桑》广为流传；晋崔豹在《古今注》中记述道："《陌上桑》者，出秦氏女子。秦氏，邯郸人；有女名罗敷，为邑人千乘王仁妻。王仁后为赵王家令。罗敷出采桑于陌上，赵王登台见而悦之，因置酒欲夺焉。罗敷巧弹筝，乃作《陌上桑》之歌以自明。赵王乃止。"（《四部丛刊三编》影印芝秀堂本）此可看做与这首民歌伴生的民间传说。与之相似的《羽林郎》《秋胡行》等，也都表现出女性对爱情的忠贞。与之相对的是一些弃妇诗、怨妇诗，表达了对那些摧残爱情、亵渎爱情者的谴责、愤恨，如《艳歌何尝行》（又名《双白鹄》）等。相传为蔡邕所写的乐府民歌《饮马长城窟行》，表达的是思念亲人的情感；《陇西行》则表达了对妇女不卑不亢、精明能干的赞誉，它和《饮马长城窟行》一样，都是情与爱的歌唱，是另一种风格的爱情歌谣。此外，诸如《王昭君》以及《古诗十九首》中的

《青青河畔草》《冉冉孤生竹》《庭中有奇树》《迢迢牵牛星》等篇,也是爱情歌谣。

尤其是《迢迢牵牛星》借牛郎织女的传说来表达衷情,别有情致:

> 迢迢牵牛星,
> 皎皎河汉女。
> 纤纤擢素手,
> 札札弄机杼。
> 终日不成章,
> 泣涕零如雨。
> 河汉清且浅,
> 相去复几许。
> 盈盈一水间,
> 脉脉不得语。

这是牛郎织女传说在汉代流传的重要文本,成为我们考察它嬗变轨迹的一座碑石。

叙事民歌《孔雀东南飞》形成在汉代,其最早被完整地记述,则见于南朝徐陵的《玉台新咏》中,旧题"古诗为焦仲卿妻作",作者署为"无名人"(郭茂倩将它编入"杂曲歌辞",题为"焦仲卿妻")。它也可以被归入汉乐府的爱情歌谣类。徐陵在《玉台新咏》的"序"中记道:

> 汉末建安中,庐江府小吏焦仲卿妻刘氏(兰芝)为仲卿母所遣,自誓不嫁。其家逼之,乃没水而死。仲卿闻之,亦自缢于庭树。时人伤之,为诗云尔。

在《太平御览》所存汉乐府古辞《古艳歌》中,我们可以看到这则民间叙事诗的雏形:

> 孔雀东飞,
> 苦寒无衣。
> 为君作妻,
> 中心恻悲。
> 夜夜织作,
> 不得下机。
> 三日载疋,

尚言吾迟。

此处不能断言这首民歌与《孔雀东南飞》之间的必然联系，但我们可以由此看到，《孔雀东南飞》不是一朝一夕所成，而是经过了漫长岁月的浸染、锤炼而形成的。

汉乐府民歌中的生活歌谣颇为丰富，按其内容可分为游子类、伤世类。其中的游子类歌谣或抒发生活中的孤独、悲苦，或抒发对自然世界的感慨。游子的成分也颇复杂，有士卒，有农民，也有商贾。这类人的遭遇及其心态的表达，成为汉乐府民歌的一种特色。如"杂曲歌辞"中的《伤歌行》《枯鱼过河泣》，"相和歌辞"中的《猛虎行》，以及"横吹曲辞"中所录的《紫骝马歌辞》后的四曲"古诗"，都是此类作品。"古诗"《十五从军征》当为汉乐府民歌：

　　十五从军征，
　　八十始得归。
　　道逢乡里人：
　　家中有阿谁？
　　遥望是君家，
　　松柏冢累累。
　　兔从狗窦入，
　　雉从梁上飞。
　　中庭生旅谷，
　　井上生旅葵。
　　舂谷持作饭，
　　采葵持作羹。
　　羹饭一时熟，
　　不知贻阿谁。
　　出门东向望，
　　泪落沾我衣。

生活歌谣中的伤世之作相当多，其中有对世态炎凉的感慨，有对苦难生活的倾诉，充满了痛苦。如"相和歌辞"中的《箜篌引》《孤儿行》《妇病行》《西门行》《乌生》《东门行》《驱车上东门行》等，刻画人生，入木三分。

《玉台新咏》中载有一首以东汉桓帝时凉州羌族造反大败官军，朝廷征丁无数，给百姓带来巨大灾难为背景的歌谣：

小麦青青大麦枯,
谁当获者妇与姑。
丈夫何在西击胡!
吏买马,
君具车,
请为诸君鼓龙胡!

这首歌谣在后世不断被借用,如1958年的"大跃进"民歌运动中,传说有一首为彭德怀所作的"诗"中写道:"谷撒地,薯叶枯,青壮炼铁去,惟剩妇与孺,吾为农民鼓咙胡!"①两首歌谣的背景不一样,它们所传达的来自最底层的真诚心声,却是一致的。

除了乐府民歌之外,在《史记》《汉书》和《风俗通义》等典籍中,还记述了一些汉代民间歌谣的其他形式。如《史记·灌夫传》:

(灌)夫不喜文学,好任侠,已然诺。诸所与交通,无非豪杰大猾。家累数千万,食客日数十百人。陂池田园,宗族宾客为权利,横于颍川。颍川儿乃歌之曰:
颍水清,
灌氏宁;
颍水浊,
灌氏族。

如《史记·淮南厉王传》载:

孝文十二年,民有作歌歌淮南厉王,曰:
一尺布,
尚可缝;
一斗粟,
尚可舂。
兄弟二人,
不能相容。

上闻之乃叹曰:"……天下岂以我为贪淮南王地邪?"……上怜淮南厉王废法不轨,自使失国蚤死,乃立其三子……皆复得厉王时地,三分之。

---

① 参见拙作《关于一九五八年大跃进民歌运动》,《民间文学研究动态》,1984年,第2期。

其他如《史记》中《滑稽传》《货殖传》《酷吏传》《司马相如传》等篇,也记述了许多时政类歌谣。

《汉书》和《后汉书》等典籍,记载的时政歌谣更为丰富。如《汉书·五行志》中所记"元帝时童谣""成帝时童谣",《汉书·广川惠王越传》中所记"广川王去为陶望卿歌""广川王去为诸姬歌",《汉书·翟方进传》中所记"汝南鸿陂童谣",《汉书·扬雄传赞》中所记"京师为扬雄语",《汉书·尹赏传》中所记"长安中为尹赏歌",《汉书·石显传》中所记"牢石歌""长安谣",《汉书·王莽传》中所记"宁逢赤眉,不逢太师;太师尚可,更始(将军)杀我"等,表现出汉王朝的动乱、腐败、黑暗。

《汉书·匈奴传》和《汉书·乌孙传》中第一次明确记述了少数民族的民歌。如《汉书·匈奴传》中所载"元狩二年春,霍去病伐匈奴,过焉支山。其夏又攻祁连山。匈奴人作《匈奴歌》",歌中有"亡我祁连①山,使我六畜不蕃息;失我焉支②山,使我妇女无颜色"之句。《汉书·乌孙传》载:

> 汉元封中,遣江都王建女细君为公主,以妻焉。赐乘舆服御物,为备官属宦官侍御数百人,赠送甚盛。乌孙昆莫以为右夫人。匈奴亦遣女妻昆莫,昆莫以为左夫人。公主至其国,自治宫室,居岁时,一再与昆莫会,置酒饮食,以币帛赐王左右贵人。昆莫年老,语言不通,公主悲愁,自为作歌曰:
> 吾家嫁我兮天一方,
> 远托异国兮乌孙王。

它记述了在少数民族地区即兴演唱的歌谣。这和《汉书·苏武传》中记的李陵所歌"径万里兮度沙幕"属于同类。

《后汉书》和《续汉书》中所记的一些汉代民间歌谣尤其值得注意。如《后汉书·刘玄传》:

> 时李轶、朱鲔擅命山东,王匡、张卬横暴三辅。其所授官爵者,皆群小贾竖,或有膳夫庖人。……长安为之语曰:
> 灶下养,
> 中郎将。
> 烂羊胃,
> 骑都尉。

---

① 祁连,蒙古语,湿润的草原。
② 焉支,蒙古语,母亲。

烂羊头，
关内侯。

在这些歌谣中，抨击社会的腐朽政治成为其主题。如《后汉书·马廖传》中的"长安语"："城中好高髻，四方高一尺；城中好广眉，四方且半额；城中好大袖，四方全匹帛。"《后汉书·贾琮传》中载"贾父来晚，使我先反；今见清平，吏不敢饭"。

民间歌谣追求社会的公平正义，所以被称为"天籁"。人民大众成为历史最公正的评价。那些正直的官吏，若为民勤奋工作，同样会受到称赞。如《后汉书·张堪传》中记述：

(张堪)拜渔阳太守，捕击奸猾，赏罚必信，吏民皆乐为用。……乃于狐奴开稻田八千余顷，劝民耕种，以致殷富。百姓歌曰：
桑无附枝，
麦穗两歧。
张君为政，
乐不可支。
(其)视事八年，匈奴不敢犯塞。

民间歌谣是社会政治的晴雨表。汉王朝的历史虽有盛世，更多的却是腐朽的黑暗政治，民谣声声，催它早日灭亡。在《续汉书·五行志一》中所记的一些"童谣"，从一个方面反映了这种趋势。如《更始时南阳童谣》："谐不谐，在赤眉；得不得，在河北。"再如《王莽末天水童谣》："出吴门，望缇群。见一蹇人，言欲上天。令天可上，地上安得民！"《顺帝末京都童谣》："直如弦，死道边。曲如钩，反封侯。"桓帝时代的"童谣"在这里被记述得格外多，所表达的主题都是对时政的讥讽、鞭挞，包含着愤怒的诅咒和控诉①。应该指出的是，这些作品虽题为"童谣"，实际却并非纯粹意义的儿童歌谣，而是时政歌谣与谶谣的结合体，显得扑朔迷离。如《续汉书·五行志一》中所记的"千里草，何青青。十日卜，不得生"，被阐释为董卓作乱并"旋破亡"的预言。其中所包含的民间传说成分，是非常明显的。

总的来看，汉乐府民歌中爱情歌谣和生活歌谣占据着很重要的位置；在史籍典册中保存的歌谣，则以时政歌谣为主。与这之前的民间歌谣相比，面向现实的成分越来越明显，劳动歌谣和仪式歌谣所占比例相对很少。这表明了汉代民间文学的重要特

---

① 在后世文献中散存着对汉代民间歌谣谚语的引述，也应看作汉代民间歌谣的一部分，如《通俗编》卷二十三所载"廷尉狱，平如砥，有钱生，无钱死"，表明其流传甚远。

点,也说明汉代民间文学审美表现机制的日益现实化、多样化。

二 史传文学中的民间文学

汉代的历史典籍,十分注重对民间文学,尤其是民间传说、民间故事的采录,并以此作为对历史事件或历史人物的阐释或补充。以此为背景,形成了独具特色的史传文学,保存下大量民间文学作品。

汉代史传文学基本上可以分为两类:一类是具有真实意义的历史记载,以《史记》《汉书》《越绝书》《吴越春秋》为典型,称为"正史";一类是具有传奇意义的历史演绎,诸如《列女传》《列仙传》《汉武故事》《汉武内传》等典册,称为"外史"或"野史"。它们共同书写汉代民间文学。

司马迁是一位伟大的历史学家,他对于民间文学的保存具有突出贡献,同时也形成了他独特的民间文学观,这是和他的非凡经历有着直接联系的。首先是他幼年承父训诵读大量古文经传,受到良好的古典文化教育;其次是他不但有很好的天资,而且具有很好的艺术修养和道德修养。他在青年时代,就跋山涉水,寻访神州大地上的文化瑰宝,自觉走进民间,深入了解民间传说和民俗生活,独立思索,刻苦钻研,直面人生,最终谱写出《史记》这部光照千古的史学巨著。如《史记·太史公自序》中所记述的:

> 迁生龙门,耕牧河山之阳。年十岁则诵古文。二十而南游江淮,上会稽,探禹穴,窥九疑(嶷),浮于沅湘,北涉汶泗,讲业齐鲁之都,观孔子之遗风,乡射邹峄,厄困鄱薛彭城,过梁楚以归。

他在《史记》的"书""世家"和"列传"中,也多次具体记述了他游历各地的经过:"南登庐山,观禹疏九江,遂至会稽大湟,上姑苏,望五湖"(《河渠书》);"适齐,自泰山属之琅邪,北被于海,膏壤二千里"(《齐太公世家》);"适鲁,观仲尼庙堂、车服、礼器;诸生以时习礼其家","低徊留之,不能去"(《孔子世家》);"过薛,其俗闾里率多暴桀子弟,与邹鲁殊"(《孟尝君列传》);"过大梁之墟,求问其所谓夷门"(《信陵君列传》);"适楚,观春申君故城,宫室盛矣哉"(《春申君列传》);"适长沙,观屈原所自沉渊"(《屈原贾生列传》);"如淮阴,淮阴人言,韩信虽为布衣时,其志与众异"(《淮阴侯列传》);"适丰沛,问其遗老,观故萧曹樊哙滕公之冢"(《樊郦滕灌列传》)。这相当于自觉的田野作业,获得许多珍贵的第一手资料。他壮年时,袭父职而为太史令,曾"奉使西征巴蜀以南,南略邛、笮、昆明"，并曾随皇帝"行幸缑氏，登崇高，遂东巡海上"，"还登封泰山；复东巡海上，自碣石至辽西，历北边九原，归于甘泉"（《太史公行年考》中引《汉书·武帝纪》等）。他因职务之便，"从巡祭天地、诸神、名山而封禅"（《史记·封禅书》），"适北边，自直道归，行观蒙恬所为秦筑长城亭障"（《史记·蒙恬列传》）。这些经历，不但开阔了他的视野，而且增长了他的学识。他在这些经历中直接接触到许多民间传说，这些传说无疑成为他在《史记》写作中所用的具体资料。这和《左传》等历史著作的征引文献，在方法上有明显不同。特别是他48岁时因李陵之祸而身遭腐刑，身心都受到沉重的打击。这些都直接影响着他在写作史传文学时所表现出的民本意识。司马迁大胆开拓史传文学的新思路，在史传中掺入大量民俗生活事项和民间传说、民间歌谣，应该说，他是我国最早具有田野作业自觉意识，而且取得卓越成就的民间文艺学的探索者，堪称口述史学的先驱。

严可均辑《全后汉文》中，存《东海庙碑》，介绍《史记》之称始见于桓帝灵帝时，其自定名为"太史公书"，"凡百三十篇，五十二万六千五百字"，其意在"藏之名山，副在京师，俟后世圣人君子"（《史记·太史公自序》）。班固在《汉书·司马迁传》中说他"网罗天下放失旧闻，王迹所兴"，"略推三代，录秦汉，上记轩辕，下至于兹，著十二本纪，既科条之矣。并时异世，年差不明，作十表。礼乐损益，律历改易，兵权山川鬼神，天人之际，承敝通变，作八书"。这都说明司马迁的学识与胆识的非凡。《史记》成为我国第一部纪传体史学著作，包括收集民间文学的方法在内，深刻地影响着后世。

司马迁将民间传说、民间歌谣和神话纳入史学著作，不仅是大胆的，而且是审慎的，并不是无原则地滥造。这既是他史学观的体现，也是他民间文学观的体现。以《史记·五帝本纪》等篇所谈黄帝，在历史上的"史迹"为例，可以看到司马迁这种观念的集中体现：

> 太史公曰：学者多称五帝，尚矣。然《尚书》独载尧以来，而百家言黄帝，其文不雅训，荐绅先生难言之。孔子所传《宰予问五帝德》及《帝系姓》，儒者或不传。余尝西至空峒，北过涿鹿，东渐于海，南浮江淮矣，至长老皆各往往称黄帝尧舜之处，风教固殊焉，总之不离古文者近是。予观《春秋》《国语》，其发明《五帝德》《帝系姓》章矣。顾第弗深考，其所表见皆不虚。《书》缺有间矣，其轶乃时时见于他说。非好学深思，心知其意，固难为浅见寡闻道也。余并论次，择其言尤雅者，故著为本纪书首。

司马迁"择其言尤雅者"，绝非拒绝民间文学，而是如其在《三代世表》中所说的，"疑则传疑，盖其慎也"。在论及《禹本纪》《山海经》时，他说："《禹本纪》言河出昆仑，昆仑其高二千五百余里，日月所相避隐为光明也。其上有醴泉、瑶池。今自张骞使大夏之后也,穷河源,恶睹《(禹)本纪》所谓昆仑者乎。故言九州山川,《尚书》近之矣。至《禹本纪》《山海经》所有怪物,余不敢言之也。"这和他在《史记》中大量保存民间传说并不矛盾。因为神话、传说在作为史料处理时,必须剔除"玄怪"成分,才能具有史实的意义。与之相联的是司马迁撰写《史记》并不是凭主观臆断,更不是为著史而著史,而是在总结历史的经验和教训;他是通过对历史的科学总结,抨击历史和现实中的丑恶,这些见解体现在《史记》的字里行间。他所采用的民间传说、神话、歌谣,大多有所依据,强调其真实性,这样在表现史识上就更加有力了。《史记》的史学思想,集中体现在对历史人物包括历史事件、社会活动的具体态度上。司马迁对历史上的贤良,表现出崇高的敬意,如他为陈涉和东方朔等人立传,不因为他们出身卑贱而鄙薄之。他对那些丑恶现象,无论是历史上的或者现实中的,都表示出愤慨。尤其是他不畏强权,敢于对上层统治者的种种荒淫无耻和愚昧无知进行揭露和批判,诚如清代学者沈湛钧所举论,"太史公见汉武惑于方士而好神仙,敛集资财而作宫室列观,物力殚于上,民风靡于下,举世汹汹,不可终日,因作《封禅书》以隐讽之"①。同时,司马迁还通过大量生动的史实,向后人展示了昌与亡的社会发展规律,不言自见。司马迁的博大胸怀和鲜明爱憎,通过民间文学作品的具体运用,或衬托,或烘托,显得尤为生动传神。

在司马迁的笔下,我们可以看到汉代历史尤其是武帝时代及武帝之前历史真实而全面的体现。那些民间传说和歌谣令我们沉醉,如置身于其情其景之中。更为珍贵的是,他向我们展示了十分广阔的世界。历史上各个阶层的人物形象,通过民间传说的运用而栩栩如生;历史上的歌谣,其发生背景及具体含义,在事件的描述中自然地展现出来。特别是他对黄帝神话时代的勾勒与展示,让我们看到华夏民族大融合的发生史、奋斗史。"黄帝者,少典之子,姓公孙,名曰轩辕",此琅琅书声在我们历史的长空中从未停息,无论走到哪里,我们听到这声音,都能找到自己的同胞,因为这声音凝聚着无数人的神圣感情,而这感情中又分明挟裹着中华民族悠久而坚韧的历史,包括那些源自《史记》的历史传说。《史记》中关于三代的历史,实际上就是历史传说的汇集。在《夏本纪》中,我们可以看到"夏禹,名曰文命;禹之父曰鲧,鲧之父曰帝颛顼,颛顼之父曰昌意,昌意之父曰黄帝。禹者,黄帝之玄孙而帝颛顼之孙也"的记述,司马迁从尧时大洪水论及鲧和禹的出世,逐步展示出夏禹王朝的建立。在《殷本纪》中,我们可以看到"殷契,母曰简狄,有娀氏之女,为帝喾次妃。三人行浴,见玄鸟堕其卵,简狄取吞之,因孕生契。契长而佐禹治水有功,帝舜乃命契曰……契兴于唐虞大禹之际"。在《周本纪》中,我们看到"周后稷名弃,其母有邰氏女,曰姜嫄。姜嫄为帝喾元妃。姜嫄出野,见巨人迹,心忻然说(悦),欲践之;践之而身动如孕者,居期而生

---

① 沈湛钧:《知非斋古文录·书〈史记·封禅书〉后》,清光绪三十二年(1906)刻本。

子,以为不祥,弃之隘巷,马牛过者皆辟不践;徙置之林中,适会山林多人,迁之而弃渠中冰上,飞鸟以其翼覆荐之。姜嫄以为神,遂收养长之。初欲弃之,因名曰弃"。这是典型的神话历史。

《史记·封禅书》记述了许多当世的民俗生活,尤其是其中的民间传说,成为某种民俗生活的文化阐释。但长期以来,许多人不以为《封禅书》保存了丰富的民间传说,而以为它是只一部国家祭祀天地的礼仪史志。如果我们走进其中,就会发现它不仅是一部珍贵的民俗志,而且是一部民间传说的集成;它应该是我国秦汉时期难得的一部民间文学史志。因为封禅不单单是国家祭祀大典,而且是对先秦乃至远古时代全民族信仰习俗的集中体现,是对全社会民俗生活,包括汉代民间信仰的整体性经验总结。在民俗生活的文化认定即判断中,我们长期坚持着一种将国家与民间百姓全然对立的态度,其实这中间有许多偏颇,好像民间文化与官方文化或经典文化总是截然对立的,事实上它们经常共存共享。诸如"过年",是否只有民间百姓才是其行为主体,官员阶层就被排除在外呢?民间文学的存在,最重要的就是以口头性、集体性作为其基本标志;民俗生活包括民间文化(民间文学),是全社会全民族的共同的资源。

在司马迁的笔下,有许多民间传说以历史事件的面目出现,更具有时代意义。如其《史记》卷一二六《滑稽列传》记述的西门豹传说。这篇故事的背后,包含许多想象的内容;无论其表述的效果还是西门豹让巫婆们自作自受,以其人之道还治其人之身的整个过程,都是非常典型的传说故事。

另外,他旁征博引,大胆将史实与传说共同纳进自己的视野,以此来论证自己对历史的见解,使《史记》各章都显得那样神采飞扬。如《史记·周本纪》中关于褒姒的一段传说。接下来便是著名的烽火戏诸侯的故事。周王朝因褒姒祸国而四分五裂。《韩非子·外储说左上》"酒醉击鼓"曾经记述过类似的故事:"楚厉王有警,为鼓以与百姓为戍。饮酒醉,过而击之也,民大惊。使人止,曰:'吾醉而与左右戏,过击之也。'民皆罢。居数月,有警,击鼓而民不起,乃更令明号而民信之。"《吕氏春秋·慎行论·疑似》"幽王击鼓"详细记述了周幽王烽火戏诸侯的故事。这则传说成为戏言、失信、浅薄、重色等恶性的明鉴,在周王朝之后的历史上流传甚广,而在汉代,自然也广为流传。司马迁记述这则传说,是为了进一步述说历史规律。那么,什么是历史最真实的规律呢?民间传说所作的回答,最形象具体,也最准确。这是被历史所证明了的。司马迁独具慧眼,为后人做出了榜样。

布罗代尔在菲利浦二世时期对地中海的调查,为法国新史学赢得了巨大的声誉,他对口述史料的充分重视,成为一种新的史学方法。这里并不是说司马迁如何影响了布罗代尔,在所有的伟大史学家身上,都涂满了来自民间的风霜雨雪;而在那些庸俗、怯懦的史家笔下,我们除了看到虚假之外,又能看到什么有价值的东西呢?今天,在民间文学史乃至整个文学史的写作中,严重地存在着一种不健康的现象,即不是从史料出发,而是从观念出发,一部文学史成了几个人为了证明某种狭隘、偏颇甚至无聊的观念的橡皮泥。曾有人把这种现象归之于庸俗社会学的方法;不仅仅是这样。其十分重要的原因是对千百万人民大众作为文化创造主体这一历史背景的忽视。比如,在当代中国文学史的写作中,有哪一位学者充分注意到新中国民间文学的价值和意义?在司马迁的面前,我们应该感到羞愧!

在司马迁之后,班固的《汉书》对民间文学的保存,也做出了重要贡献。从《汉书·叙传》中,我们可以看到班固与司马迁相异的另一种家世与出身、经历。班固的先人"壹"生"孺",而"孺为任侠,州郡歌之",至班伯辈,受过良好的古典文化教育,这对班氏家风有一定的影响。到了班固父亲班彪一辈,"博而不俗","述而不作"。由于世道变化,班固"弱冠而孤"。他"年九岁能属文诵诗赋。及长,遂博贯载籍,九流百家之言,无不穷究。所学无常师,不为章句,举大义而已",他"自永平中始受诏(修史),潜精积思二十余年,至建初中乃成"(《后汉书·班彪列传》)。班固广采百家学说,撰写《汉书》,其记事上自汉高祖,下至王莽,有十二本纪、八表、十志和七十列传,为我国首部纪传体断代史。与司马迁所不同的是,班固没能像司马迁那样游历天下,去获取大量的第一手资料,而且也没能像司马迁那样让自己的著作"俟后世圣人君子"检阅,其历史写作受到汉明帝的直接干预。这不是班固个人所能改变的。但他同样对民间文学比较重视,除了前面举到的对民间歌谣的保存之外,还在《东方朔传》等纪传之作中使用了大量民间传说的内容。尤其是《汉书·艺文志》对当世民间传说故事的保存相当丰富。如他在其中的"诸子略"中设了"小说家"类,并在阐释"小说家"的含义时说:

> 右小说十五家千三百八十篇。小说家者流,盖出于稗官,街谈巷语,道听途说者之所造也。孔子曰:"虽小道,必有可观者焉。致远恐泥,是以君子弗为也。"然亦弗灭也,闾里小知者之所及,亦使缀而不忘,如或一言可采,此亦刍荛狂夫之议也。

此所谓"小说"包含着一些民间传说故事。从班固所列的"小说",我们可以很清楚地看到这些内容:

> 伊尹说二十七篇(其语浅薄,似依托也);
> 鬻子说十九篇(后世所加);
> 周考七十六篇(考周事也);
> 青史子五十七篇(古史官记事也);
> 师旷六篇(见《春秋》,其言浅薄,本与此同似因托也);

务成子十一篇(称尧问,非古语);

宋子十八篇(孙卿道宋子,其言黄老意);

天乙三篇(天乙谓汤,其言非殷时,皆依托也);

黄帝说四十篇(迂诞依托);

封禅方说十八篇(武帝时);

待诏臣饶心术二十五篇(武帝时);

待诏臣安成未央术一篇;

臣寿周纪七篇(项国圉人,宣帝时);

虞初周说九百四十三篇(武帝时,以方士侍郎,号黄车使者);

百家百三十九卷。

其中的"其语(言)浅薄""依托也""迂诞依托",就是民间传说、民间故事最典型的特点。《汉书》诸志有"律历""礼乐""刑法""食货""郊祀""天文""五行""地理""沟洫"和"艺文",都或多或少地涉及民间传说等民间文学内容。

如《汉书·郊祀志》提到"在男曰觋,在女曰巫",及颛顼使"南正重司天""火正黎司地",和"共工氏霸九州,其子曰句龙,能平水土,死为社祠""烈山氏王天下,其子曰柱,能殖百谷,死为稷祠"等神话传说,其他还有关于"威宣燕昭使人入海,求蓬莱、方丈、瀛洲此三山者,其传在渤海中"得见"不死之药"等神仙传说、陕西宝鸡"命曰陈宝"等地名传说(此两类传说,可看做后世流传的八仙传说、识宝传说两大类型民间故事的原型)。

班固所写《匈奴传》《西南夷两粤朝鲜传》《西域传》等章,记述了许多少数民族中流传的故事和歌谣,可看做较早专门记述少数民族文学史的文献。

《汉书·王莽传》写得尤为精彩,其中保存了不少生动的王莽传说,这也是一般学者所忽略的地方。当然,我们也要看到,班固在写作《汉书》时,有许多民间传说是直接从司马迁《史记》中摘取的。班固因为永元初年窦宪事的牵连,死于狱中,传说其妹班昭与马续接下来完成了《汉书》。南朝范晔的《后汉书》中也保存不少汉代民间文学。其他还有《吴越春秋》《越绝书》等史籍,对民间文学的保存都做出了一定的贡献。《吴越春秋》原书有十二卷,今存十卷,为东汉赵晔所撰,主要记述了吴越争霸的历史,其中西施和范蠡的故事、勾践卧薪尝胆的故事及伍员传说等,对此后的民间文学产生了深远影响。《越绝书》也是记述吴越争霸历史的,其中的少年计倪、持剑英雄干将、女英雄女嬛等传说,颇有风采。此书原有二十五篇,今存十九篇,篇首标为伍员、子贡所撰,而末篇有隐语,应为东汉人袁康和吴平编撰而成。

汉魏之际,出现了一批神怪史话著作,诸如《汉武故事》《汉武内传》《赵飞燕外传》《洞冥记》《列仙传》等,或托名班固,或托名东方朔,其中所保存的民间文学也是相当丰富的。但是,这些作品已经明显超出了史学的范畴,而是与《淮南子》相似的言"道"之作。如两部以汉武帝为传主的作品,旧题为班固所著,《赵飞燕外传》旧题汉伶玄所著,其实都是托名。这些著作在文化品格上表现出另外一些内容,我们可以看到它们从《史记》和《汉书》的"传"体中分离出来的痕迹。这些具有怪异色彩的著作冲荡着史传文学,同时其自身也形成了一股潮流,直接影响了后世神怪文学《搜神记》之类作品的产生。这种现象的出现,一方面是由于社会文化在哲学性格上不断自觉地走向"玄""异",对"道"进行发扬光大;另一方面则是由于《史记》所影响的个体化史著风尚,使更多的学者不再局限于对社会和历史、文化的发展作简单的表述。经与史的彻底结合,导致了我国汉魏之后历史著作、史传文学的畸形发展,汉代末期的学者,主要是经学家们,应该对此负主要责任。这对民间文学的保存貌似有利,其实并非完全这样,甚至造成了对民间文学原始性的冲荡与消解;经、史之作与宗教(主要是道教与佛教)相结合后,汇聚成新的文化潮流,冲击着时势,使我国民间文学的面目发生了非常明显的大转变。

三 民间文学思想体系

中国文化传承,形成口头传统、文字传统和生活传统。汉代社会重新整理和认识秦代之前的文化,形成具有时代特色的民间文学思想体系。秦亡之后,汉代知识分子从总结秦王朝灭亡的历史教训,渐渐转向对秦之前所有王朝兴衰历史的反思,并改变了《吕氏春秋》《晏子春秋》之类书籍简单地实行集体编写的创作方式,走向完全个体化的写作道路,开创了以刘向、刘安、应劭等学者为代表的著述风尚,其视野比前人更加扩大,其思想却失却了先秦时期,尤其是战国时代的自由,更多地受到经学、史学和神学的限制;在表现出文化自觉的同时,他们逐渐收敛了自己的思想锋芒,体现出新的文化哲学走向。在他们的著述中,民间文学的保存及其思想体系的形成具有新的意义。

(一) 刘向与民间文学

刘向,字子政,本名更生,汉成帝时更名为刘向。在汉宣帝时曾任辇郎,因为他曾经夸言可以亲手造黄金却没有成功,故而被下狱,后来免死;到汉元帝时,他因弹劾宦官弘恭、石显,又被下狱;在汉成帝时,又因反对外戚王凤擅权,受到王凤等人的打击。其主要著作有《别录》《列仙传》《列女传》《新序》《说苑》《条灾异封事》等。其中民间文学保存尤为丰富者,当推《说苑》《列仙传》《列女传》。特别是其《列仙传》,可以看作秦汉时代的第一部"神谱"。

刘向是汉高祖楚元王刘交四世孙,亲近皇室,得以博览群书,"采传记百家之言",其《说苑》旨在劝善惩恶,以教化为主要目的。《说苑》中保存了许多民间传说和民间故事,其采录来源,有学者指出与先秦时期的史籍和诸子著作相关,但我们作详细对比时,会发现其"多有出入"。这些"出入",是刘向所记述的民间文学"异文"。有学者说他的《说苑》"撷拾群书,网罗旧闻,一些失传典籍的零金碎玉、吉光片羽,借以传世"①,这个评价是中肯的。《说苑》中的故事,主要以对话的形式表述出来,常常在故事中套入故事,简洁生动,对后世短篇小说的发展有积极影响。从它的每一章中,我们都可以看到民间传说的影子,其《善说》《杂言》诸篇尤为传神。全书二十卷,可以都看作民间传说和寓言故事,其中各个社会阶层的人物故事都有保存;我们称《说苑》为一部民间故事集,应该是不为过的。在《建本》中,"中牟鄙人"宁越提出"人将卧,吾不敢卧",颇有龟兔赛跑的寓意。在《立节》和《善说》中,我们可以看到著名的民间传说《孟姜女》在汉代的重要变化,即文献中第一次出现了杞梁妻哭塌(崩)了城墙的情节。在《善说》中,以"孟尝君寄客于齐王,三年而不见用"开题,客举"周氏之䴢,韩氏之卢,天下疾狗也""狗非不能,属之者罪也",孟尝君曰:

> 不然。昔华舟、杞梁战而死,其妻悲之,向城而哭,隅为之崩,城为之阤。君子诚能刑于内,则物应于外矣。

这是《孟姜女》传说形成的重要内容。由此可见《说苑》对民间传说的充分重视。

《善说》中所举的"孝武帝时汾阴得宝鼎而献之于甘泉宫",侍中虞邱寿王却说"非周鼎",阐述其"乃汉鼎"而不受惩罚,反而受赐"黄金十斤"的故事,则可看做后世智对故事的原型。由此,我们可以想起《晏子使楚》之类的传说——即它们都是通过演绎法来论证,挫败对方的用意(设难)。这当是机智人物故事的又一个典型。

《说苑》中也有一些民间寓言故事,如著名的"枭东徙",流传后世甚广。这是和《说苑》的成书义旨相关联的。《说苑》并不是简单抄录其他典籍,而是采录了大量民间故事,其"说"即传说,其"苑"即汇编,《说苑》即民间传说故事集。

刘向保存民间故事,以《列仙传》和《列女传》影响最广。在《列仙传》的"叙"中,我们可以看到关于该书起源的故事。传说刘安通神仙之道,存有《枕中鸿宝苑秘书》,"言神仙使鬼物及邹衍重道延命之术"(《汉书·刘向传》)。后来刘安因谋反案被诛杀,这部神仙书就不被别人所见,但刘向看到了它。刘向可能也就信以为真,想根据书中的提示来演习"淮南铸金术",但没有成功,差点儿把命丢了。他被赎出来之后,

---

① 钱宗武:《白话说苑·前言》,岳麓书社,1994年版。

看到皇帝重用方士，就"辑上古以来及三代秦汉博采诸家言神仙事者"，著作《列仙传》。《列仙传》两卷，记述了七十多个神仙。这些神仙或为历史上真实存在的人物，如老子、吕尚、介子推、范蠡、东方朔等，还有一些是传说中的人物，如黄帝、神农，以及那些无稽可查的"赤松子"（神农时雨师）、"马师皇"（黄帝时马医）、"方回"（尧时之隐人）、"涓子"（齐人）、"桂父"（象林人）等。《列仙传》中，民间传说与古代神话中的仙化故事相结合，具有世俗性文化的特征。"仙"的文化精神被阐释为多种层次，表现出共同的特征即奇特的生活方式和超越自然的法术技能。一方面，这些神仙"不载不绩"，服食如水玉、云母、丹砂，以及晨露、花木等物，无生无死，超越生命的简单的存在方式，举止间体现出无比自由的风度；另一方面，他们不具常形，超越天地间的限制，能飞出地面，死而复生，留住青春年少，甚至点石成金，化腐朽为神奇，如巫咸再世；而他们又是那样平凡，所有的神仙都有一副平常心。应该说，这是民间文学中向往自由和幸福、热爱生命和生活的自然体现，非一般道学思想所能容纳。当然，由于特殊的历史原因，"道"作为一种文化范畴，在与黄老思想结合时，很容易被民间百姓所接受。在《列仙传》中，七十多位神仙构成七十多篇民间传说、民间故事，正是民间文化在汉代社会的具体体现。《列仙传》在汉代社会的出现，具有重要的历史意义，它标志着《山海经》神话系统被替代成新的传说系统。《山海经》对远古神话的记述及其在先秦时期的流传，更多地被巫所支配；而《列仙传》则通过文人对民间文学传播的自觉参与，表现出世俗化、哲学化的倾向。如《列仙传》中"周灵王太子晋"王子乔，"好吹笙，作凤凰鸣，游伊、洛之间"，后来"乘白鹤驻山头"；"赵人"琴高，"浮游冀州涿郡之间二百余年"，曾"入涿水中取龙子"，后能"乘鲤来"；"秦穆公时人"萧史，"善吹箫，能致孔雀、白鹤舞于庭"，后娶秦穆公女弄玉，并教其"作凤鸣"，"皆随凤凰飞去"；邘子随犬进入仙境，遇仙而成仙；"济阴人"园客，遇"五色蛾"而妻；"秦始皇宫人"毛女"食松叶，遂不饥寒，身轻如飞"，到西汉时其"已百七十余年矣"。考察《列仙传》的哲学基础，体现出典型的民间信仰，诸如灵魂不灭等观念。《列仙传》中有多处提到"立祠"，这是民间文化物化具形的发生源头；今天我们还能见到许多与"祠"相关的民间信仰活动，并能听到掺杂在这些民间信仰活动中的传说故事，而且分明能感受到《列仙传》中的神仙氛围。

《列女传》共八篇八卷，记述了汉代和汉代之前的一百多位非凡女性，其中保存了许多与女性相关的民间故事。

《列女传》也记述了《孟姜女》传说中杞梁妻哭夫尸于城下，城崩，同时又加上了她自赴淄水而死的情节。这个情节应该是后世传说中孟姜女投东海殉夫而令秦始皇沮丧的雏形。

《列女传》是一部女性故事集，不论其用意何在，我们都看到其中大量的民间传说，同时，我们也可以看到"巧女"型故事占据了该书的很大比重。诸如《鲁秋洁妇》即秋胡戏妻故事,秋胡妻的聪明成为故事中最富有光彩的内容。尤其是其首篇所举的娥皇女英,可看做后世"巧女故事"最完整的早期文本:

> 有虞二妃者,帝尧之二女也。长娥皇,次女英。舜父顽母嚚。父号瞽叟,弟曰象,敖游于嫚,舜能谐柔之,承事瞽叟以孝。母憎舜而爱象,舜犹内治,靡有奸意。四岳荐之于尧,尧乃妻以二女,以观厥内。二女承事舜于畎亩之中,不以天子之女故而骄盈怠慢,犹谦谦恭俭,思尽妇道。
>
> 瞽叟与象谋杀舜,使涂廪;舜归告二女曰:"父母使我涂廪,我其往?"二女曰:"往哉!"舜既治廪,乃捐阶。瞽叟焚廪,舜往飞出。
>
> 象复与父母谋使舜浚井。舜乃告二女;二女曰:"俞,往哉!"舜往浚井,格其出入,从掩,舜潜出。
>
> 时既不能杀舜,瞽叟又速舜饮酒,醉,将杀之。舜告二女;二女乃与舜药浴汪,遂往。舜终日饮酒不醉。

《列女传》把著名的尧舜神话推向传说世界,使之充满世俗的生活气息。在这里,我们既能看到"巧女"故事的雏形,又能看到"兄弟分家"型故事、"后母"型故事等雏形。《列女传》成为汉代民间故事女性专题集成,其意义是非常丰富的。其他还有关于姜嫄、简狄等远古母亲神的传说化和孟母教子而三迁等内容,这些故事有一个共同特点,即原始信仰色彩逐渐淡化,加重了世俗色彩,标志着汉代民间故事集的重要特征。自然,也展示出刘向的民间文学思想理论。

刘向对民间故事的保存与整理,有着很突出的思想性与倾向性,即我们前面讲到的教化,这也体现了刘向文化取舍的卓识。

刘向重在说教,也是与民间文学的教化功能相符合的。事实上,民间文学的传播,除了娱乐的需要之外,就是教育的需要。《孝子传》传为刘向所作,其中记述了著名的董永故事,后世戏曲《天仙配》即以此为原型。如《法苑珠林》卷六十二引刘向《孝子传》:

> 董永,千乘人也,少偏孤,与父居,肆力田亩,鹿车载父自随。父亡,无以葬,乃自卖为奴,以供丧事。主人知其贤,与钱一万,遣之,永行。三年丧毕,欲还主人,供其奴职。道逢一妇,曰:"愿为子妻。"遂与之俱。主人谓永曰:"此钱与君矣。"永曰:"蒙君之惠,父丧收藏,永虽小人,必欲服勤致力,以报厚德。"主人曰:"妇人何能?"永曰:"能织。"主人曰:"必尔者,但令君妇为我织缣百匹。"于是,永妻为主人家织,十日而毕。女出,谓永曰:"我,天之织女也。缘君至孝,天帝令我助君偿债尔。"语毕,凌空而去。

有学者以为这是《牛郎织女》故事的变异文本,其实不然,这是董永与七仙女"天仙配"故事的起源。其中"孝"的主题,在汉代文化的影响下,对后世民间文学产生了辐射作用,成为民间文化的重要主题。这也是刘向民间文学思想理论的核心。汉代皇帝以"孝"为谥号者相当多,如"孝文帝""孝武帝""孝惠帝"等,这必然影响到民间文学的主题变化。董永故事与牛郎织女故事显然是两种形态。最重要的是,董永卖身葬父感动天帝所得爱情,是人神之恋,在《牛郎织女》中不但包含着这种主题,而且更重要的是它还包含着兄弟分家型的故事情节。在我国流传的民间故事中还有大量报应主题。有许多学者以为报应主题是佛教轮回观念的体现,事实上在汉代佛教传入之前,这种主题就已经在民俗文化生活中有所表现了,只不过佛教所强调的"恶有恶报、善有善报"与之相结合时,进一步强化了报应主题的存在与发展。

刘向的《列女传》后来由班昭作注,并为之续传,在"母仪"等名目下所记述125位女性①(晋人顾恺之为《列女传》作像,扩大了它的影响)成为重要的文化原型,堪称后世"列女传""女仙传"等史籍、神仙书的先声。

刘向在《楚辞》的整理上做出了重要贡献。他的儿子刘歆继承了他的事业,曾著出我国第一部目录学著作《七略》,在《山海经》的整理上,也有突出成就。他的《上〈山海经〉表》成为我们研究《山海经》的重要文献,从中我们可以看到他独到的神话理论:

　　侍中奉车都尉光禄大夫臣秀②领校,秘书言校,秘书太常属臣望所校《山海经》凡三十二篇,今定为一十八篇,已定。《山海经》者,出于唐虞之际。昔洪水洋溢,漫衍中国,民人失据,崎岖于丘陵,巢于树木。鲧既无功,而帝尧使禹继之。禹乘四载,随山刊木,定高山大川。盖与伯翳主驱禽兽,命山川,类草木,别水土。四岳佐之,以周四方,逮人迹之所希至,及舟舆之所罕到,内别五方之山,外分八方之海,纪其珍宝奇物,异方之所生,水土草木禽兽昆虫麟凤之所止,祯祥之所隐,及四海之外,绝域之国,殊类之人。

　　禹别九州,任土作贡,而益等类物善恶,著《山海经》,皆圣贤之遗事,古文之著明者也,其事质明有信。孝武皇帝时常有献异鸟者,食之百物,所不肯(肯)食。东方朔见之,言其鸟名,又言其所当食,如朔言。问朔何以知之,即《山海经》所出也。孝宣帝时,击磻石于上郡,陷得石室,其中有反缚盗械人。时臣秀父向为谏议大夫,言此贰负之臣也。诏问何以知之,亦以《山海经》对。其文曰:"贰负杀窫

---

①　其中班昭加了20位。
②　刘歆,字子骏,汉成帝时与刘向共同校领秘书,作《三统历》。其名为秀,是因为他看到《河图赤伏符》有"刘秀发兵捕不到",为了应此谶言,即改为"秀"字。

窳,帝乃梏之疏属之山,桎其右足,反缚两手。"上大惊。朝士由是多奇《山海经》者,文学大儒皆读学,以为奇可以考祯祥变怪之物,见远国异人之谣俗。故《易》曰:"言天下之至迹而不可乱也。"博物之君子,其可不惑焉。

《山海经》作为上古巫史之书,包含着许多民间传说、民间故事的原型,而且其韵致独特,类于民族史诗。《山海经》的成书,包含着漫长而复杂的历程,刘歆在与其父亲刘向一起校书时,正式提出其书名(袁珂从王充著作中考证司马迁所提《山海经》应为《山经》①),对这部神话典籍的整理成书及其流传,都有着重要意义。可以说,若没有刘向、刘歆父子对《山海经》的整理,《山海经》很可能散佚,是他们拯救了这部典籍,功不可没。

(二)刘安与民间文学

刘安的《淮南子》,是继《山海经》之后保存神话最丰富的一部典籍。这里所表现出的民间文学思想理论,自成体系。

《淮南子》共二十一篇,本名《鸿烈》,汉武帝建元元年献上,由刘向、刘歆父子校订,名《淮南》。后人因此称《淮南鸿烈》,也称《淮南子》。此称是与刘安的"淮南王"身份联系在一起的,刘安是汉高祖刘邦的孙子,在汉文帝时被立为"淮南王"。《汉书·淮南衡山济北王传》:

> 淮南王安,为人好书、鼓琴,不喜弋猎狗马驰骋,亦欲以行阴德拊循百姓,流名誉。招致宾客方术之士数千人,作为《内书》二十一篇,《外书》甚众,又有《中篇》八卷,言神仙黄白之术,亦二十余万言。时武帝方好艺文,以安属为诸父,辩博,善为文辞,甚尊重之。每为报书及赐,常召司马相如等视草乃遣。初,安入朝,献所作《内篇》,新出,上爱秘之。使为《离骚传》,旦受诏,日食时上。又献《颂德》及《长安都国颂》。每宴见,谈说得失及方技赋颂,昏暮然后罢。

汉武帝是一位好大喜功,梦想有大作为的皇帝,在历史上以罢黜百家、独尊儒术而著名。这种文化专制,实际上是为了加强皇权的需要,他必然要想尽办法削弱诸侯的权力,才能达到加强皇权的目的。刘安作为淮南王,是汉武帝的叔父,从外表上来看已经构成对皇权的威胁,汉武帝肯定会注意到对刘安的严密监视;刘安的《淮南子》以道家思想为文化基础,兼采百家学说,他一再强调"古之立帝王者非以奉养其欲",

---

① 袁珂:《山海经全译》,贵州人民出版社,1994年版。

"为一人之聪明而不足以遍照海内,故立三公九卿以辅翼之","绝国殊俗,僻远幽闲之处,不能被德承泽,故立诸侯以教诲之"(《淮南子·修务训》)。其事实上是代表了诸侯的利益,所以,他必然受到皇权的猜忌,后来被诛杀也就是必然的了。一方面刘安欲"起而召集散亡,力为宗主","招致宾客方术之士数千人","会萃诸子,旁搜异闻","凡阴阳造化、天文地理、四夷百蛮之远,昆虫草木之细,瑰奇诡异,足以骇以耳目者,无不森然罗列其间",使这部书涵盖了大量民间传说和神话故事,另一方面,其遭遇非凡,更吸引后人对其关注,所以其书流传甚广。如高诱在《淮南于·叙目》中所说:"故夫学者不论淮南,则不知大道之深也。是以先贤通儒述作之士,莫不援采以验经传。"我国先秦诸子学说对后世影响甚远,儒道两家作为两种文化,影响文士阶层和民众。道家以老庄思想为主要内容,对民间文化的影响最深广,其从民间来,到民间去的文化风格最明显;《淮南子》保存民间文学最丰富,也就在情理之中。因此,我们也可以说,《淮南子》采录了大量民间文学,诸如流传在民间的神话、传说、故事、寓言,是对神巫之书、神话之源《山海经》中神话传说的补充、修复、阐释和钩沉。它是我国民间文学史上一部难得的经典之作。

《隋书·经籍志》载,《淮南子》有二十一卷,其中有高诱注和许慎注两种。有人考证,《淮南子》版本和注本达162种①。今存《淮南子》二十一卷分别为"原道""俶真""天文""墬形""时则""览冥""精神""本经""主术""缪称""齐俗""道应""记论""诠言""兵略""说山""说林""人间""修务""泰族"和"要略"。

与《山海经》所保存神话形态不同者,是《淮南子》体现出典型的宗教化,即道家思想渗入了神话。如卷一《原道》中,为了述说"道",刘安描述道:"泰古二皇,得道之柄,立于中央,神与化游,以抚四方。"又有"昔者夏鲧作三仞之城,诸侯背之,海外有狡心。禹知天下之叛也,乃坏城平池,散财物,焚甲兵,施之以德,海外宾伏,四夷纳职,会诸侯于涂山,执玉帛者万国",刘安总结为"是故鞭噬狗、策蹄马而欲教之,虽伊尹、造父弗能化。欲害之心亡于中,则饥虎可尾,何况狗马之类乎","是故禹之决渎也,因水以为师;神农之播谷也,因苗以为教"。他还举了"昔共工之力,触不周之山,使地东南倾,与高辛争为帝,遂潜于渊,宗族残灭,继嗣绝祀""昔舜耕于历山,期年,而田者争处土垗,以封壤肥饶相让;钓于河滨,期年,而渔者争处湍濑,以曲隈深潭相予"等神话传说,都是为了述说"无为之有益"。

在《俶真》中,刘安举例神话传说"洛出丹书,河出绿图,故许由、方回、善卷、披衣得达其道","逮至夏桀、殷纣,燔生人,辜谏者,为炮烙,铸金柱,剖贤人之心,析才士之胫,醢鬼侯之女,葅梅伯之醢。当此之时,山崝山崩,三川涸,飞鸟铩翼,走兽挤脚","夫历阳之都,一夕反而为湖,勇力圣知与罢怯不肖者同命"等,是为了论证"不能通其

---

① 见《淮南鸿烈集解·点校说明》引吴则虞语,中华书局,1989年版。

道者,不遇其世"。

在《天文》中,刘安将"太昭"解释为"道始于虚廓,虚廓生宇宙,宇宙生气",而"气有涯垠,清阳者薄靡而为天,重浊者凝滞而为地",故"天地之袭精为阴阳,阴阳之专精为四时,四时之散精为万物","积阳之热气生火,火气之精者为日;积阴之寒气为水,水气之精者为月。日月之淫为精者为星辰",接着举神话传说"昔者共工与颛顼争为帝,怒而触不周之山,天柱折,地维绝。天倾西北,故日月星辰移焉;地不满东南,故水潦尘埃归焉"为例,说气与道等范畴。他还提到:"四时者,天之吏也;日月者,天之使也;星辰者,天之期也;虹霓彗星者,天之忌也。天有九野,九千九百九十九隅,去地五亿万里,五星、八风、二十八宿、五官、六府、紫宫、太微、轩辕、咸池、四守、天阿",进一步述说"何谓五星? 东方,木也,其帝太皞,其佐句芒,执规而治春。其神为岁星,其兽苍龙,其音角,其日甲乙。南方,火也,其帝炎帝,其佐朱明,执衡而治夏。其神为荧惑,其兽朱鸟,其音徵,其日丙丁。中央,土也,其帝黄帝,其佐后土,执绳而制四方。其神为镇星,其兽黄龙,其音宫,其曰戊己。西方,金也,其帝少昊,其佐蓐收,执矩而治秋。其神为太白,其兽白虎,其音商,其日庚辛。北方,水也,其帝颛顼,其佐玄冥,执权而治冬。其神为辰星,其兽玄武,其音羽,其日壬癸。"显然,这是一幅以神话传说为主题的神谱和神话地图。其中的二十八宿等星辰崇拜、五方星及帝、佐、神、兽、音、日等信仰内容,既体现出五行学说等哲学思想在汉代的表现,又具体描绘出在当世流传甚广的天文观念及相关的神话传说,同样也是为了述说"道"之理义。

刘安的民间文学思想体系以神话传说为主体,形成他独具特色的神话传说理论。这是中国民间文学史上值得重视的一页。

其他如在《墬形》中,刘安用神话传说来阐释"天地之间,九州八极,土有九山,山有九塞,泽有九薮,风有八等,水有六品";在"览冥"中,他记述了"隋侯之珠,和氏之璧,得之者富,失之者贫"的传说,证明"顺之者利,逆之者凶"的道理。这里,他还举了许多异常重要的神话传说,如"昔者黄帝治天下,而力牧、太山稽辅之,以治日月之行律,治阴阳之气,节四时之度,正律历之数,别男女,异雌雄,明上下,等贵贱,使强不掩弱,众不暴寡,人民保命而不夭","往古之时,四极废,九州裂,天不兼覆,地不周载,火滥炎而不灭,水浩洋而不息,猛兽食颛民,鸷鸟攫老弱。于是,女娲炼五色石以补苍天"。这些神话的详细描述,意味着对《山海经》中黄帝神话、女娲神话的修复或者还原。当然,诸如"女娲炼五色石以补苍天"是否掺杂了"道"的成分,也是值得我们思索的。在《精神》中,记述有关于"古未有天地之时"的"二神混生,经天营地"这类宇宙起源神话。在《本经》中,记述了"仓颉造字""伯益作井""尧使羿射十日""舜使禹疏三江五湖"等神话,同时,他还记述了"纣为肉圃酒池"和"武王甲卒三千破纣牧野"等历史传说,而这是为了具体论证"本立而道行,本伤而道废"。在《缪称》中,他记述了"伯夷饿死首阳之下"的传说。在《齐俗》中,他记述了"庖丁用刀十九年而刀如新剖硎"等传说。

刘安远取远古神话和先秦历史传说,都是为了论述当世之"道",阐述其政治理想。他为我们保存了大量的神话传说故事,其中或详或略,有的是典型的神话,有的是具有神话色彩的传说,而有的分明是寓言故事。诸如"人间"中的"狐捕雉""螳螂搏轮""塞翁失马","道应"中的"佽非斩蛟"等篇,这些民间寓言成为后世广为流传的成语,其寓意就是刘安在"训"中所阐释出来的。在《精神》中,刘安提到"殖、华将战而死,莒君厚赂而止之,不改其行","殖、华可以止以义,而不可悬以利",从另一个方面为我们保存下《孟姜女》传说故事在当世流传的"文本"材料。整书都染上了"道"的色彩,形成其民间文学思想体系的特色。

(三)应劭与民间文学

应劭的《风俗通义》,是一部具有显著自觉意识的探索民俗发展变化及其规律、特征、意义的民俗学著作。其学术目的非常明确,即"为政之要,辨风正俗最其上也"(《风俗通义序》)。全书十卷,卷一包括《皇霸》《三皇》《五帝》《三王》《五伯》《六国》,以历史文献来论述风俗教化的重要性。

应劭的民间文学思想体系表现出儒学特色,与刘安的道学形成鲜明对比。其卷二中所引"俗说夔一足而用精专,故能调畅于音乐","俗说丁氏家穿井得一人于井中","俗说岱宗上有金篋玉策能知人年寿修短","俗言东方朔太白星精,黄帝时为风后,尧时为务成子,周时为老聃,在越为范蠡……能兴王霸之业,变化无常"和"俗说淮南王安招致宾客方术之士数千人,作鸿宝苑秘枕中之书,铸成黄白,白日升天"等,既有古代传说,又有当世传说,作者引经据典,多方述说这些传说的实质。其卷八列《祀典》《先农》《社神》《稷神》《灵星》《灶神》《风伯》《雨师》《桃梗、苇茭、画虎》和《杀狗磔邑四门》等条,阐述民间信仰和民间传说的具体联系,可看做风物传说的集中。其卷九列《怪神》《鲍君神》《李君神》《石贤士神》以及《世间多有精物妖怪百端》《世间多有蛇作怪者》等,则既有民间传说,又有民间幻想故事。

应劭所记民间传说、民间故事有一个重要特点,既作文献考据,又有以民间信仰为根据的解说阐释,在其所保存的故事类型上,相当齐备。如,其中既有女娲抟土造人的神话描述,又有"故富贵者黄土人也"的解释,这则故事是神话与传说相融合的典型。同时,我们也可以据《山海经》中的"栗广之野有神人十人曰女娲之肠"与此对比,看到女娲神话的嬗变。《淮南子》中所增加的"补天"和"炼五色石",其意义的阐释,也应该与此相结合而进行。

再如其《灶神》:

《礼器》记曰：臧文仲安知礼，燔柴于灶。灶者，老妇之祭也，故盛于盆，尊于瓶。

《周礼》说，颛顼氏有子曰黎，为祝融，祀以为灶神。

谨按，《明堂月令》孟夏之月，其祀灶也，五祀之神，王者所祭。古之神圣，有功德于民。非老妇也。汉记南阳阴子方积恩好施，喜祀灶。腊日晨炊，而灶神见。再拜受神时，有黄羊，因以祀之。其孙识执金吾，封原鹿侯兴尉、鲖阳侯。家凡二侯，牧守数十，其后子孙常以腊日祀灶以黄羊。

儒学的思想观念与考据方式贯穿全书，在两汉时代的文献中，其记述民间文学及其民间文学思想体系，显得别具一格。

如其《鲍君神》

汝南鲖阳，有于田得獐者，其主未往取也。商车十余乘，经泽中行，望见此獐着绳，因持去。念其不事，持一鲍鱼置其处。有顷，其主往，不见所得獐，反见鲍鱼。泽中非人道路，怪其如是，大以为神，转相告语，治病求福，多有效验。因为起祀舍，众巫数十，帷帐钟鼓，方数百里皆来祷祀，号鲍君神。其后数年，鲍鱼主来历祠下，寻问其故，曰：此我鱼也，当有何神？上堂取之，遂以此坏。传曰：物之所聚，斯有神。言人共奖成之耳。

这当是精怪传说的反驳之文，也可看作另一类型的风物传说。此体现出不语怪力乱神的儒学特点。

又如其《颍川富室》：

颍川有富室，兄弟同居，两妇数月皆怀妊。长妇胎伤，因闭匿之。产期至，同至乳母舍。弟妇生男，夜因盗取之。争讼三年，州郡不能决。丞相黄霸出坐殿前，令卒抱儿，取两妇各十步，叱妇曰：自往取之。长妇抱持甚急，儿大啼叫。弟妇恐伤害之，因乃放与，而止甚怆怆，长妇甚喜。霸曰：此弟子也。责问，乃伏。①

这则故事被后人引用，如李行道杂剧《灰阑记》即取材于此，只不过将黄霸换成了包拯，成为包公戏的代表作之一。故事的关键性细节不独在《风俗通义》中有，在其他

---

① 此为《风俗通仪(佚文)》，存吴树平《风俗通义校释》，天津人民出版社，1980年版。

民族的民间文学作品中也有①。它向我们提出一个问题：是否在不同的地区，只有一个民族才能创造这样的故事？是否其他地区的同类故事都自此地区传入？近些年来，在民间文学原型研究中，有一些学者若在某一地区发现某种故事的文献，立即断言其他地区皆从此处借用。这种学风颇为盛行，应该引起我们的思索。应劭记述这则故事时，应该是录自民间，而当时佛经在中原地区并没有传播的优势，又怎能简单地把它看作是从佛经中传入的呢？其实，各个民族由于相近的生活经验与审美经验，很可能创作出主题和细节相同的作品，我们没有必要一定在全世界范围内找到"最原始"的一个文本。

应劭记述民间文学，既注意到文献，又注意到民间活在人们口头上的故事，他可以被看作民间文学史上最早成功地使用"双重证据法"的学者。这种方法值得我们重视和珍惜。

刘向、刘安和应劭在个人著作中保存了丰富的民间文学作品，在汉代民间文学的发展历史上具有重要的代表意义。他们不同于前代学者或记述过于简略，或只作记述而不作具体阐发，而是在记述民间文学作品的同时阐明自己的观点，这种学术个性化标志着汉代知识分子民间文学观的具体形成。这和孔子等人所表现的"不语怪力乱神"之类的片断论有着复杂的联系，最鲜明的特点就是具有系统性。同类现象还表现在王充的《论衡》中。王充的民间文学观在我国民间文学史上具有重要的代表性，他是"唯理论"的首创者，对后世民间文学发展历史上无神论思想的形成，具有深刻的影响。

（四）王充的《论衡》及其民间文学思想理论

王充的民间文学思想理论以唯理论为代表，在某种意义上是对先秦两汉此类无神论思想的重要总结，是汉代民间文学思想史上的一座高峰，也是我国民间文学思想史上的珍贵财富。

一个时代民间文学思想理论的形成与发展总是有自己的特殊背景。王充所处的时代，社会政治文化发生重要变化，一方面是黄老思想文化的盛行，谶纬之学弥漫，形成全社会推崇神仙、蔑视生命与文明的乌烟瘴气；一方面是社会伦理失常、道德沦丧，邪恶横行，尤其是上层社会，骄佚淫侈，飞扬跋扈。重建社会文化秩序，修复伦理道德思想文化体系，成为社会发展最强力的呼唤与诉求，王充应时而作，勇敢承担其为文化发展正本清源、移风易俗的重任，严肃而深切地关注世情，深入思索历史文化的价

---

① 如藏族、傣族的民间故事中也有类似故事，参见《云南各族民间故事选》，人民文学出版社，1962年版。

值与命运,形成自己特立独行的民间文学思想理论。

王充,字仲任,会稽上虞人。他出身社会底层,既有丰富的民间文化知识,熟稔民间文学,又有对下层民众情感的深切感受,如《论衡·自纪》所述,其生自"细族孤门",并没有显赫的贵胄背景,"祖宗无淑懿之基";他"八岁出于书馆",天资甚佳。《后汉书·王充王符仲长统列传》中说他"后到京师,受业太学,师事扶风班彪",其"好博览而不守章句",养成了理性判断、独立思索的学习态度;其"好论说,始若诡异,终有理实。以为俗儒守文,多失其真,乃闭门潜思,绝庆吊之礼,户牖墙壁,各置刀笔,著《论衡》八十五篇,二十余万言,释物类同异,正时俗嫌疑"。自然,王充著《论衡》,把世人分为庸人、文人、圣人,其意在于达到圣人的境界,与后世尼采的超人类似。其"辨妄",在于求得真知,克服庸俗,因此,《论衡》集中体现了他富有理论特色的民间文学思想。

他卓尔不群的民间文学理论与文化立场的形成不是偶然的,既有独特的生活感受,又有自己特殊的文化选择,具有鲜明的思想倾向,以批判现实、拷问历史、追求真知形成自己相对完整的理论体系。如其《论衡·自纪篇》中所述:

> 充既疾俗情,作《讥俗》之书;又悯人君之政,徒欲治人,不得其宜,不晓其务,愁精苦思,不睹所趋,故作《政务》之书。又伤伪书俗文,多不实诚,故为《论衡》之书。夫贤圣殁而大义分,蹉跎殊趋,各自开门;通人观览,不能钉铨,遥闻传授,笔写耳取,在百岁之前,历日弥久,以为昔古之事,所言近是,信之入骨,不可自解,故作实论。其文盛,其辩争,浮华虚伪之语,莫不澄定。没虚华之文,存敦厖之朴,拨流失之风,反宓戏之俗。

的确,他的理性批判态度的形成,一是与他出身下层,"贫无一亩庇身","贱无斗石之秩"(《论衡·自纪》)的生活经历有关,一是与他所持的人生信念有关,他"仕郡为功曹,以数谏争不合而去"(《后汉书》本传),他不满于当时为"干禄"而争献图谶的俗儒,"不贪富贵","不慕高官","忧德之不丰,不患爵之不尊"(《论衡·自纪》),保持独立、正直的人格,因此才有他独具特色的学术思想。其《论衡》一书,始著于永平中,完成于永元中,历时三十多年,凝聚着他大半人生的心血。全书共有八十五篇(其中《招致》仅存篇目),以"疾虚妄"为思想核心,"订其真伪,辨其虚实"(《论衡·对作》)。总的看来,他的学术思想主要集中在以下几个方面。

一、对纬书天人遣告说的批判(诸如《遣告》《变动》《遭虎》《商虫》《寒温》等);

二、对纬书感应说的批判(诸如《感应》《感类》《明雩》《奇怪》《变虚》《异虚》《福虚》《祸虚》《龙虚》《雷虚》等);

三、对神鬼论和神仙方术的批判(诸如《道虚》《订鬼》《论死》《死伪》等);

四、对天命报应说的批判（诸如《命禄》《命义》《幸遇》《逢遇》《累害》《气寿》等）；

五、对占卜、巫筮、详瑞诸说的批判（诸如《卜筮》《辨祟》《难岁》《四讳》《讥日》《诘术》《祀义》《解除》《祭意》《是应》《讲瑞》《指瑞》《说日》《谈天》《物势》《自然》等）。

他所反对的谶纬学说，是两汉时期盛行的文化思潮。这种思潮的盛行有着悠久的历史，可上溯至殷商时期的占卜、巫术，同时又有着广泛的社会基础，在当时被统治者所提倡，大批俗儒的推波助澜、神仙方士的火上浇油，使其融神学、儒学与政治为一体，如火如荼。最重要的是由于统治者愚民政策在理论支持上的需要，使谶纬成为两汉显学。汉武帝所谓"罢黜百家，独尊儒术"，事实上并不是以儒学来替代谶纬之术，而是把这种谶纬推向了文化上的极致。在这样的氛围中，更可见王充的学术思想弥足珍贵。同时，我们也应该看到，王充的学术思想并不是凭空而生的，他有自己独有的视角，但他对前人无神论思想的有机继承，也是不可忽视的重要因素。从这种意义上讲，他的《论衡》是对他当世与他之前以无神论为核心的民间文学思想的重要总结，对后世也产生了非常重要的影响。

这里值得说明的是，王充的《论衡》和他所批判的诸种学说著作中，都保存了丰富的民间文学；所不同的是，在不同的保存形式背后，体现了不同的民间文学观念。王充是在批判、诘问中保存了民间文学，把民间文学作为自己探讨的对象；谶纬学说更多的是对民间文学的深信不疑，这种保存也是有意义的。应该说，王充的《论衡》和那些谶纬之书对民间文学的保存，都值得我们重视。

《论衡》所保存的民间文学主要有神话和传说两大类，另外还有民俗生活中的民间信仰等内容。在王充看来，这些神话和传说，有一些是可信的，而有一些则是不可信的，其可信与不可信的区别即"唯理"，看其是否符合物质世界存在与发展的实际，这就构成了他关于民间文学一系列见解的"唯理论"。如《论衡》卷五"感虚篇"所载：

> 传书言杞梁氏之妻向城而哭，城为之崩。此言杞梁从军不还，其妻痛之，向城而哭，至诚悲痛，精气动城，故城为之崩也。夫言向城而哭者，实也；城为之崩者，虚也。夫人哭悲莫过雍门子，雍门子哭对孟尝君，孟尝君为之于邑，盖哭之精诚，故对向之者，凄怆感恸也。夫雍门子能动孟尝之心，不能感孟尝衣者。衣不知恒恒，不以人心相关通也。今城，土也，土犹衣也，无心腹之藏，安能为悲哭感恸而崩！使至诚之声能动城土，则其对林木哭能折草破木乎？向水火而泣，能涌水灭火乎？夫草木水火与土无异，然杞梁之妻不能崩城明矣！或时城适自崩，杞梁妻适哭，下世好虚，不原其实，故崩城之名至今不灭。

> 传书言邹衍无罪，见拘于燕，当夏五月，仰天而叹，天为陨霜。此与杞梁之妻哭而崩城无以异也。……

> 传书言汤遭七年旱，以身祷于桑林，自责以六过，天乃雨。或言五年，祷辞

曰："余一人有罪，无及万夫。万夫有罪，在余一人。天以一人之不敏，使上帝鬼神伤民之命。"于是，剪其发，丽其手，自以为牲，用祈福于上帝。上帝甚说，时雨乃至。言汤以身祷于桑林自责，若言剪发丽手，自以为牲，用祈福于帝者，实也；言雨至为汤自责以身祷之故，殆虚言也……

传书言仓颉作书，天雨粟，鬼夜哭。此言文章兴而乱渐见，故其妖变致天雨粟鬼夜哭也。夫言天雨粟鬼夜哭，实也；言其应仓颉作书，虚也。夫河出图，洛出书，圣帝明，王之瑞应也。图书文章与仓颉所作字画何以异？天地为图书，仓颉作文字，业与天地同，指与鬼神合，何非何恶而致雨粟神哭之怪？使天地鬼神恶人有书，则其出图书非也……

这里，我们可以看到著名的神话传说"孟姜女""仓颉造字""商汤祈雨"等在当时的保存状况。同时，其"传书言杞梁氏之妻向城而哭，此为之崩""传书言汤遭七年旱，以身祷于桑林，自责以六过，天乃雨""传书言仓颉作书，天雨粟，鬼夜哭"等故事被言说，王充做出在其看来十分合乎情理的解释，以"虚"与"实"做出自己的思索。诸如"或时城适自崩，杞梁妻适哭，下世好虚，不原其实，故崩城之名至今不灭""言汤以身祷于桑林自责，若言剪发枥手，自以为牲，用祈福于帝者，实也；言雨至为汤自责以身祷之故，殆虚言也""其妖变致天雨粟鬼夜哭也。夫言天雨粟鬼夜哭，实也；言其应仓颉作书，虚也"云云，包括"图书文章与仓颉所作字画何以异？天地为图书，仓颉作文字，业与天地同，指与鬼神合，何非何恶而致雨粟之怪？使天地鬼神恶人有书，则其出图书非也"之类答问，可以想见王充对民间文学的社会文化历史意义与现实价值的理解。这也具体展现出王充的民间文学思想体系。

《论衡》被称为汉代和汉代之前的"神话传说集成"，当之无愧，而且远超过《淮南子》的保存量。如其《道虚篇》所载：

儒书言黄帝采首山铜铸鼎于荆山下，鼎既成，有龙垂胡髯，下迎黄帝。黄帝上骑龙，群臣后宫从上七十余人。龙乃上去，余小臣不得上，乃悉持龙髯，龙髯拔，堕黄帝之弓；百姓仰望黄帝既上天，乃抱其弓与龙胡髯吁号，故后世因其处曰鼎湖，其弓曰乌号。太史公记诔五帝，亦云黄帝封禅已仙去，群臣朝其衣冠，因葬埋之。曰此虚言也。

实黄帝者，何等也？……五帝三王皆有圣德之优者，黄帝不在上焉。如圣人皆仙，仙者非独黄帝；如圣人不仙，黄帝何为独仙？世见黄帝好方术；方术，仙者之业，则谓帝仙矣。又见鼎湖之名，则言黄帝采首山铜铸鼎，而龙垂胡髯迎黄帝矣。是与说会稽之山无以异也。夫山名曰会稽，即云夏禹巡狩会计于此山上，故曰会稽。夫禹至会稽治水不巡狩，犹黄帝好方伎不升天也。无会计之事，犹无铸鼎龙垂胡髯之实也。

黄帝神话的传说化,其中一个重要标志即故事出现世俗性内容,有地名传说与之相融合,表现了汉代神话历史化、宗教化、世俗化的大趋势。王充详细记述了这种大趋势及其具体内容,为我们研究古典神话的嬗变形态提供了全面而具体的珍贵材料。

在其他篇中,我们也可以看到类似的状况,即先冠之以"传书言",大意即"民间传说道",运用了典型的民间话语,然后逐层作阐释,将这些神话传说故事一一与客观物质世界的变化相对应,辨其真伪。同时,我们也可以看到,在《论衡》各篇章之中,上自远古时代的神话,下至汉代的各种民间传说,尤其是先秦时期的历史传说故事,几乎都融会其中。如果我们把屈原的《天问》看作是对古代神话传说的一种具体保存形式,那么,王充的《论衡》同样可以看作是一种保存形式,而且他在保存的同时,还对这些神话和传说进行释疑,其"答"正与《天问》之"问"相对。

检索《论衡》各篇,其中几乎保存了汉代之前我国所有的民间文学现象、所有的神话类型与传说故事类型。这是民间文学史上少见的现象。

王充对神话和民间传说的记述,既取诸经典文献,又注意其活性形态即口头传播的采录,其保存内容之丰富、类型之全备,不仅在当世,即使在后来,也是不多见的。尤其是他对民间文学的见解,使我们能够看到"唯理"的倾向,即过于追求民间文学对物质世界的直接反映,而忽视了民间文学的个性特征,这固然是一种偏颇,但在当时又何尝不是一种难得的见解?

王充的唯理论民间文学思想应该引起我们的重视。

唯理论的核心内容是驳斥社会文化思想中的虚妄,即骗人等种种欺世盗名丑恶行径,与所谓唯物思想是两个概念;当然,其中包含有无神论,而此时的无神论应该是相对的,是与泛神相对存在的一种信仰形态。其思想倾向与价值立场,并不是简单的唯物或维新,而是唯理,即从社会生活实际出发,做出合理性述说。当然,他严重忽视了民间文学的非现实性因素。

王充在《论衡》中所表现出的民间文学观,我们概括其为"唯理论",其哲学基础是无神论思想。无神论作为一种哲学思想,在先秦时期就已经萌芽,如《左传》《国语》等历史著作中,已经有对鬼神信仰的动摇、怀疑甚至反对。《左传·僖公五年》中提出"鬼神非人实亲,惟德是依",《左传·桓公六年》中有"夫民,神之主也,是以圣王先成民而后致力于神"。《左传·昭公十八年》载,四国发生火灾,人以为是天变人应,子产不听禳灶,他说:"天道远,人道迩,非所及也,何以知之?灶焉知天道?是亦多言矣,岂不或信?"《左传·僖公二十一年》载,"夏大旱,公欲焚巫尪",臧文仲说:"非旱备也,修城郭,贬食省用,务穑劝分,此其务也。巫尪何为?天欲杀之,则如勿生;若能为旱,焚之滋甚!"管仲、晏婴、孔子、老子、庄子、孟子、荀子、韩非和尉缭子等人,都有过相类似的文化思想。《史记·魏世家》还记载了著名的"西门豹治邺"故事，表明无神论思想的发展与实践。汉代社会谶纬流行，封建统治者大搞天神崇拜、封禅、祠祀，如《史记·高祖本纪》中所载刘邦母亲"尝息大泽之陂，梦与神遇"，"蛟龙于其上"，这应属野合的痕迹，却成了龙种神话的演绎。在《史记·封禅书》中，我们可以看到刘邦"尝杀大蛇"，有神人告其"蛇，白帝子也，而杀者，赤帝子"；在他为沛公时，就"祠蚩尤"，为自己的政治欲望而装神弄鬼，自欺欺人。汉武帝"罢黜百家"，要寻找的是神学理论对他的支持，于是，董仲舒的《天人三策》便为他所青睐，"天人合一""天人感应"的神学理论继承了商周神学思想，在汉代社会肆虐无忌，以《春秋繁露》为代表的一批神学典籍，就成为全社会主流话语的支配者。董仲舒的天人相应理论也包含着对统治者辜负苍天，政治缺失的批评。董仲舒提出，苍天是人间的道德监督者，当统治者不负责任，出现严重灾难时，统治者必须向天祷告、祈求苍天谅解自己的罪过，从而下罪己诏。遗憾的是董仲舒在当世不为统治者所容忍，也被后世经常误会、曲解。

汉代社会"凭谶为说"，"以谶解经"，今文经学横行霸道。王充"疾虚妄"之作《论衡》的出现，有力地动摇了这种局面。之后，张衡、王符、荀悦、仲长统等学者，不同程度的继承他的无神论思想，与封建神学进行坚决斗争。

民间文学在后世常作为思想解放的先声，其原因正在这里。所以说，王充的"唯理论"民间文学观并不是对民间文学的扼杀，相反，在整体上是一种促进；它促进了民间文学对神学的超越，引发了千百万人民群众的觉醒。那些时政歌谣对时局的清醒揭露和批评的不断深入，就是最好的证明。

第四章 魏晋风度

黄巾起义,点燃了化汉王朝为灰烬的熊熊烈火,三国魏晋南北朝时期的历史文化形成了簇新的格局。如果说汉代是中国社会文化大整合的时代,那么,魏晋南北朝则是文化大融合大爆发的新时代。此时的宗教文化、异族文化、外域文化和传统的文人生活相结合,融注进民俗生活之中,民间文学因此发生新的变化。"药"与"酒"成为这个时代文化变异的重要内容①,民间文学也因此而具有独特的文化风度。民间文学的保存,在这一个时期主要体现在几种不同内容的典籍之中,如出现了以民俗志为主要内容的典籍,像晋周处的《风土记》、宗懔的《荆楚岁时记》;以志怪、志人(志异)为主要内容的民间文化典籍更如雨后春笋,层出不穷,形成汉至隋唐间一个新的文化高潮。像三国时期魏国邯郸淳的《笑林》、曹丕的《列异传》,晋代郭璞的《玄中记》、干宝的《搜神记》、戴祚的《甄异传》、葛洪的《抱朴子》、张华的《博物志》、王嘉的《拾遗记》、陶潜的《搜神后记》、无名氏的《录异传》、祖台之的《志怪》、荀氏的《录鬼志》、孔约的《孔氏志怪》,以及南北朝时期的宋人刘义庆的《世说新语》《幽明录》《宣验记》和刘敬叔的《异苑》、郭季产的《集异记》、东阳无疑的《齐谐记》、齐人王琰的《冥祥记》、祖冲之的《述异记》、梁人吴均的《续齐谐记》、任昉的《述异记》、北齐颜之推的《冤魂志》等;经典注释出现了郭璞的《山海经注》和郦道远的《水经注》,在注释材料中保存大量民间文学;专门的农书等典籍,如北魏贾思勰的《齐民要术》中,保存了许多农耕谚语;"家训"体裁的文体,如北齐颜之推的《颜氏家训》等,保存了相当丰富的生活谚语;北魏时人杨衒之的《洛阳伽蓝记》专门记述了佛教宗教生活等民俗现象;邺下文人集团的作品、梁昭明太子萧统主持编纂的《文选》、刘勰所撰写的《文心雕龙》,以及陶渊明等人的文学作品,也保存了一些民间文学。南朝民歌和北朝民歌,是这一历史时期民间文学的奇葩,尤其是《木兰辞》的出现,代表着南北朝民歌成就的高峰。同时,这一时期的民间曲艺也取得了一定的成就,为唐宋时期民间戏曲的繁荣奠定了基础,成为其文化和思想上的准备。此外,在《三国志》等史籍中,也保存了丰富的民间文学史料。尤其是《后汉书》中所保留的古代少数民族神话传说,在我国文化史、文学史包括民间文学史

---

① 鲁迅:《魏晋风度及文章与药及酒之关系》,《鲁迅全集》,第10卷,人民文学出版社,1981年版。

上,都具有很重要的价值和意义。中国古代少数民族文学史的写作,迄今仍相当缺乏,而在《后汉书》《华阳国志》等典籍,乃至更早的《史记》《汉书》《哀牢传》等史籍中就有许多少数民族神话传说的记载,这种现象值得我们重视。像著名的古夜郎族源神话初见于《华阳国志》,西汉末年成帝时夜郎国灭亡,而竹王神话至今还在彝族民间流传。再者是佛教经典文化的传入使中国民间文化的格局发生重要变化,也应引起我们重视。如南朝梁代僧旻和宝唱等人奉梁武帝之命在公元5世纪修撰成的《经律异相》,是一部相当完备的佛经故事集成,包含印度民间故事、神怪传说和动物故事等内容,对六朝和隋唐民间传说有重要影响。总之,这是一个社会大动荡、民族大融合、文化大发展大交流大繁荣的非凡时代,民间文学作为口述史,成为这个时代最为真实的记录,从中我们也可以看到民间文学与当时作家文学之间异常复杂而独特的联系。

一 魏晋南北朝时期的民间传说和民间故事

民间传说和民间故事的基本区别,就在于民间传说有一定的具有真实意义的背景作为依据,而民间故事则更多地体现出幻想性特征。魏晋南北朝时期的民间传说和民间故事,具有十分鲜明的时代特征,即神怪主题的普遍存在。这种神怪主题的形成和发展变化,与魏晋南北朝时期特殊的文化心理密切相关,其中一个非常突出的现象就是人文宗教与民间宗教在人们的理性认识上日益成熟,谶言和纬书曾经被禁止,但它的影响还在,人们越来越多地习惯于从非常广阔的背景上来观察世界。这种认识和观察方式常受到两方面的具体影响,其一是秦汉间流传甚广的神巫经典《山海经》,其二是《史记》和《汉书》等历史典籍,而且这两种影响的效果具体表现为不同的文化风格:其一可看作是《山海经》的遗音,其二是纪实性较强的故事,主要以风物传说和历史人物传说为表现对象。在更多的时候,这两种文化风格又相互交织。有许多典籍既保存民间传说,又保存民间故事,要完全断定一部典籍到底是民间传说的汇聚还是民间故事的汇聚,几乎是徒劳的。因为这些典籍的形成及其文化功能,通常与具体的文化生活需要相联系,综合性成为其普遍的文化特性,在一定程度上具有百科全书的意义。

《山海经》作为神巫之书,可看做后世神怪典籍的先声。魏晋南北朝时期,道教文化与世俗文化相结合,神仙作为一种人生境界被民间文学所接受,神怪文学也因此繁盛于世,其中保存了许多民间传说和民间故事。如托名东方朔的《神异经》《十洲记》,张华的《博物志》,题为魏文帝撰的《列异传》,葛洪的《神仙传》,任昉的《述异记》,王嘉的《拾遗记》等。在这些典籍中,我们听到的是《山海经》的遗音。其中所记述的民间传说和民间故事,至今还有一些在百姓的口头上以鲜活的语言存在着。

《神异经》今存一卷五十八则,分八荒及中荒九篇,从结构到语言都刻意模仿《山海经》,如它所标的"西荒经""西北荒经""西南荒经""东南荒经"等,在故事语言及叙述方式上先说"××有兽(或人)焉",然后再详细描述,其所述故事,也多与《山海经》相联系。对于这种状况,我们可以看作民间传说的变异,如《神异经·西北荒经》:

  西北有兽焉,状似虎,有翼能飞,便剿食人。知人言语。闻人斗,辄食直者;闻人忠信,辄食其鼻;闻人恶逆不善,辄杀兽往馈之。名曰穷奇,亦食诸禽兽也。

在《山海经·海内北经》中曾提到"穷奇状如虎,有翼,食人从首始"的内容,《山海经·西山经》也提到"穷奇"居于"邽山","其状如牛,猬毛","音如獆狗,是食人"。穷奇当是恶的典型。所以,《左传》中提到"少皞氏有子不才,天下之民谓之穷奇",应该说这是有广泛的民间传说作基础的。又如饕餮(tāo tiè),在《吕氏春秋·先识》中提到它"有首无身,食人未咽,害及其身",是"缙云氏不才子";《左传·文公十八年》中说它"贪于饮食,冒于货贿,侵欲崇侈,不可盈厌;聚敛积实,不知纪极;不分孤寡,不恤穷匮。天下之民以比三凶,谓之饕餮"。《神异经·西南荒经》载曰:

  西南方有人焉,身多毛,头上戴豕,贪如狼恶,好自积财,而不食人谷。强者夺老弱者,畏群而击单,名曰饕餮……一名贪婪,一名强夺,一名凌弱。此国人皆如此也。

在《神异经·西荒经》中,还有以饕餮为"苗民"的记载。如"有人,面目手足皆人形,而胳下有翼,不能飞。为人饕餮,淫逸无理,名曰苗民,《春秋》所谓三苗"。显然,饕餮成为凶猛无道的代称,具有明显的倾向性。在《神异经·西荒经》中,还记述了"山臊"之类的精怪故事,如:

  西方深山中有人焉,身长尺余,袒身捕虾蟹,性不畏人;见人止宿,暮依其火以炙虾蟹,伺人不在而盗人盐以食虾蟹。名曰山臊,其音自叫。人尝以竹著火中,爆火扑而出,臊皆惊惮。犯之令人寒热。此虽人形而变化,然亦鬼魅之类。今所在山中皆有之。

《神异经·西南荒经》:

  西南荒中出讹兽,其状若菟,人面能言,常欺人,言东而西,言恶而善。其肉美,食之,言不真矣。一名诞。

使人害病者固然可憎,使人说谎者,又何尝不令人憎恨?《神异经·南荒经》记述了另一种"多则伤人,少则谷不消"的精怪传说:

> 南方有甘蔗之林,其高百丈,围三尺八寸,促节,多汁,甜如蜜。咋啮其汁,令人润泽,可以节蚘虫。人腹中蚘虫,其状如蚓,此消谷虫也,多则伤人,少则谷不消。是甘蔗能灭多益少,凡蔗亦然。

精怪传说是与神话联系尤为密切的故事形式。在《神异经》中还有许多记载,如《神异经·中荒经》所记"北方有兽焉,其状如狮子,食人,吹人则病,名曰獌。恒近人村里,入人屋舍,百姓患苦。天帝徙之北方荒中";《神异经·南荒经》中记有"南方有人,长二三尺,袒身,而目在顶上,走行如风,名曰魃(xiá)。所之国大旱,一名格子。善行市朝众中。遇之者投著厕中,乃死,旱灾消","或曰生捕得杀之,祸去福来";《神异经·东南荒经》中记有"东南方有人焉,周行天下,身长七丈,腹围如其长。头戴鸡父魌头,朱衣缟带,以赤蛇绕额,尾合于头。不饮不食,朝吞恶鬼三千,暮吞三百。此人以鬼为饭,以露为浆,名曰尺郭,一名食邪,道师云吞邪鬼,一名赤黄父。今世有黄父鬼"。《神异经》记述了大量神话传说,有些出自《山海经》,有些则采自民间,记述了当世的民间传说。如西王母神话,在《山海经》中西王母是昆仑神山上的司天及五残之厉的女神,其"虎齿,豹尾,善啸",虽"戴胜几杖",仍是野性十足的形象;而在《神异经·中荒经》中,西王母"岁登翼上,会东王公也",这里的昆仑之山更壮观,"有铜柱焉,其高入天",一根"天柱"竟围三千里。《神异经·东南荒经》中所记的"朴父",其"夫妇并高千里,腹围自辅",当"导开百川"因"懒"被"谪"时,"并立东南,男露其势,女露其牝",待黄河清时他们才能继续"导川"事业。这则神话,我在"大禹时代"中讲述防风神话时曾经引用过,当为防风神话原型内容之一。此类现象还有许多。

《十洲记》又名《海内十洲记》《十洲三岛记》《海内十洲三岛记》。其卷首称:

> 汉武帝既闻王母说八方巨海之中有祖洲、瀛洲、玄洲、炎洲、长洲、元洲、流洲、生洲、凤麟洲、聚窟洲。有此十洲,乃人迹所稀绝处。又始知东方朔非世常人,是以延之曲室而亲问十洲所在、所有之物名,故书记之。
>
> 朔云:臣学仙者耳,非得道之人,以国家之盛美,将招名儒墨于文教之内,抑绝俗之道于虚诡之迹。臣故韬隐逸而赴王庭,藏养生而待朱阙矣。亦由尊上好道,且复欲抑绝其威仪也。曾随师主履行,比至朱陵扶桑蜃海,冥夜之丘,纯阳之陵,始青之下,月宫之间。内游七丘,中旋十洲,践赤县而邀五岳,行陂泽而息名山。臣自少及今,周流六天,广陟天光,极于是矣。未若凌虚之子,飞真之官,上下九天,洞视百万,北极勾陈而并华盖,南翔太丹而栖大夏,东之通阳之霞,西薄

寒穴之野。日月所不逮,星汉所不与,其上无复物,其下无复底。臣所识乃及于是,愧不足以酬广访矣。

它所描述的神仙境地与《山海经》相比,更加细腻、华丽。其中所记西王母、东王父、三天君,鬼谷先生、九源丈人、上元夫人和返魂树、不死草、夜光杯、割玉刀、火烷布、火光兽,以及昆仑仙宫、太玄仙宫、灵官宫第、太帝宫、紫府宫、九老仙都、金墉城等,不但在《山海经》中能看到一些端倪,而且更多地可以在后世民间仙话中找到相应的内容。这部典籍借西月支国人解说异香、猛兽,指斥汉武帝"非有道之君",使其"恧(nù)然不平",则明显是魏晋南北朝文士所加内容。

《十洲记》记述了丰富的神话传说,有一些作品在后世流传甚广。如其所记"禹经诸五岳,使工刻石,识其里数高下。其字科斗书","不但刻剧五岳,诸名山亦然,刻山之独高处尔"。最著名的传说是徐福至祖洲寻不死草:

> 鬼谷先生云:此草是东海祖洲上有不死之草,生琼田中,或名为养神芝。其叶似菰,苗丛生,一株可活一人。始皇于是慨然言曰:"可采得否?"乃使使者徐福发童男童女五百人,率摄楼船等入海寻祖洲,遂不返。

《神异经》和《十洲记》包含了魏晋南北朝时期的神仙思想,但这并不影响它对神话传说的保存。

张华的《博物志》,十卷,前三卷记地理和动物、植物,卷四和卷五记方术家言,卷六为杂考,卷七为异闻。明代都穆在《跋博物志》①中说张华(茂先)"尝采历代四方奇物异事,著《博物志》四百,晋武帝以其太繁,俾删为十卷",又说他"读书三十车。其辨龙鲊,识剑气"。张华在《博物志序》中说:

> 余视《山海经》,及《禹贡》《尔雅》《说文》、地志,虽曰悉备,各有所不载者,作略说。出所不见,粗言远方,陈山川位象,吉凶有征。诸国境界,犬牙相入。春秋之后,并相侵伐,其土地不可具详,其山川地泽,略而言之,正国十二。博物之士,一览而鉴焉。(宋连江叶氏《博物志》本存)

张华并没有明确的保存民间文学的意识,而是在作为地理博物志的写作中,仿照《山海经》,记述了丰富的民间传说。这些传说被后世不断传诵,如其卷十所载"浮槎":

---

① 明弘治十八年贺志同刊本。梁萧绮所录王嘉《拾遗记》中,曾说张华"捃采天下遗逸,自书契之始,考验神怪,及世间闾里所说,造《博物志》四百卷"。

旧说云,天河与海通。近世有人居海渚者,年年八月有浮槎去来,不失期。人有奇志,立飞阁于查上,多赍粮,乘槎而去。十余日中犹观星月日辰,自后芒芒忽忽,亦不觉昼夜。去十余日,奄至一处,有城郭状,屋舍甚严。遥望宫中多织妇,见一丈夫牵牛渚次饮之。牵牛人乃惊问曰:"何由至此?"此人见说来意,并问此是何处。答曰:"君还至蜀郡,访严君平则知之。"竟不上岸,因还如期。后至蜀,问君平,曰:"某年月日,有客星犯牵牛宿。"计年月,正是此人到天河时也。

这是与《牛郎织女》传说相关的重要异文。后人不断演绎成不同体裁的文学作品,如杂剧《张骞泛浮槎》《支机石》等。

又如其卷十所载《天门山》:

　　天门郡有幽山峻谷,谷在上,人有从下经过者,忽然踊出林表,状如飞仙,遂绝迹。年中如此甚数,遂名此处为仙谷。有乐道好事者,入此谷中洗沐,以求飞仙,往往得去。有长意思人,疑必妖怪,乃以大石自坠,牵一犬入谷中,犬复飞去。其人还告乡里,募数十人,执杖揭山草伐木,至山顶观之,遥见一物长数十丈,其高隐人,耳如簸箕。格射刺杀之,所吞人骨积此左右有成。封蟒开口广尺余,前后失人,皆此蟒气所吸上。于是此地遂安稳无患。

此则传说在民间迄今仍有流传。《太平广记》卷四五八所引《玉堂闲话》中,有"峭崖之下,其绝顶有洞穴,相传为神仙之窟宅"的《选仙场》,"每年中元日,拔一人上升",后一和尚用雄黄毒死大蟒;另有《狗仙山》中"迎猎犬而升洞","好道者呼为狗仙山",后一猎手射杀大蟒。这两则传说与此相似,可以看作民间传说异文。宋人洪迈在《夷坚志》中也记述了类似传说;《搜神记》中的《李寄斩蛇》,也有与此相似的内容。结合明话本《白娘子永镇雷峰塔》、清玉山主人的《雷峰塔传奇》等作品,我们不难发现这则传说所具有的原型意义。

《博物志》卷九记述的"猴玃",也是至今仍在民间流传的故事,各地有许多异文:

　　蜀山南高山,上有物如猕猴,长七尺,能人行,健走,名曰猴玃,一名马化,或曰猳玃。同行道妇女有好者,辄盗之以去,人不得知。行者或每遇其旁,皆以长绳相引,然故不免。此得男女气自死,故取女不取男也。取去为室家,其无予者终身不得还。十年之后,形皆类之,意亦迷惑,不复思归。有子者辄俱送还其家,产子皆如人;有不食养者,其母辄死,故无敢不养也。及长,与人不异,皆以杨为姓,故今蜀中西界多谓杨,率皆猳玃、马化之子孙,时时相有玃爪者也。

它很自然地使我们联想到《补江总白猿传》和《陈巡检梅岭失妻记》等话本小说。

在《博物志》中，民间传说有情节生动者，也有只言片语者，如"妊娠者不可啖兔肉"，其"令儿唇缺"；"山居之民多瘿肿疾，由于饮泉之不流者"；"蚕三化三孕而后交"等。其中亦包含着一些民间传说，并形成这些现象的阐释系统。诸如俗语中所说的"玄石饮酒，一醉千日"，《博物志》中的"杂说下"阐释道：

> 昔刘玄石于山中酒家酤酒，酒家与千日酒。忘言其节度，归至家当醉，而家人不知，以为死也，权葬之。酒家计千日满，乃忆玄石前日酤酒，醉向醒耳。往视之，云玄石之死三年，已葬。于是开棺，醉始醒。俗云：玄石饮酒，一醉千日。

这则传说在《搜神记》中也有详细的记述。

《列异传》初录于《隋书·经籍志》，称"魏文帝又作《列异》，又序鬼物奇怪之事"。原书已佚，鲁迅《古小说钩沉》中有辑录。不论作者是否为曹丕，这部典籍"后魏人郦道元的《水经注》皆有征引"①，表明是这个时代的作品无疑。《列异传》的基本内容，据鲁迅所辑录者可知，也是神仙、精怪故事，包括一些世俗的鬼故事，与《山海经》有一定联系。应该指出的是，在《列异传》的辑录材料中，鬼故事占据了较大比重，此书原貌已无可考，郦道元征引它，它应该保存了更多的民间传说，因为《水经注》的基本内容就是以传说（风物为主）来阐释经籍。

《列异传》中记述了许多著名的民间风物传说，如"望夫石""三王冢"（即干将莫邪故事）等：

> 武昌新县北山上有望夫石，状若人立者。相传云，昔有贞妇，其夫从役，远赴国难，妇携幼子，饯送此山，立望而形化为石。
>
> 干将莫邪为楚王作剑，三年而成。剑有雌雄，天下名器也。乃以雌剑献君，藏其雄者。谓其妻曰："吾藏剑在南山之阴，北山之阳，松生石上，剑在其中矣。君若觉，杀我。尔生男，以告之。"及至君觉，杀干将。妻后生男，名赤鼻，告之。赤鼻斫南山之松，不得剑，忽于屋柱中得之。楚王梦一人，眉广三寸，辞欲报仇。购求甚急，乃逃朱兴山中。遇客，欲为之报，乃刎首，将以奉楚王。客令镬煮之，头三日三夜跳，不烂。王往观之，客以雄剑拟王，王头堕镬中。客又自刎。三头悉烂，不可分别，分葬之，名曰三王冢。

---

① 鲁迅：《中国小说史略》，《鲁迅全集》，第9卷，人民文学出版社，1981年版，第43页。

这两则传说,前者至今还在各地伴以"望夫石""真迹"(即传说遗址)流传着,后者通过鲁迅的《铸剑》再创作,也广为流传。干宝在《搜神记》中以《三王墓》为题,同样记述了它,所不同者在于记得更为详细,而且指名三王墓"今在汝南北宜春县界"。

《列异传》的"异"字在众神仙和精怪传说中表现得也很生动,如"汝南有妖,常作太守服,诣府门椎鼓,郡患之。及费长房知是魅,乃呵之,即解衣冠叩头,乞自改变为老鳖";"费长房能使神。后东海君见葛陂君,淫其夫人,于是,长房敕系三年,而东海大旱。长房至东悔,见其请雨,乃敕葛陂君出之,即大雨"。这里的费长房颇为正直,难怪后世尊他为仙人。

在《列异传》中,鬼神是有善恶之分的,它们是人间生活的写照。《列异传》中的鬼神包括精怪不但有善恶之分,而且表现出人间的爱情。如著名的"鲤鱼妻":

> 彭城有男子娶妇,不悦之,在外宿。月余日,妇曰:"何故不复入?"男曰:"汝夜辄出,我故不入。"妇曰:"我初不出。"婿惊。妇云:"君自有异志,当为他所惑耳。后有至者,君便抱留之,索火照视之为何物。"后所愿还至。故作其妇,前却未入,有一人从后推令前。既上床,婿捉之曰:"夜夜出何为?"妇曰:"君与东舍女往来,而惊,欲托鬼魅以前约相掩耳。"婿放之,与共卧。夜半心悟,乃计曰:"魅迷人,非是我妇也。"乃向前揽捉,大呼求火。稍稍缩小,发而视之,得一鲤鱼,长二尺。

若我们从精神分析学说来透视这则民间故事,不难发现它包含着偷情的成分,这也正是此类故事在民间广为流传的重要原因。在流传中,人们得到了快慰、满足。至今在一些民间戏曲和舞蹈中,还有以此种题材为内容的故事,如"戏鱼""追鱼"等。明代戏曲《观世音鱼篮记》,当与此有联系。

《列异传》中的鬼故事甚多。如流传甚广的"宋定伯背鬼",鬼化为羊,这位南阳少年"恐其变化,唾之。得钱千五百乃去",故"时人有言:定伯卖鬼,得钱千五"。又如《何文》:

> 张奋者,家巨富。后暴衰,遂卖宅与黎阳程家。程入居,死病相继,转卖与邺人何文。文日暮乃持刀上北堂中梁上坐。至二更竟,忽见一人,长丈余,高冠黄衣,升堂呼问:"细腰!舍中何以有生人气也?"答曰:"无之。"须臾,有一高冠青衣者,次之,又有高冠白衣者,问答并如前。及将曙,文乃下堂中,如向法呼之。问曰:"黄衣者谁也?"曰:"金也。在堂西壁下。""青衣者谁也?"曰:"钱也。在堂前井边五步。""白衣者谁也?"曰:"银也。在墙东北角柱下。""汝谁也?"曰:"我杵也,在灶下。"及晓,文按次掘之,得金银各五百斤,钱千余万。仍取杵焚之,宅遂清安。

鬼宅故事在民间流传甚广,这里又与民间识宝传说相联系,表现出魏晋时期特殊的精怪观念。在后世民间故事中,尤其是《聊斋志异》等作品中,我们常能发现此类内容。

《山海经》影响了魏晋南北朝时期的民间文学,在葛洪的《神仙传》《抱朴子》、刘敬叔的《异苑》、任昉的《述异记》、晋西戎主簿戴祚的《甄异传》、祖台之的《志怪》、东阳无疑的《齐谐记》、吴均的《续齐谐记》、王嘉的《拾遗记》等典籍中,这种影响也屡屡可见。如葛洪的《神仙传》记述了百位神仙的传说故事①。他在《神仙传自序》中说:"予著内篇,论神仙之事,凡二十卷。""然神仙幽隐,与世异流,世之所闻者,犹千不得一者也。"他举数了"宁子入火而陵烟,马皇见迎于护龙,方回变化于云母,赤将茹葩以随风,涓子饵术以著经,啸父别火于无穷,务光游渊以晡蘧,仇生却老以食松,邛疏煮石以炼形,琴高乘鲤于砀中,桂父改色以龟脑,女丸七十以增容,陵阳吞五脂以登高,商邱咀菖蒲以无终,雨师炼五色以属天,子先辔两虬于元涂,周晋跨素鹤于缑氏,轩辕控飞龙于鼎湖,葛由策木羊于绥山,陆通匿遐托于橐卢,萧史乘凤而轻举,东方飘帻于京师,犊子鬻桃以瀹神,主柱飞行以饵砂,阮邱长存于睢岭,英氏乘鱼以登逯,修羊陷石于西岳,马丹回风以上徂,鹿翁陟险而流泉;园客蝉蜕于五华",他所举的每一句,显然都是一段传说。《述异记》有祖冲之著本和任昉著本②,祖冲之本已佚,鲁迅《古小说钩沉》辑录有九十条,今存任昉所著本。有人指出今存本已非原本,如晁公武《郡斋读书志》所论:"梁任昉撰。昉家藏书二万卷。采前世异闻成书。"《四库全书》收入《述异记》时说,其"开卷盘古氏一条即采徐整《三五历纪》,其余精卫诸条则采《山海经》,园客诸条则采《列仙传》,龟历诸条则采《拾遗记》,老桑诸条则采《异苑》,以及防风氏、蚩尤、夜郎王之类,皆非僻事"。其实不尽然,《述异记》流传到清代,已是历史上多家编录的典籍,其中所录入的神话传说,应该是既有见诸经典的,又有采自民间的。从《述异记》所保存的具体作品,我们可以看到这些内容。如"盘古氏"条,它既录入了徐整在《三五历纪》《五运历年纪》中所述的神话传说,而且举到"今南海有盘古氏墓,亘三百里。俗云后人追葬盘古之魂也。桂林有盘古氏庙,今人祝祀。南海有盘古国,今人皆以盘古为姓"等材料。"防风氏"条不用说,是《述异记》较早完整记述的。"蚩尤"条中,任昉举到"秦汉间说"的例子,又讲"蚩尤耳鬓如剑戟,头有角,与轩辕斗,以角觚人,人不能向。今冀州有乐名蚩尤戏,其民两两三三戴牛角而相觚。汉造角觚戏,盖其遗制也"。那么,"今冀州有乐"即"蚩尤戏"不就是魏晋南北朝时期民间文学的活形态吗?又如"帝女雀",在讲述精卫填海时,《述异记》载:

---

① 原书记百九十人,见《隋书·经籍志》《旧唐书·经籍志》等,明代以来散失大半,《增订汉魏丛书》等所存92人,《四库全书》等所存仅84人。

② 《隋书·经籍志》杂传类载有祖冲之本"十卷",《宋史·艺文志》小说家类载任昉本"二卷"。

>昔炎帝女溺死东海中，化为精卫，其名自呼。每衔西山木石填东海，偶海燕而生子，生雌状如精卫，生雄如海燕。今东海精卫誓水处，曾溺于此川，誓不饮其水，一名鸟誓，一名冤禽，又名志鸟，俗呼帝女雀。

又如著名的《牛郎织女》，《述异记》(《瑯玡代醉篇》卷一"织女"条所引)载：

>天河之东有美丽女人，乃天帝之子，机杼女工，年年劳役，织成云雾绡缣之衣，辛苦殊无欢悦，容貌不暇整理。天帝怜其独处，嫁与河西牵牛之夫婿。自后竟废织纴之功，贪欢不归。帝怒，责归河东，但使一年一度相会。

在《古本淮南子》中曾有"乌鹊填河成桥渡织女"(《六帖》"鹊"部引)的记载，陆机、曹丕、曹植等人的诗中，也都记述这一传说。但在情节的描述上，无疑《述异记》是最完整的。它显示出《牛郎织女》传说在魏晋南北朝时的流传状态。这是典型的当世传说记载，明显超出了在此之前的相关典籍。祖冲之本《述异记》与任昉所记在内容上相差不是太多，而在叙述语言上更为详细，如其所记"庐山上有康王谷"中对"钊城"风物传说的记述，其所记"南康雩都县沿江西出，去县三里"的"梦口穴"传说，是一篇记述生动而完整的识宝传说：

>南康雩都县跨江南出，去县三里，名梦口，有穴，状如石室。旧传：尝有神鸡，色如好金，出此穴中。奋翼回翔长鸣，响彻见之，辄形入穴中，因号此石为金鸡石。昔有人耕此山侧，望见鸡出游戏，有一长人操弹弹之，鸡遥见便飞入穴。弹丸正著穴上，石径六尺许，下垂蔽穴，犹有间隙，不复容人。又有人乘船从下流还县，未至此崖数里，有一人通身黄衣，担两笼黄瓜，求寄载之。黄衣人乞食，船主与之盘酒。食讫，至崖下，船主乞瓜，此人不与，仍唾盘内，径上崖，直入石中。船主初甚怒之，见其入石，始知神异，取向食器视之，见盘上唾，悉是黄金。

金鸡传说、识宝传说在这里融为一体。这类传说后来还被演绎成盗宝传说，至今在许多地方仍在流传，形成脍炙人口的风物传说。祖冲之《述异记》中还有一些生活故事，如"清河崔基"中的"朱氏女"等，也颇有价值。祖冲之本与任昉本在流传中可能相混合，它们之间的差异应该引起我们的思考。

王嘉的《拾遗记》是值得我们重视的一部神话传说集成，今存十卷，题晋陇西王嘉撰、梁萧绮录。它从所谓的"春皇庖牺""炎帝神农"开始，叙述三皇、五帝到夏禹、商汤、周公三代的传说，一直到东晋的历史故事；最后一卷记述了关于昆仑、蓬莱、方丈、瀛洲、员峤、岱舆、昆吾、洞庭等神山的诸种传说。如果我们在《山海经》中所见到的神话传说还有一些零碎，那么，《拾遗记》则完成了对它的修补；其中的神话传说是生动而完整的，意味着《山海经》时代的原始神话，在《拾遗记》中已经转向仙话化的神话传说。《拾遗记》所记述的既有原始神话的成分，又有仙话化的神话传说，而且包含着更多的历史传说和风物传说。诸如在《昆吾山》部分叙述了黄帝神话传说和越王勾践传说之后，又记述了著名的干将莫邪的故事。昆吾山"其山有兽，大如兔，毛色如金，食土下之丹石，深穴地以为窟，亦食铜铁，胆肾皆如铁"为背景，接着叙述吴王知道"一白一黄"双兔食尽吴国武库中的兵器，即召剑工"令铸其胆肾以为剑，一雌一雄，号干将者雄，号镆铘者雌"，"其剑可以切玉断犀"，"及晋之中兴，夜有紫气冲斗牛"，此剑再现，两剑发生另一番传奇故事，有"双龙缠屈于潭下，目光如电，遂不敢前取矣"的记述，改变了其他典籍中所加入的复仇故事。此书收录神话传说类型之全、范围之广、历史时期之长久，是魏晋南北朝同类典籍中所少见的。

　　《拾遗记》对魏晋南北朝时期流传的神话和传说的记述，体现出他独特的文化观念。如他在卷二《夏禹》篇中提到"鲧之灵化"时说，"其事互说，神变犹一，而色状不同；玄鱼黄熊，四音相乱，传写流文，鲧字或鱼边玄也"。他"群疑众说，并略记焉"（《增订汉魏丛书》本），这种胸怀是很宽阔的。所以，萧绮在《拾遗记·序》中说王嘉"搜撰异同，而殊怪必举，纪事纯朴，爱广尚奇，宪章稽古之文，绮综编杂之部，《山海经》所不载，夏鼎未之或存，乃集而记矣"，"多涉祯祥之书，博采神仙之事，妙万物而为言，盖绝世而宏博矣"。他说《拾遗记》"详其朽蠹之余，采捃传闻之说"，"详之正典，爰访杂说"（《增订汉魏丛书》本），这正是其意义所在。后世许多学者对此或毁或誉，但都承认其"昔太史公尝病百家言黄帝不雅驯，而嘉乃凿空著书，专说伏羲以来异事"（《增订汉魏丛书》本）的勇气。《拾遗记》中神话传说记述的完整性，常被后世学者所忽视；若我们走进民间文化，会发现至今还保存在民间口头上的一些神话传说，竟与它完全一致；所不同者，只是王嘉在一些段落中的议论，以及内文中所出现的"真人"等魏晋时的内容。如该书的第一卷记述"轩辕出自有熊之国"，描述其"考定历纪，始造书契，服冕垂衣，故有衮龙之颂。变乘桴以造舟楫，水物为之祥踊，沧海为之恬波。泛河沉璧，有泽马群鸣，山车满野，吹玉律，正璇衡。置四史以主图籍，使九行之士以统万国"（《增订汉魏丛书》本）。其中的"薰风至，真人集，乃厌世于昆台之上，留其冠剑佩舄焉"，明显是魏晋道教文化的产物。"帝以神金铸器，皆铭题。及升遐后，群臣观其铭，皆上古文字，多磨灭缺落"，以及"帝使风后负书，常伯荷剑，旦游洹流，夕归阴浦，行万里而一息。洹流如沙尘，足践则陷，其深难测。大风吹沙如雾，中多神龙鱼鳖，皆能飞翔。有石蕖青色，坚而甚轻，从风靡靡，覆其波上，一茎百叶，千年一花。其地一名沙澜，言沙涌起而成波澜也。仙人甯封食飞鱼而死，二百年更生"（《增订汉魏丛书》本）。这些内容至今还在流传，有一些传说故事与具体的地名相联系，形成独具特色的风物传说群。如河南省的西部山区,分布着"风后岭""铸鼎塬"等,伴随着此类传说的流传。又如颛顼、帝喾和少昊等传说,以往史籍记载较少,这里记述道:

> 帝喾之妃,邹屠氏之女也。……女行不践地,常履风云,游于伊洛。帝乃期焉,纳以为妃。妃常梦吞日,则生一子;凡经八梦,则生八子。世谓为八神,亦谓八翌。翌,明也。亦谓八英,亦谓八力。言其神力明英。翌成万象,亿兆流其神睿焉。
>
> 有丹丘之国,献玛瑙甖,以盛甘露。帝德所洽,被于殊方,以露充于厨也。

其卷十记昆仑等九仙山,以昆仑山最为壮观:"昆仑山有昆陵之地,其高出日月之上。山有九层,每层相去万里","群仙常驾龙乘鹤游戏其间","有芝田蕙圃,皆数百顷,群仙种耨焉","南有赤陂红波,千劫一竭,千劫水乃更生也"。又如其记洞庭山"浮于水上,其下有金堂数百间,玉女居之,四时闻金石丝竹之声,彻于山顶","屈原以忠见斥,隐于沅湘,披蓁茹草,混同禽兽,不交世务,采柏实以和桂膏,用养心神,被王逼逐,乃赴清泠之水,楚人思慕,谓之水仙。其神游于天河,精灵时降湘浦,楚人为之立祠,汉末犹在"。

由此可以看出,《拾遗记》对神话传说的保存,虽受到《山海经》等神话典籍的影响,但它更注重于当世民间传说的收录。《晋书·王嘉传》载,"其所造《牵三歌谶》,事过皆验,累世犹传之",这位"苻坚累征不起"的隐士,"其事多诡怪",受到当时神仙思想的影响。这也是魏晋南北朝时期神话传说得以大量保存与文士们的崇仙态度相联系的一个典型。《齐谐记》《续齐谐记》《志怪》《异苑》等典籍中,都有类似现象。

在魏晋南北朝时期的民间文学保存上,干宝的《搜神记》和刘义庆的《世说新语》是一对双璧,分别代表着两类文化风格的民间文学集成。当然,我们并不是说这两部典籍就是民间文学集,只是说其中的作品包含着民间文学的成分,尤其是神话传说、民间故事,也包含着一些歌谣和谚语。《搜神记》和《世说新语》是魏晋南北朝时期中下层文人在民间文学保存和运用成就上的典范。

民间传说是独立发展的,它的生成与流传机制中虽然有历史真实的存在,而更重要的是体现出人们对某种真实存在的理解与形象化的表达。对于民间文学史的写作来讲,详细的记述固然是重要的,而只言片语同样是重要的。

二 魏晋南北朝时期的民间歌谣和谚语

魏晋南北朝时期的民间歌谣和谚语的文献保存有两个渠道,一是当时人的直接记述,一是后世人对此追述。由于多种原因,保存最为丰富、最为集中的属于后者,主要保存于宋人郭茂倩所编的《乐府诗集》。如六朝民歌与汉魏旧乐府歌曲形式不同,称为"新乐府",郭茂倩的《乐府诗集》把它归入"清商曲辞",即不作配乐的徒歌。《宋书·乐志》说:"吴歌杂曲,并出江东。晋宋以来,稍有增广。"《晋书·乐志》中说它"其始皆徒歌,既而被之管弦"。清商歌曲中除了吴声歌曲之外,还有属于"荆楚西声"的西曲歌以及淫祀之曲"神弦歌"。吴声歌曲和西曲歌是南朝民歌的两大代表,与北朝民歌相对峙,共同构成魏晋南北朝民歌的主体内容。北朝民歌与南朝民歌中的吴声歌曲、西曲歌一样,都被保存于《乐府诗集》,即《乐府诗集》中的"梁鼓角横吹曲"。《晋书·乐志》称:"横吹有鼓角,又有胡角,即胡乐也。"意谓"梁鼓角横吹曲"中包含着许多少数民族民间歌谣。罗根泽说:"南朝乐歌以委婉胜,北朝乐歌以真率胜。"[1]这是很贴切的。从其地理分布上来看,南朝乐府民歌中的"吴歌"集中分布在太湖流域,其"西曲"集中分布在长江中上游地区,北朝民歌则主要分布在黄河中上游地区,在整体上构成一个三足鼎立的形势。这是否和汉末所形成的魏蜀吴三国对峙形势相关联,是值得我们思索的。同时,我们也看到,南北朝乐府民歌并不是这个时代的全部内容,还有许多民间歌谣以另外的形式被保存。如《搜神记》《拾遗记》《齐谐记》《异苑》《博物志》《述异记》《水经注》《世说新语》《幽明录》《洛阳伽蓝记》等当世之作中,都保存有一些民间歌谣。后人的《古今风谣》引有与王粲、曹爽、孙皓、梁武帝相关的歌谣。其他像曹丕的《典记》、颜之推的《颜氏家语》和贾思勰的《齐民要术》中,也保存了一些歌谣和谚语,在《文选》和《玉台新咏》中保存的民间歌谣相当丰富。更不用说在《三国志》《后汉书》《续汉书》,以及后人撰的《晋书》《宋书》《南齐书》《北齐书》《梁书》《魏书》《周书》和《南史》《北史》《旧唐书》等史册典籍中,保存的歌谣都非常丰富。魏晋南北朝的民间歌谣正是这样以零散的形式保存的。最能代表这个时代民间歌谣特色的,还是《乐府诗集》中"梁鼓角横吹曲"和"清商曲辞"这两大部分中所收录的民歌。

(一)魏晋歌谣的时政意识

一个时代的民歌,尤其是爱情民歌,无论它曲调有多么美丽,意味有多么深长,都不能说是这个时代的镜子。表现这个时代最直接、最深刻的作品,一般都数时政歌谣。魏晋南北朝时期也是这样。时政歌谣成为这个时代最忠实的记录,它是一面镜子,一具风雨表。

首先是三国时代,在政治上,三个国家虽然呈三足鼎立之势,而在其体制及社会矛盾上,则是一致的。《三国志》的《魏》《蜀》《吴》各书,保存了一些反映这种内容的歌

---

[1] 罗根泽:《乐府文学史》第四章《概说》,北京文化学社,1931年版。

谣。如《三国志·魏书·典韦传》中所载"帐下壮士有典君,提一双戟八十斤",喻典韦容貌魁杰,名冠三军。《魏书·陈思王植传》记有"相门有相,将门有将",《魏书·裴潜传》注引《魏略》记"大鸿胪,小鸿胪,前后治行曷相如"等,体现出魏国社会一斑。《三国志·蜀书·马良传》中记马良"字季常,襄阳宜城人也。兄弟五人,并有才名",时人用歌谣唱道:"马氏五常,白眉最良。"白眉即马良。《三国志·吴书·周瑜传》中载:"瑜少精意于音乐,虽三爵之后,其有阙误,瑜必知之,知之必顾。"所以,"时人谣之曰:曲有误,周郎顾。"又如《吴书·陆凯传》载:

　　孙皓立。……迁左丞相。……皓徙都武昌,扬士百姓溯流供给,以为患苦,又政事多谬,黎元穷匮。凯上疏曰:"……愿陛下息大功,损百役,务宽荡,勿苛政。又武昌土地,实危险而堵埆,非王都安国养民之处,船泊则沉漂,陵居则峻危,且童谣言:

　　宁饮建业水,
　　不食武昌鱼;
　　宁还建业死,
　　不止武昌居。

　　臣闻翼星为变,荧惑作妖,童谣之言,生于天心,乃以安居而比死,足明天意,知民所苦也。"

　　由此我们可以看到魏蜀吴三国社会共同的矛盾存在。这类状况在《晋书》等史籍中也不乏其例。如《晋书·五行志》中所记"司马越还洛"时童谣"洛中大鼠长尺二,若不早去大狗至",及建兴中江南谣歌"訇如白坑破,合集持作瓶。扬州破换败,吴兴覆瓿甄";太和末童谣描述"海西公被废,百姓耕其门以种小麦"为"犁牛耕御路,白门种小麦";孝武帝太元末京口童谣"黄雌鸡,莫作雄父啼。一旦去毛衣,衣被拉飒栖""昔年食白饭,今年食麦麸。天公诛谴汝,教汝捻咙喉。咙喉喝复喝,京口败忽败";苻坚时歌谣"阿坚连牵三十年,后若欲败时,当在江湖边""河水清复清,苻坚死新城"。又如《晋书·束晳传》中所记述"太康中,郡界大旱,晳为邑人请雨,三日而雨注",即有歌谣"束先生,通神明,请天三日甘雨零。我黍以育,我稷以生。何以畴之?报束长生"。《晋书·祖逖传》载"豫州耆老为祖逖歌"更典型地反映出类似"报束长生"的真切心情:

　　帝乃以逖为奋威将军、豫州刺史。……逖爱人下士,虽疏交贱隶,皆恩礼遇之,由是黄河以南尽为晋土。……躬自俭约,劝督农桑,克己务施,不畜资产,子弟耕耘，负担樵薪，又收葬枯骨，为之祭酹，百姓感悦。尝置酒大会，耆老中坐流涕曰："吾等老矣，更得父母，死将何恨！"乃歌曰：

幸哉遗黎免俘虏，
三辰既朗遇慈父。
玄酒忘劳甘瓠脯，
何以咏恩歌且舞。
其得人心如此。

《晋书·张轨传》中记有歌谣："凉州大马，横行天下。凉州鸱苕寇贼消，鸱苕翩翩怖杀人。"《晋书·苻坚载记》中记有歌谣："幽州垂夬欸，生当灭；若不灭，百姓绝。""阿得脂，阿得脂，博劳旧父是仇绥，尾长翼短不能飞，远徙种人留鲜卑，一旦缓急语阿谁！"在这些歌谣中，对当世者的评判成为诵唱的主题，或得人心而为人称赞，或失人心而为人诅咒、诟骂。又如《魏书·岛夷刘义隆传》所载时人为"刘劭刘骏"所唱的歌谣，集中体现出魏晋南北朝这个大动荡、大混乱时代相互残杀的黑暗、冷酷、残忍。歌谣愤怒地唱道："遥望建康城，江水逆流萦；前见子杀父，后见弟杀兄。"这就是整个时代最为真实的写照，也是对这个时代最全面的总结。

魏晋南北朝时期的政局几乎每日都处在风雨飘摇中，人民痛不欲生，稍遇到像祖逖这样有作为的人，竟"歌且舞"以"咏恩"，而他们遇到更多的是像苻坚、刘义隆父子之类的残暴之徒。黄巾起义被镇压之后，东汉王朝也崩溃了，武装割据的结果是形成魏、蜀、吴三国鼎立，后曹魏政权灭蜀汉，司马氏又篡夺曹魏政权灭孙吴，建立了历史上的西晋王朝。西晋王朝的统治以世族门阀为主体，终于出现西晋中期的八王之乱，冲击世族门阀制度的主体地位。随后而来的是西北地区少数民族入主中原，世族门阀被迫南迁，史称东晋；北方则建立了以少数民族为政治主体的统治。接着，在南方相继出现了宋齐梁陈为代表的南朝；在北方出现大混乱，西北少数民族建立了十几个国家，争战不休，后由鲜卑拓跋氏统一，建立起史称北魏的魏王朝，后来魏王朝又分为东魏、西魏，进而变为北齐和北周。直到杨坚统一北方建立起隋帝国，这段历史称为北朝。在这个时代漫长的岁月中，我国科学技术文化在艰难中发展，曾出现曹魏时代数学家刘徽对《九章算术》的注解，南朝祖冲之对圆周率的研究和对大明历的创制取得卓越成就。北朝贾思勰《齐民要术》对农学的研究也取得重大成果。其他还有王叔和的医学脉学著作《脉经》、皇甫谧的针灸著作《甲乙经》、葛洪的《肘后卒救方》、陶弘景的《本草经集注》等科学成果，但它们远不及魏晋玄学的社会影响深广，整个社会还是以谶纬符瑞、淫祀、佛教、道教相混合的有神论思潮作为文化发展的主流话语。袁绍、刘备、曹丕、刘裕等人以谶纬符瑞愚弄人民；佛教出现了以道安、支遁、支愍度、竺法温等为代表的般若学"六家七宗"，尤其是梁武帝萧衍以佛化治国，北朝则大肆兴建龙门石窟、云冈石窟;道教徒葛洪、寇谦之改革民间道教,魏太武帝亲受符箓,"崇奉天师","显扬新法",陆修静"祖述三张,弘衍二葛"①,撰就《三洞经书目录》,"山中宰相"陶弘景著成《登真隐诀》、《真灵位业图》,整个社会一片乌烟瘴气。民间故事和民间传说的形成和记述,必然沾染上这种妖氛,民间歌谣更复杂。民间故事和民间传说的形成与统治者的思想导向联系更密切,葛洪、干宝、刘义庆等作为代言人,表现出民间文学思想观念的复杂性;民间歌谣更多的是自发地抒发情怀,表达民间百姓对时局的切身感受。魏晋南北朝的时政歌谣成为这个时代无可替代的诗史、口碑。我国史志发展中向来有当世修志、隔代修史的传统,显然,在这些"史"的修撰过程中,史学家们采用了民间口述的歌谣。与那些粉饰现实的诗歌、骈文和赋等文体相比,这些时政歌谣对时代的表现更真实,也更全面。这些歌谣与那些充满情愫的乐府民歌一起,共同构筑成这个时代的民族心灵史。应该说,以刺世、讽世为主题的时政歌谣,与以咏情、述志为主题的乐府民歌一起形成了魏晋南北朝民歌的双翼,将这个时代的民族精神放飞在千百年间的文化长空。

(二) 南朝乐府民歌

南朝乐府民歌具有鲜明的文化风格,即以爱情的讴歌为主要内容。这除了采集民歌者所具有的以"艳曲"为主的倾向之外,还与南朝民间文化传统与人文产生机制等因素相关。如在《三国志·吴书·陆凯传》中,我们能听到"宁饮建业水,不食武昌鱼"那样的与统治者不合作的声音,但采集者却并不重视这一类歌谣,从一些史籍中,我们可以看到这种倾向性存在的社会基础。如《晋书·王恭传》所载"(会稽王)道子尝集朝士置酒于东府。尚书令谢石因醉为委巷之歌";《南史·王俭传》中载有齐高帝"幸华林宴集,使各效伎艺,褚彦回弹琵琶,王僧虔、柳世隆弹琴,沈文季歌《子夜来》,张敬儿舞";《南齐书·王僧虔传》中,也提到"自顷家竞新哇,人尚谣俗,务在噍杀,不顾音纪,流宕无崖,未知所极,排斥正曲,崇长烦淫","故喧丑之制,日盛于廛里;风味之响,独尽于衣冠"。在这样的文化风尚中,又如何能关注"不食武昌鱼"之类的"恶声"呢?南朝乐府民歌的主要流传地点在江南、荆楚一带。魏晋南北朝时,这一带的文化开发还没有取得很深入的成效,民间文化传统基本上还是王逸在《楚辞章句·九歌·序》中所说的"昔楚国南郢之邑,沅湘之间,其俗信鬼而好祠。其祠必作歌乐、鼓舞以乐诸神"。此"荆楚之常习",在这种环境中传播的"俗曲俚句","善淫"自然成为其主题并影响到后世。还有一个更重要的因素,即南朝统治者偏安东南,蓄养歌儿舞女,骄侈淫逸,以"善淫"为主题的民歌就必然格外受他们青睐。如《南史·王琨传》中

---

① "三张"指张陵、张衡、张角,"二葛"指葛玄、葛洪。

曾载:"大明中,尚书仆射颜师伯豪贵,下省设女乐。琨时为度支尚书,要琨同听。传酒行炙,皆悉内妓。琨以男女无亲授,传行每至,令置床上,回面避之,然后取。毕,又如此。坐上莫不抚手嗤笑。"在这样的文化氛围之中,南朝乐府所采民歌偏重一个"情"字,也就是自然而然的了。诚如郭茂倩《乐府诗集》卷六十一《杂曲歌辞》所述:"自晋迁江左,下逮隋唐,德泽寖微,风化不竞,去圣逾远,繁音日滋。艳曲兴于南朝,胡音生于北俗。哀淫靡曼之辞,迭作并起,流而忘反,以至陵夷。原其所由,盖不能制雅乐以相变,大抵多溺于郑、卫,由是新声炽而雅音废矣。""虽言情之作,或出一时,而声辞浅近,少复近古。"

南朝乐府民歌主要保存在《乐府诗集》的"清商曲辞"以及"杂曲歌辞""杂歌谣辞"中。从其内容及流传地域来划分类别,大致可分为"吴声歌曲""西曲歌"和"神弦曲"等。三类合计,大约有 500 多首,其中"吴声歌曲"计 326 首,存曲目 24 种,"西曲歌"计 142 首,存曲目 34 种,"神弦曲"共 18 首。

"吴声歌曲"的流传地主要在太湖流域的江南地区,《乐府诗集》卷四十四《清商曲辞》对其进行总结道:

> 《晋书·乐志》曰:吴歌杂曲,并出江南。东晋已来,稍有增广。其始皆徒歌,既而被之管弦。盖自永嘉渡江之后,下及梁陈,成都建业,吴声歌曲起于此也。《古今乐录》曰:吴声歌旧器有篪、箜篌、琵琶,今有笙筝。其曲有《命啸》,吴声游曲半折、六变、八解,《命啸》十解,存者有《乌噪林》《浮云驱》《雁归湖》《马让》,皆余不传。吴声十曲:一曰《子夜》,二曰《上柱》,三曰《凤将雏》,四曰《上声》,五曰《欢闻》,六曰《欢闻变》,七曰《前溪》,八曰《阿子》,九曰《丁督护》,十曰《团扇郎》,并梁所用曲。《凤将雏》已上三曲,古有歌,自汉至梁不改,今不传。《上声》已下七曲,内入包明月制舞《前溪》一曲,余并王金珠所制也。游曲六曲《子夜四时歌》《警歌》《变歌》,并十曲中间游曲也。半折、六变、八解,汉世已来有之。八解者,古弹、上柱古弹、郑干、新蔡、大治、小治、当男、盛当,梁太清中犹有得者,今不传。又有《七日夜》《女歌》《长史变》《黄鹄》《碧玉》《桃叶》《长乐佳》《欢好》《懊恼(侬)》《读曲》,亦皆吴声歌曲也。

郭茂倩提到的《古今乐录》,是陈代释智匠所著的一部典籍,其中也保存不少民歌。如《团扇郎歌》《华山畿歌》《读曲歌》等,这几首民歌都被收入《乐府诗集》。应该说,在魏晋南北朝时,"今不传"之作还有许多。如《南史·循吏列传》中所言:"凡百户之乡,有市之邑,歌谣舞蹈,触处成群,盖宋世之极盛也。"又如《太平御览》五六九卷引梁代裴子野《宋略》所云:"及周道衰微,日失其序,乱俗先之以怨怒,国亡从之以哀思。抚杂子女,荡悦淫志。充庭广奏,则以鱼龙靡漫为瑰玮,会同享觐,则以吴趋楚舞为妖妍。""王侯将相,歌妓填室;鸿商富贾,舞女成群。竞相夸大,互有争夺,如恐不及,莫为禁令,伤物败俗,莫不在此。"由此可想见,当时乐府民歌的演唱和保存,在数量上是相当可观的。这种背景也决定了吴声歌曲的演唱内容。"歌伎填室"和"舞女成群",带来的是大量流行性的民歌。所以,许多学者不解的吴声歌曲中那么多民歌具有都市色彩的原因,也就不言自喻。

《乐府诗集》中,收入《子夜歌》42首,《子夜四时歌》75首,《读曲歌》89首,其中,流传甚为久而广者有《子夜歌》《子夜四时歌》《丁都护歌》《团扇郎》《七日夜女歌》《碧玉歌》《桃叶歌》、《长乐佳》、《懊侬歌》《华山畿》《读曲歌》等。表现炽烈的情爱,大量运用"同声异字""同声同字"等谐声修辞法,成为"吴声歌曲"的重要特点。如《子夜歌》,《宋书·乐志》载:"晋孝武太元中,琅琊王轲之家,有鬼歌《子夜》。"《唐书·乐志》载:"晋有女子名子夜,造此声,声过哀苦。"其中多以"莲"示"怜",以"丝"示"思",以"星"示"心",以"琴"示"情";以"布匹"之"匹"为"匹偶"之"匹",以"故旧"之"故"为"本来"之"故"。如:

  高山种芙蓉,
  复经黄檗坞。
  果得一莲时,("莲"同"怜")
  流离婴辛苦。

  始欲识郎时,
  两心望如一。
  理丝入残机,("丝"即"思")
  何悟不成匹?("匹"即"匹配")

又如《碧玉歌》,一名《千金意》,《乐府诗集》作无名氏之作,其引《乐苑》道:"《碧玉歌》者,宋汝南王所作也。碧玉,汝南王妾名,以宠爱之甚,所以歌之。"有人考证宋并无汝南王,以为其属"无稽",其实,这正是民间歌曲因传说而盛行的重要特征。其歌唱情爱异常大胆:

  碧玉小家女,
  不敢攀贵德。
  感郎千金意,
  惭无倾城色。

> 碧玉破瓜时，
> 相为情颠倒。
> 感郎不羞郎，
> 回身就郎抱。

其中的"破瓜"，即女性第一次与男人交媾欢爱。这种说法至今还流传。在卫道者看来，这首民歌淫荡至极，属"伤风败俗"之作，但民间歌曲就是这样直白表达普通百姓间的相互爱慕之意。

《华山畿》是一首尤为感人的爱情民歌，而且相伴"神女冢"的动人传说，为人所传颂。释智匠在《古今乐录》中记述道：

> 少帝时，南徐一士子，从华山畿往云阳，见客舍有女子年十八九，悦之无因，遂感心疾。母问其故，具以启母。母为至华山寻访，见女具说；闻感之，因脱蔽膝令母密置其席下卧之，当已。少日，果差。忽举席，见蔽膝而抱持，遂吞食而死。气欲绝，谓母曰："葬时车载从华山度。"母从其意。比至女门，牛不肯前，打拍不动。女曰："且待须臾。"妆点沐浴，既而出，歌曰：
> 华山畿，
> 君既为侬死，
> 独活为谁施？
> 欢若见怜时，
> 棺木为侬开。
> 棺应声开，女透入棺。家人叩打，无如之何，乃合葬，呼曰神女冢。

这首歌谣和这则传说，使我们联想起民间传说《梁山伯与祝英台》，其中的"合墓"情节，应当自此而来。记述"梁祝传说"较早的材料，见于唐初梁载言的《十道四番志》（见宋代张津《乾道四明图经》），其中提到"义妇祝英台与梁山伯同冢"；晚唐时，张读在《宣室志》（张永牧等点校，中华书局，1983年版）中已经讲述得很详细，他提到"英台，上虞祝氏女，伪与男装游学，与会稽梁山伯者同肄业。山伯，字处仁。祝先归。二年，山伯访之，方知其为女子，怅然有所失。告其父母求聘，而祝已字马氏子矣。山伯后为鄞令，病死，葬鄮城西。祝适马氏，舟过墓所，风涛不能进。问知有山伯墓，祝登号恸，地忽自裂陷，祝氏遂并埋焉。晋丞相谢安奏表其墓曰义妇冢"。至于宋人李茂诚所撰《义忠王庙记》及其后所加"化蝶"等材料，另议。这里我们可以看到"晋丞相谢安奏表其墓曰义妇冢"所透露的信息，即晋代就已经有梁山伯与祝英台的传说，那么，它取自《华山畿》民歌及其传说"神女冢"的故事，当是很正常的事情，同时也说明《华山畿》的流传伴有不同寻常的民间传说。《乐府正义》说:"南徐州,刘宋时淮南地也。云阳,曲阿也。华山当是丰县之小华山。《乐录》之说甚诞,未足信。"其实,"未足信"就是民间传说的重要特征。

其他如《懊侬歌》《读曲歌》,《宋书·乐志》提到其为"晋石崇绿珠所作""民间为(谓)彭城王义康所作"。前者应是"托名之作",而后者转"伤"为"淫",其实也是民歌在文化传播中主题变异的普遍现象。《懊侬歌》中有"寡妇哭城倾"句,应当是关于《孟姜女》传说的记述。"吴声歌曲"突出的是一个"情"字,语言自然流畅,常富于夸张性,给人以深刻印象。如《华山畿》中的"相送劳劳渚。长江不应满,是侬泪成许",又如《读曲歌》中的"打杀长鸣鸡,弹去乌臼鸟。愿得连冥不复曙,一年都一晓"。"吴声歌曲"所用"复沓"句式,是民歌常用的手法,如《桃叶歌》中所用"桃叶复桃叶",《古今乐录》和《玉台新咏》称其为"晋王子敬之所作",其实民歌是学不像的。再者是《子夜歌》中的对唱形式和《子夜四时歌》中的"春夏秋冬"四季歌式,当是在魏晋南北朝时期第一次以"吴声歌曲"的形式出现,对后世相同形式的民歌具有滥觞意义。而这些,又都是我们所忽略的内容。

《乐府诗集》卷四十七引《古今乐录》道:

> 西曲歌有《石城乐》《乌夜啼》《莫愁乐》《估客乐》《襄阳乐》,《三洲》《襄阳蹋铜蹄》《采桑度》《江陵乐》《青阳度》《青骢白马》《共戏乐》《安东平》《女儿子》《来罗》《那呵滩》《孟珠》《繁乐》《夜度娘》《长松标》《双行缠》《黄督》《黄缨》《平西乐》《攀杨枝》《寻阳乐》《白附鸠》《枝蒲》《寿阳乐》《作蚕丝》《杨叛儿》《西乌夜飞》《月节折杨柳歌》三十四曲。……按西曲歌出于荆、郢、樊、邓之间,而其声节送和与吴歌亦异,故其方俗而谓之西曲云。

"西曲歌"所表现的也是重在一个"情"字,其抒发的"情"与"吴声歌曲"不尽相同,更多地表达出对自由、幸福的热切向往。其中虽然有情爱世界的具体描绘,但远不及"吴声歌曲"中有些民歌那种赤裸裸的性爱色彩,它更多的是含蓄的流露和表述。如"西曲歌"中出现较多的场景,一是水边,诸如江水、堤、湾、洲,一是与水相连的花、草、鱼、鸟、莲、杨柳,再就是以"春天"和"扬州"作为幸福生活的喻义,它们在民歌中成为一种境界和情结。作品给人带来的画面更朦胧,韵味也更悠远。如:

《翳乐》:
> 人言扬州乐,
> 扬州信自乐;
> 总角诸少年,
> 歌舞自相逐。

《莫愁乐》：
>　　闻欢下扬州，
>　　相送楚山头；
>　　探手抱腰看，
>　　江水断不流。

《那呵滩》：
>　　闻欢下扬州，
>　　相送江津湾。
>　　愿得篙橹折，
>　　交郎到头还。

《襄阳乐》：
>　　人言襄阳乐，
>　　乐作非侬处。
>　　乘星冒风流，
>　　还侬扬州去。
>　　扬州蒲锻环，
>　　百钱两三丛。
>　　不能买将还，
>　　空手揽抱侬。

　　由此，我们能看到"荆郢樊邓"之地民间百姓的扬州情结——扬州紧系着他们的希望和憧憬。这使我们联想到后人"烟花三月下扬州"的诗句，又何尝不是这种情结的延续呢？一代又一代人做着缤纷的扬州梦，而扬州的发达直接源起于南北方的共同开发，扬州是以商贸的繁荣吸引着天下的①。商贾阶层在民间文学中的特殊地位，在这里典型地体现了出来。这意味着魏晋南北朝民歌以"西曲歌"为代表，在文化结构与文化性格上已经发生了明显的转变，从往日以农耕生活为背景的动乱、灾荒、情爱等社会文化主题，转向了以都市为背景的受商业冲击的更新的生活主题。

　　《月节折杨柳歌》在"西曲歌"中的出现，具有更为特殊的意义。连同"闰月"，共十三首，这是后世世俗小调《十三月望花》的最早起源。就其内容来看，它改变了传统的

---

①　参见拙作《唐代扬州民俗初论》，《民俗研究》，2000 年，第 4 期。

农事歌谣诸如《诗经·豳风·七月》的描述方式,同时也改变了表现主题,以个人情感变化的细腻表达,代替了农事歌谣逐事叙述的基本结构。这同样意味着商贸崛起后与商贾阶层联系尤为紧密的"伎"对民间文学的参与及所带来的重要变化。在每一首歌谣中,都出现了独立的"折杨柳"字样,它作为歌唱时的节奏处理,标志着一种新的民歌体的产生。如其中的《七月歌》:

>织女游河边。
>牵牛顾自叹,
>一会复周年。
>折杨柳。
>揽结长命草,
>同心不相负。

这里的"牛郎织女"传说,表现出各自身份的明朗化,"一会复周年"包含着鹊桥相会的传说,也包含着世间男女相爱、相互思念的感情变化。

"西曲歌"中的《西洲曲》,是南朝乐府民歌中最能体现五字句民歌艺术特点的典型,是"南风"的代表。

《西洲曲》是一首恋歌:

>忆梅下西洲,
>折梅寄江北。
>单衫杏子红,
>双鬓鸦雏色。
>西洲在何处?
>两桨桥头渡。
>日暮伯劳飞,
>风吹乌臼树。
>树下即门前,
>门中露翠钿。
>开门郎不至,
>出门采红莲。
>采莲南塘秋,
>莲花过人头。
>低头弄莲子,

莲子青如水。
置莲怀袖中，
莲心彻底红。
忆郎郎不至，
仰首望飞鸿。
鸿飞满西洲，
望郎上青楼。
楼高望不见，
尽日栏干头。
栏干十二曲，
垂手明如玉。
卷帘天自高，
海水摇空绿。
海水梦悠悠，
君愁我亦愁。
南风知我意，
吹梦到西洲。

这首民歌在艺术表现上"摇曳轻飏"，既有普通"西曲歌"的含蓄，又有"吴声歌曲"的谐声。从其形制来看，它与《月节折扬柳歌》颇为相似，语句口气也更多地近于"西曲歌"中的缠绵。如《三洲歌》中所唱的"送欢板桥湾，相待三山头；遥见千幅帆，知是逐风流。风流不暂停，三山隐行舟；愿作比目鱼，随欢千里流"，其意境与《西洲曲》更近。关于《三洲歌》，《古今乐录》中说："商客数游巴陵、三江口，往还因共作此歌。"意谓商业繁盛与商人逸豫促使这类歌谣的出现。那么，《西洲曲》也当如此。其中咏唱的"海水摇空绿""海水梦悠悠"，当与"人言扬州乐，扬州信自乐"意同，是情深处的借指，体现出歌女的向往。同时我们也可以看到，既然与商旅相联系，商旅客人看惯了《懊侬歌》中的"江陵去扬州，三千三百里"，在"吴声歌曲"和"西曲歌"中间也必然存在文化交流，这首民间歌曲就应当是以"交流"为背景的"西曲歌"。当然，在此歌的流传过程中，梁武帝应感到其特有的妩媚，那"吹梦到西洲"的韵致，明显不同于"吴声歌曲"中的动辄言"碧玉破瓜时"，其借用或有所改动也就是很正常的事情。民间歌谣在具体流传中，由于多种原因被融进宫廷燕乐或军中鼓曲，这并不影响它的存在，反而增强了它的传播时效。

南朝民歌在"吴声歌曲"和"西曲歌"之外，还有一种"神弦歌"，《乐府诗集》把它归入"清商曲辞"，存 18 首。《古今乐录》中载其 11 曲、其词 17 章，其名见之于《宋书·乐志》中:"何承天曰:'或云今之《神弦》,孙氏以为《宗庙登歌》也。'史臣案陆机《孙权诔》'肆夏在庙,云翘承机',不容虚设此言。又韦昭、孙休世上《鼓吹铙歌》十二曲表曰:'当付乐官善歌者习歌。'然则,吴朝非无乐官,善歌者乃能以歌辞被丝管,宁容止以《神弦》为庙乐而已乎?"应该说,三国时期江南一带就已经有此类祠神之曲,如朱熹在《楚辞集注·楚辞辨证》中所说"比其类则宜为《三颂》之属,而论其词则反为《国风》再变之郑、卫"。

"神弦歌"不同于"吴声""西曲"者,是其虽有情爱的描写,而内容在于祭祀神灵,属于淫祀之曲。如其中著名的《青溪小姑曲》:

> 开门白水,
> 侧近桥梁。
> 小姑所居,
> 独处无郎。

此中的小姑即刘敬叔在《异苑》中所提的"青溪小姑,蒋侯第三妹也"。"蒋侯"即钟山之神蒋子文。干宝在《搜神记》中曾提到他,说他"尝为秣陵尉,因击贼,伤而死。吴孙权时封中都侯,立庙钟山,转号钟山为蒋山"。黄芝岗在《中国的水神》中,对此有过详细考证。

"神弦歌"还有《湖就姑曲》《姑恩曲》等咏及"青溪小姑"的民间歌曲,《圣郎曲》和《娇女诗》也隐约提及。为何有这种现象呢?《续齐谐记》中所述"会稽赵文韶"一段传说,可见一斑:

> 会稽赵文韶,宋元嘉中为东扶侍,廨在青溪中桥,秋夜步月,怅然思归,乃倚门唱《乌飞曲》。忽有青衣,年可十五六许,诣门曰:"女郎闻歌声有悦人者,逐月游戏,故遣相问。"文韶不之疑,遂邀暂过。须臾,女郎至,年可十八九许,容色绝妙。谓文韶曰:"闻君善歌,能为作一曲否?"文韶即为歌"草生磐石下",声甚清美。女郎顾青衣,取箜篌鼓之,泠泠似楚曲。又令侍婢歌《繁霜》,自脱金簪扣箜篌和之,婢乃歌曰:"歌繁霜,繁霜侵晓幕。何意空相守,坐待繁霜落?"留连宴寝。将旦,别去,以金簪遗文韶,文韶亦赠以银碗及琉璃匕。明日,于青溪庙中得之。乃知所见青溪神女也。

抛开是否有赵文韶与青溪小姑的风情万种,在相关的"神弦歌"中,我们可以看到淫祀歌的存在形式,即歌女(伎)、巫女的出现,使媚神的主题不断神秘化、丰富化。关于这一点,我们从《晋书·夏统传》中也可以看到。其中述及"其从父敬宁祠先人,迎女巫章丹、陈珠,二人并有国色,庄服甚丽,善歌舞,又能隐形匿影",后章丹、陈珠"轻步徊舞,灵谈鬼笑",敬宁便责诸人"奈何诸君迎此妖物,夜与游戏,放傲逸之情,纵奢淫之行"。其中女巫"善歌舞",能"吞刀吐火",即女伎。这是祭祀歌舞的习俗表现。沈约在《赛蒋山庙文》中曾提到"仰惟大王,年逾二百,世兼四代",那么,"神弦歌"中不断出现的"神仙"字眼,即"赛"的对象。淫祀中的取媚淫神,选择美丽而善歌善舞的伎与巫,使"神弦歌"具有更独特的意义,这是南朝乐府民歌中的又一枝奇葩,它的价值和意义应引起我们的重视。

(三) 北朝乐府民歌

北朝民歌今所见者,主要保存于《乐府诗集》的"梁鼓角横吹曲"中,其他如《杂曲》《杂歌谣辞》中也有零散保存。崇尚自然风光,崇尚勇猛刚武,是北朝民歌鲜明的文化主题。鼓角横吹曲冠之以"梁",并非因为它出于江南"宋齐梁陈"之"梁",据《古今乐录》的著者释智匠所记,是由于北朝的鼓角横吹曲曾经输入齐、梁①,并为梁乐府所保存(事见《南齐书·东昏侯纪》),后人袭用,便有了"梁鼓角横吹曲"的名称。郭茂倩在《乐府诗集》卷二十一中对此解释道:"横吹曲,其始亦谓之鼓吹。马上奏之,盖军中之乐也。"他在卷二十五引《古今乐录》总结其数目时说:

《古今乐录》曰:梁鼓角横吹曲有《企喻》《琅琊王》《钜鹿公主》《紫骝马》《黄淡思》《地驱乐》《雀劳利》《慕容垂》《陇头流水》等歌三十六曲。二十五曲有歌有声,十一曲有歌。是时,乐府胡吹旧曲有《大白净皇太子》《小白净皇太子》《雍台》《擒台》《胡遵》《利羝女》《淳于王》《捉搦》《东平刘生》《单迪历》《鲁爽》《半和企喻》《比敦》《胡度来》十四曲。三曲有歌,十一曲亡。又有《隔谷》《地驱乐》《紫骝马》《折扬柳》《幽州马客吟》《慕容家自鲁企由谷》《陇头》《魏高阳王乐人》等歌二十七曲,合前三曲,凡三十曲。总六十六曲。

北朝文学发展中,民歌的地位尤其突出,而且其中的少数民族民歌占据了重要位置。这是当时的社会政治格局所决定的。当时大批文人南渡,相对于南朝而言,北朝文坛一片荒凉,即使有所谓三才之称的"魏收、邢劭、温子升",也并无多大贡献。这种局面直到庾信北上才有所改变。至于王褒、郦道元、杨衒之、颜之推等北朝作家,虽然付出了艰辛努力,但终究没有形成集团阵容,没有构成更大的气候。在这样的文化背景下,更显得北朝民歌价值珍贵。《旧唐书·音乐志》中说:

---

① 《横吹曲》本为胡乐,自汉武帝时即传入中原,李延年曾因《摩诃兜勒》更造新声。

北狄乐其可知者，鲜卑、吐谷浑、部落稽三国，皆马上乐也。……后魏乐府始有北歌，即《魏史》所谓《真人代歌》是也。代都时，命掖庭宫女晨夕歌之。……今存者五十三章，其名目可解者六章：《慕容可汗》《吐谷浑》《部落稽》《钜鹿公主》《白净王太子》《企喻》也。其不可解者，咸多可汗之辞。按今大角，此即后魏世所谓《簸逻回》者是也，其曲亦多可汗之辞。北虏之俗，呼主为可汗。吐谷浑又慕容别种，知此歌是燕、魏之际鲜卑歌，歌辞虏音，竟不可晓。

这里提出了一个尤为重要的文化识别问题，即如何对待少数民族的原始语言与民间文学的联系。由此我们也更容易理解为何在《折杨柳》中会有"我是虏家儿，不解汉儿歌"之辞。

北朝民歌中，征战是一个重要主题。诸如《企喻歌》《慕容垂歌》《紫骝马歌》和《歌谣》中的《陇上歌》，《北史·李安世传》中所收的《李波小妹歌》等。如《陇上歌》：

> 陇上壮士有陈安，
> 躯干虽小腹中宽，
> 爱养将士同心肝。
> 骢骢父马铁锻鞍，
> 七尺大刀奋如湍，
> 丈八蛇矛左右盘。
> 十荡十决无当前，
> 百骑俱出如云浮，
> 追者千万骑悠悠。
> 战始三交失蛇矛，
> 十骑俱荡九骑留，
> 弃我骢骢窜岩幽。
> 天大降雨追者休，
> 为我外援而悬头。
> 西流之水东流河。
> 一去不还奈子何！
> 阿呼呜呼奈子何，
> 呜呼啊呼奈子何。

在战争中，敢于搏杀的英雄受到人们的敬仰，这里的陈安就是这样的英雄。《晋书·刘曜载记》中记述道："刘曜围陈安于陇城，安败走，曜使将军平先追之，斩安于涧曲。安善于抚下,吉凶夷险与众共之。及死,陇上为之歌。曜闻而嘉伤,命乐府歌之。"事实上,从歌谣的内容可以看出,陈安"并非败走",而是在敌众我寡的情况下"为我外援而悬头"。最能表现这种不怕牺牲精神的歌谣,还有《李波小妹歌》。这首歌谣并未被《乐府诗集》所收,存之于《北史》卷三十三:

> 广平人李波,宗族强盛,残掠不已,……公私成患。百姓语曰:
> 李波小妹字雍容,
> 褰裙逐马如卷蓬,
> 左射右射必叠双。
> 妇女尚如此,
> 男子那可逢!
> 安世设方略诱波及诸子侄三十余人,斩于邺市,州内肃然。

这和《晋书·刘曜载记》所记录的一样存在着史学家的偏颇,问题并不在"残掠不已,公私为患",民间歌谣赞赏的是她的"褰裙逐马如卷蓬",其主调如《慕容垂歌》中的"枉杀墙外汉"、《紫骝马歌》中的"一去数千里,何当还故处"的慷慨是一致的。慷慨即无畏。虽然北方人民饱受战火折磨的创痛,但他们毫不畏惧战争,崇尚豪侠,这也是其民歌的重要主题。如《企喻歌》中的"男儿欲作健,结伴不须多。鹞子经天飞,群雀两向波";在《折杨柳》中曾唱"遥看孟津河,杨柳郁婆娑。我是虏家儿,不解汉儿歌",流露出对中原汉族懦弱性格的轻蔑,而高唱"健儿须快马,快马须健儿。跸跋黄尘下,然后别雄雌",这就是北朝人民的爽朗。其中所表现的是对刚强与豁达的崇尚,毫无小肚鸡肠、奸诈卑劣的肖小之风。所以,他们唱着"放马大泽中,草好马著膘"(《企喻歌辞》),驰骋万里,势不可挡。这更反衬出南朝统治者沉湎于酒色,陶醉于荒淫的腐朽、无能。

在北朝民歌中,大自然的景色给人以另一番感觉,显示出北方人民博大、宽阔的胸怀。如《陇头歌》中的"陇头流水,流离四下。念吾一身,飘然旷野";又如著名的《敕勒歌》,《乐府广题》说它"本鲜卑语,易为齐言,故其句长短不齐","北齐神武(高欢)攻周玉壁,士卒死者十四五。神武恚愤,疾发。周王下令曰:'高欢鼠子,敢犯玉壁,剑弩一发,元凶自毙。'神武闻之,勉坐以安士众,悉引诸贵,使斛律金唱《敕勒》,神武自和之"。从其流传背景和歌谣的内容来看,它当是北方人民集体创作的歌曲,这里"使斛律金唱",只不过是借这首流传甚广的歌曲来"安士众",鼓舞士气:

> 敕勒川,
> 阴山下。

> 天似穹庐,
> 笼盖四野。
>
> 天苍苍,
> 野茫茫,
> 风吹草低见牛羊。

多少年后,我们一听到这样的歌声,就如同望见了歌中所描写的无比辽阔的大草原,胸中顿时开阔起来。宋人王灼在《碧鸡漫志》中说:"金(即斛律金)不知书,同于刘项,能发自然之妙如此,当时徐(陵)、庾(信)辈不能也。"此论正是看到了其中的口头传唱背景。这种歌调自然反映了北方人民特殊的性情。它能流传到今天,并且为广大人民所喜爱,对于整个中华民族热爱祖国,热爱生活,不屈服于强权,敢于拼搏,积极进取性格的形成也具有重要的影响。

北朝民歌中也有不少表现爱情的作品,体现出北方人民对待爱情的态度以及表达爱情的特殊方式。在这些民歌中,也不乏细腻、缠绵、含蓄的倾吐衷肠,如《淳于王歌》中的"肃肃河中育,育熟须含黄,独坐空房中,思我百媚郎",《黄淡思》中的"心中不能言,腹作车轮旋。与郎相知时,但恐旁人闻",《幽州马客吟歌》中的"荧荧帐中烛,烛灭不久停。盛时不作乐,春草不重生"等。它更多的是热烈和直率,如《地驱歌乐辞》:

> 青青黄黄,
> 雀石颓唐。
> 槌杀野牛,
> 押杀野羊。
>
> 驱羊入谷,
> 白羊在前,
> 老女不嫁,
> 蹋地呼天!①

《折杨柳枝歌》中描述道:

> 门前一株枣,

---

① 其后两句"侧侧力力""摩捋郎须",可以看出与前两句明显不同,可能是梁代文人所加。

岁岁不知老。
阿婆不嫁女，
哪得孙儿抱？

敕敕何力力，
女子临窗织。
不闻机杼声，
只闻女叹息。

问女何所思？
问女何所忆？
阿婆许嫁女，
今年无消息！

这是北方地区的一首民歌，后两节分明在《木兰辞》中能见到，尤其是最后一节的"阿婆许嫁女，今年无消息"两句，写得尤其好。真不知道《折杨柳枝歌》与《木兰辞》谁借用了谁。

在《紫骝马歌》辞中，所描述的不是爱情的倾诉，而是一种婚俗：

烧火烧野田，
野鸭飞上天。
童男娶寡妇，
壮女笑杀人。

其实这应当是汉人眼中的胡俗，即少数民族中的婚姻习俗。在北方一些少数民族中，曾有过兄死其嫂嫁于其弟的婚俗，而汉族尤其是饱受儒教熏陶的中原汉族，则视之为荒诞不经，所以才有"壮女笑杀人"。在另一种意义上讲，如果其中有对爱情的表现，则可能是寡妇与童男偷情被人发觉后，人们故意对其开玩笑使其尴尬。当然，历史上有许多事情是我们不曾想象到的，对历史上民歌主题的辨识，同样需要走进民间去搜索论据。

最后应该提到的是北朝民歌《木兰诗》(《木兰辞》)的产生时间及其属性问题。这是我国民间流传的一首家喻户晓的叙事诗，从其具体内容上看，诗歌指明"可汗大点兵"等，显然是与少数民族统治中原的背景有联系，而其开头又有"唧唧复唧唧，木兰当户织"，显然是中原地区农耕生活的描述。这表明其产生时间应是少数民族入主中原的北朝时代,但其出现于文献却相当晚。明确记述木兰代父从征故事者,见于唐代李冗的《独异志》。《独异志》卷上载"古有女木兰者,代其父从征,身备戎装,凡十三年,同穴之卒,不知其是女儿";元稹《元氏长庆集》卷二十三《乐府古题序》中,提及"由诗而下十七名,尽编为《乐录》","乐府等题"中"除《铙吹》《横吹》《郊祀》《清商》等词在《乐志》者","其余《木兰》《仲卿》《四愁》《七哀》之辈,亦未必尽播于管弦明矣"①。应该说,在唐代已经有了这首民歌和木兰故事的流传。而在北朝乐府民歌中,我们也多处感受到与之相同的民歌句式与氛围。这不能说是《木兰诗》对它们的影响,而应该是后人整理这首民间叙事诗时对它所作的具有钩沉意义的整理和复原;即在魏晋南北朝时期,民间确实存在着一部以木兰故事为内容的长篇叙事诗,但由于未能及时记述,全部文本没有得到保存。此叙事民歌与《木兰诗》不是一回事,《木兰诗》明显是后人多重加工过的文本。当然,它毕竟保存了木兰故事,我们对此只能作为文人诗歌处理。关于这一点,宋人刘克庄在《后村诗话》中也指出"《焦仲卿妻》诗,六朝人所作也","《木兰诗》,唐人所作也"②。宋人魏泰在《临汉隐居诗话》中,述及"盖世传《木兰许》为曹子建作,似矣"③,这和托名某影响较大的人物这一文化传播方式是一致的。宋代有许多文献记述当时有木兰神庙,如王象之的《舆地纪胜》卷四十九所记"黄州"条;宋人吴可还在《藏海诗话》中具体注释《木兰诗》"磨刀霍霍向猪羊"句中"向"字为"能回护屠杀之意,而又轻清"④。考之诗作内容与北朝民歌中零散的诗句,此诗应当是唐代所整理,但在这种整理中,文人加工的痕迹非常明显。其实,"磨刀霍霍向猪羊"应是民间的语言,而"朔气传金柝"则是文人的语言。民间歌谣从来都是以生活气息为胜的。

(四)魏晋南北朝时期民间谚语的保存

在民间文学史上,谚语是更为独特的部分。谚语的句式一般短小、精悍,人们用极其简练、准确而形象的语言,完整地表达某种经验。这种艺术形式,通常是非常零散地保存在典籍中。也有一些是名人名言先保存在某种典籍中,后来因为人们使用得多了,就成了谚语,这种情况在先秦诸子的著作中较为常见。我们所注意的更多是从民间搜集整理的谚语。在魏晋南北朝时期,谚语比较集中地保存在贾思勰的《齐民要术》、颜之推的《颜氏家训》两部著作中。其他如《水经注》和《晋书》等典籍,也保存了这个时期的一些谚语。

---

① 存清文渊阁《四库全书》版("集部","别集类",第 1079 册)。
② 《后村诗话》前集卷一。清《四库丛刊》本,影抄本《后村先生大全集》卷一百七十三。
③ 存《丛书集成初编》,据清知不足斋丛书本。
④ 《历代诗话续编》中存,无锡丁氏排印本(1916 年)。

《齐民要术》的成书,与贾思勰的人生态度及个人经历密切相关。如他在这本书的"序"中所述,他"采捃经传,爰及歌谣,询之老成,验之行事",查阅了160余种文献,遍访河北、山东、山西民间百姓,以十年之力才完成这部我国最早的农学著作。其中所记述的谚语,除了引述《氾胜之书》《四民月令》和《管子》《左传》《淮南子》等典籍之外,主要是农谚,而且从文中可以看出,这些农谚的记述,几乎全是第一手资料。在《齐民要术》的"自序"中,贾思勰着重论述了"力耕"中"种谷树木"两种生产活动的意义,并引用了"智如禹汤,不如常耕","一年之计莫如种谷,十年之计莫如树木"等谚语。在引用的过程中,他所作的阐释(即对谚语内容的详细解说)显示出他对社会发展、农耕生产、人生追求等问题的卓识,同时,这些见解也可以看作他具有实用色彩的民间文化思想。在"耕田篇""种谷篇""黍穄篇""小豆篇""种麻篇""种瓜篇""大小麦篇""种韭篇""种葵篇""种蒜篇""种䕡篇""栽树篇""种榆白杨篇""养牛马驴骡篇"和"作酱法篇"等卷中,都表现了这种观念,给人以生动、翔实的感觉。如他在"杂说"中对"锄头三寸泽"的记述:

> 凡种麻地,须耕五六遍,倍盖之,以夏至前十日下子,亦锄两遍,仍须用心细意。抽拔全稠闹细弱,不堪留者即去却。一切但依此法。除虫灾外,小小旱不至全损。何者?缘盖磨数多故也。又锄耩以时,谚曰"锄头三寸泽",此之谓也。尧、汤旱涝之年则不敢保,虽然,此乃常式。古人云:"耕锄不以水旱息功,必获丰年之收。"

有些阐释文字很简单,如其卷六"养牛马驴骡篇":

> 谚曰:羸牛劣马寒食下。务在充饱调适而已。

再如其卷八"八和齑篇":

> 蒜一,姜二,橘三,白梅四,熟栗黄五,粳米饭六,盐七,酱八。

这些谚语在《齐民要术》中有的标明为"谚曰",有的则标为"古人云",还有一些谚语直接化成一般用语。这种"化用"的例子尤其多,如卷一"种谷篇"中有"禾生于枣或杨,九十日秀""小豆忌卯,稻麻忌辰,禾忌丙,黍忌丑,秫忌寅未,小麦忌戌,大麦忌子,大豆忌申卯";卷二"黍穄篇"中有"刈穄欲早,刈黍欲晚";卷六"养牛马驴骡篇"中有"饮食之节,食有三刍,饮有三时";卷十所引"杨桃无蘦,一岁三熟"等。这些谚语有的包含着千百年间劳动人民的总结,具有科学性,至今仍在流传,成为人们生活中的常识；而有一些则不免包含着古老的信仰，如某些民间禁忌。贾思勰较早地注意到对农谚的整理与保存，为科学技术的发展做出了突出贡献，他所整理的谚语，是我国民间文学史上珍贵的一页。

与贾思勰的《齐民要术》不同的是，颜之推在《颜氏家训》中所保存的谚语，主要用来进行社会生活教育，诸如教子、识文、读书、治家等方面，重在提高人的素质和修养。这也与他的经历有关，如他在《观我生赋》所说的"一生而三化，备荼苦而蓼辛"。《颜氏家训》主要是以儒家思想教育、训导子弟，同时，也夹杂着作者对历史、文化和人生的理解，以及他对时局的态度等，还穿插一些见闻，这就使得其中的谚语不仅仅是一种修辞手段。和《齐民要术》中阐释谚语的方式相似，《颜氏家训》也总是作一些必要的引证、说明，使谚语的意义更为明确。

如《颜氏家训》"教子篇"中对"习惯成自然"和"教妇初来，教儿婴孩"两条谚语的运用和保存：

> 当及婴稚，识人颜色，知人喜怒，便加教诲，使为则为，使止则止。比及数岁，可省笞罚。父母威严而有慈，则子女畏慎而生孝矣。吾见世间无教而有爱，每不能然。饮食运为，恣其所欲，宜诫翻奖，应诃反笑，至有识知，谓法当耳。骄慢已习，方复制之，捶挞至死而无威，忿怒日隆而增怨，逮于成长，终为败德。孔子云："少成若天性，习惯如自然。"是也！俗谚曰："教妇初来，教儿婴孩。"诚哉斯语！

他非常重视读书对人的教育，在"勉学篇"中运用谚语"积财千万，不如薄伎在身"，强调"伎之易习而可贵者，无过读书也"：

> 夫明《六经》之旨，涉百家之书，纵不能增益德行，敦厉风俗，犹为一艺，得以自资。父兄不可常依，乡国不可常保，一旦流离，无人庇荫，当自求诸身耳。谚曰："积财千万，不如薄伎在身。"伎之易习而可贵者，无过读书也。

当然，他也非常重视读书学习的方法，如他在"勉学篇"中对"博士买驴，书券三纸，未有驴字"的批评：

> 学之兴废，随世轻重。汉时贤俊，皆以一经宏圣人之道，上明天时，下该人事，用此致卿相者多矣。末俗已来不复尔，空守章句，但诵师言，施之世务，殆无一可。……率多田里间人，音辞鄙陋，风操蚩拙，相与专固，无所堪能，问一言辄酬数百，责其指归，或无要会。邺下谚云："博士买驴，书券三纸，未有驴字。"

他不但重视读书、学习,而且重视治家,如他在"治家篇"中对谚语"落索阿姑餐"的阐释:

> 妇人之性,率宠子婿而虐儿妇。宠婿则兄弟之怨生焉,虐妇则姊妹之谗行焉。然则女之行留,皆得罪于其家者,母实为之。至有谚云"落索阿姑餐",此其相报也。家之常弊,可不戒哉!

颜之推的《颜氏家训》体现出了他的教育方法与教育思想,他所保存的这些谚语,至今还具有良好的教育意义。

其他保存谚语的文献也相当多。如曹丕在《典论·论文》中所引的"家有弊帚,享之千金"和"文人相轻,自古而然",在《典论·太子》中所引的"汝无自誉,观汝作家书"。郦道元在《水经注》中引用的谚语更多,诸如"湿水"中的"高梁无上源,清泉无下尾","漾水"中的"南岈北岈,万有余家","沔水"中的"冬涝夏净,断官使命","湘水"中的"昭潭无底橘洲浮"等,这些谚语或者伴随着美丽的传说,或者成为一种地理常识。在《晋书》《宋书》《梁书》《魏书》《北齐书》等记述魏晋南北朝历史的史籍中,谚语的保存也相当可观。如《晋书·鲁褒传》中的"钱无耳,可使鬼",《晋书·苻洪载记》中的"雨若不止,洪水必起",《晋书·慕容超载记》中的"妍皮不裹痴骨",《宋书·颜延之传》中的"富则盛,贫则病"等,反映出社会生活各个方面的知识。

一部谚语史,是一部民间文化哲学史,也是一部科学技术思想史。在我们的民间文学发展史上,谚语的保存给我们提供了理解、认识一个时代文化精神的最直接、最方便的钥匙。在谚语世界中,我们可以看到各民族人民天才智慧的凝聚。魏晋南北朝是这样,其他时代也是这样。

魏晋南北朝的民间文学发展,在我国民间文学史上是一个重要的转折时期。在作家文学创作上,许多学者称这个时代出现了自觉的意识,那么,在民间文学方面,事实上也是这样。民间故事的形成、民间歌谣的演唱,都明显相异于汉代和汉代之前,从而真正地走向了艺术品格的成熟发展。这个时代的南北差别,在民间文学的发展中也表现得相当明显,它使我们想起此后争说不休的南北文化问题,从后来的"宋人不用南相"到近世的"京派""海派"之争,魏晋南北朝时期民间文化上的纠纷是否具有滥觞意义呢?地域上自然景物的不同,会不会影响到人文生成变化的差别呢?这种差别是否会加剧、促使或者阻碍文化的交流与发展呢?世人又该如何正视这种差别并积极参与或控制这种局面的发展呢?凡此种种,都应该引起我们的思索。史迹表明,民间文学是可以引导的。

再者就是民间戏曲生活在魏晋南北朝时期的表现及记述问题。在《三国志·魏书·齐王纪》裴松之注引司马师"废帝奏"中,我们看到"日延小优郭怀、袁信等于建始英蓉殿前裸袒游戏""怀信等于观下作辽东妖妇,嬉亵过度,道路行人掩目",这种色情表演是否就是当时的戏曲存在形式呢?从唐代崔令钦的《教坊记》和《旧唐书·音乐志》中,我们看到"北齐兰陵王(高)长恭",其"性胆勇而貌妇人","刻木为假面"或"常著假面而对敌",成为戏曲发展中"大面""代面"起源,这意味着"兰陵王破阵曲"的形成。同是此《魏书》,在《王粲传》裴松之注引《吴质别传》中提到吴质因上将军曹真"性肥"而中领军朱铄"性瘦",即"召优使说肥瘦",使"真负贵,耻见戏",这里的戏是否就是即兴表演的小品艺术呢?其他还有《颜氏家训·书证篇》中提到的"傀儡子",以及"郭秃"善演"滑稽戏调",《三国志·魏书·杜夔传》裴松之注引傅玄文所提到的"水转百戏","使木人跳丸"而"出入自在","变巧百端",这些内容都是魏晋南北朝民间戏曲生活的几处斑点。

在我们看来,好像整个魏晋南北朝时期的民间文学一直在等待着隋唐时代民间文学的又一次大繁荣;我们分明听见了那个时代民间文学浪尖上的风,正朝着今天涌来。在这风中,夹着鼓角横吹,令人心旌难以平静。

第五章　隋唐新声

一　隋代民间文学的创新

　　隋唐时代文化的发展,离不开对魏晋南北朝时期文化的继承。但是,历史的进步并不是仅仅靠继承,更重要的是创新;只有创新,才能有发展,才能有文化的飞跃与辉煌。当然,这种创新离不开宽阔的胸怀与视野、民族的融合、异域文化的吸收、创新气象的积极营造与引导,是一个民族大创新大发展的基础。隋王朝的建立,在我国历史文化发展中具有十分重要的意义,它对中国文化出现高度繁荣有重要的影响。如一位历史学家所说:"自十六国至隋灭六朝,中原地区成为各族融合的大熔炉,凡商周秦汉以来前后出现的各族,全部或极大部分合并入汉族。融化各族的炭火,就是汉族的经济和文化。"①在隋王朝建立之前,魏太武帝消灭了十六国割据残余势力,使整个黄河流域得到统一,做出了南朝汉族腐朽透顶的专制政治根本无法做到的历史性贡献;虽然曾有以鲜卑旧俗立国的齐王朝出现,魏末大乱,历史曾出现曲折,但这种大统一的趋势是谁也改变不了的,只不过是早一天晚一天的事情,而杨坚就是在事实上实现了这种大统一的人。杨坚消灭了周政权,结束了数百年来连绵不断的战乱,他所建立的隋王朝,使历史翻开了全新的一页。民间文学在这个时代也出现了新的声音,启发了大唐帝国民间文学的繁荣发展。杨坚建立隋王朝,不仅是对北周政权的替代,更是对历史潮流的顺应。政权建立后,他加强中央集权,厘定官制和兵制,实行均田、轻税和减役,厉行节俭,与民生息,对中华民族的发展是有重要贡献的。如《隋书·高祖纪》载:

　　　　(隋文帝)劬劳日昃,经营四方。楼船南迈则金陵失险,骠骑北指则单于款塞。职方所载,并入疆理,《禹贡》所图,咸受正朔。虽晋武之克平吴会,汉宣之推

---

① 范文澜:《中国通史》,第2册,人民出版社,1979年版,第677页。

亡固存，此义论功，不能尚也。……于是，躬节俭，平徭赋，仓廪实，法令行，君子咸乐其生，小人各安其业，强无陵弱，众不暴寡，人物殷阜，朝野欢娱。二十年间，天下无事，区宇之内晏如也。

当然，这里是借"史臣之言"有意褒文帝而贬炀帝，但它透露了隋政权求新顺时的改革和发展措施。隋朝的历史表明，整个隋代虽然只有两位皇帝，历经三十八年，其贡献是巨大的。其中最典型的例子就是南北统一之后，皇家不失时机地将南北朝所存文献典籍进行整理，分类编目，《隋书·经籍志》能载录那么多的书目，绝不是偶然的。如《隋书·经籍志》在"序"中所载："隋开皇三年，秘书监牛弘表请分遣使人，搜访异本。每书一卷，赏绢一匹。校写既定，本即归主，于是，民间异书往往间出。及平陈已后，经籍渐备。检其所得，多太建时书，纸墨不精，书亦拙恶。于是总集编次，存为古本，召天下工书之士京兆韦霈、南阳杜颙等，于秘书内补续残缺，为正副二本，藏于宫中。其余以实秘书内外之阁，凡三万余卷。"隋开皇初，制定七部伎，其后又制定九部伎，废置清商署，积极吸收西域乐伎艺术，诸如新俗乐器，不但影响到当世，而且影响到后世。唐代西域胡乐盛行，应该是与此相关的。当然，这种求新的文化态度，与隋王朝杨氏、唐王朝李氏其先世都家于武川这样一个匈奴人、鲜卑人杂居的地域有关。杨氏原姓普六茹，李氏原姓大野，具有鲜卑血统，这必然影响到他们的爱好也影响到当时文化风尚的具体形成。《隋书·音乐志》载："高祖受命维新，八州同贯，制氏全出于胡人，迎神犹带于边曲。""开皇二年，齐颜推之上言：礼崩乐坏，其来自久。今太常雅乐，并用胡声。请冯梁国旧事，考寻古典。高祖不从，曰：梁乐，亡国之音，奈何遗我用耶！"朝廷是这样，当然影响到世俗。如崔令钦《教坊记》所记王令言："其子在家弹琵琶，令言惊问：'此曲何名？'其子曰：'内里新翻曲子，名《安公子》。'"《教坊记》中记有300多首曲，以"子"为名者近70种，可知"曲子"最早在隋代出现，明显不同于六朝乐府民歌。"曲子"是这样，"戏场"也是这样，如《隋书·音乐志》所载：

每岁正月，万国来朝，留至十五日，于端门外、建国门内，绵亘八里，列为戏场。百官起棚夹路，从昏达旦，以纵观之。

由此可知隋代盛行"戏场"。这与"至六年，帝乃大括魏、齐、周、陈乐人子弟，悉配太常，并于关中为坊置之"，"猖优獶杂，咸来萃志"（《隋书》）的记载应该是相关联的。曲子经过教坊、歌伎等传播，融入民间文化，这是很自然的事情。后世戏曲的发展，离不开民间戏曲在漫长岁月中以多种形式所形成的文化积淀，而隋代泛起的"曲子"和"戏场"又如何不是这种积淀中的重要内容！特别是隋代"教坊"的设置，应该与宋代戏曲中的勾栏、瓦肆有着一定的联系。有学者考证出隋代传杂言曲子辞调有"纪辽东""夜饮朝眠曲""一点春",可见民间歌唱对戏曲文学、诗歌等艺术发展的重要影响。在这种意义上,我们可以把隋代民间文学看作唐宋民间戏曲的准备,它是直接将民间歌唱和魏晋南北朝文学相糅合,并羼杂胡乐胡歌所进行的文化大操练。

管窥隋代民间文学的发展,我们不能避开对隋炀帝杨广身前身后的评价问题。隋炀帝在隋代经济、文化的发展上是有重要贡献的历史人物。如《通典》卷十"漕运"所记:

> 炀帝大业元年,发河南诸郡男女百余万,开通济渠。自西苑引谷、洛水达于河,又引河通于淮海,自是天下利于转输。四年,又发河北诸郡百余万众,开永济渠,引沁水南达于河,北通涿郡。自是丁男不供,始以妇人从役。

这在事实上是利于经济发展的。他不但懂得开凿河流利于交通和防治旱涝的作用,而且好读书,如《资治通鉴·隋纪》所载:"炀帝好读书著述,自为扬州总管,置王府学士至百人,常令修撰……自经术、文章、兵农、地理、医卜、释道,乃至蒲博鹰狗,皆为新书,无不精洽,共成三十一部,万七千余卷。"而在《隋书·炀帝纪》中,这些作为都被一句所谓"史臣曰"贬为"傲狠明德""荒淫无度","海内骚然无聊生",对于其"爱在弱龄,早有令闻,南平吴会,北却匈奴,昆弟之中独著声绩",则一笔带过。尤其是后世民间文学所渲染的隋炀帝使裸女拉游船以取乐、征伐高丽而为天下带来祸端,这些都表明民间文学常受到作为主流话语的史官文化的影响,更是我国史官文化与毁庙制度相联系的结果①。隋炀帝失败的关键不在于以上这些事例,而在于他触动了富商大贾的利益,在政治改革上不够彻底。如《隋书·炀帝纪》中所载"徙天下富商大贾数万家于东京""右屯卫将军宇文化及"等人"以骁果作乱",可见他触怒了世族豪强这些传统政治力量,才形成"崩于温室"的结局。民间传说包含着千百万人民的智慧,而愚民政治作为一种文化传统,又常常使民间传说更远地游弋于历史真实之外。我们应该清醒地看到这种较为普遍的历史现象。

隋代历史太短,民间文学被记述的不是太多,除了《乐府诗集》等典籍有一些保存外,《隋书》《北史》等史籍中也有零星保存。《乐府诗集》"近代曲辞"中所录"丁六娘《十索》四首""无名氏《十索》二首",从语言风格上看,当属于隋代民歌,与隋炀帝《春江花月夜》及杨素、薛道衡、虞世基他们相和的诗等作品有着明显区别。如"丁六娘《十索》四首":

裙裁孔雀罗,

---

① 参见拙作《中国庙会文化》,上海文艺出版社,1998年版。

红绿相参对。
映以蛟龙锦,
分明奇可爱。
粗细君自知,
从郎索衣带。

为性爱风光,
偏憎良夜促;
曼眼腕中娇,
相看无厌足。
欢情不耐眠,
从郎索花烛。

君言花胜人,
人今去花近。
寄语落花风,
莫吹花落尽。
欲作胜花妆,
从郎索红粉。

二八好容颜,
非意得相关。
逢桑欲采折,
寻枝倒嫩攀。
欲呈纤纤手,
从郎索指环。

此中"十索",《古乐苑》中释为"羽调曲",实为隋代曲子辞。有人考证"丁六娘"或为民间善歌乐伎姓名,或无实有。这说明"近代曲辞"所录的匿名性特征,也表明其流传之广。另外两首,也有人一定要考证出到底谁是它真正的作者,我以为没有必要。其歌曰:

含娇不自转,
送眼劳相望。

无那关情伴,
空入同心帐。
欲防人眼多,
从郎索锦障。

兰房下翠帷,
莲帐舒鸳锦;
欢情宜早畅,
密意须同寝。
欲共作缠绵,
从郎索花枕。

唐代《迷楼记》①中,曾记述隋代宫人歌唱事,保存当时民间传唱的歌谣:

大业九年,帝将再幸江都,有迷楼宫人静夜亢歌云。
河南杨柳谢,
河北李花荣。
杨花飞去去何处,
李花结果自然成。
帝闻其歌,披衣其听。召宫女问之云:"孰使汝歌也?汝自歌之耶?"宫女曰:
"臣有弟,民间得此歌,曰道途儿童多唱此歌。"

这首歌谣的句式是"五五七七",与同书所载《看梅二首》相同,表现出隋代民歌的演唱风格。其他还有李月素《赠情人》、罗爱爱《闺思》、秦玉鸾《赠情人》、苏蝉翼《因古人归作》、张碧兰《寄阮郎》,《诗纪》载为隋代乐府。当时还颇为流行"民间戏弄"之一《踏摇娘》,《旧唐书》卷二九载:

《踏摇娘》,生于隋末。隋末,河内有人貌恶而嗜酒,常自号郎中,醉归必殴其妻。其妻美色,善歌,为怨苦之辞。河朔演其曲,而被之弦管。

由此可知《踏摇娘》在隋末的流行。这种"民间戏弄"是北方民歌,"演"与"弦管"

---

① 唐人佚名,鲁迅校录《唐宋传奇本》存,文学古籍刊行社,1956年排印。有人以为此歌伪,其实不然。陕西博物馆所存隋代宫人碑,就曾载掖庭官妓习歌舞的内容。

的加入，则分明具有了戏曲综合艺术的内容。

《隋书》保存了一些隋代流传的民间歌谣，与前所举例不同处，在于这些歌谣多为"徒歌"，而且带有谶语色彩。如《隋书·五行志》载：

> 帝因幸江都……遂无还心。帝复梦二竖子歌曰：
> 住亦死，
> 去亦死，
> 未若乘船渡江水。
> 由是筑官丹阳，将居焉。功未就而帝被弑。
> 大业中，童谣曰：①
> 桃李子，
> 鸿鹄绕阳山，
> 宛转花林里。
> 莫浪语，
> 谁道许。
> 其后李密坐杨玄感之逆，为吏所拘，在路逃叛。潜结群盗，自阳城山而来，袭破洛口仓，后复屯兵苑内。莫浪语，密也。宇文化及自号许国，寻亦破灭。谁道许者，盖惊疑之辞也。

此类歌谣在《南史·陈本纪赞》中也有：

> 始梁末童谣云：
> 可怜巴马子，
> 一日行千里。
> 不见马上郎，
> 但见黄尘起。
> 黄尘污人衣，
> 皂荚相料理。
> 及僧辩灭，群臣以谣言奏闻，曰："僧辩本乘巴马以击侯景，马上郎，王字也，尘谓陈也，而不解皂荚之谓。"既而陈灭于隋，说者以为江东谓杀羊角为皂荚，隋氏姓杨，杨，羊也，言终灭于隋。然则兴亡之兆，盖有数云。

---

① 又见于《资治通鉴》卷一八三"大业十二年"，略有出入。

《北史·隋庶人谅传》载：

> 开皇元年，立为汉王。……十七年，出为并州总管。……以太子谗废，居常怏怏，阴有异图。……及蜀王以罪废，谅愈不自安。会文帝崩，……遂发兵反，……从乱者十九州。……（炀帝遣）杨素进击之，谅乃降。……除名，绝其属籍，竟以幽死。先是，并州谣言：
>
> 一张纸，
> 两张纸，
> 客量小儿作天子。
>
> 时伪署官告身皆一纸，别授则二纸。谅闻谣，喜曰："我幼字阿客，量与谅同音，吾于皇家最小。"以为应之。

谶语作为歌谣存在，具有多种意义，但有一点是无疑的，即不同的人从中得到不同的启发，之所以形成谶谣，更多的是时人有意为之。前几首都是太玄，不能为人所理解，而"隋庶人谅"这位"小阿客"妄加理解惹下灾祸才是真的。这种误导，实属自欺欺人之结果。

在《旧唐书·屈突通传》中，记述了两位执法严整的兄弟，更具有朴实性：

> （开皇中，文帝）擢（屈突通）为右武侯车骑将军，奉公正直，虽亲戚犯法，无所纵舍。时通弟（屈突）盖为长安令，亦以严整知名。时人为之语曰：
>
> 宁食三斗艾，
> 不逢屈突盖。
> 宁服三斗葱，
> 不逢屈突通。
>
> 为人所忌惮如此。

这首歌谣在前所举的隋代歌谣中，是一首难得的时政歌谣。屈突通、屈突盖兄弟执法严整，为何又"为人所忌惮如此"呢？可见《旧唐书》作者是非观念的局限。这种局限是史官文化中普遍存在的现象，表现出对隋代社会历史的曲解或误解。历史在民间文学中常得到最真实的表现，但有时也会被扭曲。隋代社会生活的真实在历史上比其他时代被扭曲被误解者更多。但我们不可否认的是，民间传说作为特殊的史料，更多的是对时代最真实的记录。虽然我们承认隋炀帝父子曾有所作为，作为封建专制统治者，其骄奢淫逸、飞扬跋扈的残忍本性与其他统治者是一样的。明杨慎所辑的《古今风谣》中，保存了一首《隋大业长白山谣》，就是记述农民起义军反抗隋统治者的残酷政治的：

> 长白山前知世郎，
> 纯著红罗锦背裆。
> 长稍侵天半，
> 轮刀耀日光。
> 上山吃獐鹿，
> 下山吃牛羊。
> 忽闻官军至，
> 提刀向前荡。
> 譬如辽东死，
> 斩头何所伤。①

在《炀帝海山记》中，曾记述"大业十年，东幸维扬，御龙舟，中道，夜半闻歌者甚悲"的民间歌谣：

> 我兄征辽东，
> 饿死青山下。
> 今我挽龙舟，
> 又困隋堤道。
> 方今天下饥，
> 路粮无些小。
> 前去三千程，
> 此身安可保？
> 寒骨枕荒沙，
> 幽魂泣烟草。
> 悲损门内妻，
> 望断吾家老。
> 安得义男儿，
> 焚此无主尸。

---

① 《隋书·来护儿传》中记来护儿"封荣国公。……（子整），武贲郎将，右光禄大夫。整尤骁勇，善抚士众，讨击群盗，所向皆捷，诸贼甚惮之，为作歌曰：长白山头百战场，十十五五把长枪，不畏官军十万众，只畏荣公第六郎。"这也是隋代民间歌谣，记述了一个封建专制爪牙"荣公第六郎"对起义军的屠杀。

引其孤魂回，

负其白骨归。

在记述此歌谣时，又记述"帝闻其歌，遽遣人求其歌者，至晓不得其人。帝颇彷徨，通夕不寐"。控诉统治者的罪恶，讴歌劳动者的心声，是民间文学史上民间歌谣的重要主题。隋代也是这样。这些歌谣没有丝毫的奴颜和媚骨，是隋代，也是整个专制时代最珍贵的民间文学。

二　唐代民间文学的发展

唐代文化的辉煌，代表着中华民族文化发展的一个高峰。在这个非凡的时代里，与隋王朝杨氏一样具有鲜卑血统的唐代统治者，同样注重创新，积极吸收中原之外的异质文化，开拓视野，不断拓展文化艺术的表现领域。这个时代的民间文学，因此具有新的气象，令当世和后世都为之瞩目。诸如《大唐西域记》《酉阳杂俎》《敦煌变文集》、民间说话和传奇、民间竹枝词等，民间歌谣、谚语、戏曲，尤其是灿若星云的民间诗歌，都成为我们为之骄傲的民族文化遗产，辉耀至今。著名的藏族史诗《格萨尔王传》也在这个时代产生、形成。唐代民间文学的深厚基础在于民间文化，而民间文化的发展，又是与统治者的文化政策，以及佛教、道教和民俗生活的具体变化密切联系在一起的。

唐帝国的统治者继承隋代政治，在土地赋税制度、城市经济制度、科举制度、军事制度、对外政策和包括宗教在内的文化政策等方面，都作了相应的改进，这些都具体影响到唐代民间文学的发生、发展和变化。有些学者追求所谓纯粹的民间文学，反对将民间文学与时代政治等因素联系在一起，事实上这是没道理的；如果只认定那些在形式上相对独立的民间文学为艺术，势必形成挂一漏万的偏颇。唐代民间文学的发展，说到底是唐代民间文化生活的具体表现；如果看不到唐代政治、经济、文化等因素所构成的大背景，就不可能真正认识唐代民间文学这个小世界。当然，和历史上的其他时期一样，唐代民间文学并不是时代的简单翻版。

唐代统治者的文化政策，在文化发展中成功地控制了社会文化发展的主流意识。除了它所实行的租庸调制、均田制刺激经济发展，庶族阶层和商贾阶层迅速崛起外，它实行科举制及其由此派生的省卷行卷风，刺激了诗歌的繁荣、传奇文学的兴盛，相应地也催生了变文俗讲等民俗文化生活的活跃。世袭的士族势力被打击、限制后，整个社会呈现出文化的新气象、新风尚，这必然影响到民间文学品格的变化。唐代统治者重视文治，儒释道三教并举，更深刻地影响了这种品格的变化。举数唐代科学文化的发展,我们不难看到唐代科学家僧一行等人对《周髀》的修正、对"大衍历"的制订和浑天铜仪的发明创造(隋代已有庾质、卢太翼和耿询发明水力转动浑天仪);在数学方面有王孝通的《缉古算经》及李淳风等为"算经十书"所作的注解;在医学方面有孙思邈的《千金要方》《千金翼方》,王焘的《外台秘要》,苏敬等人的《唐本草》等。这是唐代社会对整个人类进步所做出的巨大贡献。然而,弥漫在科学文化圣坛周围的,却是更浓的佛风道烟;民间文学就在这种文明与愚昧相搏杀的世界中产生。诗歌的繁荣发展,有时也被这种氛围所笼罩。在李白、杜甫、白居易、韩愈、柳宗元、刘禹锡、王维、高适、岑参等人的作品中,我们也不难看到这种氛围的反映。在唐代文化的发展过程中,曾经涌现出傅奕、吕才、刘知己、卢藏用、李华、柳宗元、刘禹锡、李藩、牛僧孺、李德裕、皮日休和沈颜等一批思想家,但他们的声音在帝国以佛道作为愚民政治的文化声浪中,又是那样微弱。唐帝国的统治者宣扬君权神授,制造符瑞和遣告,崇佛、崇道,利用民间占卜、相面、巫术和风水信仰,构筑了这个时代的精神支柱。唐代民间文学必然刻下这种烙印。

　　天命神授历来是封建统治者的法宝,唐代统治者也是这种法宝的使用者。如《旧唐书·纪一》所载:"有史世良者,善相人,谓高祖曰:'公骨法非常,必为人主,愿自爱,勿忘鄙言。'"又称李世民"生于武功之别馆","生时有二龙戏于馆门之外,三日而去";"太宗年四岁,有书生自言善相,谒高祖曰:'公贵人也,且有贵子。'见太宗,曰:'龙凤之姿,天日之表,年将二十,必能济世安民矣。'"《通志》卷四三《礼略》载:"唐乾封元年,追号老君为太上玄元皇帝。""开元二年三月,亲祠玄元皇帝庙,追尊玄元皇帝父。""二十九年,两京及诸州各置庙一所,并置崇玄馆。"他们把春秋时代道家学说的创始人李耳不断神化,以此来装扮鲜卑旧族出身的李姓王朝①。

　　道教文化在唐代有着特殊的地位,是与李姓王朝的倡导密切相关的。这种倡导具有两种意义,一是在胡乐即外来文化渗入时,唐王朝统治者要保持自己的文化之根,即传统文化,尽管他们具有鲜卑血统。道教文化在更大的范围内是以原始信仰为思想基础的,更易于为民间百姓所接受,而李姓王朝要实现对民间文化思想的有效控制,道教就无疑是最好的选择。尤其是魏晋南北朝时期葛洪等人为道教建立了一套相对完整的理论体系和通往神仙境界的人生指南之类的应用学说,这种理论和学说不断被规范,隋唐时代更进一步发展,也就有了不寻常的文化意义。唐政权建立不久,曾有道士称在羊角山遇骑马老翁李耳,李耳自称为唐李皇帝的祖先,其子孙将享

---

① 唐代民间信仰不独在于其自身的继承和发展,而且与政治力量、宗教力量等相关,其中民俗文化具有重要的影响作用。《旧唐书·礼仪志》载,有人请"每于四季月郊祀天地",得准。《唐会要》卷五《观》中载,一年十二个月中,仅朝廷就祭祀八十次,更不用说民祀。

国千年。不论这个道士是否在说谎,这种说法被唐王朝所接受则是事实①。所以,唐王朝立国后即坚持道先佛后的文化政策,唐太祖、太宗、睿宗、玄宗、武宗和僖宗都曾经亲受符箓或亲服丹药,甚至出现皇帝称道士皇帝(如玄宗、武宗),其子称道士女冠的现象。《道藏》中有杜光庭的《历代崇道记》,记述"从国初以来,所造宫观约一千九百余所,所度道士计一万五千余人,其亲王贵公主及公卿士庶,或舍宅舍庄为观,并不在其数";至唐末,杜光庭撰成《墉城集仙录》《洞天福地岳渎名山记》《道教灵验记》《历代崇道记》《神仙感愚传》等著述,神仙理论更加系统化、规范化。又有清虚子《铅贡甲庚至宝集成》、张果《玉洞大神丹砂真要诀》和施肩吾《西山群仙会真记》等,具体记述炼丹方法,成为成仙得道的实践意义的总结。这些现象必然影响到民间文化中神仙故事的产生,如八仙故事等都应该与此有密切联系。另一种意义在于佛教文化与外域文化传入中原之后,道教文化成为与之相抗衡的文化选择,这更符合传统文化中的"万物负阴而抱阳以冲中和",即佛与道在文化控制中的双重运用,使民众的信仰得到更为有效的管理②。愚民政治与自欺欺人的天命神授相结合,导致道教文化成为唐帝国主流文化中的重要内容。尤其是唐中宗实行买卖度牒,使道士可以通过买度牒达到逃税牟利的目的,道教文化因此泛滥甚至成灾。

唐代佛教文化的发展,也深刻影响着这一时期的民间文化和民间文学,《大唐西域记》和《敦煌变文》都与之有联系。佛教自魏晋南北朝发展之后,在唐代出现了天台宗、法相宗、华严宗、禅宗、密宗、净土宗等派别,不同程度地影响到民间文化的表里。如天台宗以《法华经》为经典,以为一切都是虚幻,宣扬对人生暂时苦痛的忍受可以达到彼岸的报偿,而人间充满了痛苦,需要佛、菩萨和观世音来拯救,只要诵佛、供佛,便可达到幸福的彼岸。法相宗又称唯识宗,以玄奘、窥基为奠基者,以《解深密经》《瑜伽师地论》和《唯识二十论》等佛教经典为理论依据,以为心外无法(物),万法唯识;观一切法生于真如,即可走出"我"而得涅槃,摆脱一切苦难和烦恼。华严宗以为真如即万法。禅宗即梵语中的"禅那",意为安静地思索,以达摩的"禅定"为理论基础,提倡甘心受苦受难,苦乐随缘,高唱"菩提本无树,明镜亦非台。佛性常清净,何处有尘埃"(《坛经》),认为"前念迷即凡,后念悟即佛",讲究"菩提只向心觅",只要诚心信佛,佛即

---

① 如《旧唐书·王玙传》载,代宗时,有道士李国祯"请于昭应县南三十里山顶置天华上官露台、大地婆父、三皇、道君、太古天皇、中古伏羲、娲皇等祠堂,并置扫洒宫户一百户。又于县之东义扶谷故湫置龙堂,并许之";肃宗时,曾"遣女巫分行天下,祈祭名山大川"。由此可见,朝野上下,巫道横行。全国各地都敕建玄元宫,京师长安为太清宫,东都洛阳叫太微宫,诸郡称紫极宫,民间信仰在此影响下,尤为繁盛。

② 《旧唐书·李德裕传》载,李德裕任浙江观察使时,"锐于布政,凡旧俗之害民者,悉革其弊","四郡之内,除淫祠一千一十所",可见民间信仰中巫风之盛,有此类举动者,还有柳宗元、韩愈等人,但他们总是抵不住佛道文化在主流政治支持下的大趋势。

在眼前。密宗以《金刚顶经》和《大日经》为经典，倡导"真言"，主张诚心供养佛。净土宗又称白莲宗，以《无量寿经》和《阿弥陀经》为理论依据，鼓吹"念佛""一心称念"，宣扬"黄金为地"的"西方净土"，鼓吹其中"昼夜六时，天雨宝花"。佛教文化在唐代的发展，除了从印度传入之外，更多的是结合中国社会实际而自成新说，尤其是其强调轮回报应等观念，对于民间文学有很重要的影响。

综上所述，唐代民间文学的构成中，道教文化、佛教文化、西域文化与世俗传统文化相结合，形成了其思想文化的四根支柱。其中，道教文化和佛教文化的影响偏重在上层社会和文人阶层，以及崛起的商贾阶层中，而西域文化和世俗传统文化则偏重流传于社会中下层之中。这四种文化相互作用，互相渗透，共同促进了唐代民间文化和民间文学的发展和繁荣。

（一）唐代民间故事的记述

唐代民间文学在文献典籍中的保存尤为丰富，特别是敦煌石窟的发现，使我们看到一个更为广阔的世界。唐代民间传说和民间故事的记述，也出现了空前的繁荣景观。其中段成式的《酉阳杂俎》集中体现了唐代民间传说和民间故事的记述手段与文化风格。在同时代的众多典籍中，《酉阳杂俎》表现出记述范围的广阔、记述的可靠性与准确性。《酉阳杂俎》的记述效果，标志着唐代民间文学记录技术的最高成就；其所记讲述背景和异文，对于我们研究唐代民间文学嬗变形态的历史表现，有很重要的意义。

《酉阳杂俎》得名于"梁湘东王"的"赋"中所述"访酉阳之逸典"①。段成式是唐朝宰相段文昌之子，幼年曾在四川生活，后来又至长安、成都、荆州、扬州等地生活，并在吉州、江州、处州等地任地方官吏。他小时受过良好的古典文化教育，博览群书，颇有政绩，终为太常卿。陈振孙在《直斋书录解题》中，说《酉阳杂俎》为"唐太常少卿临淄段成式撰"（其传附列于《旧唐书·段文昌传》）。《新唐书·艺文志》小说家类载《酉阳杂俎》"三十卷"，《宋史·艺文志》作"二十卷"（又有《续酉阳杂俎》十卷）。段成式在《酉阳杂俎自序》②中讲到自己撰写这部书的感受道：

> 夫《易》象一车之言，近于怪也；诗人南箕之奥，近乎戏也。固服缝掖者，肆笔之余，及怪及戏，无侵于儒。无若诗书之味大羹，史为折俎，子为醯（xī）醢（hǎi）也，炙鸮羞鳖，岂容下箸乎！固役而不耻者，抑志怪小说之书也。成式学落词蔓，

---

① ［宋］周登：《酉阳杂俎后序》，涵芬楼影印赵氏脉望馆刊本。
② 涵芬楼影印赵氏脉望馆刊本。

未尝覃思,无崔骃真龙之叹,有孔璋画虎之讥。饱食之暇,偶录记忆,号《酉阳杂俎》,凡三十篇,为二十卷,不以此间录味也。

《酉阳杂俎》中,志怪、传奇、杂录、琐闻、考证等融会一体,所记述民间传说和民间故事,多见于前集卷十四、十五的"诺皋记",续集卷一、二、三中的"支诺皋"等处。其所记述故事多采自"传说",既有酉阳地方传说,又有其他地方流传的故事,还有海外诸如古龟兹国和印度等"异域"故事。它记述了多种国际上最早的民间故事类型,如《旁㐌》是最早的狗耕田型故事,《叶限》是最早的灰姑娘型故事。"灰姑娘"在国外较早的记述者是法国作家沙·佩罗,他在1697年写的《鹅妈妈的故事或寓有道德教训的往日的故事》中,记述了此类主题的内容,而《酉阳杂俎》成书于9世纪,比它至少早了800年。19世纪初德国出版了《格林童话》,其中也有《灰姑娘》,这比《酉阳杂俎》更晚。

《叶限》存于《酉阳杂俎续集》卷一《支诺皋》的"上篇"。它不但记述了故事全文,而且记述了故事讲述者的情况:

> 南人相传,秦汉前有洞主吴氏,土人呼为吴洞。娶两妻,一妻卒,有女名叶限。少惠,善陶金,父爱之。末岁父卒,为后母所苦,常令樵险汲深。时尝得一鳞,二寸余,赪鬐金目,遂潜养于盆水中。日长,易数器,大不能受,乃投于后池中。女所得余食,辄沉以食之。女至池,鱼必露首枕岸。他人至,不复出。其母知之,每伺之,鱼未尝见也。因诈女曰:"尔无劳乎?吾为尔新其襦。"乃易其弊衣。后令汲于他泉,计里数里也。母徐衣其女衣,袖利刃,行向池呼鱼,鱼即出首,因斫杀之。鱼已长丈余,膳其肉,味倍常鱼,藏其骨于郁栖之下。逾日,女至向池,不复见鱼矣,乃哭于野。忽有人被发粗衣,自天而降,慰女曰:"尔无哭,尔母杀尔鱼矣!骨在粪下。尔归,可取鱼骨藏于室,所须,第祈之,当随尔也。"女用其言,金玑衣食,随欲而具。及洞节,母往,令女守庭果。女伺母行远,亦往,衣翠纺上衣,蹑金履。母所生女认之,谓母曰:"此甚似姊也。"母亦疑之。女觉,遽反,遂遗一只履,为洞人所得。母归,但见女抱庭树眠,亦不之虑。其洞邻海岛,岛中有国名陀汗,兵强,王数十岛,水界数千里。洞人遂货其履于陀汗国,国主得之,命其左右履之,足小者履减一寸。乃令一国妇人履之,竟无一称者。其轻如毛,履石无声。陀汗王意其洞人以非道得之,遂禁锢而拷掠之,竟不知所从来。乃以是履弃之于道旁,即遍历人家捕之,若有女履者,捕之以告。陀汗王怪之,乃搜其室,得叶限,令履之而信。叶限因衣翠纺衣,蹑履而进,色若天人也。始具事于王,载鱼骨与叶限俱还国。其母及女即为飞石击死。洞人哀之,埋于石坑,命曰懊女冢。洞人以为媒祀,求女必应。陀汗王至国,以叶限为上妇。一年,王贪求,祈于鱼骨,宝玉无限,逾年不复应。王乃葬鱼骨于海岸,用珠百斛藏之,以金为际。至征

卒叛时,将发以赡军。一夕,为海潮所沦。
　　成式旧家人李士元所说。士元本邕州洞中人,多记得南中怪事。

考"陀汗",《旧唐书》等史籍载,确有其国,贞观年间,曾向唐朝贡。"邕州"吴洞,为今广西扶绥。"陀汗"位于"吴洞"之"邻海岛"之中,应为今北部湾北海市围洲岛,或其他相邻岛屿。那么,这则故事应流传于唐代广西。有学者以为是唐代流行的壮族民间故事①,也有道理。不论此故事是否就发生于广西一带,由此向中原一带流传,或者由中原向广西流传,它所保留的故事文本都具有非凡的意义,已引起国内外民间文学研究者的广泛注意②。这是段成式对民间文学史的贡献。

《旁㐌》也见于续集《支诺皋》。这是一则"新罗国"故事,"新罗"即今朝鲜,表明它是朝鲜族民间流传的兄弟分家型故事:

　　新罗国有第一贵族金哥,其远祖名旁㐌。有弟一人,甚有家财。其兄旁㐌因分居,乞衣食。国人有与其隙地一亩,乃求蚕谷种于弟。弟蒸而与之,㐌不知也。至蚕时,有一蚕生焉。日长寸余,居旬大如牛,食数树叶不足。其弟知之,伺间杀其蚕。经日,四方百里内蚕飞集其家,国人谓之巨蚕,意其蚕之王也。四邻共缲之,不供。谷惟一茎植焉,其穗长尺余,旁㐌常守之。忽为鸟所折,衔去,旁㐌逐之。上山五六里,鸟入一石罅。日没径黑,旁㐌因止石侧。至夜半月明,见群小儿赤衣共戏。一小儿云:"尔要何物?"一曰:"要酒。"小儿露一金锥子,击石,酒及樽悉具。一曰:"要食。"又击之,饼饵羹炙罗于石上。良久,饮食而散,以金锥插于石罅。旁㐌大喜,取其锥而还,所欲随击而办,因是富侔国力,常以珠玑赡其弟。弟方始悔其前所欺蚕谷事,乃谓旁㐌:"试以蚕谷欺我,我或如兄得金锥也。"旁㐌知其愚,谕之不及,乃如其言。弟蚕之,止得一蚕如常蚕;谷种之,复一茎植焉。将熟,亦为鸟所衔。其弟大悦,随之入山。至鸟入处,遇群鬼怒曰:"是窃予金锥者!"乃执之,谓曰:"尔欲为我筑塘三版乎?尔欲鼻长一丈乎?"其弟请筑塘三版。三日,饥困,不成,求哀于鬼,乃拔其鼻,鼻如象而归。国人怪而聚观之,惭恚而卒。
　　其后,子孙戏击锥求狼粪,因雷震,锥失所在。

类似情节在后世民间故事中不断出现,成为兄弟分家型故事的主要内容,还被融入舜传说故事中,即令舜用炒过的麻籽种地,舜反而得到宝物,或得到神仙帮助。在

---

① 见蓝鸿恩:《广西民间文学散论》中的《〈灰姑娘〉与〈达架〉》,广西人民出版社,1981年版。
② (美)R·D·詹姆森:《中国的灰姑娘故事》,见《民间文艺学探索》,北京师范大学出版社,1987年版。

我国 11 世纪开始流传的《尸语故事》①中也收入了这篇故事,并以"长鼻子哥哥"为名,在藏族和蒙古族地区流传。这里面所包含的文化成分相当复杂,既有兄弟分家型故事情节,又有报应故事情节,同时还有域外内容及精怪内容。《酉阳杂俎》中此类故事颇多,如"屏妇踏歌""头陀与道士""石枕""长须国""登娘""野叉妻""巨木白耳""真官""村正射怪""乌郎与黄郎"等,都不同程度地表现出这些内容。可以说,《酉阳杂俎》是我国唐代一部颇为难得的民间故事集。

《酉阳杂俎》记述了许多精怪故事,有一些精怪故事成为道教或佛教传说的内容。如关于许真君的传说记述东晋道士许逊受人尊敬,因他在四川旌阳任县令时政绩颇佳,人称他"许旌阳"。在我国南方四川一带,流传着他斩蛟除水患的故事,《酉阳杂俎》前集卷二中记述道:

> 晋许旌阳,吴猛弟子也。当时江东多蛇祸,猛将除之,选徒百余人。至高安,令具炭百斤,乃度尺而断之,置诸坛上。一夕,悉化为玉女,惑其徒。至晓,吴猛悉命弟子,无不涅(湿)其衣者,唯许君独无,乃与许至辽江。及遇巨蛇,吴年衰,力不能制,许遂禹步敕剑登其首斩之。

这种传说在《朝野佥载》中也曾记述,后人因此题材创作通俗小说《晋代许旌阳得道擒蛟铁树记》、杂剧《许真人拔宅飞升》等,流传甚广。同时,我们从李公佐《古岳渎经》所记大禹治水传说中也可以看到类似情节。近人黄芝岗在《中国的水神》②中对这类传说进行认真考察,发现许真人与李冰、二郎神、杨泗将军等传说人物有许多相似处,可见《酉阳杂俎》在后世民间文学中的深远影响。此类传说载于《酉阳杂俎》前集卷十四《诺皋记》。在张天翁传说中也有记述,是玉皇故事的原型:

> 天翁姓张名坚,字刺渴,渔阳人。少不羁,无所拘忌。尝张罗,得一白雀,爱而养之。梦天刘翁责怒,每欲杀之,白雀辄以报坚,坚设诸方待之,终莫能害。天翁遂下观之,坚盛设宾主,乃窃骑天翁车,乘白龙,振策登天。天翁乘余龙追之,不及。坚既到玄宫,易百官,杜塞北门,封白雀为上卿侯,改白雀之胤不产于下土。刘翁失治,徘徊五岳作灾。坚患之,以刘翁为太山太守,主生死之籍。

---

① 阿底峡(子书)所记,约于此时开始流传。《尸语故事》原为印度民间故事,11 世纪传入西藏,其原来情节为健日旺遇到一位出家人,出家人要他背尸体,尸体会讲故事。但健日旺要守禁忌,不准说话,否则,尸体就会飞,健日旺还要重新背尸体。尸体即僵尸鬼告知健日旺,出家人要杀害他,他便杀了出家人,僵尸鬼成为他的好朋友。参见金克水:《梵语文学史》,人民文学出版社,1964 年版。

② 《中国的水神》,生活书店,1934 年版,上海文艺出版社,1988 年影印。

《酉阳杂俎》中,"天翁"和"天师"都是以法术制胜,而这种法术并不仅仅是一种技能,更多的是智慧和勇气。在前集《怪术》篇"翟天师召龙"中,"峡中人"以法术召龙治峡滩,其内容与此相同,显现出唐代民间文学的时代特征:

> 云安井自大江溯别派,凡三十里。近井十五里,澄清如镜,舟楫无虞。近江十五里,皆滩石险恶,难于沿溯。天师翟乾祐念商旅之劳,于汉城山上结坛考召,追命群龙。凡一十四处,皆化为老人,应召而止。乾祐谕以滩波之险,害物劳人,使皆平之。一夕之间,风雷震击,一十四里尽为平潭矣。惟一滩仍旧,龙亦不至。乾祐复严敕神吏追之。又三日,有一女子至焉,因责其不伏应召之意。女子曰:"某所以不来者,欲助天师广济物之功耳。且富商大贾,力皆有余;而佣力负运者,力皆不足。云安之贫民,自江口负财货至近井潭,以给衣食者众矣。今若轻舟利涉,平江无虞,即邑之贫民无佣负之所,绝衣食之路,所困者多矣。余宁险滩波以赡佣负,不可利舟楫以安富商。所以不至者,理在此也。"乾祐善其言,因使诸龙皆复其故;风雷顷刻,而长滩如旧。

段成式还在《酉阳杂俎》中记述了一些佛教故事。如其《续集》卷四《贬误》中,对吴均《续齐谐记》中的鹅笼书生故事进行民间故事比较。他说:"释氏《譬喻经》云:昔梵志作术,吐出一壶,中有女与屏处作家室。梵志少息,女复作术,吐出一壶,中有男子,复与共卧。梵志觉,次第互吞之,柱杖而去。余以吴均尝览此事,讶其说,以为至怪也。"在这里他对中岳道士顾玄绩的传说故事与《大唐西域记》卷七中的"婆罗疵斯国"所记"烈士池"进行比较,指出"盖传此之误,遂为中岳道士"的嬗变形态。在前集卷十"物异"中,他记述了"衡阳湘乡县有石鱼山"的传说,能"照人五脏"的"秦镜"的传说,"食一枚,心中一孔明;食至七,心七窍洞彻,可以夜书"的萤火神芝的传说等。同时,他还记述了一些故事的异文,如"物异"中所记:"井鱼脑有穴,每翕水,辄于脑穴蹙出,如飞泉散落海中,舟人竞以空器贮之。海水咸苦,经鱼脑穴出,反淡如泉水焉。成式见梵僧普提胜说。""奔䱜一名澜(yǎn),非鱼非蛟,大如船,长二三丈,色如鲇,有两乳在腹下,雄雌阴阳类人,取其子著岸上,声如婴儿啼。顶上有孔通头,气出嚇嚇作声,必大风,行者以为侯。相传懒妇所化。杀一头得膏三四斛,取之烧灯,照读书纺织辄暗,照欢乐之处则明。"这两种鱼都是"脑有穴"类,其传说相异,段成式特意注明,可见其忠实记录的原则。①

《酉阳杂俎》中还记述了一些少数民族的民间传说,如其前集卷四《境异》所记古

---

① 此类记述又见于"贬误"中的《"浑子"和"恨子"》,其中"又云",显然是两则传说故事而主题相同。

突厥人"以人祭纛"仪式的起源故事：

> 突厥之先曰射摩舍利海神。神在阿史德窟西。射摩有神异。海神女每日暮以白鹿迎射摩入海，至明送出。经数十年后，部落将大猎。至夜中，海神谓射摩曰："明日猎时，尔上代所生之窟，当有金角白鹿出。尔若射中此鹿，毕形，与吾来往；或射不中，即缘绝矣。"至明入围，果所生窟中有白鹿金角起。射摩遣其左右固其围。将跳出围，逐煞之。射摩怒，遂手斩呵咉首领，仍誓之曰："自煞此之后，须人祭天。"即取呵咉部落子孙斩之以祭也。至今，突厥以人祭纛，常取呵咉部落用之。射摩既斩呵咉，至暮还。海神女报射摩曰："尔手斩人，血气腥秽，因缘绝矣。"

突厥族是我国古代历史上一个历经艰辛而不屈不挠的民族，《周书·突厥传》中曾记载这个民族乃"狼所生"的历史传说。有学者从民间文学发展中，考辨出维吾尔族与哈萨克族都是突厥民族后裔①。至11世纪，出现了著名的《突厥语大辞典》，其中保存不少民间传说。在《酉阳杂俎》中，我们可以看到这些突厥族历史传说间的复杂联系。

《酉阳杂俎》中的"鲁般传说"也颇有意义，其续集卷四《贬误》中载：

> 今人每睹栋宇巧丽，必强谓鲁般奇工也。至两都寺中，亦往往托为鲁般所造，其不稽古如此。据《朝野佥载》云，鲁般者，肃州敦煌人，莫详年代，巧侔造化。于凉州造浮图，作木鸢，每击楔三下，乘之以归。无何，其妻有妊，父母诘之，妻具说其故。父后伺得鸢，击楔十余下，乘之，遂至吴会。吴人以为妖，遂杀之。般又为木鸢乘之，遂获父尸。怨吴人杀其父，于肃州城南作一木仙人，举手指东南，吴地大旱三年。卜曰：般所为也。赍物具千数谢之，般为断一手，其日吴中大雨。国初，土人尚祈祷其木仙。
>
> 六国时，公输般亦为木鸢以窥宋城。

鲁般即鲁班，又称公输般，是我国民间传说中能工巧匠的典型。其造木鸢的传说，《墨子·鲁问》中曾记述为"削竹木以为鹊，成而飞之，三日不下"；至魏晋南北朝时期，任昉《述异记》中则记述为"刻木为鹤"："天姥山南峰，昔鲁班刻木为鹤，一飞七百里，后放于北山西峰上。汉武帝往取之，遂飞上南峰。往往天将雨，则翼翅摇动，若将奋飞。"在段成式笔下，鲁班传说的情节与肃州敦煌的民俗生活联系起来，增加了仇视东南的内容。今传《朝野佥载》无此传说，也可能散佚了。但这则传说的转述，确实具

---

① 见马学良等主编：《中国少数民族文学史》，中央民族学院出版社，1992年版，第82～84页。

有唐代西北地区历史文化的地方特色和时代特色。

《酉阳杂俎》不仅记述了各种类型的民间传说和民间故事,而且记述了许多生动的歌谣和谚语。在其前集中,卷十《物异》记有与"异"相关的谚语;卷十六至卷二十总题为《广动植》,分述"羽""毛""鳞介""虫""木""草"等篇,保存的谚语即为对自然界各种奇异现象的总结。如卷十六中的"小麦忌戌,大麦忌子",我们在《四民月令》中就已见到;"木再花,夏有雹;李再花,秋大霜"的记述,源于对物候的总结;"买鱼得鱼与鲂,不如食茹。宁去累世宅,不去制鱼额。洛鲤伊鲂,贵于牛羊",则是对社会生活经验的总结,既可看作歌谣,又可看作谚语。其他如卷十七中对"蜘蛛"观察时,引"颠当颠当牢守门,蠮螉寇汝无处奔",也属此类。《酉阳杂俎》还记述了一些历史上的歌谚和谚语,如卷十四所记"欲求好妇,立在津口。妇立水旁,好丑自彰";卷十六所记"不服辟寒金,那得君王心。不服辟寒钿,那得君王怜";《续集》卷四所记"朝亦饮酒醉,暮亦饮酒醉。日日饮酒醉,国计无取次";《续集》卷八所记"金驴一鸣,天下太平",以及《续集》卷十所记"王母甘桃,食之解劳"等。这些歌谣并不是单独地记述,而有着一定的历史背景,如《续集》卷四中所记的歌谣,是以"北齐高祖常宴群臣,酒酣,各令歌"为其背景的;武卫斛律丰乐所歌"饮酒醉",其意集中在"日日饮酒醉,国计无取次"上。这是对当时社会腐败的大胆批判,这则传说也显示出作者为人的正直。

《酉阳杂俎》对唐代民间文学的保存,在类型上颇有典型性,既有古代的,又有当代的;既有中原的,又有边疆的,还有国外的;既有汉族的,又有少数民族的。同时,它还保存了一些重要的异文,为我们研究唐代民间文学提供了珍贵材料。尤其是其卷十四在人梦境中描述到唐代"踏歌",这种民俗生活所表现的氛围,令我们沉醉。在我们的耳边,仿佛正回响着这千年前发自段成式笔端的"春阳"声声:

> 长安女儿踏春阳,
> 无处春阳不断肠。
> 舞袖弓腰浑忘却,
> 蛾眉空带九秋霜。

这歌声把我们带到大唐帝国的长安街头,带到胜日寻芳的水滨,带到风云翻卷的山间,让我们去忘情地抚摸着那彩霞般绚丽的民间文学,任我们的心潮汹涌着,澎湃着。

戴孚的《广异记》洋洋二十卷,十余万字。这应当是唐代规模更大的一部文献,但唐宋以来的史志都没有录入它。在《文苑英华》卷七三七中载有顾况的《戴氏广异记序》,略述戴氏生平。从中我们可以知晓,戴孚是唐至德二年进士,与顾况同年登科,这本书曾有抄本六卷,后主要以条文形式存于《太平广记》。其所述传说,多为唐玄宗

执政期间江浙等地区的故事。顾况在"序"中对此书评介说:

> 大钧播气,不滞一方。祷杌为黄熊,彭生为大豕;苌弘为碧,舒女为泉;牛哀为虎,黄母为鼋;君子为猿鹄,小人为虫沙。武都妇人化为男,成都男子化为女。周娥殉墓,十载却活;嬴姬暴市,六日而苏;蜀帝之魂曰杜鹃,炎帝之女曰精卫。洪荒窈窕,莫可纪极。古者青鸟之相冢墓,白泽之穷神奸;舜之命夔以和神,汤之问革以语怪。音闻鲁壁,形镂夏鼎,玉牒石记,五图九籥,说者纷然。故汉文帝召贾谊问鬼神之事,夜半前席。志怪之士刘子政之《列仙》,葛稚川之《神仙》,王子年之《拾遗》,东方朔之《神异》,张茂先之《博物》,郭子潢之《洞冥》,颜黄门之《稽圣》,侯君素之《精异》,其中神奥,顾君《真诰》,周氏《冥通》;而《异苑》《搜神》,《山海》之经,《幽冥》之录,襄阳之《耆旧》,楚国之《先贤》,《风俗》所通,《岁时》所记,吴兴《阳羡》,南越《西京》,注引古今,辞标淮海。裴松之、盛弘之、陆道瞻等诸家之说,蔓延无穷。国朝《燕梁四公传》,唐临《冥报记》,王度《古镜记》,孔慎言《神怪志》,赵自勤《定命录》,至如李庚成、张孝举之徒,互相传说。谯郡戴君孚,幽赜最深,安道之胤,若思之后,邈为晋仆射,遂为吴隐士,世济文雅,不陨其名。

《广异记》所存民间传说,最具特色者,是几则胡人识宝传说,如其中《破山剑》《成弼》《清泥珠》《宝珠》等篇。程蔷等在《唐帝国的精神文明》中,曾对"胡人识宝传说"论述道:"识宝传说在中国古已有之,唐代则由于中西交通发达、中外贸易频繁、西域僧商来华人数众多,此类传说遂获得与胡人相结合的时代色彩。"① 如《破山剑》所记:

> 近世有士人耕地得剑,磨洗诣市。有胡人求买,初还一千,累上至百贯,士人不可。胡随至其家,爱玩不舍,遂至百万,已克明日持直取剑。会夜佳月,士人与其妻持剑共视,笑云:"此亦何堪,至是贵价!"庭中有捣帛石,以剑指之,石即中断。及明,胡载钱至,取剑视之,叹曰:"剑光已尽,何得如此?"不复买。士人诘之。胡曰:"此是破山剑,唯可一用。吾欲持之,以破宝山,今光芒顿尽,疑有所触。"士人夫妻悔恨,向胡说其事。胡以十千买之而去。

这是识宝传说中的"悔恨"型故事,即以寻宝失败而结局。在《宝珠》中,这种结局得到了改变。故事先述说"咸阳岳寺后,有周武帝冠,其上缀冠珠,大如瑞梅,历代不以为宝",有人无意间把这颗"冠珠"拿到,却又忘在寺中;当他听人讲到此类宝珠时,才知道此宝珠的非凡。他找回宝珠,交给了胡人,胡人给了他很多钱财。他又与胡人

---

① 程蔷:《唐帝国的精神文明》,中国社会科学出版社,1996年版,第528页。

一起到海上,亲眼看到胡人"以银铛煎醍醐","以金瓶盛珠",并"于醍醐中重煎",后制成神奇的药膏。胡人将这种药膏涂在脚上,就能在水上行走如飞,来往非常自由。在《青泥珠》中,胡人寻到曾经流入中华的西国之宝,"胡得珠,纳腿肉中,还西国"。此事甚至惊动武则天。她召胡人问"贵价市此,焉何用之",才知道"西国有青泥泊,多珠珍宝,但苦泥深不可得。若以此珠投泊中,泥悉成水,其宝可得","则天因宝持之,至玄宗时犹在"。这是追回宝珠的传说类型。识宝传说流传至今不绝,在每一个时代,其流传的意义又明显不同。在近代列强侵入中国时,产生了洋人盗宝的传说;而在新中国建立后,识宝传说又明显具有人民翻身做主的新气象。在民间流传的"九龙杯"①,就是这种新气象的表现,同时也存在着"胡人识宝"与"洋人盗宝"两类传说的复杂主题。

在《阆州莫徭》中,戴孚记述了与胡人识宝传说相关的另一类故事,并加入了报恩故事的内容:

> 阆州莫徭以樵采为业,常于江边刈芦,有大象奄至,卷之上背。行百余里,深入泽中,泽中有老象,卧而喘息,痛声甚苦。至其所,下于地,老象举足,足中有竹丁。莫徭晓其意,以腰绳系竹丁,为拔出,脓血五六升许。小象复鼻卷青艾,欲令塞疮。莫徭摘艾熟授,以次塞之,尽艾方满。久之,病象能起,东西行立。已而复卧,回顾小象,以鼻指山,呦呦有声,小象乃去。须臾,得一牙至,病象见牙大吼,意若嫌之,小象持牙去。顷之,又将大牙。莫徭呼象为将军,言未食,患饥,象往,折山栗数枝食之,乃饱。然后,送人及牙还。行五十里,忽而却转,人初不了其意,乃还取其遗刀。人得刀毕,送至本处,以头抵人,左右摇耳,久之乃去。其牙酷大,载至洪州,有商胡求买,累自加直,至四十万。寻至他人肆,胡遽以苇席覆牙。他胡问:"是何宝而辄见避?"主人除席,云:"止一大牙耳。"他胡见牙,色动,私白主人,许酬百万,又以一万为主人绍介,伴各罢去。顷间,荷钱而至,本胡复争之,云:"本买牙者,我也。长者参市,违公法。主人若求千百之贯,我岂无耶!"往复交争,遂相殴击。所由白县,县以白府。府诘其由,胡初不肯以牙为宝。府君曰:"此牙会献天子,汝辈不言,亦终无益。"固靳,胡方白云:"牙中有二龙,相躩而立,可绝为简。本国重此者,以为货,当值数十万万,得之为大商贾矣!"洪州乃以牙及牙主、二胡并进之。天后命剖牙,果得龙简,谓牙主曰:"汝貌贫贱,不可多受钱物。"赐敕阆州每年给五十千,尽而复取,以终其身。

---

① 《文革中流传的手抄本故事》,中原农民出版社,1990年版。另见拙作《文革时期民间文学论略》,《河南大学学报》,1998年第4期。

这则传说中的大象报恩,在《大唐西域记》卷三"迦湿弥罗国"中也有记述,所增加的是胡商相争,具有报恩故事和识宝传说的双重意义。同时,我们也可以看到,大象报恩,其中也具有精怪传说的意义。在《广异记》中,人与自然(包括以精怪为外表的动物和植物)的关系及对它的解说、阐释,成为民间传说故事的一个重要主题,这也是其书名所以标"异"的基本原因。在这些被称为"异"的传说中,我们所能感受到的更多的是狐精故事和虎精故事,其中有"千年之狐,姓赵姓张"之类的民间谚语和民间信仰,以及老僧指点人得到"狐口中媚珠"等内容。这里的狐精和虎精同样具有类似于人的情感,表现出狐精对人间情爱的向往和虎精"涕泣辞母"的人性未泯。在某种意义上讲,这些精怪传说是对魏晋南北朝时期精怪(神怪)故事的总结和整理,又是对后世神怪传奇文学的启发。在《聊斋志异》中,我们可以看到这种精怪故事的回响。

唐代民间文学中的精怪主题,在薛用弱的《集异记》和谷神子的《博异志》等著述中也有不少表现。如《集异记》中《崔韬》所述蒲州崔韬夜宿滁州"取虎为妻"并与虎生子的故事,最后虎妻得虎皮"乃化为虎","食子及韬而去"。《集异记》中的"陈蔡游侠之士"朱覬在"汝南"斩蛇,是一则颇为特殊的精怪传说故事:

> 朱覬者,陈蔡游侠之士也。旅游于汝南,栖逆旅。时主人邓全宾家有女,姿容端丽,常为鬼魅之幻惑,凡所医疗,莫能愈之。覬时过友人饮,夜艾方归,乃憩歇于庭。至二更,见一人着白衣,衣甚鲜洁,而入全宾女房中。逡巡,闻房内语笑甚欢,不成寝,执弓矢于黑处,以伺其出。候至鸡鸣。见女送一少年而出,覬射之,既中而走;覬复射之,而失其迹。晓乃闻之全宾,遂与覬寻血迹,出宅可五里已来,其迹入一大枯树孔中。令人伐之,果见一蛇,雪色,长丈余,身带二箭而死。女子自此如故,全宾遂以女妻覬。

在《博异志》中,"富家子李黄"故事也属于此类传说,所不同者是李黄贪色,与"白衣女"极尽欢爱,身化为水,惟有头存。同篇故事还附有"李琯",述说某公子与白蛇所化少女相触,"脑裂而卒"。这里的蛇与狐、虎一样,都成为"恶"的化身,体现出与动物崇拜相联系的民间信仰。究其形成原因,如张鷟在《朝野佥载》中所述:"唐初以来,百姓多事狐神,房中祭祀以乞恩,食饮与人同之,事者非一主。当时有曰:无狐魅,不成村。"可见这种民间信仰存在的广泛性,它必然影响到唐代民间文学的主题生成及其表现。唐五代时蜀中道士杜光庭曾撰《录异说》和《神仙感遇传》等著述,也记述了一些神怪故事,如《神仙感遇传》中的信州人叶迁韶救雷神,得雷神相送神符而获神奇的法术,"行符致雨,咸有殊效",他"多在江浙间周游,好啖荤腥,不修道行,后不知所之"。李隐曾撰《大唐奇事》,原书已佚,散见于《太平广记》,其中有鲁人"廉广"采药泰山,雨中于树下遇隐士赠五彩神笔的故事,因所画能通神灵,遭到县令迫害,后用神笔画鸟而逃,将神笔奉还。这当是后世流传甚广的《神笔马良》传说的原型。在唐末《潇湘记》(《太平广记》卷二八七引)中,有襄阳"鼓刀之徒"并华,游春时"醉卧汉水滨",遇老叟赠神斧,"造飞物即飞,造行物即行",造木鹤与他相爱的人飞返安陆与襄阳之间,却被富人告发,惹来杀身之祸,"所乘鹤也不能自飞"。神笔与神斧故事已经明显超出了精怪、神怪故事的范围,它从另一个方面表现出唐人济世无门的无奈情怀。

还应提到的是托名隋代侯白的《启颜录》,这是继《笑林》之后我国又一部民间笑话故事集。原书已散佚,后人从《太平广记》和《类说》及敦煌残卷中,辑录成新本《启颜录》①。隋代确有侯白其人,但早卒,隋初即已病故,《启颜录》保存了许多唐代民间故事,显然是唐人所撰。今辑注本《启颜录》保存了许多生动的民间笑话,从故事类型上可分为"机智人物故事""呆女婿故事"或"呆子故事"。其中有许多作品,今天还仍在流传。它启发了民间曲艺诸如相声艺术的发展。如《多忘》记述鄠县人多忘,丢斧又见斧,"踏着大便处",便说"只应是有人因大便遗却此斧"。其妻揭开谜底时,他又说"娘子何姓?不知何处记识此娘子"。《倾麦饭》中,有人在冰窟中"倾饭于孔中","倾之总尽,随倾即散","不知所以",待"水清,照见其影",这人就把水中自己的影子当做贼。另如《瓮帽》《买帽》《书生卖羊》《驴鞍桥》《食石榴》《犯人出走》等,都以笑形成特殊的审美效果,有一些还可看作民间寓言故事。类似于此笑话故事者,唐代还有朱揆《谐噱录》、无名氏《笑言》、赵璘《因话录》,以及张鷟《朝野佥载》中的部分篇章。《酉阳杂俎》中也有一些类似的笑话。唐代笑话故事以《启颜录》为代表,表现出唐代社会独特的幽默观。

唐代民间传说中,风物传说相当丰富。在一定程度上讲,《酉阳杂俎》也可看作一部关于酉阳一带的风物传说故事集。"杂俎"这种形式,影响着岁时风俗及风物传说典籍的发展,诸如韩鄂的《岁华纪丽》《四时纂要》,无名氏的《辇下岁时记》、李淖的《秦中岁时记》和孙思邈的《千金月令》等。它们和《酉阳杂俎》一样,深受唐之前《风俗通义》《荆楚岁时记》和《四民月令》等典籍的影响,而在对"岁时"的记述上,都体现出"杂俎"的意义,即包罗万象。每一个节日、每一种民俗生活事项,其实都意味着一则传说。因为作为民俗生活,其传承意义决定了它具有传说作为存在背景,并具有对其存在功能进行阐释的内容,只是记述时或详或略而已。

被保存在《敦煌变文集》卷八中的句道兴本《搜神记》一卷以"伯2621"为原卷整理的《孝子传》,既可看做民间传说和民间故事的保存文献,又可看做民间讲唱的底本②。尤其是《孝子传》的讲唱句式最为明显。其中一段故事讲述完之后,常有"诗曰""又诗

---

① 见曹林娣、李泉辑注本:《启颜录》,上海古籍出版社,1990年版。
② 唐代寺院俗讲不是唐代惟一的说唱形式,如李商隐《骄儿诗》中有"或谑张飞胡,或笑邓艾吃";应该说当时不仅在寺院,在其他地方也有说唱存在。

云"等内容,当是唱词。在《孝子传》中的孝子传说,总计有舜子、姜诗、蔡顺、老莱子、王循、吴猛、孟宗、丘吴子、曾参、子路、闵子骞、董永、董孝理、萨包、郭巨、江革、鲍出、鲍永、王祥、王元伟、王褒、赵孝、季扎、孟轲、伯夷、叔齐、卖孩与王将军者、文让、向生、王武子、丁兰、厶囚子等三十二人的故事,虽然其结尾处有"出《史记》""出《孝子传》"等引诸典籍字样,但其中的传说故事与原著差别甚明显,可知其采自民间。《搜神记》一卷,其中前题为"行孝第一",或者是出于对"孝"的推崇,或者还有其他内容未被保存下来。此本《搜神记》中句式颇为特别,一般在开题处冠以"昔有××"字样,然后再述说具体的传说故事,结尾处一般也标明"事出××(文献典籍)",作为传说故事的来源。其所记传说故事也是以人物为主,总计有樊寮、张嵩、焦华、榆附、扁鹊、管辂、秦瑗、刘安、辛道度、侯霍、侯光侯周兄弟、王景伯、赵子元、梁元皓与段子京、段孝真、王道凭、刘寄、杜伯、刘义狄、李纯、李信、王子珍、田昆仑、孙元觉、郭巨、丁兰、董永、郑袖、孔嵩、断缨之人、孔子、齐人与鲁人、惠王、隋侯、羊角哀等三十五则,其中郭巨、丁兰、董永故事与《孝子传》相重复。这些传说故事有特色者,当数"昔有田昆仑者"条。

句道兴将自己的著述亦取名《搜神记》,比之于干宝《搜神记》。在干宝《搜神记》卷十四中载有《毛衣女传说》:"豫章新喻县男子,见田中有六七女皆衣毛衣,不知是鸟。匍匐往,得其一女所解毛衣,取藏之,即往就诸鸟。诸鸟各飞去,一鸟独不得去,男子取以为妇,生三女。其母后使女问父,知衣在积稻下,得之衣而飞去。后复以迎三女,女亦得飞去。"这是一篇著名的天鹅处女型故事。到了唐代,此故事发生重要变化,从故事主题到讲述方式都明显不同于干宝《搜神记》。特别是句道兴的记述语言是有内在韵致的民间话语形式,描述非常生动、细致。也可能是因为这种缘故,才有学者将它归之于"变文"吧:

> 昔有田昆仑者,其家甚贫,未娶妻室。当家地内,有一水池,极深清妙。至禾熟之时,昆仑向田行,乃见有三个美女洗浴。其昆仑欲就看之,遥见去百步,即变为三个白鹤,两个飞向池边树头而坐,一个在池洗垢中间。遂入谷菱底,匍匐而前往来看之。其美女者乃是天女,其两个大者抱得天衣乘空而去。小女遂于池内不敢出池,其天女遂吐实情,向昆仑道:"天女当共三个姊妹,出来暂于池中游戏,被池主见之,两个阿姊当时收得天衣而去。小女一身邂逅中间,天衣乃被池主收将,不得露形出池。幸愿池主宽恩,还其天衣,用盖形体出池,共池主为夫妻。"昆仑进退思量,若与此天衣,恐即飞去。昆仑报天女曰:"娘子若索天衣者,终不可得矣。若非吾脱衫,与且盖形,得不?"其天女初时不肯出池,口称至暗而去。其女延引,索天衣不得,形势不似,始语昆仑:"亦听君脱衫,将来盖我著出池,共君为夫妻。"其昆仑心中喜悦,急卷天衣,即深藏之。遂脱衫与天女,被之出池。语昆仑曰:"君畏去时,你急捉我著还我天衣,共君相随。"昆仑生死不肯与天

女,即共天女相梅归家见母。母实喜欢,即造设席,聚诸亲情眷属之言曰呼新妇。虽则是天女,在于世情,色欲交合,一种同居。日往月来,遂产一子,形容端正,名曰田章……

后来,田章三岁时,田昆仑"点著西行,一去不还",天女就对阿婆讲了自己的来历,欲骗阿婆把天衣拿出来。阿婆因田昆仑曾嘱她"勿令新妇见之",就先拒绝了天女,后经不住"频被新妇咬啮,不违其意"。天女得见天衣,便"腾空从屋窗而出"。阿婆"痛切心肠,终朝不食"。待田章五岁,"唤歌歌娘娘,乃于野田悲哭不休",受董仲指点,见到其母;三个天女"共乘此小儿上天而去"。田章在天庭受到很好的教育,来到人世,被天子"召为宰相",因"后殿内犯事,遂以配流西荒之地"。后因"官家游猎"得奇物而不识,惟田章识之,"遂拜田章为仆射"。其中,关于天下有无"大人""小人""大声""小声""大鸟""小鸟"的问答,具有十分浓郁的民俗生活意蕴,给人印象尤为深刻。其实,这段问答是依《晏子春秋·外篇》卷八所记晏子与齐景公的"问对"和《神异经》中所载陈章与齐桓公"相论"两则故事演绎而成。容肇祖在《西陲木简中所记〈田章〉》[①]和《田章故事考补》[②]中,对其具体演变作了详细考证,指出"田章故事乃汉魏六朝间民间最通行的传说",是《毛衣女》故事与其他故事混合的结果。钟敬文在《中国的天鹅处女型故事》[③]中,也指出"田章的召对等重要情节,都是出于后来的增益"。而尤为重要的是句道兴在这里保存的这篇唐代天鹅处女型故事,成为我们研究此民间传说和民间故事发展史的重要材料;而且,从中我们也可以管窥唐代民间说唱的基本形态。

唐代的民间传说和民间故事,除了以上典籍有保存之外,还见诸一些野史、杂文和笔记等典籍中,如张鷟的《朝野佥载》、刘餗的《隋唐嘉话》、刘肃的《大唐新语》、李肇的《唐国史补》、赵璘的《因话录》、封演的《封氏闻见记》、王仁裕的《开元天宝遗事》、段安节的《乐府杂录》、刘恂的《岭表录异》、莫休符的《桂林风土记》等。在《旧唐书》《新唐书》中,有些传说被当作史料记载。在后世的《太平广记》和后人辑录的各种文集,以及一些庙碑、方志等文献中,都有或多或少的记述,给我们留下了唐代民间传说的线索。这些文献中的民间传说和民间故事一般较为零碎,存在着甄别、辨识问题,为我们提供了难得的民间文学资料。诸如关于皇帝、帝后、皇妃的传说,在唐代民间传说中形成一个亮点。《旧唐书·太宗本纪》中曾记述"有二龙戏于馆门之外,三日而去",以表现李世民出身之不凡。这与刘邦之母感龙而孕如出一辙。在《明皇杂录》中,曾

---

① 见《岭南学报》卷2,第3期。1932年6月。
② 见《民俗》,第113期,1933年4月。上海文艺出版社,1988年影印本。
③ 见《民众教育季刊》,1933年1月。

记述"明皇自为上皇,尝玩一紫玉笛。一日吹笛,有双鹤下。顾左右曰:'上帝召我为孔升真人。'未几,果崩"。唐明皇的传说在野史、笔记中尤其多。陈鸿在撰《长恨歌传》中,还特地提到有一本《玄宗内传》,并说其"所据,王质夫之说尔"。(《文苑英华》卷七九四《丽情集》)《开天传信记》中,记述有唐玄宗自述"昨夜梦游月宫,诸仙娱予以上清之乐,寥亮清越,殆非人间所闻也。酣醉久之,合奏诸乐以送吾旧",并提到"以玉笛寻之",其所得曲即《紫云回》,有"太常刻石在焉"。在《开元天宝遗事》中,记述"明皇正宠妃子,不视朝政。安禄山初承圣眷,因进助情花香百粒,大小如粳米而色红。每当寝处之际,则含香一粒,助情发兴,筋力不倦"。表面看来,这些传说是指斥唐玄宗的淫靡,而实际上是民间传说中猎奇心理的综合反映。民间百姓包括民间文人,按照自己理解的朝廷生活来塑造他们心目中的唐明皇。唐明皇被后世的民间戏曲团体崇拜为他们的祖师"老郎神",应该是与唐代传说对唐明皇的集中审视密切联系在一起的。唐代社会本身就充满令人神往的奇异色彩,再加上唐代统治者有意造神弄鬼,其举世无双的大国地位又形成强烈的民族自豪感、优越感,所以,后世民间文学中以唐代风云变幻为题材者,也就尤其多。

(二)敦煌变文与曲子词

1899年初夏,敦煌千佛洞的藏经洞被人发现,两万多卷石室藏书得见天日,伴随着列强的掠夺,在国际上兴起了一门"敦煌学"。人们在这些经卷中发现了大量的抄本和一部分刻本,有佛教经典,也有道教、景教、摩尼教的经典,当然,还有一些经史子集和各种账表;既有汉文,又有回纥文、龟兹文、梵文、藏文等多种古文字。其中,说唱体文献颇有特色,引起有识之士的关注,王重民等一批学者不辞辛苦,从欧洲等地辑录了大量敦煌经卷文献,编成《敦煌变文集》。此外还有刘半农的《敦煌掇琐》、罗振玉的《敦煌零拾》、任半塘的《敦煌歌辞总编》等,为我们研究唐代民间文学提供了极大的方便。同时,这些敦煌经卷的发现,也向我们提出了一个问题:对于文物,是主动开发还是被动开发,其效果又有多少差别?敦煌经卷中的民间文学主要有两大类,一是变文,一是曲子词;还有以传说故事为主要内容的典籍文献,也保存了丰富的民间文学。那些壁画,其实也应看作与三者相连的一个部分。

在敦煌文献中,还保存着丰富的少数民族文学。如英国的 F. W. 托马斯《东北藏古代民间文学》[①]中转述的《金波聂吉新娘的故事》,在这则故事中,讲述了机廷国一个男人和他的两个妻子,以及两个妻子所生出的几个孩子之间的矛盾冲突。故事的主

---

① (英)F. w. Thomas: Ancient Folkliterature From North—Easte Tibet,1957年柏林英文版。李有义、王青山译,四川民族出版社,1986年版。

角叫金波聂吉,是小妻子所生的穷孩子。有一次,他和大妻子生的六个孩子一起在雪中捕鸟,他捕住了一只孔雀,这只孔雀后来成了他的妻子。这则故事的情节,与句道兴本《搜神记》中的"昔有田昆仑者"一章相似,反映出吐蕃人的信仰。在这部书的第五部分,还保存了"伟大的松巴谚语终"即藏族民间文学中的《松巴谚语》①。同时,敦煌文献中还保存着一些吐蕃歌谣,如《训世格言》,其中唱道"无父不生女和男,无母不育不生产;母亲育儿多辛苦,最初怀胎步履艰","念此应以孝为先"等,表现出汉化倾向。又如一首保存在手抄敦煌吐蕃文献中的卜辞形式的歌谣:

啊,小鸟呢飞枝低,
难上呢高天际。
小人呢没本领,
不能呢报恩情。

吐蕃人与唐帝国缔结了不一般的关系,贞观时期有文成公主入藏嫁与松赞干布,唐帝国对他封爵,至今还流传着许多相关内容的传说。吐蕃王朝在公元9世纪崩蹶了,在它与唐帝国的交往中,其文化得到迅速发展。有学者据现存藏文文献和《格萨尔王传》中的具体内容,认为这部闻名于世界的巨型英雄史诗"早在唐代即基本形成"②,其根据在于史诗中的天王之子、藏族英雄格萨尔,受白梵天王所派,来到人间救苦救难。他所领导的岭国,战胜了魔国和姜国等外部敌对力量。格萨尔的生母为龙王之女,格萨尔的妻子是赛马大会获胜后娶来的珠牡;格萨尔因为无子,传位于其侄儿,后返回天国。这些内容正应合于吐蕃王朝公元9世纪之前的历史,而且史诗中出现了"嘉察",即汉妃之子,考唐朝公主嫁与吐蕃的时间,诸如贞观十五年、景龙四年,正是公元7至8世纪,由此可以推定《格萨尔王传》产生于唐代历史时期的吐蕃王朝。

其他还有南诏王朝,虽不见于敦煌文献,但其民间文学也保存于同一历史时期。如樊绰《蛮书》中所记述的"河赕贾客"谣:

高黎共山在永昌西,下临怒江。左右平川,谓之穹赕、汤浪,加萌所居也。草木不枯,有瘴气。

自永昌之越赕,途经此山,一驿在山之半,一驿在山之巅。朝济怒江登山,暮方到山顶。冬中山上积雪苦寒,秋夏又苦穹赕、汤浪毒暑酷热。河赕贾客在寻传羁离未还者,为之谣曰:

---

① 参见谢后芳:《古代藏族谚语集》,《民间文学》,1981年,第11期。
② 见蔡源莉、吴文科:《中国曲艺史》,文化艺术出版社,1998年版,第29页。

> 冬时欲归来,
> 高黎共上雪。
> 秋夏欲归来,
> 无那穹赕热。
> 春时欲归来,
> 平中络赕绝。

有学者考证,"穹赕"即怒江西、高黎贡山东南一带,"寻传"即云龙至腾冲一带;"络赕"即白族语言中的"整贿"(金钱、路费)①。可见这是被翻译、整理过的一首民间歌谣。

《蛮书》中还记述了白族少年演唱民歌的文化生活:

> 少年子弟,暮夜游行间巷,吹壶卢笙,或吹树叶。声韵之中,皆寄情言,用相呼召。

应该说,这是关于少数民族歌舞中"壶卢笙"(即"葫芦笙")的较早记述的文献。在《蛮书》中,还记述了"上清天、地、水三官,五岳四渎及管川谷诸神灵",显然,有神灵就应有传说。唐代民间文学中的少数民族文化异常珍贵。

敦煌石室的打破,带来了学术研究中许多人为樊篱的打破。变文也好,曲子词也好,让我们看到了一片崭新的天地;但这种局面并不让我们感到由衷的欣喜。因为我们的学术传统自汉代末年开始形成时,已日益背离了先秦诸子那种大胆开拓进取的探索精神、求真精神,学术成为经学的附庸和专制政治的奴婢,它只能离真知越来越远。我们所强调得更多的是"板凳坐得十年冷",并不重视"行万里路"这种更艰辛也更有意义的学术方法。尤其在敦煌文献的研究中,存在着对义理、辞章、考据这种传统学术方法的回归,这并不是学术发展的福音。专制作为文化精神存在的时候,其危害丝毫不亚于它作为政治体制存在,因为它严重限制了我们民族思维的发展。我们看到一种相当普遍的现象,即几千年的鲜活的文学生活,好像就是为了证明某位人物的几句话。敦煌石室打破了一百年,学术建设并没有出现令人惊诧的结果;敦煌文物被纳入学术视野之后,经学传统的复归,使我们的时代错过了一个新的学术方法形成的良机。虽然曾经出现王国维等有识之士对"双重证据法"的热切呼唤,但这声音在整个20世纪的中国还显得太微弱。学术的发展固然是贵在创新,但更重要的应该是解放思想。敦煌变文和曲子词的发现,给我们许多新的启发;面对大唐帝国异常灿烂

---

① 张文勋:《白族文学史》(修订版),云南人民出版社,1983年版,第75~76页。

(三)唐传奇与民间文学

传奇是唐代文人小说,指"传述奇事奇遇",如陈翰《异闻录》载元稹《莺莺传》,就题其名为"传奇"。胡应麟《少室山房文丛》卷四一中称,"传奇之名,不知起自何代","唐所谓传奇,自是小说书名,裴铏所撰"。

唐传奇的产生,在鲁迅看来,是与当时的"行卷"之风分不开的。他说:"唐朝考试的时候,甚重所谓行卷","到开元、天宝以后,渐渐对于诗,有些厌气了,于是就有人把小说也放到行卷里去,而且竟也可以得名","因之传奇小说,就盛极一时了"①。郑振铎指出在"元稹、陈鸿、白行简、李公佐诸人"的文学活动中,皆是与古文运动有直接间接的关系②。他们都看到了唐代文士阶层对传奇小说的影响。但我们还应该看到,唐传奇的兴起,还应该与当时的民俗文化生活密切联系在一起。在唐传奇的具体内容中,我们可以看到大量的民间文学原型,这应该与唐代说话、俗讲、变文及民间信仰中崇尚佛道(巫)等文化风尚有着直接联系。唐代"有意识的作小说",固然是传奇繁荣的原因,而没有广泛的社会文化需求和必要的社会支持,也就不可能有传奇的大发展。从某种意义上讲,传奇是民间文化养护成长起来的,它不仅仅是"至唐人乃作意好奇,假小说以寄笔端",而且在广为汲取民间文学,保存丰富的民间文学的同时,也影响到民间文学更深广的传播。没有唐代民间文化生活的背景,传奇就无从产生。许多传奇作品的传播,使我想起手抄本小说的出现,它在某个时代屡禁而不止,是因为民间文化对它的需求及它对民间文化的满足与融入。甚至我们可以把某些传奇看作民间说唱的底本,与"变文"有某种相同的意义。在唐传奇中,大量适于讲唱的民间传说和民间故事,既有对魏晋南北朝时期志怪小说等内容的吸收,又有对当世民间文学的采用,这种文化表现方式构成了唐代民间文学发展的某种特色。

唐代传奇分前后两个时期,前期主要有单篇传奇,以王度的《古镜记》、张说的《梁四公记》、张鷟的《游仙窟》三部中篇,何延之的《兰亭记》、郭湜的《高力士外传》、萧时和的《杜鹏举传》、无名氏的《补江总白猿传》、陈玄祐的《离魂记》等短篇,以及牛肃的《纪闻》、张荐的《灵怪集》等传奇小说集为典型,是唐传奇的试验和探索阶段。其后期,即唐德宗之后,出现了单篇传奇如沈既济的《任氏传》《枕中记》,李景亮的《李章武传》,李朝威的《柳毅传》(《洞庭灵姻传》)。陈鸿的《长恨歌传》《东城老父传》,无名氏的

---

① 鲁迅:《中国小说的历史变迁》,《鲁迅全集》,第10卷,人民文学出版社,1981年版,第314页。
② 郑振铎:《插图本中国文学史》第二十九章《传奇文的兴起》,上海古籍出版社,1982年版。

《后土夫人传》，元稹的《莺莺传》，蒋防的《霍小玉传》，白行简的《李娃传》(《一枝花》)、《三梦记》，薛调的《无双传》，李公佐的《谢小娥传》《李汤（无枝祁传)》，杜光庭的《虬髯客传》。无名氏的《聂隐娘传》，郑权的《御史姚生》，无名氏的《李令绪》，无名氏的《灵应传》《感异记》《独孤穆》和《华岳灵姻传》，柳珵的《刘幽求传》《上清传》，无名氏的《贾笼》《王生》，无名氏的《樱桃青衣》《南柯太守传》《冥音录》和《东阳夜怪录》，柳宗元的《河间传》《李赤传》和《设渔者对智伯》，沈亚之的《异梦录》《湘中怨解》《秦梦记》《冯燕传》和《李绅传》，韩愈的《石鼎联句诗序》等篇，以及一些传奇小说的作品集，如牛僧孺的《玄怪录》，李玫的《纂异记》，袁郊的《甘泽谣》，陈昭的《通幽记》，李复言的《续玄怪录》，裴铏的《传奇》，康骈的《剧谈录》，皇甫枚的《三水小牍》，薛渔思的《河东记》，卢肇的《逸史》，皇甫氏的《原化记》，高彦休的《阙史》，沈汾的《续仙传》，刘崇远的《耳目记》等，无名氏的《灯下闲谈》，杜光庭的《神仙传记》等也可看作传奇作品集。这是传奇大繁荣的表现。这些传奇大多存于《太平广记》，有一小部分存于《道藏》。从其作者来看，除了有一些篇目的作者为"无名氏"（或撰者不详）之外，许多作者是颇有学识、修养的作家和史学家，其政治地位还相当高。如柳宗元、韩愈是著名作家，王度、卢肇等人是史学家。这种作者结构必然影响到传奇作品的文化品格，与敦煌写本作者即那些僧人或下层文人的作品相比，表现出很大不同。他们的大雅与敦煌写本的大俗并不是截然对立的，而是让我们看到了一种审美机制的转换，从而启发我们深入地理解雅与俗两种审美表现之间的复杂联系。诚如陈汝衡在《说书史话》中所讲："寺院里和尚们的俗讲既演进为唱说民间故事，这对于当时士大夫阶层的文学创作是有很大影响的。他们选择当时流行的民间故事，写成若干不朽的传奇小说，而这些小说的题材，主要的是妓女、侠士之类。一方面它们暴露了唐代社会，具有现实主义精神，一方面也扩大了六朝以来志怪小说传统的范围，产生了新兴文艺，带来了新的创作力，更影响于宋以后的市民文学。"[1]

唐代传奇是唐代作家文学向民间文学的自觉靠拢，或者改写民间文学，或者直接保存民间文学，不同程度上表现出民间文学的原型内容，最典型的表现就是以民间信仰为底蕴的大量神怪鬼魅狐仙传说故事。其中有一些是颇为难得的神话传说，如李公佐所撰《李汤》存于《太平广记》卷四六七"水族"类中，鲁迅辑录《唐宋传奇集》中题为"古岳渎经"，其故事我在《大禹神话时代》中已经引述过。这是在传说中包括的民间神话，讲述大禹治水时遇淮涡水神无支祁作怪而诸神不能治服，后由大禹使庚辰将其治服后锁于龟山之下。这是大禹神话传说在唐代的流传中所表现的具体形态，所引《古岳渎经》则明显是假托之言，是为了增强表述的真实效果。其他传奇所记的诸神故事应是民间神话的重要内容，它所具有的原始信仰意蕴，已经明显超出了一般的

---

[1] 《说书史话》第二章《唐代说书》，作家出版社，1958年版，第32页。

传说。如《灵怪集》中的《郭翰》讲述织女奉帝命来与人间的郭翰相会,后来离别,相互以诗诉说衷情。这是节外生枝的织女传说。织女在传说中的表现尤为超脱,她竟称自己与人相会和牛郎并不相干,即使被牛郎知晓,也没有什么可怕。《姚氏三子》即《御史姚生》,存于《太平广记》卷六五"女仙"类,讲述姚某被罢去御史之后居于蒲州左邑,其子夜读,遇一小猪卧其裘襟,遂赶其走。后来才知道这只小猪是某天神之子,御史之子非常害怕。某天神为了安慰他们,以其女相配。这中间所加的内容有:天上神女嫁与御史之子及甥三人时,有人观察到织女星、婺女星、须女星三星无光。这就使故事的主题得到特殊的处理,可以看作织女传说的又一流传变异形态。《华岳灵姻传》以人间故事为外表,述说了华岳诸神之劣迹。《纂异记》中的《嵩岳嫁女》和《浮梁张令》,所述皆为人神之间的交往,其中有西王母主持嵩岳神女儿的婚礼,并且集合了周穆王、汉武帝、唐玄宗等人,以及仙官请天曹增寿等内容,既可看作仙话,又可看作西王母神话的世俗性表现。《耳目记》中的《李甲》记述有常山人李甲夜至大明山下,听到大明山神、黄泽神、漳河河伯等在一起议论将有大劫的故事,也具有神话的色彩。更不用说杜光庭的《仙传拾遗》等神仙故事著述,其中也有不少作品,可看作民间神话的嬗变形态。这些民间神话既不同于古典神话,又不同于后世仙话,更不同于一般民间传说故事。民间神话是原始思维与后世世俗信仰的聚合物,是古典神话世俗性嬗变的特殊形态。

龙神信仰及其传说故事,也是唐代传奇中民间文学的重要内容,它们中有许多被后世民间文学所演绎,成为民间传说、民间戏曲的原型性题材。龙为神使。甲骨文中,龙被写作"㇐""㇏"等形状,如蛇,如蜥蜴;也有写作"㇐"的,如马。在后世民间文化生活中,龙被称为"虬龙""蛟龙""虺龙""螭龙""飞龙""蟠龙"等,这些具有原始信仰意义的图腾物不断增加新的内容,渐变成"鹿角、牛耳、驼首、兔目、蛇颈、蜃腹、鱼鳞、虎掌、鹰爪"(李时珍《本草纲目》引王符言)之状。抛开其演变过程,我们可以看到它所集中体现的内容,就是作为神使的文化符号所显示的丰富的象征意义。在唐传奇中,龙的形象与它在民间传说中的形象是吻合的。如《太平广记》卷三一一所引《萧旷》中,说龙"好睡,大即千年,小不下数百岁。偃仰于洞穴,鳞甲间聚其沙尘。或有鸟衔木实,遗弃其上,乃甲拆生树,至于合抱"。更多的是龙作为神性家族与人间所发生的纠葛,其中具体显示出龙的神性异彩。这里面所包含的意义也更为复杂,既有佛教文化的龙女痕迹,又有道教文化的仙化痕迹,而其融汇于民间文化生活,则生成一系列丰富多彩的龙神传说。

在唐代传奇中,龙女是一个尤为生动的艺术典型。如《梁四公记》中记述杰公周游六合,知道海外有六个女儿国等奇事,曾派人至龙洞中与龙女周旋,取到两枚硕大的龙珠。《灵应传》中记述龙女九娘子与湫龙交战,得到郑承符的帮助,战胜了欲强迫守寡的九娘子嫁给朝那龙的湫龙,九娘子拜郑承符为平难大将军。在《续玄怪录》中,

《李靖》篇记李靖曾在霍山游猎,夜宿"朱门大第墙宇甚峻"人家,餐有鲜鱼,所用"衾被香洁,皆极铺陈",遇"大郎子"报当行雨,始知此处为"龙宫"。李靖得到雨器,洒下很多天雨,连累龙神及其子遭罚。《苏州客》中的龙夫人,见人就要一口吞下吃掉。《传奇》是唐代传奇的典型之作,"传奇"一词即与此作品集相关。其中的《张无颇》有袁大娘送暖金合、玉龙膏的情节;《崔炜》中记述崔炜在枯井中为龙王白蛇治好唇上的疣,于是白蛇"吐径寸珠"相酬;《周邯》中有金龙潜于八角井守护宝珠,保证地方风调雨顺,若有人贪财攫取宝珠,金龙一怒便会"百里为江湖,万人为鱼鳖";《萧旷》中记述萧旷与织绡娘子的谈话,提到了有无"柳毅灵姻""龙畏铁""雷氏子佩丰城剑至延平津跃入水化为龙""梭化为龙""龙之变化如神"而"求马师皇疗之"、龙"嗜燕血"等传说。集中体现各种龙神传说且对后世影响深远者,是《洞庭灵姻传》即《柳毅传》,存于《太平广记》卷四一九。其中记述柳毅在泾水之滨路遇牧羊女,牧羊女请柳毅为其传书到洞庭龙宫。洞庭龙君得知嫁与泾水龙王次子的女儿为泾水龙王全家虐待,被逼出龙庭而化为牧羊女,十分悲恸;于是,洞庭龙君之弟钱塘龙君将泾水龙王全家杀掉,还在筵席上胁迫柳毅娶龙女为妻。柳毅不从,他得到龙宫大量馈赠后辞归,成为巨富;最后娶一卢氏女子,生一子后始知卢氏即龙女,二人幸福终身。这则传说在唐代就产生了重要影响,如前面举到的《萧旷》中就提到萧旷询问"近日人世或传柳毅灵姻之事,有之乎"。龙族传说与世俗生活相结合,无论怎样变化,我们都可以看到神话思维所产生的审美表现机制及其作用的存在;而这种存在,正是民间文化中普遍性的"集体无意识"表现。

与龙神传说相似的民间传说和民间故事,还有许多神仙和灵怪的内容,大量存在于唐传奇中。如《古镜记》在王度、王绩兄弟二人的故事中串联着诸多与古镜相关的小故事,其中的灵异、妖魔,都表现出民间信仰的特有意蕴。尤其是古镜的传说,据称此镜为黄帝所造的十五只宝镜中的第八只宝镜,正照应了唐帝国为三代之后的第八个王朝,具有谶纬之意;而且宝镜曾以"龙头蛇身"之形存于河汾间,照应唐王朝李氏起家之地;后来古镜在隋炀帝决定迁都扬州时咆哮而去。这些情节包含着作者对政治的理解,而大大小小的民间传说故事,则成为其表现意图的隐喻体。《游仙窟》中,作者自述路经金州积石山,与崔十娘、五嫂相遇,爱情的内容自此展开;并且有歌谣传唱,又有"相知不在枣""不忍即分梨"中的"枣""梨"来借喻"早""离",这正是民间文学中常用的修辞方法,在六朝民歌中即已存在①。《补江总白猿传》见于《太平广记》卷四四四,是一篇无名氏之作。它所描述的是人与猿相恋的故事,记述南朝将领欧阳纥之妻被千岁白猿所掠,当欧阳纥救出妻子时,其妻已经怀有白猿之子,出生之后"厥状肖

---

① 《游仙窟》中还保存了一些占卜性谚语,如"朝闻乌鹊语,真成好客来""昨夜眼皮瞤,今朝见好人"等,至今还在民间流传,成为民间文化中的生活常识。

焉"。这篇作品被后世学者以为"假小说以施诬蔑"①,但其中我们可以看到精怪传说的原型。如张华《博物志》中曾记述"蜀山南高山上,有物如猕猴,长七尺,能人行健走,名曰猴玃,一名化,或曰猳玃。同行道妇人有好者,辄盗之以去,人不得知。其年少者终身不得还,十年之后,形皆类之,意亦迷惑,不复思归"。此后,宋元间的《陈巡检梅岭失妻》与此相似,至今民间还能听到类似传说。记得小时候听到过此类故事,不过其情节发生了变异,变为猴精把人家的新婚妇掠走,生有一子,这个孩子被猴精用石锤砸死,而且猴儿们因中了人为捕获它们所设的计,屁股上留下了红红的一块疤。在《离魂记》中,我们看到张镒之女倩娘与王宙相恋的故事,因为倩娘许嫁他人,王宙郁郁而亡,倩娘也与之同去,后来他们竟在阴间生有二子。这则故事在《幽明录》等典籍中已有所记述。陈玄祐在《离魂记》中自述道:"玄祐少常闻此说,而多异同,或谓其虚。大历末,遇莱芜县令张仲规,因备述其本末。镒则仲规堂叔祖,而说极备悉,故记之。"由此可见此传说的记述背景。元代杂剧《倩女离魂》,即以此为题材进行了再创作。沈既济的《任氏传》和《枕中记》是两篇寓意颇为复杂的传奇。《任氏传》记述穷困潦倒的郑六遇到自称秦人的狐女任二十娘,他们结合后,任氏指点郑六卖马,使生活富足。韦崟是郑六的亲戚,也曾接济过郑六,见到任二十娘貌美,便"爱之发狂,乃拥而凌之"。任氏说服了韦崟,两家继续来往;后郑六调他乡为宦,携带任氏同往,至马嵬坡任氏被猎犬追杀。任二十娘是一个美丽、善良、刚强的狐仙,这则故事在后世作品如《聊斋志异》中能见其遗响。《枕中记》即人们熟知的黄粱一梦,其情节类于《幽明录》中的"焦湖庙祝",李公佐在《南柯太守传》中复述了这一故事,所记更为详细。如其中写吴楚游侠淳于棼醉中梦见被二紫衣人扶至"大槐安国",与金枝公主婚配;婚后,淳于棼受命为南柯郡太守,在那里大展抱负;不久,金枝公主去世,淳于棼罢郡还京,在京都受人拥戴,遭到国王猜忌,被送出国。淳于棼梦醒之后追寻梦中所遇,果然发现槐枝间有蚁穴,知道紫衣人等即蚁精。从诸多文献反复描述同一故事来看,这则故事在当时应该流传颇广。汤显祖根据此故事创作了《南柯记》,《聊斋志异》中也曾表现此题材。陈鸿的《长恨歌传》是对白居易《长恨歌》的阐发,见《太平广记》卷四八六。其前一部分内容与《长恨歌》相似,即唐玄宗失国,无限思念死于马嵬驿的杨贵妃;后一部分则写在东海找到杨贵妃,而她"冠金莲,披紫绡,佩红玉,曳凤舄,左右侍者七八人",已成为女仙。她忆及"昔天宝十载,侍辇避暑于骊山宫,秋七月,牵牛织女相见之夕","上凭肩而立,因仰天感牛女事,密相誓心,愿世世为夫妇"。这是以传说套传说的记述方式。此传说不仅在唐代广为流传,而且成为后世文学作品不断运用的题材。如元代诸宫调《天宝遗事》、杂剧《唐明皇秋夜梧桐雨》,清代洪昇的《长生

---

① 鲁迅:《中国小说史略》,人民文学出版社,1981年版,第71页。

殿传奇》,都以此描写新意;更不用说民间传说中杨贵妃渡海东瀛等,至今盛传不衰。《后土夫人传》见于《太平广记》卷二九九,题为《韦安道》,是无名氏之作。故事也是记人神相恋,讲韦安道与后土女神结成夫妇,生活幸福安康,而武后却以其为"妖魅",使人治服不成,最后由韦氏父母出面才使夫妇重返"王城",有四方神灵朝见后土。其中写武则天以大罗天女身份也来朝见,而且遵后土之命,任韦安道为五品官。在这则传说中,后土女神与韦安道本应为三百年夫妇,却因武则天的嫉妒而不成,明显具有谴责之意。《纂异记》中的《蒋琛》和《许生》两篇传奇,是借传说批评时政的代表。《蒋琛》记述了湘江神、屈原、范蠡、伍子胥诸神在雪溪神、太湖神和松江神举行的境会上聚会,各自抒发情怀,唱出了"夜来渡口拥千艘,中载万姓之脂膏",和"载舟覆舟皆我曹"的昂扬诗句,抨击社会黑暗。《许生》则写许生至寿安甘玉泉遇群鬼喊冤叫屈的故事,其中有"罪标青史竟何名""天爵竟为人爵误"之类的愤怒控诉。有学者考证,两篇传奇分别影射唐代政治斗争中的"牛李党争"与"甘露之变"[①]。这两篇传奇作为文人间流传的民间传说,其传播意义更为重要,应引起我们的重视。文人间流传的民间传说常为我们所排斥,这是狭隘的民间文学观念的表现——民间文学可以是不识字的人创造的,更可以是那些识字者而且是身居社会底层的正直、刚强的文人所创造的。排斥文人创造的民间文学,无疑是一种偏执。《续玄怪录》中的《定婚店》记述了韦固夜遇月下老人,知其妻为卖菜老媪的三岁女孩,就使人害之,结果后来还是娶了这个女孩。这是月老传说的典型,至今仍有流传。《传奇》中的《裴航》记述了著名的"蓝桥遇仙"故事,语句优美,是传奇中的佳品:

> 经蓝桥驿侧近,因渴甚,遂下道求浆而饮。见茅屋三四间,低而复隘。有老姥绩麻苎。航揖之,求浆。姥咄曰:"云英,擎一瓯浆来,郎君要饮。"航讶之,忆樊夫人诗有"云英"之句,深不自会。俄于苇箔之下,出双玉手,捧瓷。航接饮之,真玉液也。但觉异香氤郁,透于户外。因还瓯,遽揭箔,睹一女子,露裛琼英,春融雪彩,脸欺腻玉,鬓若浓云,娇而掩面蔽身,虽红兰之隐幽谷,不足比其芳丽也。

《河东记》中保存了许多神奇变幻的民间传说故事,如其中的《板桥三娘子》记述这个会施邪术的三娘子开黑店,用木人木牛耕床前地,能收麦七八升,制成烧饼,让客人食之,将客人化为驴,然后杀掉食其肉。后来遇到道术更高者,反将她变为驴,并使她作为脚力受尽折磨惩罚。《申屠澄》讲述了申屠澄夜宿吐山村,遇虎女,娶以为妻,后来虎女重游故地,得虎皮,化虎而去。《胡媚儿》中的胡媚儿有奇术,能将数十辆车货吸入一小瓶内,其自身也跳入瓶中,人将瓶击碎时,却什么也见不到。《逸史》中的

---

① 见薛洪绩:《传奇小说史》,浙江古籍出版社,1998年版,第105~106页。

《李林甫》记述李林甫遇仙人对他说,若为相二十年而不嗜杀,三百年后可以成仙,但李林甫作恶多端,后有仙人带他到水族世界,说水下将是其归宿。这是带有诟骂李林甫性质的传说,也是后世政治笑话常使用的传统模式。《续仙传》见于《道藏》,记述了许多唐五代时期的神仙传说,诸如《蓝采和》等,流传甚广。其中文人学者传说居多,他们修仙学道,济世救人,行为怪异,是后世流传的"八仙故事"的雏形。如李白、张志和、蓝采和、卖药翁、谭峭、司马承祯、殷七七、马自然等各色人物,性格尤为夸张而鲜明。其中一些诗句,如"线作长江扇作天""笑看沧海欲成尘,王母花前别众真。千岁却归天上去,一心珍重世间人"等,使这些传说更多了一些意蕴。其他还有《灯下闲谈》中的《鲤鱼变女》《湘妃神会》《神仙雪冤》等篇,也记述了一些神仙灵怪传说故事。这些与人间烟火若即若离的故事情节,都从不同方面体现出唐代最为真实的社会内容,具有非凡的意义。

唐代传奇所记述的侠义传说和妇女传说也颇有特色,成为后世同类传说的原型。

侠义传说在唐代的出现不是偶然的,它代表着对正义力量的渴望,同时也体现出社会的黑暗即言路闭塞、邪恶横行等现象存在的普遍性。诸如《虬须客传》《谢小娥传》《聂隐娘传》和《红线》等篇,侠的形象栩栩如生。《虬须客传》存于《太平广记》卷一九三,是侠义传说最具典型性的作品,原题为《虬髯客》。故事从隋炀帝下扬州、杨素在京擅权、李靖献救国之策开始记述,讲李靖夜遇红拂妓;不久,二人同去太原,在灵石旅社遇见"赤须如虬,乘蹇驴而来"者。此即"虬髯客",他与红拂结为兄妹,还在酒间"取一人头并心肝"、"以匕首切心肝,共食之",称所食心肝为"天下负心者",流露出侠客的个性。李靖、红拂、虬髯客三人查访李世民;虬髯客将资产赠李靖。后李世民称帝,虬髯客在海外称王。虬髯客的无私、勇敢、慷慨,构成侠义传说的核心。《谢小娥传》中记述谢小娥的父亲和丈夫在浔阳经商时为大盗申春、申兰兄弟所杀,之后弟兄俩逃往他乡;后谢小娥潜访杀父凶手,至浔阳郡发现申氏兄弟就是自己的仇人,寻找机会将二人杀死,之后出家为尼。谢小娥为父婿报仇、不苟且偷生的性格,是侠义传说的又一类典型。《聂隐娘传》中的聂隐娘是大将聂锋之女,年少时被一僧尼夺去,学五年剑术后归来,与磨镜人结为夫妇,心遂忍隐,不思仇杀。魏博节度使与人不和,使聂隐娘刺杀该人,聂隐娘感于该人光明正直,转而保护这位被刺者,战胜刺客空空儿。这是弃暗投明、崇高大义的侠义典型。袁郊《甘泽谣》中的《红线》是与前几类侠义传说不同的又一类典型。红线为了保护国家安定,夜盗魏博节度使金盒,迫使其听从朝廷之命,使"两地保其城池,万人全其性命",其主题已超出了一般侠义传说的复仇情节,更多了一层伸张正义的内容。

妇女传说在唐代传奇中表现出不同于其他时代的风格,以《莺莺传》《霍小玉传》和《李娃传》三篇为典型,由此可以看到唐代社会妇女生活及妇女地位等情况。这三部传奇在《太平广记》中都归入杂传记类,可见编者所持的态度。元稹的《莺莺传》在后世题为《会真记》，记述游学蒲州的张生遇崔氏于普救寺西厢，并在乱中保护了崔氏及其家人；崔氏设筵席答谢张生，令小女莺莺致谢，而张生与莺莺一见钟情，托红娘以诗相赠。后张生赴长安应试，与莺莺相别后便再不见面。莺莺是一位美丽、聪慧、坚贞的女子，早就预料到张生会"始乱之，终弃之"。她热爱生活，虽面临被抛弃的命运，仍"因命拂琴，鼓《霓裳羽衣序》，不数声，哀音怨乱"，"左右皆欷歔"，"投琴，泣下流连，趋归郑所，遂不复至"，并无悔恨、轻生之举。这是著名杂剧《西厢记》的原型。蒋防的《霍小玉传》记述李益进士及第，在长安与霍小玉定情；新婚之夜，霍小玉以为自己出身娼妓，不配李益，而李益发下相守终身的誓言。后李益授官，李益之母为其定卢氏为妻，李益躲避霍小玉，霍小玉因此抑郁而病。李益被挟至霍小玉处，遭霍小玉痛斥；其后李益因心疾又与卢氏分离。霍小玉虽然出身倡优，但她美丽、刚强，对李益的负心严词指斥，表示死后也要复仇，毫无奴颜媚骨。后世文学作品中，《紫钗记》即以此为题材，可见其影响。白行简的《李娃传》原题《一枝花》，记述常州刺史之子郑生赴长安应试，与娼妓李娃相识并同居，资财尽散；李娃母女设计将郑生赶出家门，郑生羞愧交加，病卧凶肆，后流落为挽郎。郑生父亲赴京，发现郑生所为，怒将其鞭挞；凶肆人救下郑生，郑生沦为乞丐。一下雪日，郑生乞食至李家，李娃悔恨自己的过错，拒绝鸨母弃逐郑生，留下郑生，并决心倾其资财使郑生恢复身体，生死相依。郑生重修学业，高中科第，授成都府参军，与其父相逢，又迎娶李娃，合家欢喜。这里李娃的思想变化是真实而典型的，显示出女性形象的复杂性和丰富性。这篇传奇的篇末记述了传说的来源，即作者听其伯祖父所讲。白行简是白居易之弟（见《旧唐书·白行简传》），其作当受雅好民间文学的白居易影响；白居易也确实非常欣赏这篇传奇，每与人游，"无不书名屋壁"，"又尝于新昌宅听《一枝花》，自寅至巳，犹未毕词也"（元稹《酬翰林白学士代书一百韵》所注）。由此可知，《一枝花》之名当是民间说书艺人根据传奇所改。这篇传奇在创作完成后不久即在社会上广为传播，一方面表现出作家从民间文学中汲取营养的魅力，另一方面则表现出作家文学对民间文学的影响。

在唐代传奇中还有一些作品记述了世俗性故事，如《东城老父传》，今存《太平广记》卷四八五，记述玄宗时流行斗鸡，形成恶俗；少年贾昌因善斗鸡而成皇家护鸡坊的"五百小儿长"，所以当时有歌谣传唱"生儿不用识文字，斗鸡走马胜读书。贾家小儿年十三，富贵荣华代不如。能令金钜期胜负，白罗绣衫随软舆。父死长安千里外，差夫持道挽丧车"。这是当时社会政治、文化全面腐败的真实记述，预示着安史之乱的必然来临。腐败祸国的钟声在唐传奇中借用民间传说又一次敲响，而令人遗憾的是唐玄宗之流充耳不闻；当然，只喜歌舞升平，不知与人民共甘苦者，又岂唐玄宗一人！唐传奇集中反映了唐代民间文学在文人雅士心目中的面貌，当然，这并不是唐代民间文学的全部内容。

（四）民间歌谣与谚语

在《旧唐书·五行志》和《新唐书·五行志》中，都有"诗妖"一目。这是对民间歌谣文化个性的形象概括和总结。综观唐代民间歌谣和谚语的保存，可以看到有这样几种情况：一是笔记小说和敦煌写本之类文献中的系统性保存，一是《旧唐书》《新唐书》《旧五代史》《新五代史》《资治通鉴》《朝野佥载》（包括其"逸文"）、《唐国史补》《大唐新语》《唐摭言》《杜阳杂编》以及《续神仙传》《法苑珠林》等史传类文献中的散存；一是《韩昌黎集》《柳柳州集》《白香山集》和《全唐诗》《全唐文》等文学作品集中的保存，其中刘禹锡的《竹枝词》《杨柳枝》等诗作，具有更特殊的意义。

史传文献中所保存的民间歌谣和谚语，体现出唐代社会现实生活的丰富多彩，诸如时局的昌盛与动荡，吏治的廉洁与腐败，战争、农耕、农民起义，人民的欢乐、忧愁及其对生活的憧憬与思索。中下层文人的精神生活及妓女、行旅、市井等方面的内容，都在歌谣和谚语中得到表现。

唐代执政者在政治建设上曾经吸取历史上成败的经验教训，注意与民休养生息、发展生产、稳定社会，曾出现贞观之治那样的盛世。一些有作为的官吏，因政绩突出而受到人民的尊重，在民谣中得到反映。如《旧唐书·食货志》载：

> 永徽元年，薛大鼎为沧州刺史，界内有无棣河，隋末填废。大鼎奏开之，引鱼盐于海。百姓歌之曰：
> 新河得通舟楫利，
> 直达沧海鱼盐至。
> 昔日徒行今骋驷，
> 美哉薛公德滂被！

此类歌谣还有《新唐书·崔仁师传》中所记的"杀人刖足，亦皆有礼"，记述崔仁师在审讯犯人时"去囚械，为具食，饮汤沈，以情讯之"，废去了严刑逼供信，"诸囚咸叩头曰：崔公仁恕，必无枉者"。《旧唐书·李岘传》中称李岘"少有吏干，政术知名"，天宝十三年"连雨六十余日"，宰臣杨国忠恨李岘不附庸于他，把这种灾异归于时任京兆府尹的李岘，排挤他出京城。"时京师米麦踊贵"，民间百姓即传唱"欲得米粟贱，无过追李岘"，表示对李岘的敬仰。这说明，人民大众从来不是与政府无条件地对立的，对于为人民做过一点点好事或有所宽容的人，百姓们就感激不尽，赞不绝口。千百年来，千百万生活在社会底层的人民大众，他们所受的压迫何等惨重。历史是无情的，口传的历史更是无情的，不论达官贵人地位多么显赫，在民间文学中都有公断。那些卑鄙无耻者、飞扬跋扈者、颐指气使者、鱼肉人民草菅人命者,无论他们多么狠毒、残忍,都会被牢牢地钉在历史的耻辱柱上,遗臭万年。在史传文献中,我们不但可以看到卑鄙者罪恶的行径,而且可以看到人民对历史的评说。如《旧唐书·江王元祥传》所载,元样是高祖第二十子,曾封江王,后历金、鄘、郑三州刺史,其"性贪鄙,多聚金宝,营求无厌,为人吏所患","时滕王元婴、蒋王恽、虢王凤亦称贪暴,有授得其府官者,以比岭南恶处",所以歌谣中称"宁向儋、崖、振、白,不事江、滕、蒋、虢"。《旧唐书·柳亨传》记述姚元之、宋璟知政事,"奏请停中宗朝斜封官数千员",而太平公主"特为之言","有敕总令复旧职",人称"太平公主令胡僧慧范曲引此辈,将有误于陛下",歌谣就传唱道"姚、宋为相,邪不如正;太平用事,正不如邪"。《旧唐书·杜景俭传》中载天授年间,杜景俭与徐有功、来俊臣、侯思止"专理制狱",人们在歌谣中唱道:"遇徐、杜者必生,遇来、侯者必死"。《旧唐书·武懿宗传》记述河内郡王武懿宗滥杀无辜,"生剐取其胆,后行刑,流血盈前,言笑自若",当时有何阿小在冀州"多屠害士女","时人号懿宗与阿小为两何",于是,歌谣中传唱"唯此两何,杀人最多"。

　　《牛羊日历》中,记述了太牢牛僧孺、少牢杨虞卿等"驱驾轻薄,又恶裴度之功,曾进《曹马传》以谋陷害","虞卿又结李宗闵之门人,尽驱之牛门。此外有不附者,潜被疮痏,遭之者谓之阴毒伤寒",所以歌谣中唱道"太牢笔,少牢口,东西南北何处走",揭露了杨虞卿、牛僧孺这些奸佞祸国殃民的罪恶本质。民间歌谣对这些权奸的诅咒与控诉,与前所举对那些良吏的赞扬,形成鲜明对比。

　　在《朝野佥载》"逸文"(录自《太平广记》)中,记述了唐代社会的腐败。如,唐中书令李敬玄为元帅,讨伐吐蕃时,"闻刘尚书没蕃,着靴不得,狼狈而走",其他将领王杲、曹怀舜"惊退","遗却麦饭,首尾千里,地上尺余",歌谣唱道:"洮河李阿婆,鄯州王伯母。见贼不敢斗,总由曹新妇。"长安人邹骆驼,原是贫民,"尝以小车椎蒸饼卖之",一个偶然的机会得金数斗而成巨富,其子邹昉与驸马萧佺结交成友,民间歌谣对此事唱道:"萧佺驸马子,邹昉骆驼儿。非关道德合,只为钱相知。"吏部侍郎崔湜"赃污狼籍",与同僚狼狈为奸,败坏无度,歌谣称他们"岑羲獠子后,崔湜令公孙,三人相比较,莫贺咄最浑"。最使民间百姓叫苦连天的是沧州刺史姜师度,他"造枪车运粮,开河筑堰,州县鼎沸","于鲁城界内种稻,置屯穗,蟹食尽,又差夫打蟹",民间百姓用歌谣唱道:"鲁城一种稻,一概被水沫。年年索蟹夫,百姓不可活。"其他如《唐国史补》卷下所记"遗补相惜,御史相憎,郎官相轻",对官场中相互倾轧的揭露;《大唐新语》卷十三所记"活剥王昌龄,生吞郭正一",对"枣强尉张怀庆好偷名士文章"的讽刺;《唐摭言》卷一中对"三十老明经,五十少进士"之类"老死于文场"者的嘲讽,以及其卷七中"未见王窦,徒劳漫走"对考试制度的批判等,都从不同角度记录了唐帝国的腐败,可见歌谣与国家民族的命运息息相关。社会的全面腐败带给人民大众的是不尽的痛苦,其结果是李唐王朝的动荡与衰弱,唐之后又出现了五代十国的分裂割据。统治者视这类揭露黑暗政治、反映民生疾苦的民间歌谣为不祥的"诗妖",不敢正视现实,终于被时代的浪潮所吞没。

值得注意的是,在史传文献中还保存有记述农民起义与各种灾异之类的歌谣。这些歌谣被蒙上神秘的面纱,即被赋予了谶纬的意义。如关于黄巢起义,在《旧唐书·黄巢传》中,虽然史传作者也承认当时"仍岁凶荒,人饥为盗",但却以"先有谣言"(即"金色虾蟆争努眼,翻却曹州天下反")来说明此乃天意;当起义失败,黄巢逃入泰山,至狼虎谷为其部将林言所杀时,《新唐书·五行志》以"中和初童谣""黄巢走,泰山东,死在翁家翁"来说明其亦在天意。《新唐书·黄巢传》还记述了"军中歌谣"所谓"逢儒则肉,师必覆",来验证"巢入闽,俘民给称儒者,皆释"。在史传作者看来,黄巢起义是社会的动荡,安禄山谋反也是社会的动荡,甚至唐中宗的安乐公主因其母韦后一并被杀,都是天意所示的灾异。《新唐书·五行志》以"禄山未反时"的童谣"燕燕飞上天,天上女儿铺白毡,毡上有千钱",来解释安禄山建国号为"燕"。安乐公主被杀,《新唐书·五行志》同样用安乐公主"于洛州造安乐寺"时的童谣"可怜安乐寺,了了树头悬",来解释其被杀原因。甚至"永淳元年七月东都大雨,人多殍殕",在《新唐书·五行志》中也是有先兆的,即此前的童谣中所唱"新禾不入箱,新麦不入场,迨及八九月,狗吠空垣墙"。总之,一切动荡的根源都是天意昭示,这些形形色色的"诗妖"决定了社会必然发生动荡而又必然被平息。这些解释都是次要的,重要的是因这类歌谣而构成的一系列神秘的传说,让我们看到唐代民间文学的另一番景观。诸如《古今风谣》中所存的"唐永徽末里谣""唐天宝中玄都观诗妖""梁志公谣谶"和"唐德宗时诗妖"等歌谣,其意义的解释与之相同。其他还有《旧唐书·马周传》中的"贫不学俭,富不学奢"之类的谚语,《旧唐书·郝处俊传》中的"贵如许、郝,富若田、彭",以及《旧唐书·薛仁贵传》中的"将军三箭定天山,战士长歌入汉关"等,这些歌谣和谚语都从不同方面展示出唐代社会民间文学的特色。

文学作品集,诸如《全唐诗》《全唐文》中,因为编者对民间文学存在一定的成见,所收民间作品远不及《朝野佥载》《唐摭言》和《唐国史补》等文献丰富。在《李太白集》《元次山集》《韩昌黎集》《柳柳州集》《刘宾客(禹锡)集》《白香山集》等作品集中,不同程度地保存了一些民间歌谣。如《李太白集》卷二十六《与韩荆州书》中载"白闻天下谈士相聚而言曰:生不愿封万户侯,但愿一识韩荆州",同卷《上安州裴长史书》记宾客为裴长史歌:"宾客何喧喧,日夜裴公门。愿得裴公之一言,不须驱马埒华轩。"(《太平广记》卷二〇四存袁郊《甘泽谣》之"许云封"篇,记李白曾以歌谣制谜,言"树下彼何人,不语真吾好;语若及日中,烟霏谢成宝",谜底为"李谟外孙许云封",成为传说中的佳话。)《元次山集》中,元结虽然有"直率近拙,古朴嫌枯,奇字涩句偏多"的现象,但他同情民生疾苦,曾"为民营舍给田,免徭役,流亡归者万余","身谕蛮豪,绥定八州","民乐其教,至立石颂德"(《新唐书·元结传》)。他在诗文中也运用了不少民间歌谣。如其《左黄州表》中所记"我欲逃乡里,我欲去坟墓;左公今既来,谁忍弃之去。吾乡有鬼巫,惑人人不知;天子正尊信,左公能杀之",此《黄州为左振歌》正是对时代的真实记述。《韩昌黎集》中,韩愈曾经为汴州刺史董晋的善政使"三军缘道欢声,庶人壮者呼,老者泣,妇人啼"而赞叹,汴州人怀念董晋,所唱歌谣被录入《董公行状》:"浊流洋洋,有辟其郭。阗道欢呼,公来之初。今公之归,公在丧车。公既来止,东人以完;今公没矣,人谁与安?"柳宗元是一位政治家、思想家出身的文学家,他积极推进改革。因为受到豪强贵族的阻挠,改革失败,他也被"贬邵州刺史""贬永州司马"而"自放山泽间"。在被贬期间,他自然接触到民间文学。其《柳柳州集》中的《道州毁鼻亭神记》《连山郡复乳穴记》所记"州民既谕,相与歌曰""邦人悦是祥也,杂然谣曰",就是在其他文献中少见的民间歌谣,从中可以看到这些歌谣明显具有文人整理的痕迹。如《道州毁鼻亭神记》中的"州民既谕,相与歌曰:我有耇(gǒu)老,公燠其肌。我有病癃,公起其羸。髫童之嚚,公实智之。鳏孤孔艰,公实遂之。孰尊恶德,远矣自古。孰羡淫昏,俾我斯瞀。千岁之冥,公辟其户。我子泊孙,延世有慕"。它失去了民间语言那种鲜活的生动性。白居易和元稹是新乐府运动的文学领袖,他们强调"饥者歌其食,劳者歌其事",其作品"感于哀乐,缘事而发",具有"补察时政""泄导人情"的重要功能。他们自觉地在诗歌中化用民间歌谣,如元稹《田家词》中的"牛吒吒,田确确,旱块敲牛蹄趵趵",《连昌宫词》中的"小年进食曾因入""杨氏诸姨车斗风"等诗句,具有显著的民歌特点。其《元微之集·代谕淮西书》中,更为直接地引入"天不可违""时不可失"两则谚语(其《莺莺传》前已述)。白居易是一位正直的学者型诗人,但他并不追求在诗文中显示才学,而是追求民间歌谣的通俗性和生动传神的典型性。其《长庆集》七十五卷,"诗笔大小凡三千八百四十首",有不少作品具有民间歌谣的语言特点。如其《卖炭翁》《杜陵叟》《西凉伎》《采地黄者》《新丰折臂翁》等诗,有许多语句很明显是采自民间;更不用说其《长恨歌》在采录民间传说入诗的同时又制新词,其中的"在天愿作比翼鸟,在地愿为连理枝"至今还被民歌用来表达真挚爱情。其《赋得古原草送别》中的"离离原上草,一岁一枯荣。野火烧不尽,春风吹又生。远芳侵古道,晴翠接荒城。又送王孙去,萋萋满别情"等名句,则早已融入民间歌谣中被其化用。

　　唐代民间文学的发展,离不开隋代民间文学的准备;唐代民间文学的具体表现——歌谣、传说、故事、俗讲,以及民间戏曲等艺术形式,相互联结在一起,特别是在保存至今的敦煌壁画、唐代文人画等绘画作品中,我们常可见到这种现象。王维的诗歌美学思想,讲究诗中有画、画中有诗,即讲究艺术表现的多层次性;唐代民间文学也正是这样以多种层次表现其所存在的文化生活内容的。唐代民间戏曲也是这样,体现出民间文化的综合性。如唐代参军戏(也称弄参军),得名于优人戏弄历史传说中的贪污罪犯周延。因为周延是后汉石勒的参军,所以这种戏就被称之为弄参军,后人称"参军戏"。也有人说它源于唐玄宗为了嘉奖优人李仙鹤,授其"韶州同正参军",因而人称此类戏为参军戏。参军是不是传说中的周延,这无关紧要,重要的是在参军戏中出现了被嘲弄的参军和嘲弄参军的苍鹘,这就是戏曲艺术向戏剧转化过渡的多重行当角色的证明。范摅的《云溪友议》中也记述了民间戏曲演出的内容,如刘采春"善弄陆参军,歌声彻云",元稹为她作诗相赠,并记述其"言词雅措风流足,举止低回秀媚多;更有恼人肠断处,选词能唱望夫歌"。由此可见,参军戏在民间也有演出,甚至还相当广泛,在演出中有"数僮"作为妻妾,有角色分工,而且表演者不但有歌唱,还有念白。这些内容基本具备了戏剧艺术的结构。同时我们也可以从中看到,唐代参军戏的演出,其中既有雅的成分,如文人所作词曲,又有更多俗的成分,诸如所演唱的滑稽故事可看作笑话。我们甚至能从中看到变文俗讲的内容,看到"水转百戏""檐橦胡伎",以及角牴、"杀马""刹驴""上云乐""代面舞""踏摇娘""刀杖相屈"之类的表演内容,其丰富多彩正体现出民间戏曲的综合性特征。我们也可以想象,那些生动的民间传说和民间故事,自然会成为各种演出的重要题材,唐传奇中的故事也会被摄取作为表现对象。我们更可以想象,宋代戏曲艺术、杂剧艺术等文艺形式的繁荣,应该是与唐代的民间文艺一脉相承的。在这里,我们可以听到许多后世民间文艺的先声。

第六章　清明上河：宋代民间文学的大繁荣

民间文学穿越过大唐的风烟，走进宋代历史文化，呈现出一派繁荣。赵宋王朝整理和吸收唐代文化，重视文治①，尤其是随着城市经济和城市文化的迅速发展，戏曲艺术异军突起，整个宋代的民间文学，在艺术形式上几乎具备了所有的类型。宋王朝时代（包括西夏、辽、金等不同民族政权的历史阶段在内）民间文学的发展，犹如一幅《清明上河图》，融汇了我们中华民族在这个特殊时代的各种各样的生活。

与唐代社会不同的是，宋王朝的疆域相对狭小，它失去了大唐帝国那样宽阔的胸襟和视野，在它的周围，西有吐蕃，南有交阯，东有高丽，北方则有其政治和军事上的劲敌西夏王朝和辽王朝，以及后来崛起的金。赵宋王朝的统治者曾统一中原以及南部和北部的割据政权，但它的重文抑武的政策，严重限制了它自身的发展，以至于后来出现徽钦二帝被掳，政治和文化重心全面移向东南这样惨痛的局面。宋王朝曾有过熙宁年间的改革，出现了像王安石那样伟大的改革家，甚至在偏居东南时还曾一度中兴，但它到底还是灭亡了。它的灭亡是否因为它对腐败的治理全面无效，个中原因应该引起我们深思。宋代的法制和吏选制度是相当完备的。在科学技术和文化建设上，也取得了令世界瞩目的成就。印刷术的发达，民间书院的繁盛，都促进了科学文化的发展。如沈括的《梦溪笔谈》、秦九韶的《数学九章》、李诫的《营造方式》、苏颂的《新仪象法要》、宋慈的《洗冤录》，以及傅肱的《蟹谱》、韩彦直的《橘录》、吕大临的《考古图》等，都代表着当时世界科学技术的最高成就；更不用说《文苑英华》《太平御览》《太平广记》《册府元龟》《太平寰宇记》《乐府诗集》《夷坚志》《资治通鉴》《通志》等文史典册，洋洋数万卷，举世无双。宋代文学大家辈出，如群星闪烁。但是，制度也好，文化也好，都挡不住金兵的铁蹄。作为中国古典文化集大成时代的宋王朝，其灭亡是必然的——造成其灭亡的正是宋王朝自身，是其自身思想、文化和体制上的严重缺陷。单纯地发展文化，企图以文化治国、强国，犹如在沙滩上建造大厦，其薄弱的根基无论如

---

① 《宋史·文苑传》中有"艺祖革命，首用文吏，而夺武臣之权。宋之尚文.端本乎此"的记述，《宋稗类钞》卷一称，传说宋太祖曾立戒碑，宣称"不得杀士大夫及上书言事人"，"子孙有渝此誓者，天必石丞之"。

何是经不起八方汇聚的狂飙的。历史不容许假设,宋代民间文学用最真实而形象的话语,向我们讲述着这个充满耻辱的年代。这个时代的长卷,在审美表现上有着数不清的巧夺天工之举,徽宗等人喜的是天上人间的《大晟乐》,爱的是缘自笔端的花鸟,心里唯独没有千百万劳苦大众。与大唐帝国的豪迈恢宏气象相比,我们深深地感到怆然。应该说,大宋王朝的统治者们错过了让中华民族最早步入现代化的大好时机,令我们惋惜不已。从这种意义上讲,民间文学是这个时代最忠实的记录,一面是风花雪月,一面是"啼天哭地"。民间口述的真实性,是一般史传典籍所不及的。

宋代民间文学有着自己的特色。赵宋王朝统一中国,对民族的发展做出了卓越贡献,他们进一步加强中央集权,中国封建专制文化于此时已经走过了最辉煌的历程,出现了衰败。这是宋王朝的统治者无力回天的大趋势,但他们对历史采取了错误的态度,其责任是无可推脱的。他们面对的现实是内忧外患,外患在于北方少数民族屡次骚扰入侵,内忧在于不断发生农民起义,尤其是封建文化自身出现了许多矛盾。《宋史》等史籍一个尤为突出的现象,是宋代皇帝命运大多不佳,或者无子,或者短寿,几乎没有一个是寿终正寝的。这究竟是什么原因呢?像宋神宗,可谓是个颇有作为的政治家,他坚定不移地支持王安石改革,元丰年间积累的财帛在徽宗初还没用完,但他38岁便撒手而去;宋哲宗继承了他的皇位,结果是高太后垂帘听政,司马光等守旧势力卷土重来,"尽废新法",使改革的成果损失殆尽;正当高太后死去,宋哲宗欲大展宏图时,这位少年天子也是筋疲力竭,早早地离开了人间。整个宋王朝的历史,总是不能令人扬眉吐气,尽管这个时代的文化成就远远超过了唐代,宋王朝的统治者们太重视文化的发展和控制,过于讲究纯正的文化;他们一次次拒绝了少数民族王朝的求亲,失去了靠联结姻亲使天下安定的重要机会;他们吸取唐代节度使割据称雄的教训,却一次次让那些无德无才的宦官充当战争的决策者,使渴望报国的将领们束手无策;经学笺注趋于没落,佛与道竞相崛起,宋王朝的统治者极力倡导"理",希望诸种民间文化和宗教信仰能够兼收并蓄,营造出一个以儒学的"三纲五常"理论为核心的精神体系,并到处封神,甚至出现宋徽宗自称道君的荒唐局面。尽管理学的完善是在宋末才出现的,但弥漫在宋王朝精神世界的就是这种儒学、神学相统一的腐朽没落的文化,靠这种装神弄鬼自欺欺人的伎俩,怎能实现中华民族文化的真正复兴!与此相异的是金的崛起,让我们看到年青的政治力量的盎然生机。宋王朝的悲剧关键在于它的改革不彻底、不全面。范仲淹、王安石等政治家都倡导改革,但每一次改革都触动了强大的守旧势力的利益,阻力重重,只取得了政治改革和经济改革的短暂胜利,文化和思想的改革几乎谈不上有什么进展。中国传统的专制文化走到了末路,所以这个王朝在异族入侵面前就显得格外脆弱。在宋代民间歌谣中,广大百姓对腐败、黑暗的社会现实的批判,成为一个重要主题,这说明主流文化再也不能承担起复兴中华民族的历史重任了。当然,有一些歌谣存在着误识,表现了社会文化氛围中所充斥的愚昧、短视等现象。改革的彻底性、全面性、长久性关乎国家和民族的命运,这种道理在宋代民间文学中反复咏唱,我们应给予它应有的重视和思考。民间文学是特定历史阶段的某种文化生活的集中反映,宋代民间文学中对改革的迫切呼唤告诉我们,只有改革,才有出路。宋王朝的统治者们更多的是不敢正视现实,他们回避矛盾,甚至沉溺于声色犬马,其命运也就可想而知了。

宋代民间文学对唐代有许多继承和发展,而且这种继承不局限于唐代,对唐之前的时代,宋代民间文学也有所继承。如宋人较早提出了"笔记"这一概念(宋祁《笔记》),在《四库全书总目》中,收宋人笔记113种,其中子部小说家类43种,子部杂家类56种,史部类14种。在所谓"杂家"笔记中包含着一些唐及魏晋时代的传说,"史部"笔记中包含得更多。在《太平广记》中这种现象更加明显,几乎保存了唐及唐之前重要民间故事的所有内容。这固然与宋皇室编修《太平广记》的目的有关,而更重要的是宋代的文化风尚形成了这种保存状况。宋代的民间传说和民间故事,其原型、母题有许多都能够在唐代之前的民间文学中找到。最为典型的是民间歌谣和变文,诸如竹枝词在宋代继续存在,并成为文学创作中常见的形式,许多民间词曲在宋代进一步完善,出现了宋词的繁荣;变文在宋代初叶真宗时代被禁止,但它却转变成了其他形式,弥漫在其他民间文艺之中。宋代的民间戏曲更离不开对唐代民间戏曲的继承。如《宋史·乐志》所载:"凡祭祀、大朝会,则用太常雅乐,岁时宴享,则用教坊诸部乐。前代有宴乐、清乐、散乐,本隶太常,后稍归教坊,有立、坐二部。宋初循旧制置教坊,凡四部。其后平荆南,得乐工三十二人;平西川,得一百三十九人;平江南,得十六人;平太原,得十九人;余藩臣所贡者八十三人;又太宗藩邸有七十一人。由是四方执艺之精者皆在籍中。"在太平兴国三年,"诏籍军中之善乐者,命曰引龙置",至淳化四年又改名为"钧容直",大中祥符五年,"增龟兹部如教坊"。由此可见,宋代宫廷和军队中的音乐机构,对唐代教坊有直接的继承,那么,民间文学也应当如此。教坊是唐代音乐艺术的重要教育和演出场所,崔令钦在《教坊记》中曾记述"阿叔子""谈容娘"等女优、调弄之类的内容;南宋绍兴三十一年教坊被遣散罢去,宴享中的演唱由勾栏乐工、百戏杂剧艺人来充当,教坊始让位于新兴的民间文艺。教坊演出对宋代杂剧的形成和发展有着十分重要的意义;同时我们也可以看到,宋代民间文学,尤其是戏曲艺术,存在着官民共享的现象。《东京梦华录》载,许多民间歌舞杂技的演出活动,都是由皇家与民间百姓共同完成的。当然,宋代民间文学的时代特色也是非常明显的,诸如说唱、诸宫调、杂剧、大曲、歌舞等民间艺术,尤其是"或云宣和间已滥觞,其盛则自南渡"的"永嘉杂剧"(徐渭《南词叙录》)即南戏,都有鲜明的个性。同时代的少数民族文学,诸如维吾尔族的《突厥语大词典》和《福乐智慧》,其中保存着丰富的民间文学作品;《蒙古秘史》记述了大量蒙古族历史传说,书末记有"大聚会,鼠儿年七月,写毕于客鲁连河的阔迭额阿刺勒地面的朵罗安孛勒答合和失勒斤扯克之间的行宫"①,由此可知,虽然这部巨著的汉文音译本在明代才出现,但其成书于1240年间,相当于南宋第一部法医著作《洗冤录》问世前后,在《数学九章》问世之前。宋代民间文学是我国民间文学史上具有重要意义的一部分,它记录了宋王朝319年间的风风雨雨及其所形成的繁荣景象,令我们深思。

一 宋代民间歌谣和谚语

宋代民间歌谣主要保存在《宋史》《宋季三朝政要》《宣和遗事》《宋名臣言行录》《东都史略》等史籍和一些笔记之中,其中时政歌谣占据了相当大的比重。

时政歌谣最鲜明的主题集中在两个方面,一是对丑恶现象的辛辣讽刺与深刻批判,一是对正义力量的维护和赞颂。

对邪恶现象的指斥表现出民间百姓清醒的认识,包含着他们对黑暗势力的憎恨、轻蔑。如《宋史·李稷传》中记李稷"擢盐铁判官,遂为陕西转运使,制置解盐。秦民作舍道旁者,创使纳侵街钱,一路扰怨,与李察皆以苛暴著称,时人语曰:宁逢黑杀,莫逢稷察"。《宋史·崔鶠传》中载,"徽宗初立,以日食求言,鶠上书曰:'今宰相章惇狙诈凶险,天下士大夫呼曰惇贼。贵极宰相,人所具瞻,以名呼之,又指为贼,岂非以其孤负主恩,玩窃国柄,忠臣痛愤,义士不服,故贼而名之,指其实而号之以贼邪!京师语曰:大惇,小惇,殃及子孙,谓惇与御史中丞安惇也。'"(《东都事略·崔鶠传》亦载此)《宋史·苏绅传》载,"绅与梁适同在两禁,人以为险诐。故语曰:草头木脚,陷人倒卓"。《宋史·秦桧传》记述秦桧阴险残忍,报复忠正之臣,贬至"地恶瘴深"的安远县,谚语称"龙南安远,一去不转",言被贬者必死。无名氏《宋季三朝政要》卷一载:"理宗绍定三年,上饮宴过度,史弥远卧病中书,时人讥之曰:阴阳眠燮理,天地醉经纶。"《舆地纪胜》卷三十二"江南西路"载,"宣和末,金敌入寇",赣州李大有"守虔州",他进行"召募,不旬日得五千人,鼓行而前",于是"淮甸歌曰":"天下奸臣皆守室,虔州太守独勤王。"卖官鬻爵,横征暴敛,是社会黑暗的集中表现。朱弁《曲洧旧闻》卷十载:"王将明当国时,公然受贿赂,卖官鬻爵,至有定价。故当时为之语曰:三千索,直秘阁;五百贯,擢通判。"陆游《老学庵笔记》卷一载:"方腊破钱塘时,朔日,太守客次有服金带者数十人,皆朱勔家奴也。"朱勔是著名奸臣,败坏朝政。所以"时谚"曰:"金腰带,银腰带,赵家世界朱家坏。"陆游《老学庵笔记》卷二载:"崇宁间,初兴学校,州郡建学聚学粮,日不暇给。士人入辟雍皆给券,一日不可缓,缓则谓之害学政,议罚不少贷。已而

---

① 谢再善译本:《蒙古秘史》,中华书局,1956年版。

置居养院、安济坊、漏泽园,所费尤大,朝廷课以为殿最,往往竭州郡之力,仅得枝梧。谚曰:不养健儿,却养乞儿;不管活人,只管死尸。"《老学庵笔记》卷六载:"及大驾幸临安,丧乱之后,士大夫亡失告身批书者多。又军赏百倍平时,贿赂公行,冒滥相乘,饷军日滋,赋敛愈繁,而刑狱亦众,故吏、户、刑三曹吏胥,人人富饶,他曹寂寞弥甚,吏辈为之语曰:吏勋封考,三婆两嫂;户度金仓,细酒肥羊;礼祠主膳,淡吃齑面;兵职驾库,咬姜呷醋;刑都比门,人肉馄饨;工屯虞水,生身饿鬼。"庄绰《鸡肋编》中"建炎后俚语,有见当时之事者"载有"仕途捷径无过贼,上将奇谋是受招""欲得官,杀人放火受招安;欲得富,赶着行在发酒醋"(《张氏可书》卷一载:绍兴间,盗贼充斥,凡招致必以厚爵;又行朝士子多鬻酒醋为生)等歌谣。社会黑暗腐朽之至,宋代出现的这种状况,在历史上是不多见的,故《四朝闻见录》"戊集"所载歌谣大声疾呼:"满潮(朝)都是贼!"

民间时政歌谣对社会黑暗力量的仇恨,常常集中在对一些祸国殃民的奸佞的诅咒上,以此表达胸中的愤懑。如曾敏行《独醒杂志》卷九载:

何执中居相位时,京师童谣曰:
杀了穜(童)蒿割了蔡,
吃了羔(高)儿荷(何)叶在。
说者谓指童贯、蔡京、高俅三人及执中也。

周辉《清波别志》卷上载有同样内容:"蔡京、童贯,朋奸误国,时有谣语:打破筒,泼了菜,便是人间好世界。"《续通鉴纲目》卷十三中记述了"大蔡、小蔡,破坏天下;大惇、小惇,殃及子孙",对蔡京、蔡卞、章惇、安惇等"误国欺君"之流进行了无情鞭挞(《夷坚志》《宋史》亦载此歌谣)。《宣和遗事》记述的歌谣中对这些奸臣的诅咒更加严厉:

(徽宗)建中靖国元年,……用丞相章惇言,举蔡京为翰林学士。满朝上下皆喜谀佞,阿附权势,无人敢言其非。……
殿中侍御史龚夬亦上表奏言:"臣伏闻蔡卞落职,太平州居住,天下之士共仰圣断。然臣切见京、卞表里相济,天下知其恶,民谣有云:
二蔡一惇,
必定沙门,
藉没家财,
禁锢子孙。
又童谣云:
大惇小惇

入地无门。
大蔡小蔡
还他命债。

百姓受苦,出这般怨言,但朝廷不知之耳。蔡京、蔡卞为人反复变诈,欺陷忠良,天下不安,皆由京、卞二人簸弄。"

是时,章惇罢相,……贬雷州居住。

蔡京成为宋代民间文学中一个狡诈、阴险、残忍、狠毒的典型,一切罪恶都集中在他的身上。民间文学正是通过这个典型来概括全社会的黑暗。姑且不论历史上真正的蔡京是一个什么样的人物,从这里我们可以看到全社会复杂矛盾的交织;在蔡京身上,汇聚着数不尽的仇恨。不独这些史籍,在其他一些笔记诸如蔡京《太清楼侍宴记》、石茂良《避戎夜话》中,也记述了"蔡京居中人不羡,万乘官家渠底串","不管肃王,却管舒王。不管燕山,却管聂山。不管山东,却管陈东。不管东京,却管蔡京。不管河北界,却管秀才解"等歌谣。在这里,我们没有必要为蔡京辩护,证明他在历史上其实是一个很有学识、很有能力的干臣,证明他曾经蒙冤,是民间歌谣对他不公平;我们可以理解的是,民间百姓恨透了黑暗,而蔡京、童贯、朱勔、高俅、何执中、章惇之流,在历史上确曾制造了数不胜数的黑暗,他们是一层遮天蔽日的乌云,所以,他们成为民间文学诅咒的对象是理所当然的。这里面固然有"只反贪官,不反皇帝"的倾向,更重要的是民间文学表达了人民的情感,我们在理解它的真实时不必拘泥于历史,更何况历史在文献中有许多内容并不真实!

《京本通俗小说·冯玉梅团圆》中记述了"风高放火,月黑杀人;无粮同饿,得肉均分"的民间歌谣,还有《宣和遗事》中记述的"来时三十六,去后十八双。若还少一个,定是不还乡",反映了著名的水浒英雄与朝廷官军的殊死斗争,歌颂了人民对黑暗势力的反抗。

民间歌谣对寇准、包拯、范仲淹、岳飞等历史上的英雄,给予了深情的讴歌与赞颂,其中包含着的是民间百姓的向往和呼唤,是他们渴望光明、期待社会安定和国家富强的心声。在这些英雄们身上,会聚着民族的爱戴和希望,他们的无私、刚正、为人民谋福利等光辉品格被尽情地宣扬,在民间文学中被塑造成济世救人、光明磊落的典型。如《宋史·岳飞传》中所记,岳飞"师每休舍,课将士注坡跳壕,皆重铠习之。善以少击众,欲有所举,尽召诸统制与谋,谋定而后战,故有胜无败,猝遇敌不动。故敌为之语曰:撼山易,撼岳家军难"。范仲淹字希文,是一位先天下之忧而忧的志士,"明敏通照,决事如神",王称《东都事略·范仲淹传》中记述"京师谣":"朝廷无忧有范君,京师无事有希文。"其知延州时,"训练齐整","与韩琦俱有威名",军中歌谣曰:"军中有一韩,西贼闻之心骨寒。军中有一范,西贼闻之惊破胆。"寇准是一位受人尊重的宰相,丁谓曾陷害他,《东都事略·寇准传》中载民间歌谣:"欲得天下宁,当拔眼中钉;欲得天下好,莫如召寇老。"《宋名臣言行录》中称他"性忠朴,喜直言,无顾避",载有"寇准上殿,百僚股栗"的歌谣。包拯是民间百姓崇敬的"清官",《宋史·包拯传》载,他"立朝刚毅,贵戚宦官为之敛手,闻者皆惮之。人以包拯笑比河清,童稚妇女亦知其名,呼曰包待制","旧制,凡讼诉不得径造庭下。拯开正门,使得至前陈曲直,吏不敢欺",所以,歌谣中称赞他的威严:"关节不到,有阎罗老包。"其他还有《舆地纪胜》卷九八所载的"君不见恩平陈守贤,优游治郡如烹鲜",这是对"守南恩州"的陈丰"田野无秋毫之扰"的赞颂;其卷一八七所载"日出而耕,日入而归。吏不到门,夜不掩扉。有孩有童,愿以名垂。何以字之?薛孙薛儿",是对巴州刺史薛逢的赞颂;其卷一八一中载"我有父母,前吕后王。抚爱我民,千里安康"的歌谣,是对蓬州官吏吕锡山、王大辩"相继为守"政绩的赞颂。范公偁《过庭录》中记述范纯仁"门下多食客",他"以己俸作布衾数十幅待寒士",民间歌谣称"孟尝有三千珠履客,范公有三千布被客"。这虽然有讥讽之意,但我们也可以从另一方面看到范纯仁之"仁"。这些歌谣表明,正是因为范仲淹、包拯、寇准、岳飞等贤臣名将的尽职尽责,才缓和了社会矛盾,他们才是真正的国家栋梁,体现出民族的浩然正气。正因为如此,宋王朝才持续了三百多年而没有很快灭亡。

但是,民间文学有时也会出现为传统的主流话语所支配的现象,宋代时政歌谣中对于王安石变法的态度,就表现出宋代民间文学的严重缺憾。王安石变法是宋代社会发展中具有重要意义的大事。王安石是一位伟大的改革家,他有着远大的政治抱负,希望以改革实现富国强兵的宏伟理想。但是,他面对的不仅是诸如富弼、司马光、文彦博这些德高望重的老一代具有保守意识的政治家,更是千百年来积累而成的传统力量,同时还有吕惠卿之流的险恶之徒,特别是皇室曹太后、高太后等人和为富不仁的巨商大贾这些传统政治中既得利益者,所以,他面临着儿子王雱的早逝、吕惠卿的背叛,终于失败了。王安石无私无畏地推行变法,他应该被视作中华民族历史上的英雄,却没有得到应有的尊重。北宋末年的邵伯温之流卑鄙文人,用无耻谰言攻击、中伤王安石,这对宋代民间文学中王安石形象被扭曲有着直接影响。元代学者就有人想把他归入奸臣之列,但是找不出他利己的一丝蛛迹,连他的敌人也不得不承认他的无私。他没有家产,没有墓碑,只有一腔热血,但至今还有一些心胸狭隘的学者对他不理解,甚至无视其贡献,横加非议。在宋代历史文献中,就有不少人把社会的混乱、丑恶,归之于他的改革。

宋代的民间谚语大多保存在笔记中,诸如《农书》《孔氏谈苑》《后山谈丛》《鸡肋编》《老学庵笔记》《鹤林玉露》等都有记载。如陈旉《农书》所记"凡从事于务者,皆当量力而为之,不可苟且贪多务得,以致终无成遂也",引谚语"少则得,多则惑""多虚不如少实,广种不如狭收";在论及"耕耨之先后迟速,各有宜"时,引谚语"春浊不如冬清";在论及"民居去田近,则色色利便,易以集事"时,引谚语"近家无瘦地,遥田不富人"等。孔平仲的《孔氏谈苑》中详细论述了南方农谚,如"正旦晴,万物皆不成",作者还以"元丰四年正旦,九江郡天无片云,风日明快,是年果旱"来验证。其他还有"芒种雨,百姓苦""一日雨,百泉枯。二日雨,傍山居。三日雨,骑木驴。四日雨,余有余""春雨甲子,赤地千里""夏雨甲子,乘船入市""云向南,雨罩罩;云向北,老鹳寻河哭;云向西,雨没犁;云向东,尘埃没老翁""上元一夕晴,麻小熟;两夕晴,麻中熟;三夕晴,麻大熟""朝霞不出门,暮霞行千里""月如悬弓,少雨多风;月如仰瓦,不求自下"等。陈师道的《后山谈丛》中,记述了浙西谚语"夏旱修仓,秋旱离乡"和颍谚"黄鹤口噤,荞麦斗金",以及"杏熟当年麦,枣熟当年禾""行得春风有夏雨""田怕秋旱,人怕老贫"等。陆游在《老学庵笔记》中记述了"淮南谚"即"鸡寒上树,鸭寒下水"和"鸡寒上距,鸭寒下嘴",还记述了"《文选》烂,秀才半"和"苏文熟,吃羊肉;苏文生,吃菜羹"等文坛谚语。"苏文"此指苏氏(轼)文章,"吃羊肉"即步入上流社会,"吃菜羹"即仍处于社会下层。"《文选》烂",是指"国初尚《文选》,当时文人专意此书"。庄绰即庄季裕在他的《鸡肋编》中,记述了"苏杭两浙,春寒秋热""地无三尺土,人无十日饮""麦过口,不入口""甘刀刃之蜜,望截舌之患""病从口入,祸从口出""巧媳妇做不得无面怀饦""远水不救近渴""瓦罐终须井上破""人作千年调,鬼见拍手笑""将勤补拙"等谚语。罗大经的《鹤林玉露》中,记述了"吃拳何似打拳时""但存方寸地,留与子孙耕""成人不自在,自在不成人"等生活谚语。

  记述宋代民间歌谣、谚语的典籍,还有陈元靓的《岁时广记》、高承的《事物纪原》、无名氏的《分门古今类事》①、周密的《乾淳岁时记》和《武林旧事》、吴自牧的《梦粱录》、孟元老的《东京梦华录》、耐得翁的《都城纪胜》、西湖老人的《繁胜录》、范成大的《桂海虞衡志》、朱辅的《蛮溪丛笑》等。在元代陶宗仪的《说郛》中,存有叶隆礼撰写的《辽志》、宇文懋撰写的《金国志》等,记述了辽和金的民俗生活与民间作品,诸如歌谣、谚语等。更值得一提的是郭茂倩的《乐府诗集》,这部典籍在某种程度上可以看作是宋人所编的歌谣谚语集成;特别是其分类方法,应看作最早的歌谣分类法。郭茂倩呕心沥血,采录唐代及唐代之前各个时期的民间歌谣,为我们研究民间歌谣的发展提供了大量珍贵的资料。尤其应该提到的是范成大所撰的《桂海虞衡志》和朱辅所撰的《蛮溪丛笑》,这是两部少数民族风俗志。《桂海虞衡志》记述了瑶族和黎族等民族的民俗文化生活,《蛮溪丛笑》记述了瑶族和仡佬族等民族的民俗文化生活,二者都保存了宋代少数民族中的民间歌谣谚语。在我国南方,大理国的存在时代与宋王朝相当。《续

---

① 此书 20 卷,《四库全书总目》中提到其"大旨在征引故事,以明事有定数,无容妄觊","盖亦《前定录》《乐善录》之类","且其书成于南渡之初,中间所引如《成都广记》《该闻录》《广德神异录》《唐宋遗史》《宾仙传》《蜀异记》《晋绅脞说》《灵验记》《灵应集》诸书,皆后世所不传,亦可以资博识之助也"。

资治通鉴长编》中引有杨佐《云南买马记》,记述宋曾封大理首领为"云南八国都王"。大理国时代上承南诏时代,产生了许多本土故事和相关的民间歌谣,白族与汉族之间的文化交流频繁,"像孟姜女哭夫、姜太公钓鱼、诸葛亮、梁山伯与祝英台等古老的汉族民间传说故事,就不可能不传入白族人民聚居的地区。这些作品一经传入,白族人民就欣赏它,接受了它,并在口头流传的过程中,根据自己的生活理想,不断地加工和丰富,并把它们创作成诗(歌谣),使它们具有独特的民族风格及浓厚的地方色彩,使它们成为白族文学的一个组成部分"①。立于宋代的碑《兴宝寺德化铭》《嵇肃灵峰明帝记》和《渊公塔之碑铭》等,可作此佐证。宋代少数民族民间文学异常繁荣,如这一时期所流传的彝族仪式歌谣《指路经》《送魂曲》《六祖分支》等毕摩经典,以及纳西族《东巴经》(以《创世纪》《黑白战争》《鲁搬鲁挠》为典型)等,如串串珍珠,闪烁着异彩。

在《辽史》和《金史》中,保存了与宋帝国同时代的一些民间歌谣和谚语,反映出辽和金的社会发展变化,这也是我们应该重视的。如《辽史·杨佶传》中记述"重熙十五年,(杨佶)出为武定军节度使。境内方旱,苗稼将槁。视事之夕,雨泽沾足",百姓用歌谣为之唱道:

何以苏我?
上天降雨。
谁其抚我?
杨公为主。

《辽史·皇子表》中记述"太祖淳钦皇后生三子","倍第一,太宗第二,李胡第三"。李胡立为皇太弟,兼天下兵马大元帅;世宗"即位于镇阳",太后怒,"遣李胡将兵出击",引起朝中争议;太后在论述"我与太祖爱汝(指李胡)异于诸子"的道理时,引用谚语"偏怜之子不保业,难得之妇不主家"。《辽史·萧岩寿传》引用谚语"以狼牧羊,何能久长",来说明"岩寿虽窜逐,恒以社稷为忧"的道理。在《金史》中,"五行志"集中引用了"易水流,汴水流,百年易过又休休。两家都好住,前后总成留""团圞冬,劈半年。寒食节,没人烟""青山转,转山青。耽误尽,少年人"等"童谣",以此作为时谶。《金史》诸"传"中也引用了许多歌谣和谚语,借以表现人物性格。如《杨伯雄传》记述"先是张浩治平阳有惠政,及伯雄为尹",受到百姓称赞,所以有歌谣"前有张,后有杨"作为赞语。在"赵秉文传"中,记述"有司论秉文上书狂妄,法当追解,上不欲以言罪人,遂特免焉",当时歌谣中描述道:"古有朱云,今有秉文;朱云攀槛,秉文攀人。"因此,"士大

---

① 张文勋主编:《白族文学史》(修订版),云南人民出版社,1983年版,第151页。著名的民歌如《读书歌》等,显然都是白族情调。

夫莫不耻之"。在"撒合辇传"中,引谚语"水深见长人";在"王竞传"中,引谚语"西山至河岸,县官两人半";在"佞幸胥持国传"中,引谚语"经童作相,监婢为妃"等。这些谚语从不同方面表现出金代社会的各种历史状况。有一些歌谣的流传,还伴随着一定的传说,如《辽史·太祖淳钦皇后述律氏传》中,称皇后"简重果断,有雄略",以童谣"青牛妪,曾避路",来作为"有女子乘青牛车,仓猝避路,忽不见"所显示立皇后的谶言。这种现象在历史文献中是相当普遍的。

二 《突厥语大词典》与《福乐智慧》

公元11世纪,在维吾尔族中出现了两部巨著,一部是马赫穆德·喀什噶里的《突厥语大词典》,一部是玉素甫·哈斯·哈吉甫的《福乐智慧》。这两部巨著都保存了丰富的民间文学。因为这两部巨著所完成的时间相当于宋代的北宋阶段,在此,我们也把它列入宋代民间文学史。维吾尔族人民对于中国民间文学的发展和繁荣,同样做出了贡献。《突厥语大词典》和《福乐智慧》,就是这种贡献的典型体现,我们从中可以看到维吾尔民间文学的特色。

《突厥语大词典》是一部用阿拉伯语诠释突厥语词的词书,完成于1072年至1074年间。它最早以手抄的形式流传,包括《序论》《正文》两部分。在《正文》部分援引大量的民间传说、故事、歌谣、谚语、谜语,借以说明一些词语的含义,从而保存了丰富的民间文学。这部著作的作者马赫穆德·喀什噶里,全名为马赫穆德·本·阿勒·胡赛音·本·穆哈默德,其出生地在今新疆喀什噶尔疏附县乌帕勒,其父曾是黑汗王朝的贵族。马赫穆德·喀什噶里因为宫廷政变逃亡至中亚一带,考察了中亚地区突厥部落民间文化等内容,为编写这部著作打下了基础。突厥是我国古代西北地区的重要民族,《周书·突厥传》中曾详细记述了关于这个民族起源的神话传说,提到一个10岁少年被侵灭阿史那部落的敌兵"刖其足,弃草泽中,有牝狼以肉饲之","及长,与狼合,遂有孕焉","遂生十男","子孙蕃育,渐至数百家";它还提到"阿谤步兄弟十七人","其一曰伊质泥师都,狼所生也","泥师都既别感异气,能征召风雨,取二妻,云是夏神冬神之女也","一孕而生四男",其大儿被供奉为主,"号为突厥,即讷都六设也"。讷都六死后,其子阿史那与众兄弟"相率于大树下共为约曰:向树跳跃,能最高者,即推立之",因其"年幼而跳最高",被奉为主,"号阿贤设"。据传,"讷都六有十妻,所生子皆以母族为姓。阿史那是其小妻之子也"。这些传说表明了突厥民族祖先神话生成的社会背景。《突厥语大词典》记述了大量的突厥神话传说,还记述了丰富的天文、地理、历史等知识,以及宗教、哲学、艺术等内容,具有百科全书的意义,堪称古代突厥族人民的文化宝库。其中的民间歌谣异常优美,内容包括对自然风光的赞颂、对节日习俗和狩猎生活的详细描述等,表现出古代突厥族人民的情怀。诸如在表现节日习俗的歌谣中,记述了"让小伙子们摇下树上的果子,让他们猎取野马黄羊,让我们欢度节日",以及"壶头如鹅颈,斟满的酒杯如眼睛""吆喝着各饮三十大杯""如狮子一样吼叫"等生活场景;在表现狩猎生活的歌谣中,记述了"架上猎鹰,跨上骏马追赶羱羊,鹰捕黄羊,放出猎犬抓狐狸""用石头打狐狸和野猪"等内容。这些记述具有很高的史志价值,是我们研究突厥民族生活史的珍贵资料。特别是歌谣中对自然风光的描绘,表现出非凡的情致,体现出古突厥人民的审美方式和他们对大自然的热爱:

百花盛开,
像织锦的地毯铺开;
像天堂的住所,
今后将不再有严寒。

万花簇拥,
结满花蕾;
含苞欲放,
竞相吐蕊。

亦的勒河水奔流,
击打着崖壁,
有许多鱼儿和青蛙
河水溢出了岸。

野马奔驰,
野山羊和麑子成群
它们奔向夏季牧场
列队成行。

鸟和野畜都苏醒,
雌雄群集,
它们结群散开,

它们不再回到窠中。①

在今天的维吾尔族等少数民族的民间歌曲中,我们可以看到相似的内容,由此可见维吾尔族人民悠久的文化传统。

《福乐智慧》是玉素甫·哈斯·哈吉甫用回鹘语(哈卡尼亚语)写成的诗集,它成功地运用了阿拉伯文学中"阿鲁孜"格律"马斯纳维""木塔卡里甫"等歌体,其前十一章为颂词,第十二章之后有生动的故事,讲述了国王、大臣、大臣之子及修道士觉醒四人之间的对话。诗中既有优美的故事,又有生动的歌谣和谚语。这部长诗的写作用了18个月,于1069年完成②,其作者玉素甫·哈斯·哈吉甫出身于虎思斡耳朵名门,生平未见于史籍。这部长诗完成于喀什噶尔,喀什噶尔是喀拉汗王朝的中心,其文化联结着祖国中原文化和阿拉伯文明,在这一时期出现了高度繁荣。玉素甫·哈斯·哈吉甫就是这一时期文化繁荣中涌现出来的杰出诗人。

《福乐智慧》讲述了一个大故事,即国王日出很想有所作为,求贤若渴,遇到贤士月圆自荐;月圆任大臣,兢兢业业,颇有政绩;月圆辞世时,向国王托付幼子贤明,贤明有一位宗亲觉醒,国王想让贤明和觉醒一起辅助他,但觉醒潜心修行,贤明也生出遁世的念头;后来觉醒死去,国王日出和贤明都很敬佩觉醒的人格,二人团结一致,共同治理国家。在这个大故事中,又包含着诸多小故事,如第五章《论七曜和黄道十二宫》中所讲的真主"按照自己的意愿创造了乾坤,让太阳和月亮照亮了宇宙","创造了冥冥蓝天和灿烂星斗,创造了沉沉黑夜和光辉的白昼",土星、木星、火星、太阳、金星、水星、月亮、以及黄道十二宫,它们分属春夏秋冬,众星辰被"万能的真主"安排得"井然有序,各按正道行走";在第九章《对善行的赞颂并略论它的益处》中,记述了"试问狂悖的查哈克何以受人咒骂,幸福的法里东何以受人赞誉","让我们看看突厥人的伯克,人世的君王中,数他们优异。突厥诸王中唯他最为著名,他是幸福的同俄·阿里普·艾尔";在第二十六章《贤明供职于日出宫廷》中,记述了"请听三帐伯克怎么教导,他说话在理,智慧甚高","样磨伯克说得真好,他足智多谋,办事周全";在第二十八章《贤明论国君应具备的条件》中,记述了"请听乌德犍伯克之言,他的言语符合于理性";在第二十九章《贤明论大臣应具备的条件》中,记述了"真主在创造宇宙之前,即已创造了记载善恶的木板";在第四十七章《贤明对觉醒论如何为国君供职》中,记

---

① 《突厥语大词典》所存抄本,以今存于土耳其的1266年抄本为最早,1917年之后由土耳其刊印,后有苏联出版的乌孜别克语译本和我国的维吾尔语译本。此歌谣转自马学良等主编《中国少数民族文学史》。

② 《福乐智慧》,郝关中等译,民族出版社,1986年版。此书原意为"赋予幸福的知识",冯家升、耿世民等人译作此名。

述了"阔克·阿尤克、亦难赤、恰格里、特勤、乔黎、叶护、尤格鲁西、艾尔·乌基"的故事;在第五十八章《论如何对待商人》中,记述了"倘若契丹商队的路上绝了尘埃,无数的绫罗绸缎又从何而来";在第六十四章《论如何管理手下的仆役》中,记述了"莫要和洪水与伯克为邻";在第六十七章《觉醒对贤明论遁世和知足》与《附篇之一》即《哀叹青春的消逝和老年的到来》中,尤为集中地记述了当时流传的传说故事。如前者记述:

> 那位索福求乐于今生的人啊,
> 为自己构筑的铁堡和宫殿何在?

> 那位骑跨黑鹰之背飞升苍穹,
> 追求今世之乐的狂犬何在?

> 那位以真神自居的狂悖之徒,
> 终被真主击沉海底的恶魔何在?

> 那位聚敛了现世的财富,
> 与财富一起被大地吞没的妄人何在?

> 那位从东方到西方杀伐,
> 占有千邦万郡的世界之主何在?

> 那位抛杖至地变为巨蟒,
> 海水为之分路的伟人何在?

> 那位主宰禽兽、人类和万物精灵
> 伟大而公正的圣贤何在?

> 那位身具起死回生之力,
> 而自己却为死亡所掳的圣人何在?

> 那位堪称人类精英,
> 失去他世界便荒芜缺损的先知何在?

所有这一切都归于"冥冥的死神带走了这一切一切",借此告诫人们"切莫因尊贵而忘乎所以",欢乐、幸福与灾祸、痛苦是紧密联系在一起的。这里第一段诗句中所记述的是关于阿代之子谢达德的英雄传说,相传他们建造了人间天堂"伊兰牟";谢达德反抗真主,企图进入天国乐园,被死神攫走了生命。第二段诗句所记述的是亚伯拉罕时代昏王乃木鲁德的传说,他曾乘黑鹰上天,被蚊蝇毁掉。第三段诗句所记述的是摩西时代的埃及法老,他骄横跋扈,不可一世,被真主投入大海。第四段诗句所记述的是富豪可拉,他为富不仁,欺压族人,在地陷中身亡。第五段诗句所记述的是亚历山大·马其顿,他征服世界,有"双角王"之称,是强大帝王的典型。第六段诗句所记述的是摩西,传说他感化法老,使手中的木杖化成巨大的蟒蛇;他还使用木杖将海水分开,带领众人逃脱法老的捕杀。第七段诗句所记述的是所罗门先知的传说。在传说中,所罗门主宰世间人、兽、鸟、虫和各种精灵,处理事情非常公正。第八段诗句所记述的是先知耶稣,传说他可以起死回生,但他自己却被死亡之神掳走。第九段诗句所记述的是先知穆罕默德,在民间传说中,他是一位圣灵,若失去他,"世界便荒芜缺损"。这些传说中的英雄和先知都是了不起的,但他们谁都无存于世,这就是"今生的法则"。在后者即《附篇之一》"哀叹青春的消逝和老年的到来"中,作者流露出对过失的忏悔,在"即使"句中一次次运用民间传说,来说明"最终的去处仍是一抔黄土,只能将两块白布带入坟茔",诗人慨叹道:"赤条条而来,赤条条而去,我却为何对今世寄予了热情!"在其所举的传说中,有威风无比的凯斯拉和凯撒,有建造了人间仙境的谢达德和阿代,有征服世界的斯堪德尔,有"活到千岁高龄"的人类第二始祖"努哈"(即诺亚),有"挥刀如电"的雄狮阿里,有"世间传遍威名"的英雄鲁斯台模,有能飞上天空的尔撒(耶稣),以及公正的伊朗诺希尔旺大帝、摩西族人豪富葛伦(可拉)、虽铸造铁城也免不了为真主毁灭的古代阿拉伯滥斯人等。这些传说在诗句中具有特殊的意蕴,与唐代诗歌中的神话传说一样,使诗歌因此而获得非凡的魅力。

《福乐智慧》中的传说材料,有许多可以在古代典籍或至今仍流传的故事中找到相应的内容。如第七十一章"觉醒对国王的忠诚"中,有"无论是白鹄、黄鹄、大雁、水鸭,还有大鸨、鹌鹑、天鹅、锦鸡;抑或是天穹中成群翱翔的黑鹰,苍狼啊,它们也都难以逃逸",还有"莫忘却死亡,坟墓是你乡土;莫忘乎所以,珍惜你的声誉。你萌于精液,别以我而自负,你躯体若说我,坟墓便是归宿"。前一句中记述了"苍狼"的传说,在《周书·突厥传》等文献中我们可以看到,在记述突厥族的起源时,有"狼所生也""及长,与狼合,遂有孕焉"等内容,都是狼图腾的体现。后一句中记述了关于"精液"的传说,与维吾尔族祖先起源神话《库马尔斯》有着密切联系。在《库马尔斯》中,记述库马尔斯的精囊中滴下两滴精液,掉在地上,长成植物,植物中生出摩西和摩西娜一对男女;摩西和摩西娜婚媾之后,繁衍人类,于是,库马尔斯被尊为维吾尔族的始祖神①。这些材料绝不是一般意义上的巧合,而是文化传承中民间传说的具体嬗变形态。

民间谚语在《福乐智慧》中随处可见。在某种程度上讲,这部长诗可以称为一部民间谚语集。如第六章《论人类的价值在于知识和智慧》中,有"知识极为高尚,理智极为珍贵","无知识的人,个个都是病人","智慧好比缰绳,谁若抓住了它,心愿都能实现,万事顺遂","人若有了知识,才会显得高贵","办理任何事情,都要依靠智慧;须用知识驾驭时间,莫让它荒废"等内容。许多章节对谚语的运用不但准确,而且非常生动。如第九章"对善行的赞颂并略论它的益处"中,有"青春易逝,生命匆匆流失","无知识的人和盲人没有两样","统治世界,必须多才多能;制服野驴,必须依靠雄狮"等内容;第十二章《故事开始——关于日出王的叙述》中,有"为使卑劣之徒远离你身边,男儿应当宽厚大度,果断谨严。为人需要果敢与宽厚,人的价值由此二者体现","人人都赞美冷静与清醒,多少人由于昏聩而丧生","明君治国,国人由穷变富;绵羊和野狼,一池清水同饮"等内容;第十六章"月圆向国王阐述幸运的实质"中,有"世间三物:流水、舌头和幸运,总是反复无常,流转不停","幸运于人,好比羚羊般无羁;如果它来了,要捆住它的四蹄。你若会驾驭幸运,它不会逃走;它若逃走了,再无得到的时机"等内容。对知识、正义的尊崇,是全书的主调。处理人与人之间的关系,是谚语所表现的重要内容,在《福乐智慧》中,自第四十八章至第六十四章,集中论述了如何与宫廷人员、黎民、圣裔、哲人和学者、医生、巫师、圆梦者、星占士、诗人、农民、商人、牧人、工匠、贫者、妻子、子女、仆役等各种人物交往的具体原则,其中所表现的价值观念、审美观念、道德判断方式等内容,明显反映出维吾尔人民的特色。如对待商人,中原汉族人民更多的是鄙夷,以为无商不奸,在道德上进行简单而粗暴的否定。而《福乐智慧》第五十八章《论如何对待商人》中则热情歌颂商人,称"世界上无数的珍宝和绸缎,全都来自他们的身旁","对待他们应该慷慨大方,你的名声由此而四处传扬","他们对利害计算得十分精细,与之交往,要特别注意","倘若你想使自己名扬四海,就应将异乡人好好地对待。倘若你想在世上扬名,对商人的回赠千万莫轻"。在第六十三章《论如何教育子女》中,强调"要教授给子女知识和礼仪,今生和来世他们都会获益",诗人也讲述了"女大当嫁,男大当娶",以及"女大待嫁时切莫让她久居家里,否则,无病无灾,你也会悔恨而死","莫放陌生人进宅,莫让女人出去,街巷的陌生目光,会诱惑她迷失道路"和"多少名流、豪杰和勇士,只因了女人而白白葬送了自己"等,这些观念与中原汉族相似。此外,诗人还一再强调种瓜得瓜、种豆得豆,举止要端正,秉性要和善,见贤思齐,尊重知识,珍惜时光,不要贪得无厌等。在全书中,诗人还突出

---

① 参见马学良等主编:《中国少数民族文学史》,下册,中央民族学院出版社,1992年版,第82页。

表现了维吾尔人民的生命观念,使这些谚语的意义不断得到升华。

《福乐智慧》看起来是讲给国王的,事实上是说与每一个人的,所以它深受维吾尔等少数民族的喜爱。在此后的盲诗人阿狄普艾合买提《真理的入门》等作品中,都有其影响。

三 笔记小说与民间传说故事

宋代笔记小说的繁盛,是与宋代的文化风尚密切联系在一起的。如胡应麟《少室山房笔丛·九流绪论》中所言,笔记小说的内容,"率俚儒野老之谈故也"。当然,这里的"俚儒野老"反映了笔记小说的民间故事色彩及其与民间文化之间的复杂联系。宋代笔记小说的作者中,不仅有一般中下层文人,而且有欧阳修、司马光、苏轼这样的雅士,但不论其身份如何,他们都对民间文学有着浓郁的兴趣,在笔记小说中保存了丰富的民间传说与民间故事。尤其是出现了《夷坚志》和《路史》这样典型的民间故事集成之作,标志着宋代民间故事在中国民间文学史上形成了又一座高峰。

笔记概念,宋人史绳祖在《学斋占毕》卷二《菱菱二物》中讲,"前辈笔记小说固有字误或刊本之误,因而后生末学不稽考本出处,承袭谬误甚多";郑樵在《通志·校雠略·编次之讹论》中说,"古今编书所不能分者五,一曰传记,二曰杂家,三曰小说,四曰杂史,五曰故事。凡此五类之书,足相紊乱"。应当说,史绳祖与郑樵所举,正是笔记小说的特点,它自由、随便,比一般文体要灵活得多。明代胡应麟在《少室山房笔丛·九流绪论》中举小说数种,如《搜神》《述异》《宣室》《酉阳》之类"志怪",《飞燕》《太真》《崔莺》《霍玉》之类"传奇",《世说》《语林》《琐言》《因话》之类"杂录",《容斋》《梦溪》《东谷》《道山》之类"丛谈",《鼠璞》《鸡肋》《资暇》《辨疑》之类"辨订",《家训》《世范》《劝善》《省心》之类"箴规"等。胡应麟的分类虽然显得过于宽泛,却列出了笔记小说内容广泛性这一重要特点。《四库全书总目》中《小说家类一》中,把笔记小说分为三大类:"其一叙述杂事,其一记录异闻,其一缀辑琐语。"此与后人所分小说故事、历史琐闻、考据辨证三大类基本相同。一句话,"杂"就是笔记小说的文体特点,也是其内容特点。这与民间故事的文化个性有着直接联系。诸如吴淑的《江淮异人录》、黄休复的《茅亭客话》、张师正的《括异志》和《倦游杂录》、章炳文的《搜神秘览》、刘斧的《青琐高议》、洪迈的《夷坚志》、罗泌和罗苹的《路史》及"后纪"、郭彖的《睽车志》、王明清的《挥麈后录》《摭青杂记》《投辖录》、无名氏的《鬼董》、李石的《续博物志》、郑文宝的《南唐旧事》、李献民的《云斋广录》、何远的《春渚纪闻》、张洎的《贾氏谈录》、钱易的《南部新书》、张齐贤的《洛阳缙绅旧闻记》、欧阳修的《归田录》、徐弦的《稽神录》、司马光的《涑水纪闻》、王辟之的《渑水燕谈录》、魏泰的《东轩笔录》、黄鉴与宋庠的《杨文公谈苑》、沈括的《梦溪笔谈》、陆游的《老学庵笔记》、岳珂的《桯史》、蔡絛的《铁围山丛谈》、周密的《齐东野语》和《癸辛杂识》、孔平仲的《续世说》《释稗》《孔氏杂说》《孔氏说苑》、王谠的《唐语林》、李垕的《南北史续世说》、叶绍翁的《四朝闻见录》、苏轼的《艾子杂说》《调谑编》、陈日华的《谈谐》、沈俶的《谐史》、周文玘的《开颜录》、朱晖的《绝倒录》、高怿的《群居解颐》、徐慥的《漫笑录》、无名氏的《籍川笑林》、天和子的《善谑集》，以及释文莹的《玉壶清话》和释惠洪的《冷斋夜话》等，都表现了笔记小说"杂"的特征。民国初叶，上海进步书店曾刊行《笔记小说大观》，录笔记小说二百余种，可谓中国笔记小说之集大成。宋代笔记小说则独树一帜。这些笔记小说无闻不录、无异不取，与《新唐书》《新五代史》《两朝国史》《三朝国史》《五朝国史》《四朝国史》《资治通鉴》《续资治通鉴长编》《建炎以来系年要录》《三朝北盟会编》《通鉴纪事本末》等官修或私修的史册，在文化性格上表现出鲜明的差异。民间传说和民间故事成为这些笔记小说的重要内容，其中既有对前代各时期民间作品的继承，又有着鲜明的时代特色。但正如古代的文人画之于民间的木版年画一样，笔记小说毕竟是文人创作，与民间故事虽然有一定的联系，二者的区别也是明显的。同时，我们还应该看到，宋代"讲史"和"小说"两类市人小说以及传奇小说，在宋代民间传说和民间故事的保存上也占有重要地位。它们和笔记小说一起，使宋代民间文学得到较为全面而完整的保存。

　　笔记小说中保存的民间传说故事颇有特色者甚多。如北宋时期刘斧的志怪小说《青琐高议》，《宋史·艺文志》中著录谓有十八卷，而《文献通考》与《四库全书总目》等文献有二十卷。高承的《事物纪原》卷十也称"熙宁中刘斧撰《青琐集》"。其中记述了许多报应故事，宣扬善有善报，恶有恶报。如《龚球记》记龚球夜遇一婢女，骗其金珠；婢女被主人捕获，致死，以冤相报，使龚球遍身生恶疮。《异鱼记》记广州夜渔者得一奇异的"重百斤"大鱼，"舟载以归"，此鱼"人面龟身，腹有数十足，颈下有两手如人手"，"询诸渔人，亦无识者"，因"众谓杀之不祥"，渔人"复荷而归"，"置于庭下，以败席覆之"，夜听其"切切有声"。"有市蒋庆知而求之于渔者"，得其鱼后，也听到此鱼夜语。鱼言"渴杀我也"，"放我者生，留我者死"；后来，蒋庆"以小舟载入海，深水而放之"；"后半年"，蒋庆于市中见"有执美珠货者"，廉价得之，原来是"龙之幼妻"使人以报"不杀之恩"。在这段故事的结尾，还有刘斧"此事人多传闻者，余见庆子，得其实而书之也"一段补记。与此报应故事相似者在《青琐高议》中颇多，如其中《朱蛇记》中的李百善因救蛇而登第；《梦龙传》中的曹钧梦见白龙求救，以弓箭相助，后获报恩；在《小莲记》中，某狐女同某郎中相爱，但狐女终遇猎人鹰犬而丧生，原来是她前世曾经陷害人，受阴司报应而有此下场。在《大姆记》中，因某人食龙子之肉，全城下陷为湖，"大姆庙今存于湖边，迄今渔者不敢钓于湖，箫鼓不敢作于船"，"天气晴朗，尚闻水下歌呼人物之声"，"秋高水落，潦静湖清，则屋宇阶砌，尚隐见焉"。尤其是其中的《卜起传》等篇，在《西游记》"陈光蕊赴任救灾，江流僧复仇报本"中可见其原型。其中的《吕先生记》《何仙姑续补》《韩湘子》《施先生》诸篇,可见汉钟离、吕洞宾、何仙姑、韩湘子等著名的神仙传说故事原型。《青琐高议》中强调"至孝,当有善报",将世俗生活故事与精怪故事相糅合,其中的民间故事以幻想故事为典型,在宋代笔记小说中表现出自己独有的风格。作者在许多故事结尾处所作的议论,表现出他的民间文学观,在民间文学思想史上具有重要意义。《青琐高议》还记述了一些名臣传说,如《直笔》中记范仲淹不畏一切,秉笔直书,"公之刚直足可见也"。徐铉的《稽神录》广泛采录民间传说,记述了大量精怪故事。如其中的《宋氏》讲述"江西军吏宋氏,尝市木,至星子江",见人渔得大鼋,"以钱一千赎之,放于江中";后来宋氏因这一善举而免遭在"疾风雨"中身死之灾。其中的《蜂余》与《建安村人》记述了蜜蜂成精、金子成精等情节,是尤为典型的民间幻想故事,前者可见梦幻主题的原型,后者可见识宝传说的原型,其《婺源建威军人妻》讲述已死的前妻回到阳间教训后妻,是典型的幽冥还魂故事,作者在故事结尾还记述了"建威军使汪延昌言如是",作为记录真实的说明。其他还有《霍丘令周洁》《广陵法云寺僧珉楚》,以鬼神故事写人间黑暗;《刘璠》中记述刘璠被海陵郡守褚仁规诬陷处死,他让家人在棺椁中多放纸钱,决心在阴间与海陵郡守斗争到底,一定要打赢官司,后来果有应验。这些故事纳入小说,使小说主题得到深化,尤为可贵。吴淑的《江淮异人录》记述了大量世俗故事,如能隐身的润州处士、会缩地的书生李胜、能日行千里的司马效、善驱鬼的歙州江处士、善治病济人的聂师道、能在白昼升天的杭州野翁、通于道术而能于怀中炼金银的明慧、爱打抱不平而能除暴安良的豪侠穿户书生等。特别是其中的《洪州书生》记述洪州录事参军成幼文在窗下见恶少欺侮卖鞋小儿,有一书生"悯之,为偿其值",恶少"因辱骂之";成幼文"嘉其义,召之与语","夜共话",书生显示出穿户奇术,又将恶少头颅掷地,并"出少药敷于头上,摔其发摩之,皆化为水"。这个生动的故事,对后世侠义传说有重要影响。张师正的《括异志》也记述了许多善恶报应的故事,如其中的《黄遵》记述黄遵死后,思念母亲孤苦,请求判官放其回阳间奉孝,判官为其增阳寿,如其愿;在《莱州人王廷评俊民》中记述了女厉报冤的故事:"或闻王未第时,家有灶婢,蠢戾不顺,使令积怨,乘间排坠井中","又云王向在乡间,与一娼切密,私约俟登第娶焉。既登第,为状元,遂就媾他族。妓闻之,忿恚自杀,故为女厉所困,夫关而终"。有人考证此为著名的"王魁负桂英"故事原型,《云斋广录》《类说》《醉翁谈录》等文献以及宋元杂剧《王魁三乡题》《海神庙王魁负桂英》等文学作品,都以此为题材进行再创作。《括异志》中还有《蒿店巡检》篇,记述渭州巡检张殿直之妻为人掳为奴,有家犬相随,后家犬引张妻逃回。作者借此故事慨叹家犬"既陷夷狄之域,尚犹思汉,又能导俘虏之妇间关而归,可谓兽貌而人心也",抨击那些"有被衣冠而叛父母之邦者,斯(如)犬之罪人也",这在当时是有新意的。章炳文的《搜神秘览》卷上有《王曼》篇,记述某商人向费孝先问卦,费孝先对商人讲了"教住莫住,教洗莫洗;一石谷捣作三斗米;遇明即活,遇暗即死"三句话,引发出商人之妻与人私通欲谋害商人和杀人者"糠七"即"康七"、清明之官使商人得清白的故事。李献民的《云斋广录》所记故事亦颇为清新,如其中的《甘陵异事》记述某人与灯檠成精所化美妇共眠,为人发觉,使其现形;其中的《钱塘异梦》记述司马槱在梦中遇见"翠冠珠耳、玉珮罗裙""颜色艳丽"的苏小小,引发出青年书生与女鬼相恋,在阴间成为夫妻的故事。后人对《钱塘异梦》格外青睐,作为小说、戏曲的题材,颂扬纯洁而炽烈的爱情。这些笔记小说所记述的民间故事各有特色,体现出宋代社会的思想文化风貌。

南渡之后,宋代笔记小说曾出现低潮,待到中后期,即孝宗之后,才出现新的转机,而且出现了洪迈的《夷坚志》、罗泌罗萍父子的《路史》及相关注解那样的巨制。何薳的《春渚纪闻》所记"嗜酒佯狂,时言人祸福"的金陵僧人"风和尚";马纯的《陶朱新录》中所记为鬼诱去,"每馁即出取食"的林家妇,以及生前被马伯释放,死后化为鬼魂为马伯透题,使马伯高中,其后又助其捕贼的营卒盗;王明清《投辖录》中所记自为媒的女鬼、助人成眷属的"猪嘴道人"、为京城庙灵迷惑的贾生、"易形外避"而适于太庙斋郎的剑仙夫人;郭彖的《睽车志》所记"引(饮)水不饥"以"供母"的沧州妇人、"首荐于龙舒"的刘观、借尸还魂的丹阳牙校靳瑶之妻;无名氏《鬼董》中所记吃人成癖,先吃家中僮仆,又贿赂吏卒捕邻境之人,案发后却只轻判充军的林千之,以及其中为鬼魅以女色相诱的樊生……这些传说故事以鬼魅写人间,影射了是非颠倒的黑暗现实。

宋代另一类记述朝野人物轶事的笔记小说,从又一个方面保存了在当时流传的民间故事。

欧阳修的《归田录》是宋代笔记小说中具有鲜明特色的著作,书中所记各类传说和故事,与其身遭奸佞小人攻击、陷害的处境相关;同时,我们也可以看到欧阳修深邃的史学修养和文学修养在其中的体现。他记述了关于宋太祖、宋仁宗等君王的传说,也记述了普通人的故事,代表作《卖油翁》成为家喻户晓的民间寓言。司马光的《涑水纪闻》所记人物传说,在后世也流传甚广,其笔下的赵普敢于坦言直谏,王嗣宗指责宋太宗不能任用贤俊,吕蒙正不记小怨而以仁爱为怀,曹彬攻下金陵后不滥杀无辜,向敏中、钱若水治狱清明,以及宋太祖知过而改等,成为后世小说和戏曲常用的题材。一些民间故事在传说人物的形象塑造上颇见功力,如《涑水纪闻》卷七写向敏中断案,记述某僧人惧怕受盗贼牵连,夜堕眢井,而有"妇人已为人所杀,先在其中",待"主人搜访亡僧"时,向敏中以"赃不获为疑","密使吏访其贼",得知"妇人者,乃此村中少年某甲所杀也","案问,心服,并得其赃",使僧人未蒙冤屈,"一府咸以为神"。陆游的《老学庵笔记》记述宋徽宗之后的各种传说和民间故事。陆游是一位卓越的爱国主义诗人,曾亲临大散关前线,在仕途中几起几落,始终不渝的是坚持抗战,以收复中原为己任。书中对爱国志士热情赞颂。在卷二中讴歌善画马"几能乱真"的赵广,他在"建炎中陷贼",敌人让他作画,"胁以白刃",仍"不从",被敌人"断右手拇指遣去";而对"杀岳飞于临安狱中",致使"都人皆涕泣"的罪人秦桧,陆游表示了极大愤慨,在卷二记述

"有殿前司军人施全者,伺其入朝,持斩马刀邀于望仙桥下斫之",讴歌敢行大义、为国除害的英雄施全。《老学庵笔记》在表现作者爱国情怀的同时,也记述了许多关于王安石等当代人物的传说,如其卷五所记"张文昌《纱帽诗》云:'惟恐被人偷剪样,不曾闲戴出书堂。'皮袭美亦云:'借样裁巾怕索将。'王荆公于富贵声色,略不动心,得耿天骘(宪)竹根冠,爱咏不已。予雅有道冠、拄杖二癖,每自笑叹,然亦赖古多此贤也"。在癖好中最易于显示人的真性情,此种传说显然是在文人间传播的,于不经意处塑造出王安石等栩栩如生的形象。苏轼、苏辙兄弟的笔记中,也保存了不少民间传说故事。如《东坡杂著五种》中有苏轼所著《艾子杂说》和《调谑编》等笔记,有人曾怀疑并不是苏轼所作,如《直斋书录解题》中陈振孙就说"相传为东坡作,未必然也",但他们并没有太多的证据否定其出自苏轼。在《艾子杂说》中,我们可以看到艾子这样一个虚拟的历史人物的经历,其中保存了一些民间故事,有一些是典型的笑话。如其所记述"居于稷下"的田巴,"是三皇而非五帝","一日屈千人,其辨无能穷之者";但这样一个高才,却不能回答"躄媪"所提"马鬃生向上而短,马尾生向下而长""人之发上抢,逆也,何以长?须下垂,顺也,何以短"等问题,只好"乃以行呼滑厘曰:禽大禽大,幸自无事也,省可出入"而闭门。艾子所经历的事迹,有古代帝王、神仙世界、水族、幽冥等生活场景,其中更多的是借古讽今,运用古代传说故事来讽喻当代社会的种种丑陋和黑暗。苏辙的《龙川别志》中记述了宋真宗、宋仁宗时代的宫廷传说故事,如著名的狸猫换太子故事即源于此。仁宗本为李妃所生,刘后"欲取入宫养之",后引发了一次宫廷未遂政变;仁宗处乱不惊,在"有方仲弓者上书乞依武氏故事,立刘氏庙"时,章献"不作此负祖宗事",他随机应变,曰"此亦出于忠孝,宜有以旌之"。这则传说被后世不断演绎,赋予其新意。欧阳修、司马光、苏轼、苏辙、陆游等都是文坛巨子,自觉进行笔记这一文体的写作,在其中保存、记述民间传说故事,这从一个方面体现出宋代作家与民间文学的联系;它告诉我们,无论什么时候,包括民间文学在内的现实生活,都是文学创作的重要源泉。文学的前途,从来都在于同人民大众的密切结合,在于对生活的热爱,对时代的热情参与。文学拒绝冷漠和麻木。

宋代笔记小说还记述了相当丰富的历史传说故事,在一些笔记中,甚至有人自觉地摒弃正史的记述传统,刻意追求与历史典籍相悖的民间传闻。张洎的《贾氏谈录》记述了李德裕"厄在白马"的传说,具有谣谶色彩;钱易的《南部新书》记述了安西节度使哥舒翰刚正无畏的传说,以及"西鄙人"所歌"北斗七星高,哥舒夜带刀。吐蕃总杀尽,更筑两重壕"的歌谣。同时它也记述了奸佞之徒杨国忠、张擢的罪恶等传说;另外,还有淮西将李祐之妇姜氏"为乱卒所劫,以刀划其腹"而"气绝踣地","敷以神药"后,"满十月,生一男"等传说。

张齐贤的《洛阳搢绅旧闻记》被《四库全书总目》称为"殆出传闻之讹,殊不可信",其实是更典型的地方传说故事汇编。张齐贤在《自序》中描述道:"余未应举前十数年中,多与洛城搢绅旧老善,为余说及唐梁已还五代间事,往往褒贬陈迹,理甚明白,使人终日听之忘倦,退而记之。施失其本,数十年来无暇著述。今眼昏足重,率多忘失。迩来营丘事有条贯,足病累月,终朝宴坐,无所用心。追思曩昔搢绅所说及余亲所见闻,得二十余事,因编次分为五卷。"此搢绅与司马迁在《史记》中所举"搢绅先生所言之"并无区别,都是民间传说讲述群体。在《洛阳搢绅旧闻记》中,历史传说和民间故事被撰写成文言小品,如《梁太祖优待文士》《白万州遇刺客》《田太尉侯神仙夜降》等篇,都加上了文人小说的雕琢痕迹。其中最生动者为人物传说,如《张相夫人始否终泰》篇讲述张从恩继室漂亮、聪明、多伎艺,曾失身于某军校,因患重病被遗弃,为人所救,又嫁一书生,后逢战乱,书生又遭乱兵所杀,张从恩部下掠得之,献与为妻室,"终享富贵大国之封"。又如《齐王张全义》记张全义为民祈祭,言"今少雨,恐伤苗稼,和尚慈悲,告佛降雨","如是未尝不澍雨",所以民间百姓为他唱道:"王祷雨,买雨具,无畏之神耶?齐王之洁诚耶?"

文莹的《湘山野录》《续湘山野录》《玉壶清话》等笔记,是从一个僧人的视野中描述世事,记述民间传说故事的。如《续湘山野录》中写宋太祖宋太宗兄弟"烛影斧声"的传说;《湘山野录》中记钱镠(即吴越王)还乡省亲,乡人九十老媪称其"小字",并自唱《还乡歌》,又"觉其欢意不甚浃洽,再酌酒,高揭吴喉唱山歌以见意"。其山歌中有"你辈见侬底欢喜,别是一般滋味子,永在我侬心子里"等句,应是原汁原味的民间乡音,所以"今山民尚有能歌者"。在《玉壶清话》中也记述有钱氏传说,但此钱俶已远不比钱镠的潇洒,而是"拜讫恸绝"!

魏泰的《东轩笔录》记述了宋皇室及大臣的轶事,如"少贫悴"而后为一代名臣的范仲淹不取非分之财,对朋友讲忠义;在记述"江南有国日,有县令钟离君与县令许君结姻"故事时,特意在故事前加上"余为儿童时,尝闻祖母集庆郡太守陈夫人言",点明此传说的记述背景。魏泰是曾布妇弟,《桐江诗话》中曾记述他在试院中殴打蛮横的考官而不应举一事,可见其个性颇突出。魏泰不附阿权贵与时势,在《东轩笔录》中对王安石怀着崇敬的心情,记述了他正直、刚强、疾恶如仇的传说,这与南宋后期一些腐朽文人无端谩骂王安石形成鲜明对比,在宋代民间文学史上写下了很可贵的一页。与魏泰对王安石传说的如实记述不同,曾慥在《高斋漫录》中极言苏轼的诙谐、幽默,而对王安石则大肆讥讽。如其记述"东坡闻荆公《字说》新成,戏曰:'以竹鞭马为笃,以竹鞭犬有何可笑?'又曰:'鸠字从九从鸟,亦有证据。《诗》曰:鳲鸠在桑,其子七兮;和爹和娘,恰是九个'"。这就明显具有诋毁性质了。控制民间文学主流话语的,曾经是曾慥这类不分大是大非的庸俗文人。

庄季裕的《鸡肋编》除了记述王公大臣的传说之外,还记述了一些平民百姓的传说故事。如其《侯鲭录》中所记"淮阴节妇",讲述某人为夺商人之妇,"因而江行,会旁无人,即排其夫水中","夫指水泡曰:他日此当为证"。某人待其夫"既溺"而"大呼求救",并"号恸为之制服如兄弟,厚为棺敛,送终之礼甚备",迷惑了商人之妇,"嫁之",而且婚后"夫妇尤欢睦","后有儿女数十人"。但事情终于还是败露,商人之妇"伺里人之出,即诉于官","鞫实其罪而行法焉"。后商人之妇以为因自己的颜色使"杀二夫",遂"赴淮而死"。后人对此故事颇感兴趣,在小说、戏曲中进行改编,如《欢喜冤家》中的《陈之美巧计骗多娇》等,至今此故事还有流传。其他还有费衮的《梁溪漫志》、王灼的《碧鸡漫志》、罗大经的《鹤林玉露》、范公偁的《过庭录》、王铚的《补侍儿小名录》、王明清的《摭青杂记》、朱弁的《曲洧旧闻》等笔记小说,记述世俗民间故事。

最后还应该提到的是岳珂的《桯史》、蔡絛的《铁围山丛谈》,以及周密的《齐东野语》等笔记小说。《桯史》作者岳珂为抗金名将岳飞之孙,其爱国热忱在《桯史》中得到继承。岳珂记述了许多关于秦桧这个民族罪人的传说故事,突出了秦桧残忍、奸诈、无耻的本性。最生动者,是在秦桧与他人交往中对其个性的展示,如在"秦桧以绍兴十五年四月丙子朔赐第望仙桥"一节中,借优伶之口,利用"此何环""二胜环"(即"二圣还"),抨击秦桧的卖国行径,"桧怒,明日下伶于狱,有死者,于是语禁始益繁"。在"秦桧在相位,颐指所欲为,上下奔走,无敢议者"一节中,记述"院官不敢违","夜呼工鞲液",而"富家闻之大窘",可见"其机阱根于心,虽宂琐,弗自觉"的无耻小人形象。叶绍翁《四朝闻见录》也有类似记述,如记"秦桧权倾天下,然颇谨小嫌",不许家人着"黄葛",责备夫人露富,以糟鲑鱼掩饰家财等。这些传说材料与《桯史》中的秦桧传说相映,使宋代奸佞秦桧作为典型的民族败类在口头传播中凸现出鲜明的个性,遗臭万年。蔡絛的《铁围山丛谈》多记述宋代朝野传说,如关于王安石的传说故事颇有个性,另外也记述了一些方术传说,如其所记嗜酒"韩生""夜不睡,自抱一篮,持匏勺出就庭下","以勺酌取月光,作倾泄入篮状";"适会天大风,俄日暮,风益急,灯烛不得张,坐上墨黑,不辨眉目",韩生"从舟中取篮勺而一挥,则月光灿焉","如是连数十挥,一坐遂尽如秋天夜晴,月光敛滟,则秋毫皆得睹",当其"又勺取而收之篮,夜乃黑如故"。《铁围山丛谈》与《桯史》都是宋代笔记,前者因蔡絛与蔡京的联系在后世流传中命运不佳,后者因是岳飞之后而形成另一种命运,笔记与作者出身背景的联系,值得我们深思。

周密的《齐东野语》在我国民间故事史上有着特殊的意义。《齐东野语》取名于孟子有"齐东野人之语",其书虽然成于宋亡之后,但其记述的传说故事皆取材于宋代,是宋元之际民间传说故事文化转型的典型。在《齐东野语》中,抗金的岳飞、多情的陆游、阴险的朱熹,以及千古罪人秦桧、贾似道等,他们的传说故事都异常生动。周密还撰有《癸辛杂识》,其所记述的传说故事中,如杨昊客死,因为眷恋妻子儿女而身化彩蝶飞至妻儿身边,从中我们可以看到著名的民间传说《梁山伯与祝英台》中"化蝶"情节。又如其所记"宋江三十六人赞",从中我们也可以看到《水浒传》成书的民间文学背景。书中还有一些民间识宝故事,如《癸辛杂识续集》中的《海井》篇,记述华亭小常卖铺中有一种"如小桶而无底,非竹非木,非金非石,既不知名,亦不知何用"的宝物,却无人认识。有一"海舶老商"发现此宝物后,称"此至宝"即"海井",能产生无尽的甘泉,帮助人们在"寻常航海"中解决淡水不足的困难。

《桯史》《铁围山丛谈》和《齐东野语》代表着宋代记述世俗性民间故事的三种基本类型,其作品所显示的影响,已超过文本自身所具有的实际价值和意义。

四 宋代的"说话"与民间文学

宋代民间文学的发展,离不开对前代的继承;有许多民间文艺作为一种艺术生活的模式,常常是几代人共同造就,才在某一个历史时期发展成熟,并呈现出繁荣的景象。"说话"就是这样。在段成式的《酉阳杂俎》中,我们曾见到关于"说话"即"市人小说"的描述:"予太和末,因弟生日,观杂戏,有市人小说,呼扁鹊为褊鹊,字上声。予令座客任道升字正之。市人言:二十年前,尝于上都斋会设此,有一秀才甚赏某呼扁字与褊字同声,云世人皆误。"可知"说话"这种艺术形式属于"杂戏",而且与"斋会"有一定的联系。唐代"说话"即说唱,发展为讲经、俗讲等形式,至宋代由于政治干预、文化自身发展等原因,走向"杂戏"的其他形式。高承在《事物纪原》中曾记述"市人有能谈《三国》者",可见关于三国历史的传说故事,在宋代"说话"中已经发展成为相当通俗的表现内容。"说话"作为民间大众娱乐的重要形式,体现出通俗性、平民性、商品性的时代特征。

事实上,"说话"作为一种民间文艺形式,早在汉代就已经出现,如刘向《列女传》卷一中所提到的"夜则令瞽诵诗道正事",以及汉代文物中的"说书俑",都表明汉代已经有这种职业艺术行为。三国时期,裴松之在注《三国志》引《魏略》中,也记述有"诵俳优小说数千言"等材料。而只有到宋代,当城市经济高度发展以后,市民这一特殊阶层在社会生活中起到越来越重要的作用,尤其是寺院俗讲被宋真宗所禁止,民间百姓对审美艺术的要求越来越高,勾栏瓦肆林立,"说话"就成为社会的主流文化之一,日益繁荣。在文学史研究中,有一些学者对于"说话"存在着许多误识,或者把它作为寺院俗讲的变体,或者把它仅仅作为一种文人生活。毋庸赘述,汉代社会就有了"说话"的雏形,甚至荀子的《成相篇》也可看作这种艺术的萌芽,只是僧人出于讲经的宗教宣传需要,借用了这种形式;"说话"或者有文字底本,即话本,或者在传唱中仅仅是师徒间的口头传授,从根本上就是一种口头创作,是典型的民间文艺生活,包含着民间文学的具体内容。我国文人素有学习和借用民间文学的文化传统,借用"说话"艺术创作话本小说,绝不是"说话"的源头;相反,话本应是民间"说话"的衍生。为什么只有到了宋代才出现"说话"的繁荣呢?其中一个非常重要的原因是宋代城市商贸管理的飞跃发展和整个宋代社会思想文化的相对宽松,在客观上促成了这种民间文艺形式的规模性发展与繁荣。如唐代都城长安,虽然号称当时世界上最大的都会,但在城市管理上却异常拘谨。坊市分区制严重限制了居民和工商业者的各种活动。当时市场的拓展受到很大限制,坊区内由人把守,早晚开闭有严格规定,出入极为不便,它又如何使大众得到充分的娱乐呢?而宋代城市管理能力有了很大提高,人们的闲暇时间较多,并且言路较为自由,虽然有"乌台诗案"那样的文字狱,但终未形成气候。在这样的氛围中,"说话"有了广大的听众,获得了广泛的社会支持;"说话"人在规模和技能上不断扩大和提高,并且融入商业贸易活动,即听众付钱与"说话"人,使勾栏瓦肆的硬件建设得到迅速发展;在这种情况下,全社会的民间文艺日益繁荣,就是必然的了。如孟元老《东京梦华录》卷二"东角楼街巷"条载:"街南桑家瓦子,近北则中瓦,次里瓦。其中大小勾栏五十余座。内中瓦子、莲花棚、牡丹棚、黑瓦子、夜叉棚,象棚最大,可容数千人。自丁先现、王团子、张七圣辈,后来可有人于此作场。瓦中多有货药、卖卦、喝故衣、探博、饮食、剃剪、纸画、令曲之类。终日居此,不觉抵暮";另如卷六中的"元宵"、卷七中的"驾登宝津楼诸军呈百戏"、卷八中的"六月六崔府君生日二十四日神保观神生日"、卷九中的"宰执亲王宗室百官入内上寿"等处。这种情景的记述,对于我们研究古代戏曲史具有异常重要的意义。其他如耐得翁的《都城纪胜》中,有"瓦舍众伎"条记述南渡之后的民间说话等艺术生活;《西湖老人繁胜录》中也有记述;吴自牧《梦粱录》卷二十中,列有"百戏伎艺""小说讲经史"等。"说话"的分类即职业化特征越来越明显,如《西湖老人繁胜录》中提到"瓦市"有"南瓦、中瓦、大瓦、北瓦、蒲桥瓦。惟北瓦大,有勾栏一十三座,常是两座勾栏,专说史书","小张四郎一世只在北瓦占一座勾栏说话,不曾去别瓦作场,人叫作小张四郎勾栏"。而且,"说话"艺人还有了自己的行会组织,诸如周密的《武林旧事》"社会"条所载"二月八日,为桐川张王生辰,震山行宫,朝拜极盛,百戏竞集,如绯绿社、齐云社、遏云社、同文社、角觝社、清音社、锦标社、锦体社、英略社、雄辩社、翠锦社、绘革社、净发社、云机社"。其中"雄辩社"是专业的"小说"即"说话"行会。这些行会已形成了一定的行规,称先生、名公等。他们或创作,或表演,使"说话"这种民间文艺形式专业化,有效地提高了其艺术水平。如罗烨《醉翁谈录》中"小说开辟"所述,其内容"论才词有欧、苏、黄、陈佳句,说古诗是李、杜、韩、柳篇章。举断模按,师表规模,靠敷演令看官清耳。只凭三寸舌,褒贬是非;略咽万余言,讲论古今。说收拾寻常有百万套,谈话头动辄是数千回","说国贼怀奸从佞,遣愚夫等辈生嗔;说忠臣负屈衔冤,铁心肠也须下泪;讲鬼怪令羽士心寒胆战;论闺怨遣佳人绿惨红愁","讲论处不滞搭,不絮烦;敷演处有规模,有收拾;冷淡处提掇得有家数,热闹处敷衍得越久长"。从《三朝北盟会编》等史册中可知,宋仁宗曾要臣下"日进一奇怪之事",宋高宗有"王六大夫"等人,"元系御前讲话",金人也曾"来索御前祇候",有"杂剧、说话、弄影戏、小说"等艺人;更不用提《东京梦华录》卷二"酒楼"中所记"大抵酒楼瓦市，不以风雨寒暑，白昼通夜，骈阗如此"，可见"说话"艺人的演出通宵达旦，其影响自朝廷至民间都广泛存在。《都城纪胜》和《梦粱录》还提到"说话"有"四家"，可见"说话"在宋代不论是规模上还是艺术成就上都达到了相当高的水平；其内容有"小说""说铁骑儿""说经""说参请""讲史书"等，所讲"烟粉、灵怪、传奇、公案、朴刀、杆棒""宝庵、管庵、喜然和尚""讲说《通鉴》、汉唐历代书史文传、兴废争战之事"等，"大抵多虚少实""真假相半"。所有这些材料都表明宋代"说话"的繁荣景象及其成熟的艺术发展形态。

总观宋代民间"说话"，其存留至今的"话本"即"说话"的底本，在内容上可分为三大类，一类是"讲史"，即以历史题材为讲说对象，对历史传说故事进行讲述；一类是"说经"，即对宗教文化中的世俗性传说故事进行讲述；一类是世俗性民间传说和民间故事，即"小说"①，这是"说话"的核心部分，主要有时事类、剑侠类、言情类、神怪类和公案类等。我们对民间"说话"的理解，现在只能依据文献典籍；而由于历史上一次次文化浩劫，诸如保存宋代"说话"底本较丰富的《永乐大典》等典籍的残损，我们只能窥一斑而见全豹。

"说话"中的"讲史"，也有称为"评话"或者"平话"的。今天我们所见的一些"平话"，如《武王伐纣平话》《七国春秋平话后集》《秦并六国平话》《前汉书平话续集》《三国志平话》《五代史平话》和《宣和遗事》等文献，都初刻于元。这是否说明它们都是在元代才成书呢？显然，在此之前，就应该有相当多的"说话"底本存在了，但是，我们缺乏宋刻本的文献做凭据。我们所能看到的，只是在《东京梦华录》等典籍中所不断提及的与历史传说故事相关的材料，如《东京梦华录》卷五"京华伎艺"中"说《三分》""《五代史》"；《梦粱录》卷二十"小说讲经史"中的"讲说《通鉴》、汉唐历代书史文传、兴废争战之事"；《事物纪原》卷九中所记"仁宗时，市人有能谈《三国》者"；《东坡志林》中所记"涂巷小儿薄劣，其家所厌苦，辄与钱，令聚坐听说古话。说至《三国》事，闻刘玄德败，频蹙眉，有出涕者；闻曹操败，即喜悦畅快"；《夷坚志》支丁卷三中所记"吕德卿偕其友，出嘉会门外茶肆中坐"，"见幅纸用绯帖其尾云：今晚讲说《汉书》"；《宋事实类苑》中所记"优者曰：说韩信"；《后村先生大全集》卷十《田舍即事》中，记刘克庄观市优所见"纵谈楚汉割鸿沟"，"听到虞姬直是愁"；《醉翁谈录》"小说开辟"中所记更为系统而完整：

也说黄巢拨乱天下，也说赵正激恼京师。说争战有刘项争雄，论机谋有孙、

---

① 关于"小说"，散佚亦较多，目前我们所能见到的，主要保存在明代洪楩所编的《六十家小说》和近人江东老谭缪荃孙所刊《烟画东堂小品》中。前一种因洪楩的"清平山堂"堂号，人称"清平山堂话本"；后者摘取丛书，命名为"京本通俗小说"。此外，"小说"还存于明代的"三言""二拍"之中。

庞斗智。新话说张、韩、刘、岳,史书讲晋、宋、齐、梁。三国志诸葛亮雄材,收西夏说狄青大略。说国贼怀奸从佞,遣愚夫等辈生嗔;说忠臣负屈衔冤,铁心肠也须下泪。

在宋代"说话"所保存下来的文献中,有人以曹元忠有《宋巾箱本五代史平话跋》①,认为《五代史平话》为"宋刊本",但理由并不充分。宋代民间"说话"的史料钩沉,是非常艰难的事。鲁迅曾在这方面做出卓越的贡献,有《古小说钩沉》和《唐宋传奇集》等著述。

"讲史"不仅在一般"说话"中存在,而且在其他艺术形式中也有,这就是我们所讲的广义性的"说话"。诸如鼓子词,人称其"多叙述历史上英雄和侠义故事,其题材往往采取长篇的讲史小说",而"北宋说书已有鼓子词的存在",如赵德麟《元微之崔莺莺商调蝶恋花鼓子词》,"在北宋勾栏瓦肆里久经作为题材在讲唱"②。赵德麟在《侯鲭录》卷五中保存了这篇鼓子词。与一般"讲史"不同的是,他所采用的题材不是那些叱咤风云的历史英雄,而是历史上的爱情传说故事。如人所言赵德麟的鼓子词在"体制"上有着重要意义,它"上承唐代变文形式","下开民间鼓子词话本的先河"③。

"说话"中的"说经"即"演说佛书",它对唐代"俗讲"有所继承,而更多的是与宋代的"说话"相融,那些被演说的佛教经义类传说故事,因为社会需要而被演绎成具有鲜明的世俗意义的传说故事。同时,在"演说佛书"中,还形成了蔚为壮观的"说经"队伍,类似于职业艺人,如《武林旧事》中所记长啸、彭道安、陆妙慧、陆妙静、余信庵、周太辩、达理、啸庵、隐秀、混俗、许安然、有缘、借庵、保庵、戴悦庵、息庵、戴忻庵等;又如《梦粱录》中所记宝庵、管庵、喜然和尚等。宋代民间"说话"中,关于"说经"所存文献,一般学者多举《大唐三藏取经诗话》和《花灯轿莲女成佛记》《五戒禅师私红莲记》《陈可常端阳仙话》等。

关于《大唐三藏取经诗话》的刊刻时代,王国维在《大唐三藏取经诗话跋》中,因"卷末有中瓦子张家印款一行",与《梦粱录》卷十三"铺席"门中所记"保佑坊前",有"张官人诸史子文籍铺","其次即为中瓦子前诸铺"相合,故认为"南宋临安书肆,若太庙前尹家、太学前陆家、鞔鼓桥陈家所刊书籍,世多知之;中瓦子张家,惟此一见而已",当为"南宋人所撰话本",为"人间希有之秘笈"。罗振玉也持此见,他以为"宋人平话,传世最少",此书与《宣和遗事》《五代评话》《京本小说》为"宋人平话之传人间者,遂得

---

① 董氏诵芬楼刊本存,商务印书馆,1925年版。
② 陈汝衡:《说书史话》,作家出版社,1958年版,第37页。
③ 陈汝衡:《说书史话》,作家出版社,1958年版,第39页。

四种"①。

　　三藏法师即玄奘,他本人曾撰《大唐西域记》,《旧唐书·方伎传》录其事迹。唐代有慧立、谚悰《大唐大慈恩寺三藏法师传》,记述玄奘取经途中所遇的种种困难,以及一次次化险为夷。《大唐三藏取经诗话》在内容上借用了《大唐大慈恩寺三藏法师传》,叙述唐僧玄奘和猴行者西天取经,历尽艰难险阻,最后胜利返回。其十七段故事,每段都有《行程遇猴行者处第二》《经过女人国处第十》《入沉香国处第十二》《入波罗国处第十三》等"××处第×"之类标题模式。在此话本中,记述唐僧取经路上,在某国遇到颇有神通的猴行者,入大梵天王宫,被赐以隐形帽、金环锡杖和钵盂三件宝物,一路又遇香山寺、狮子国、树人国、大蛇岭、火类坳、鬼子母国、女人国、王母池、沉香国、波罗国、优钵罗国等,后抵达天竺国,得到五千卷经文;最后回长安,受到皇帝欢迎,于七月十五日其师徒乘天降莲舡而去。其中,第十一段《入王母池之处第十一》记述在王母池,三藏使猴行者偷桃,后世演为孙悟空偷吃王母仙桃故事;第六段《过长坑大蛇岭处第六》记述猴行者斗白虎精,白虎精化白衣妇人为猴行者识破,以及猴行者钻入白虎精腹中等情节,后世演为孙悟空三打白骨精故事。《大唐三藏取经诗话》当是宋代及其之前相关传说和故事的集大成,基本上奠定了后来家喻户晓的《西游记》这一文学经典的情节骨架。当然,《大唐三藏取经诗话》中的许多故事并不是孤立存在的,而是以宋代社会广泛的民间文学基础作为背景的。如刘克庄《释老六言十首》中已经有"取经烦猴行者,吟诗输鹤阿师"之句,记述玄奘得到猴行者帮助的内容;张世南在《游宦纪闻》中也有相关的诗句:"无上雄文贝叶鲜,几生三藏往西天。行行字字为珍宝,句句言言是福田。苦海波中猴行复,沈毛江上马驰前。"《大唐三藏取经诗话》既吸收了同时代的传说故事,也吸收了前代诸如《大唐西域记》中的传说故事,同时,它也吸收了《博物志》《汉武故事》和《舜子变》等典籍中的传说故事。经过无数人的努力,在元代形成了吴昌龄的杂剧《唐三藏西天取经》和(朝鲜)《朴通事谚解》等作品,并出现了小说《西游记》,成为明代吴承恩创作《西游记》的重要范本。

　　世俗性民间传说和民间故事,是宋代民间"说话"最重要的内容。但是,与"讲史"类"说话"一样,许多文本散佚,我们只好依靠钩沉等方式去管窥、探微。世俗的意义在"说话"中体现为以浓郁的生活气息形成别具一格的文化特色,产生了人们所称的"小说"。吴自牧、耐得翁、罗烨等人所分类目大致相同。如耐得翁在《都城纪胜》中,释"小说"谓"银字儿",分为"烟粉、灵怪、传奇、说公案,皆是朴刀、杆棒及发迹变泰之事";吴自牧在《梦粱录》中分为"烟粉、灵怪、传奇、公案、朴刀、杆棒"等类;罗烨在《醉翁谈录》中分"灵怪、烟粉、传奇、公案兼朴刀、杆棒、妖术、神仙"等类。其中,《醉翁谈录》

---

①　《大唐三藏取经诗话》,古典文学出版社,1954年版。罗振玉所据影印人《吉石庵丛书》类为宋刊大字本,藏日本德富苏峰成篑堂文库;另有宋椠巾箱本,亦为日本人所藏。

所录"小说"名目计有一百零七种,是宋代民间"说话"中"小说"类集大成者。如其"灵怪"类存《杨元子》《汀州记》《崔智韬》《李达道》《红蜘蛛》《铁瓮儿》《水月仙》《大槐王》《妮子记》《铁车记》《葫芦儿》《人虎传》《太平钱》《芭蕉扇》《八怪国》《无鬼论》;其"烟粉类"存《推车鬼》《灰骨匣》《呼猿洞》《闹宝录》《燕子楼》《贺小师》《杨舜俞》《青脚狼》《错还魂》《侧金盏》《刁六十》《斗车兵》《钱塘佳梦》《锦庄春游》《柳参军》《牛渚亭》;其"传奇"类存《莺莺传》《爱爱词》《张康题壁》《钱榆骂海》《鸳鸯灯》《夜游湖》《紫香囊》《徐都尉》《惠娘魄偶》《王魁负心》《桃叶渡》《牡丹记》《花萼楼》《章台柳》《卓文君》《李亚仙》《崔护觅水》《唐辅采莲》;其"公案"类存《石头孙立》《姜女寻夫》《忧(夏)小十》《驴垛儿》《大烧灯》《商氏儿》《三现身》《火杴笼》《八角井》《药巴子》《独行虎》《铁秤槌》《河沙院》《戴嗣宗》《大朝(相)国寺》《圣手二郎》;其"朴刀"类存《大虎头》《李从吉》《杨令公》《十条龙》《青面兽》《季铁铃》《陶铁僧》《赖五郎》《圣人虎》《王沙马海》《燕四马八》;其"杆棒"类存《花和尚》《武行者》《飞龙记》《梅大郎》《斗刀楼》《拦路虎》《高拔钉》《徐京落章(草)》《五郎为僧》《王温上边》《狄昭认父》;其"神仙"类存《种叟神记》《月井女》《金光洞》《竹叶舟》《黄粮梦》《粉盒儿》《马谏议》《许岩》《四仙斗圣》《谢塘落梅》;其"妖术"类存《西山聂隐娘》《村邻亲》《严师道》《千圣姑》《皮篋袋》《骊山老母》《贝州王则》《红线盗印》《丑女报恩》。其中存录最多者是"水浒"故事,如"公案"类中的《石头孙立》、"朴刀"类中的《青面兽》、"杆棒"类中的《花和尚》《武行者》(还有"公案"类中《独行虎》可能也是)等作品;其次是"杨家将"故事和"西游记"故事,如"朴刀"类中的《杨令公》和"杆棒"类中的《五郎为僧》,"灵怪"类中的《芭蕉扇》和"妖术"类中的《骊山老母》等。其他还有存于"传奇"类的《莺莺传》《爱爱词》《牡丹记》《王魁负心》《卓文君》,存于"公案"类中的《姜女寻夫》,存于"神仙"类中的《黄粱梦》和"妖术"类中的《西山聂隐娘》《贝州王则》《红线盗印》等故事,显然是以前代小说和民间传说故事为题材的,由此也可以看到元杂剧和明清小说的源头或原型在宋代民间文学中的具体体现。其中,宋代就已流行的"水浒"故事、"杨家将"故事和"包拯"故事(即"公案"类中的《三现身》,在后世演为《三现身包龙头断案》),在宋代民间文学史上具有尤为独特的价值和意义。

《京本通俗小说》①中存有《错斩崔宁》《碾玉观音》《西山一窟鬼》,被冯梦龙录入《醒世恒言》和《警世通言》,分别题作《十五贯戏言成巧祸》(注为"宋本作《错斩崔宁》")、《崔待诏生死冤家》(注为"宋人小说题作《碾玉观音》")、《一窟鬼癫道人除鬼》(注为"宋人小说旧名《西山一窟鬼》")。洪楩《清平山堂话本》中二十九种"小说"名目

---

① 《京本通俗小说》,编者不详,1915年江东老蟫刊印时,收《碾玉观音》《菩萨蛮》《西山一窟鬼》《志诚张主管》《拗相公》《错斩崔宁》《冯玉梅团圆》等篇,后亚东图书馆在原七篇基础上加入《金主亮荒淫》,刊印《宋人话本八种》。

和晁瑮《宝文堂书目》所存二十八种,也都存有不少宋代"小说"①。钱曾的《也是园书目》录入"宋人词话十二种",诸如《灯花婆婆》《风吹轿儿》《冯玉梅团圆》《种瓜张老》《错斩崔宁》《简帖花尚》《紫罗盖头》《山亭儿》《李焕生五阵雨》《女报冤》《西湖三塔》《小金钱》等,是尤为难得的材料。正如明代绿天馆主人所述:"史统散而小说兴,始乎周季,盛于唐,而浸淫于宋……迨开元以降,而文人之笔横矣。若通俗演义,不知何昉。按南宋供奉局有说话人,如今说书之流,其文必通俗,其作者莫可考。泥马倦勤,以太上享天下之养。仁寿清暇,喜阅话本,命内珰日进一帙,当意,则以金钱厚酬。于是,内珰辈广求先代奇迹及闾里新闻,倩人敷演进御以怡天颜。然一览辄置,卒多浮沉内庭,其传布民间者,什不一二耳。"②在某种程度上讲,宋代民间"说话"中的"小说"对社会现实的反映是相当及时的,与汉乐府民歌颇为相似,朝廷和民间都喜爱这种艺术,一方面用以娱乐,一方面则借以"观民风";因此它获得了广泛的社会支持,所出现的繁荣景象也就是自然的了。

　　宋代"小说"对后世的影响相当久远,有许多作品甚至借助明清时期的戏曲、小说而家喻户晓。如《警世通言》中的《碾玉观音》记述郡王韩世忠府内的养娘璩秀秀与碾玉侍诏崔宁相爱,他们私奔他乡后被排军郭立发现;璩秀秀被抓回郡王府打死,崔宁被遣往建康,而璩秀秀的鬼魂与崔宁相结合,一起在建康生活;此事又为郭立发现,最后璩秀秀与崔宁在阴间做了夫妻。故事中的璩秀秀泼辣、勇敢、坚贞,崔宁则忠厚、朴实、聪明、善良,二人的结合是由于崔宁将玉碾成观音像,受到郡王重视而将璩秀秀许配给他,后来碾玉又成为他们的生计,因而作品取名《碾玉观音》。《小金钱》即《警世通言》中的《小夫人金钱赠年少》,又名《志诚张主管》,记述小夫人身为人妾,被弃后嫁与比她大三四十岁的线铺张员外,她爱上了店铺中的年轻主管张胜;但张胜生性懦弱,不敢接受小夫人的爱,离开了店铺;后来小夫人自缢,希望张胜能接受她,而张胜恪守"忠""孝",仍然拒绝,使小夫人非常失望。《警世通言》中的《金明池吴清逢爱爱》即《爱爱词》,记述酒家女爱爱与小员外吴清相遇,因受父母责骂而死;后来吴清再访,爱爱鬼魂与其相会并结合;吴清因而身体消瘦,引起父母警觉,请来道士驱邪,道士送吴清宝剑用以镇爱爱鬼魂;爱爱怒惩吴清,又因爱吴清而为其撮合亲事。《醒世恒言》中的《闹樊楼多情周胜仙》记述商人之女周胜仙与范二郎相遇并相爱,周父拒绝此亲事;周胜仙气绝而亡,葬于坟中,遇朱真盗墓并奸尸,死而复生,成为朱真之妻;后来周胜仙与范二郎结成夫妇,朱真被斩。这几篇故事有两个共同的内容值得我们注意:一是都有店铺出现,碾玉铺、线铺、酒铺、商铺,标明是市井故事;一是鬼魂与人相爱,璩

---

① 陈汝衡:《说书史话》,作家出版社,1958年版,第59页。其中诸如《简帖和尚》《西湖三塔记》等,系宋人作品。

② 《古今小说叙》,商务印书馆订正明天许斋本,1947年上海涵芬楼排印。

秀秀、小夫人、爱爱、周胜仙四个女性都是死后仍挚爱着自己的情人，表现出宋人特有的人鬼观念和婚姻观念。《京本通俗小说》中的《西山一窟鬼》记述杭州秀才吴某娶李乐娘为妻，而李乐娘等却是鬼魅；后秀才与人过西山，得癫道人帮助，将鬼魅除去，吴某则因此出家。存于《宝文堂书目》中的《西湖三塔记》记述杭州有水獭、白蛇、乌鸡三怪迷惑他人，被奚真人所收，造成三塔，镇此三怪于湖中。此中有"白蛇"作为精怪，可以看出著名的民间传说《白蛇传》生成的端倪。《古今小说》中的《张古老种瓜得文女》即《醉翁谈录》"神仙"类中的《种叟神记》，《也是园书目》作《种瓜张老》，记述文女（即天上玉女）下凡，张古老扮成种瓜人，娶文女为妻；文女之兄因杀心太重，只能做扬州城隍而不能成仙。这个故事中有八十老翁与十八少女成婚、雪中生瓜等神奇情节，引人入胜。这几篇精怪、神仙类"小说"，更具体地体现出宋代民间信仰中的神怪观念。《醒世恒言》中的《十五贯戏言成巧祸》即《也是园书目》中的《错斩崔宁》，记述商人刘贵借得十五贯钱，回家与妾陈二姐开玩笑，戏称已将其典卖；陈二姐为此离家，路上遇见崔宁，二人结伴同行；适逢某盗贼入室行窃，抢走十五贯钱，杀死刘贵；崔宁因身边亦有十五贯钱，被告成凶手、奸夫，屈打成招而被错斩；后刘贵之妻王氏知悉实情，告至官府，盗贼被抓获，陈二姐与崔宁之冤情始得昭雪。《警世通言》中的《三现身包龙图断案》即《醉翁谈录》"公案"类中的《三现身》，记述包拯"日间断人，夜间断鬼"，其中有孙押司被某算命先生算定某日必死，果然应验，而罪犯竟是孙押司之妻及其与之有奸情的小押司。孙押司的冤魂三次现身显灵，给包拯托梦；包拯运用智慧，通过对冤魂所留字句和梦中所得"要知三更事，拨开火下水"的解析，最后使冤案大白。这两篇"公案"类小说在体现宋人因果报应观念的同时，也表现出宋代的法制情况与法制观念；其中的包拯传说对后世产生了深远影响，为后世的清官传说模式奠定了基础。《警世通言》中的《万秀娘仇报山亭儿》即《也是园书目》中的《山亭儿》，是《醉翁谈录》中"朴刀"类的《十条龙》和《陶铁僧》两篇故事的融合。作品记述万秀娘被陶铁僧等人所劫，义盗尹宗相救，并将万秀娘送至家中，却被十条龙苗中所杀；后来邻人报告官府，苗忠等人被斩，尹宗则得以立庙受奉祀。这里所突出的是义盗尹宗的"义"字，作品写他以孝事母，遇人之危而舍身相救，并拒绝万秀娘以身相许，以避乘人之危的嫌疑，其光明磊落的形象跃然而出。这些内容体现出宋代民间文化中的侠义观念，从另一个方面表现出宋代社会的世俗生活。

宋代文献在各朝代中特别丰富，而其残损也尤为严重。我们理解宋代民间的"说话"艺术，只好从其他文献的字里行间去寻找蛛丝马迹，判断哪些是属于宋代的民间文学。这必然影响我们对宋代民间文学史的全面认识。随着更多史料、文献的发现，这种局面必然会打破。更重要的是，在"说话"中，我们可以看到后世小说和戏曲等艺术的滥觞，看到民间文学的继承和发展情况。

五 宋代民间戏曲

宋代民间戏曲在《东京梦华录》和《梦粱录》等典籍中以不同形式被记述;其发展与繁荣,标志着我国戏曲艺术的第一个高潮。同时我们也应该看到,宋代民间戏曲不仅仅在市井里巷和村野演出,而且为宫廷和王侯将相府第所青睐①;这种现象在我国古代文化史上是相当普遍的。直到今天,在河南、山西、陕西等地,还分散着宋代神庙及供演出神戏所筑就的露台等文物,从一个方面表现出往昔民间戏曲的繁荣景象。尤其是中原地区的民间文化中,至今还保存着与宋代文献的记载相合的各种戏曲形式,诸如傀儡戏、杂技、歌舞、鼓子词等,堪称民间戏曲的"活化石"。这也是我国民间文学史上一个特殊的现象。

《东京梦华录》等文献记述了北方地区的民间文艺生活,即以东京为中心的戏曲演出的具体场景,这是十分珍贵的内容。如《东京梦华录》卷五中对"京华伎艺"的描述。其卷之六对"元宵"的记述更加周详:"奇术异能,歌舞百戏,鳞鳞相切,乐声嘈杂十余里","李外宁,药发傀儡","楫柮儿,杂剧","温大头、小曹,稽琴","党千,箫管","王十二,作剧术。邹遇、田地广,杂扮","尹常卖,《五代史》","杨文秀,鼓笛","更有猴呈百戏,鱼跳刀门,使唤蜂蝶,追呼蝼蚁";"内设乐棚,差衙前乐人作乐杂戏,并左右军百戏,在其中驾坐一时呈拽";"教坊钧容直,露台弟子,更互杂剧","万姓皆在露台下观看,乐人时引万姓山呼"。其卷七"驾幸临水殿观争标锡宴"中,记述"近殿水中,横列四彩舟,上有诸军百戏,如大旗、狮豹、棹刀、蛮牌、神鬼、杂剧之类。又列两船,皆乐部。又有一小船,上结小彩楼,下有三小门,如傀儡棚,正对水中。乐船上,参军色进致语,乐作,彩棚中门开,出小木偶人,小船子上有一白衣垂钓,后有小童举棹划船,辽绕数回,作语,乐作,钓出活小鱼一枚,又作乐,小船入棚。继有木偶筑球舞旋之类,亦各念致语,唱和,乐作而已,谓之水傀儡。又有两画船,上立秋千,船尾百戏人上竿,左右军院虞候监教鼓笛相和"。待"水戏呈毕","百戏乐船并各鸣锣鼓,动乐舞旗,与水傀儡船分两壁退去"。其后又有"引马""开道旗""拖(抛)绣球""褙柳枝""旋风旗""鹘马""跳马""拖马""飞仙膊马""绰尘""黄院子""妙法院""小打""大打"等百戏动作。这里我们看到的是杂剧演出及演出之前的民间文艺即"百戏"作准备、热身的情景。杂剧演出被掺杂以百戏并与之相糅合,这是宋代民间戏曲的普遍现象,在此处得到集中而典型的体现。杂剧及百戏的演出服饰、面具、动作,在此处也得到完整的表现。应该说,这段记述对杂剧、百戏及傀儡戏等文艺形式的描绘,是整个宋代民间文艺生活,

---

① 如《东京梦华录》卷六《元宵》中载"上有大牌,曰宣和与民同乐"。

尤其是民间戏曲生活的一个缩影。这样,我们就不难理解宋杂剧为何具有不竭的源泉,使其保持着旺盛的生机了。杂剧本身就是民间文艺的一种形式,与之相伴而生的傀儡戏,以及各种民间艺术,诸如舞蹈、杂技、大曲等内容,也是民间文艺生活的一部分,它们之间互相影响,共同发展。这里值得我们注意的是,在杂剧演出的过程中,那些露台弟子,诸如"萧住儿、丁都赛、薛子大、薛子小、杨总惜、崔上寿之辈",以及"不足数"的"后来者",应当是当时的名角;这表明杂剧演出对专业演出人才的培养及他们艺术水平的提高,具有十分重要的作用。

耐得翁的《都城纪胜》、西湖老人的《繁胜录》、吴自牧的《梦粱录》和周密的《武林旧事》,所记民俗生活都是以杭州为中心的南方地区的内容,其中有许多关于民间戏曲演出的详细记述。

《都城纪胜》中"瓦舍众伎"条记"杂剧"与"诸宫调",以及其他民间"杂扮"(即"杂剧之散段")、傀儡、影戏等艺术形式。耐得翁解释"瓦"为"野合易散之意",在京师"甚为士庶放荡不羁之所,亦为子弟流连破坏之地"。在这样的环境中,杂剧演出的氛围与此相融合。如其记述"散乐传学教坊十三部,唯以杂剧为正色"。旧教坊中,有"筚篥部、大鼓部、杖鼓部、拍板色、笛色、琵琶色、筝色、方响色、笙色、舞旋色、歌板色、杂剧色、参军色"等,"杂剧部又戴浑裹,其余只是帽子襆头"。其他还有"小儿队""女童采莲队""钧容班"等,"乘马动乐者,是其故事也"。《都城纪胜》对"杂剧"的创作、作曲扮演角色等,所记尤为详细。如"有孟角球,曾撰杂剧本子","葛守成撰四十大曲词","丁仙现捷才知音","绍兴间,亦有丁汉弼、杨国样";"杂剧中,末泥为长,每四人或五人为一场,先作寻常熟事一段,名曰艳段;次做正杂剧,通名为两段。末泥色主张,引戏色分付,副净色发乔,副末色打诨,又或添一人装孤",这是现有文献中较早的关于杂剧演出内容的记述。诸宫调是宋代民间曲艺中的重要形式,此中记述了"京师孔三传编撰",具体内容有"传奇、灵怪、八曲、说唱",所配乐器有"箫管、笙篥、稽琴、方响",又有"拍番鼓子、敲水盏锣板、和鼓儿";在诸宫调的演唱中,有"小唱""浅斟低唱""嘌唱""下影带""散叫""打拍""唱赚"及"缠令""缠达""覆赚"等,"凡赚最难,以其兼慢曲、曲破、大曲、嘌唱、耍令、番曲、叫声诸家腔谱也"。"杂扮"又名"杂旺""纽元子""技和""杂剧之散段""村人罕得入城",于是"多借装为山东、河北村人,以资笑"。"傀儡戏"有"弄悬丝傀儡、杖头傀儡、水傀儡、肉傀儡","凡傀儡敷演烟粉灵怪故事、铁骑公案之类,其话本或如杂剧,或如崖词,大抵多虚少实,如巨灵神朱姬大仙之类是也"。关于"影戏",其中记述道:"凡影戏乃京师人初以素纸雕镞,后用彩色装皮为之;其话本与讲史书者颇同,大抵真假相半,公忠者雕以正貌,奸邪者与之丑貌,盖亦寓褒贬于市俗之眼戏也"。

在《西湖老人繁胜录》中,记有"国忌日,分有无乐社会(日)"①,如"恃田乐、乔谢神、乔做亲、乔迎酒、乔教学、乔捉蛇、乔焦槌、乔卖药、乔像生、乔教象、习待诏、青果社、乔宅眷、穿心国进奉、波斯国进奉"等;待重大节庆活动时,民间文艺活动更为繁盛,如"全场傀儡、阴山七骑、小儿竹马、蛮牌狮豹、胡女番婆、踏跷竹马、交衮鲍老、快活三郎、神鬼听刀"等;其他还有"清乐社"中的"鞑靼舞、老番人、耍和尚","斗鼓社"中的"大敦儿、瞎判官、神杖儿、扑蝴蝶、耍师姨、池仙子、女杵歌、旱龙船",以及"福建鲍老一社,有三百余人""川鲍老亦有一百余人","唱涯词,只引子弟;听淘真,尽是村人","御街扑卖摩侯罗"者以"牛郎织女,扑卖盈市","卖荷叶伞儿,家家少女乞巧饮酒"等记载。"瓦市"条所记民间戏曲等民间文艺活动亦相当详细,如其中的"北瓦"记有"勾栏一十三座","背做蓬花棚,常是御前杂剧,赵泰、王芙喜、宋邦宁河宴、清锄头、假子贵";"弟子散乐,作场相扑,王侥大、撞倒山、刘子路、铁板踏、宋金刚、倒提山、赛板踏、金重旺、曹铁凛,人人好汉";"女流史惠英、小张四郎,一世只在北瓦,占一座勾栏说话,不曾去别瓦作场";"勾栏合生,双秀才";"杖头傀儡,陈中喜;悬丝傀儡,炉金线";"杂班,铁刷汤、江鱼头、兔儿头、菖蒲头";"舞番乐,张遇喜";"水傀儡,刘小仆射";"影戏,尚保义、贾雄";"卖嘌唱,樊华";"唱赚,濮三郎、扇李二郎、郭四郎""说唱诸宫调,高郎妇黄淑卿";"乔相扑,蚤鱼头、鹤儿头、鸳鸯头、一条黑、斗门桥、白条儿";"谈诨话,蛮张四郎";"散耍,杨宝兴、陆行、小关西";"装秀才,陈斋郎";"学乡谈,方斋郎"等,其中"分数甚多,十三座勾栏不闲,终日团圆"。

《梦粱录》卷一"元宵"条中,载有"清音、遏云、掉(棹)刀、鲍老、胡女、刘衮、乔三教、乔迎酒、乔亲事、焦鎚架儿、仕女、杵歌、诸国朝、竹马儿、村田乐、神鬼、十斋郎各社,不下数十",以及"乔宅眷、旱龙船、踢灯、鲍老、驼象社"和"官巷口、苏家巷二十四家傀儡";其卷三"宰相亲王南班百官入内上寿赐宴"条载有"教乐所伶人以龙笛腰鼓发诨子,参军色执竹竿拂子,奏俳语口号,祝君寿","杂剧色打和毕"而"参军色再致语,勾合大曲舞","百官酒,乐部起三台舞,参军色执竿奏数语,勾杂剧入场,一场两段","是时,教乐所杂剧色何雁喜、王见喜、金宝、赵道明、王吉等,俱御前人员,谓之无过虫";其卷二十"妓乐"条载有"散乐传学教坊十三部"等内容,与《都城纪胜》中"瓦舍众伎"所记大致相同,当是吴自牧对此所做摘录。本卷"百戏伎艺"条所记民间文艺则非常详细,其所记"百戏踢弄家""承应上竿抢金鸡","能打筋头、踢拳、踏跷、上索、打交棍、脱索、索上担水、索上走装神鬼、舞判官、斫刀蛮牌、过刀门、过圈子"等"百戏"活动。"踢弄人"即民间艺术家,在此举数 27 人,都是其他典籍中所少见的。这里还记述了"又有村落百戏之人拖儿带女,就街坊桥巷呈百戏伎艺,求觅铺席宅舍钱酒之货",这种村落间民间艺人的生活,在宋代文献中也是很少见到的。关于傀儡戏,这里集中记

---

① 此为"初八日""十二日"和"十三日"。

述道:"凡傀儡,敷演烟粉、灵怪、铁骑、公案、史书历代君臣将相故事话本,或讲史,或作杂剧,或如崖(涯)词。如悬线傀儡者,起于陈平六奇解围故事也。今有金钱卢大夫、陈中喜等,弄得如真无二,兼之走线者尤佳。更有杖头傀儡,最是刘小仆射家数果奇,大抵弄此多虚少实,如巨灵神姬大仙等也。其水傀儡者,有姚遇仙、赛宝哥、王吉、金时好等,弄得百怜百悼。"

周密的《武林旧事》卷一"圣节"条列举了"天圣基节排当乐次"中各种乐曲的演奏与"杂剧""傀儡""百戏"的演出名目。在"杂剧色"中记述有"吴师贤、赵思、王太一、朱旺(猪儿头)、时和、金宝、俞庆、何晏喜、沈定、吴国贤、王寿、赵宁、胡宁、郑喜、陆寿";其他记述有"歌板色""拍板色""箫色""筝色""琵琶色""嵇琴色""笙色""觱篥色""笛色""方响色""枝鼓色""大鼓色""舞旋色""弄傀儡""杂手艺""女厮扑""筑球军""百戏""百禽鸣"等,总计有273人,有姓名者158人。其卷三"迎新"条记述有"杂剧百戏诸艺之外,又为渔父习闲、竹马出猎、八仙故事"等"台阁"演出活动;其卷六"瓦子勾栏"条、"诸色伎艺人"条,记述了"书会""演史""说经诨经""小说""影戏""唱赚""小唱""丁未年拨入勾栏弟子嘌唱赚色""鼓板""杂剧""杂扮""弹唱因缘""唱京词""诸宫调""唱耍令""唱拨不断""说诨话""商谜""学乡谈""舞绾百戏""神鬼""撮弄杂艺""傀儡""踢弄""清乐""角觝""乔相扑""女颭""散耍""装秀才""吟叫""合笙""沙书""说药"等民间文艺演出中的角色及其姓名。最有价值者是其第十卷中所记"官本杂剧段数",总计有280段,其中有《简帖薄媚》《郑生遇龙女薄媚》《柳毅大圣乐》《二郎熙州》《李勉负心》《相如文君》《崔智韬艾虎儿》《裴航相遇乐》《木兰花爨》《钟馗爨》《王魁三乡题》《眼药酸》和《二郎神变二郎神》等,都是我们所熟悉的以民间传说故事为题材的杂剧;由此,我们可以管窥宋代杂剧与民间文学之间的密切联系。

在民间文艺生活中,民间戏曲的存在和发展从来都是以丰富多彩的民间文化等内容为背景的;同时,有许多民间戏曲因为社会的广泛需要,日益成为当世的名篇(剧),因而也从演出中涌现出一批有影响的民间文艺名角,带动了民间文艺更大的繁荣。从《东京梦华录》《都城纪胜》《西湖老人繁胜录》《梦粱录》《武林旧事》等典籍中,可以清晰地看到不同形式民间文艺之间的相互影响和作用,以及民间艺人与民间文学之间的具体联系。从这里也可以看到,历史上任何一种民间文艺形式的脱颖而出,首先都取决于社会的需要、时代的选择,以及民众的广泛支持。其中,中下层文人的积极参与,也是一个很重要的因素;诸如"书会"①对团结民间艺人、提高创作和演出水平,发挥着重要作用。官方的参与,即通过召集民间文艺团体进入官方文艺活动,并不影响民间文艺本色的保持;在一定程度上讲,这是民间文艺发展和提高社会知名度

---

① 《武林旧事》卷六"诸色位艺人"条载"书会",列"李霜涯、李大官人、叶庚、周竹窗、平江周二郎、贾二十二郎"等人。

的重要机会,也是民间文艺、民间文学在社会文化中更广泛地传播的契机。以往,我们在划分文学类型时,总是强调民间文学同作家文学相对立的一面,自觉或不自觉地忽视了它们之间的相互影响。它们共处于同一个民族文化的空间之中,共同构成我们这个民族在不同时代的精神食粮,都是我们应该珍惜的文化资源。

  宋代民间戏曲与作家文学的联系,我们从宋祁、王珪、元绛、苏轼等人所撰"教坊致语"与"勾杂剧词"等作品,可以管窥其表现。如苏轼在《集英殿秋宴勾杂剧》中,提到"朱弦玉琯,屡进清音。华翟文竿,少停逸缀。宜进诙谐之技,少资色笑之欢。上悦天颜,杂剧来欤"。黄庭坚在《傀儡诗》中说:"万般尽被鬼神戏,看取人间傀儡棚;烦恼自无安脚处,从他鼓笛弄浮生。"陆游在《社日》诗中记述"太平处处是优场,社日儿童喜欲狂;且看参军唤苍鹘,京师新禁舞斋郎";他在《赛神曲》中记述"击鼓坎坎,吹笙呜呜。绿袍槐简立老巫,红衫绣裙舞小姑。乌臼烛明蜡不如,鲤鱼糁美出神厨。老巫前致词,小姑抱酒壶。愿神来享常欢娱,使我嘉谷收连车";更不用说他在诗中对鼓子曲所作的记述"斜阳古柳赵家庄,负鼓盲翁正作场;身后是非谁管得,满村听说蔡中郎"。柳永的《鹤冲天》中,满眼是"烟花苍陌,依约丹青屏障",叹的是"忍把浮名,换了浅斟低唱"。宋翔凤在《乐府余论》中说柳永"失意无俚,流连坊曲,遂尽收俚俗语言编入词中,以便使人传习,一时动听,散播四方,东坡、少游辈继起,慢词遂盛";于是,他的词也深深影响了民间曲词的发展。如叶梦得在《避暑录话》中记"凡有井水饮处,即能歌柳词"。周邦彦的《兰陵王》是借用著名的民间曲式《高长恭破阵曲》而写成的,毛开在《樵隐笔录》中记述道:"绍兴初,都下盛行周清真咏柳《兰陵王慢》,西楼南瓦皆歌之,谓之渭城三叠。以周词凡三换头,至末段,声尤激越,惟教坊老笛师能倚之以节歌者。"宋代民间戏曲的繁荣,离不开广大作家的文学创作对民风与文风的潜移默化。同样,它也对宋代作家文学产生了深刻的影响。宋代作家文学与民间戏曲相联系的例子举不胜举,尤其是宋词的兴起、繁荣及其作为民间词曲对民间戏曲的融入,我们在《全宋词》中屡见不鲜。宋代作家在诗词中自觉学习民间文学,以俚言俗语和民间歌谣、神话传说融入作品,这是一个普遍存在的现象。尤其值得一提的是,南宋形成的温州杂剧作为民间戏曲,直接影响到元杂剧的发展和繁荣,这在很大程度上是众多作家和民间艺人共同努力的结果。

  宋代民间戏曲的发展,在我国民间文学史上具有承前启后的意义。一方面,它作为一种综合艺术,吸收了宋和宋之前的许多民间传说故事,继承了前代民间歌曲、舞蹈等民间文艺形式,诸如唐代参军戏、傀儡戏和各种大曲等;另一方面,它对元代民间戏曲文化根基的铸造、启蒙和艺术上普遍繁荣,做了必要的准备。也就是说,若没有唐代民间戏曲和民间传说等民间文艺的全面发展,就不会出现宋代民间戏曲的繁荣;同样,若没有宋代民间戏曲诸如杂剧、傀儡戏、影戏的全面、充分的积聚,也就没有元代杂剧的黄金时代。王国维在《宋元戏曲考》中,把宋、金时代的戏曲分为五个部分,即"宋之滑稽戏""宋之小说杂戏""宋之乐曲""宋官本杂剧段数"和"金院本名目"。他在"宋之滑稽戏"中,先后举刘攽《中山诗话》、范镇《东斋纪事》、张师正《倦游杂录》、宋无名氏《续墨客挥犀》、朱彧《萍州可谈》、陈师道《谈丛》、王辟之《渑水燕谈录》、李廌《师友谈记》、曾敏行《独醒杂志》、洪迈《夷坚志》、周密《齐东野语》、刘绩《霏雪录》、张知甫《可书》、岳珂《桯史》、田汝成《西湖游览志余》、张端义《贵耳集》、张仲文《白獭髓》和仇远《稗史》、罗大经《鹤林玉露》等文献中的材料38条,并附"辽金伪齐"部分4条。他把杂剧当作"杂戏",是颇有见地的。因为杂剧在宋代民间戏曲中,"全用故事,务在滑稽",并非像元代那样表现重大社会主题,而更多的在于调整庆典中的严肃氛围,冲之以荒诞类故事,以衬托、营造喜庆效果。他指出:"宋人杂剧固纯以诙谐为主,与唐之滑稽剧无异。但其中脚色较为著明,而布置亦稍复杂;然不能被以歌舞,其去真正戏剧尚远。"然则何谓"真正戏剧"?其实,宋之杂剧正是民间戏曲的一种表现形式,所以才形成"去真正戏剧尚远"的结果。王国维还说,"宋之滑稽戏虽托故事以讽时事,然不以演事实为主,而以所含之意义为主",他把"演事实之戏剧"归为宋代傀儡戏、影戏等民间艺术,并以"宋代之滑稽戏及小说杂戏"作为"后世戏剧之渊源"。在"宋之乐曲"中,他考察了词大曲、歌舞与故事之间的联系,指出"盖南北曲之形式及材料,在南宋已全具矣"。对于《武林旧事》卷十所载官本杂剧,王国维考察了《梦粱录》所载"向者汴京教坊大使孟角球曾做杂剧本子,葛守诚撰四十大曲"等史迹,将"大曲一百有三本"等与《宋史·乐志》和《文献通考·教坊部》中的史料相对比,指出"此二百八十本(杂剧),不皆纯正之戏剧","可知宋代戏剧,实综合种种之杂戏","而其戏曲,亦综合种种之乐曲","此二百八十本(杂剧),与其视为南宋之作,不若视为两宋之作妥也"。他还考察了"金院本名目",指出其"为金人所作,殆无可疑者也",其中的《金明池》等"上皇院本"为"皆明示宋徽宗时事"①。

联结北宋与南宋民间戏曲的纽带,是民间文艺自身。以往,我们常把南北两宋人为地割裂成两个阶段,而事实上这是很不确切的。南渡之前,宋代就已有杂剧,如《东京梦华录》中所记《目连救母》;那些傀儡戏其实也应看作民间杂剧,文献中已提到它具有与杂剧相同的内容。宋杂剧的特点,在《梦粱录》中被总结为"大抵全以故事,务在滑稽,唱、念、应付通遍","凡有谏诤,或谏官陈事,上不从,则此辈妆做故事,隐其情而谏之";其实,这里所说的是"官本杂剧",而杂剧更多的是民间杂剧,其意义就在于"滑稽"。杂剧的称呼在宋代和元代是不同的,如明代何元朗《四友斋丛说》中就提到"金元人呼北戏为杂剧,南戏为戏文"。明代徐渭《南词叙录》中说:"南戏始于宋光宗朝,永嘉人所作《赵贞女》《王魁》二种实首之。故刘后村有'死后是非谁管得,满村听说蔡中郎'之句。或云宣和间已滥觞,其盛行则自南渡,号曰永嘉杂剧,又曰鹘伶声

---

① 王国维:《宋元戏曲考》,中国戏剧出版社,1999年版,第26~28页。

嗽。其曲则宋人词而益以里巷歌谣,不叶宫调,故士大夫罕有留意者。"王国维对于南戏与杂剧的关系并没有考察清楚,他在《宋元戏曲史》中说"南戏当出于南宋之戏文,与宋杂剧无涉"。① 现在我们没能见到宋代原始刊刻的杂剧文本,只有金代董解元的《西厢记》与之相近。徐渭在《南词叙录》中还提到"南曲固无宫调,然曲之次第,须用声相邻以为一套。其间亦自有类辈,不可乱也"。他举到《黄莺儿》相邻《簇御林》,《画眉序》相邻《滴溜子》。应该说,南宋杂剧作为民间戏曲,以温州杂剧为代表,与北宋杂剧有了一些差别,但这种差别并不是根本性的。明代祝允明《猥谈》中说,"南戏出于宣和之后、南渡之际,谓之温州杂剧。予见旧牒,其时有赵闳夫榜禁,颇述名目,如《赵贞女蔡二郎》等,亦不甚多",与此是一样的道理。南宋杂剧的变化,更多地表现在内容方面,如周密《齐东野语》中所记"宣和中。童贯用兵燕蓟,败而窜",民间艺人以"蔡太师家人""郑太宰家人"和"童大王家人"扮演故事,讽刺"大王方用兵,此三十六髻(计)也"。岳珂《桯史》中记述了高宗时,民间艺人先是"有参军者前襃桧功德,一伶以荷叶交椅从之,诙语杂至,宾欢既洽",后以"二胜环"讽刺其"但坐太师交椅","此环掉脑后","桧怒,明日,下伶于狱,有死者"。这是时代性内容的体现,与北宋时产生了苏轼、王安石,南宋时产生了陆游是一样的道理。当然,没有变化,作为民间戏曲的杂剧就不会发展进步;但艺术的创新,从来都是以继承为基础的。

宋代民间戏曲中的杂剧是综合性的艺术,需要多方面的文化作为其生长发育的基础,步入元代之后,它成为另一种意义上的杂剧。这是时代的发展在戏剧艺术中的体现。同时我们也可以看到,宋代民间戏曲至今还保存在我们的民俗文化生活中,既有神庙、露台、庙碑、壁画等实物的具体保存,又有丰富的传说故事和民间曲艺等活在人们的口头语言即"口碑"中作为记述的证据。在中原地区民间木偶戏的演出中,宋代文献《东京梦华录》等典籍中所载木偶形式、木偶剧名,至今基本上都有保存。其中以土、木、布、皮和纸偶即傀儡戏为主要类型,在乡村庙会,以及开封清明上河园等文化主题公园中不断演出,有时成为民间百姓自演自乐的文娱节目。"摩合罗"又名"魔猴罗",《东京梦华录》卷八"七夕"中载"潘楼街东宋门外瓦子、州西梁门外瓦子、北门外、南朱雀门外街及马行街内,皆卖磨喝乐(摩合罗),乃小塑土偶耳"。其唱段因卖者走村穿巷而形成固定格式,在宋代已经有磨喝乐唱曲,至元代则融入杂剧,演变成"耍孩儿",至今演变为豫西南一带流行的"罗戏"中的主要唱腔。豫剧演唱中也有此类唱腔,其韵、句段和字数都形成固定格式。此种格式,至今仍称为"耍孩儿"。其他还有以宋代民间传说为题材的民间戏曲,诸如杨家将、岳家将、狄青将军、包公等各种曲艺唱段,在民间文艺中琳琅满目。这种现象的存在不是偶然的,其中一个重要原因在于北宋的都城东京就是今天的古城开封。传说学上常以某种历史遗迹作为一定的民间

---

① 王国维:《宋元戏曲考》,中国戏剧出版社,1999年版,第53页。

传说产生的依据物,并作为文化辐射的中心;因此,中原地区的开封和洛阳两座古代都城,就自然成为民间传说传播中心区域即"语域"的两个亮点。

第七章 "石人一只眼":元代民间文学

《元史·河渠志三》中一首歌谣记述"石人一只眼,挑动黄河天下反",载至正年夏"黄河暴溢",贾鲁治河,在黄陵冈得一眼石人,轰轰烈烈的刘福通农民起义遂"乘时而起",点燃了推翻元帝国反动统治的大火。这歌谣声和这大火的光芒,一起照亮了黑暗帝国的夜空,是元代民间文学的最强音。在中国民间文学史上,元代民间文学是尤为独特的一页。由于强烈的民族歧视和民族压迫,传统文化在元朝统治中国的90年间,由宋代的极盛跌入一个低谷,以杂剧为代表的文学,更多地呼喊出愤怒的控诉与声讨。蒙古民族先后灭掉西夏和金,于1271年建立元帝国,1276年灭了南宋;它曾经征服广袤的欧亚大陆,盛极一时,是世界上最为强大的帝国;但是,它鄙视中国古典文化,奴役中华民族大多数的汉民族,激发了不可调和的民族矛盾。它虽然对统一中国做出了重要贡献,最后还是导致必然的灭亡,为明王朝所替代。这里,我们姑且不去讨论元统治者如何把中国人分为四等,将蒙古人、色目人之外的汉人、南人列为三四等,又如何不顾法制,中断科举考试,毁坏大片良田①。检索文献,从元代民间文学中,我们可以深切地感受到专制政治的罪恶与脆弱。

元代的民间文学,最突出的内容是呈现在具有浓郁民间文化色彩的元杂剧之中的民间曲调与民间传说故事,其次是元代刊刻的民间"说话"中的"小说"话本和笔记小说中的传说故事,它们不同程度地保存着元代作家对民间文学的整理与运用;民间歌谣和谚语,成为这个时代的"天籁"。

元代社会,人文文化被荒漠化,更显示出民间文学的清新。元杂剧融注大量民间文艺,成为民间文化的重要载体。

---

① 蒙古人入主中原,曾有大臣提出"汉人无补于国,可悉空其人以为牧地",耶律楚材提出反对意见,这种遍投"投下",以汉人为奴的政治才有所改变。然而,其时间已过去了半个世纪,危害极大。见《明史·耶律楚材传》。

一　元杂剧与民间文学

　　元代杂剧的文化基础是民间文学,其形成的直接背景,是宋金杂剧院本,表现了艺术的自身嬗变。如王国维在《宋元戏曲考》"元杂剧之渊源"中所说:"宋金之所谓杂剧院本者,其中有滑稽戏,有正杂剧,有艳段,有杂班,又有种种技艺游戏。其所用之曲,有大曲,有法曲,有诸宫调,有词,其名虽同,而其实颇异。至成一定之体段,用一定之曲调,而百余年间无敢逾越者,则元杂剧是也。"在他看来,"元杂剧之视前代戏曲之进步"有两个方面,一是元杂剧"每剧皆用四折,每折易一宫调,每调中之曲,必在十曲以上";二是它"视大曲为自由,而较诸宫调为雄肆","于科白中叙事,而曲文全为代言"。正因为这两方面的"进步"及其"兼备","而后我中国之真戏曲出焉"。① 元杂剧中所用曲,有人统计共有"三百三十五章",有出于"大曲者",有出于"唐宋词者",有出于"诸宫调中各曲者",还有一些"不见于古词曲",又"可确知其非创造者",这就是民间文艺中的一些曲调。王国维对这些民间曲调做了详细考察,指出其为"宋代旧曲",即宋代民间曲调。如《六国朝》,见于曾敏行的《独醒杂志》卷五中所载"先君尝言宣和末客京师,街巷鄙人,多歌番曲,名曰《异国朝》《四国朝》《六国朝》《蛮牌序》《蓬蓬花》等,其言至俚,一时士大夫亦皆歌之"。《憨郭郎》则见于《乐府杂录》。其中"傀儡子"条载"其引歌舞有郭郎者,发正秃,善优笑,闾里呼为郭郎,凡戏场必在俳儿之首也";杨大年《傀儡诗》也有"鲍老当筵笑郭郎"。《叫声》,见于《事物纪原》卷九"吟叫"条,载"嘉柏末,仁宗上仙"时,"市井初有叫果子之戏","京师凡卖一物,必有声韵,其吟哦俱不同,故市人采其声调,间以词章,以为戏乐也";《梦粱录》卷二十亦载此"以市井诸色歌叫卖合之声,采合宫商,成其词也"。《快活三》,见于《东京梦华录》卷七中所记"任大头、快活三之类",又见于《武林旧事》卷二中所载"快活三郎""快活三娘"。《乔捉蛇》,见于《武林旧事》卷二中,又见于金人院本名目《乔捉蛇》。《拔不断》见于《武林旧事》卷六中"唱《拔不断》"。《太平令》见于《梦粱录》卷二十,其中载"绍兴年间,有张五牛大夫,因听动鼓板中有《太平令》或赚鼓板"。王国维说,这些曲调"虽不见于现存宋词中,然可证其为宋代旧曲,或为宋时习用之语","由此推之,则其他二百十余章,其为宋金旧曲者,当复不鲜"。此"宋金旧曲",其实就是宋金时代的民间曲调。由此可见元杂剧在曲调上受民间文学的普遍影响。再者是元杂剧采用大量的俗语俚谚,朱居易著《元(杂)剧俗语方言例释》(商务印书馆,1956年版)对此做了深入而详细的考证,其中收俗语方言"共一千零数十则",在解释时"以曲证曲,间及话本小说及宋元人笔

---

① 王国维:《宋元戏曲考》,中国戏剧出版社,1999年,第30页。

记,以资旁证",探讨相当完备。其他还有徐嘉瑞《金元戏曲方言考》(商务印书馆,1942年版)。张相《诗词曲语辞汇释》(中华书局,1952年版。)等,对此都有深入研究,这里不详细举例。

　　元杂剧的保存,在历史上也曾经历尽沧桑,不断佚失。李开先在《张小山乐府》《序》中说,"洪武初年",有"亲王之国,必以词曲千七百本赐之"。《太和正音谱》卷首录元人杂剧"五百三十五本"。钟嗣成《录鬼簿序》中,载"四百五十八本"。明长兴臧懋循所刻《元曲选》录"二百五本种",其中"亦非尽元人作矣";同时代的刊本,还有无名氏的《元人杂剧选》和陈与郊的《古名家杂剧》等,所收"存佚已不可知"。王国维在《宋元戏曲考》中详加考证,说"今日确存之元剧,而为吾辈所能见者,实得一百十六种"。①在所见刊本中,以钟嗣成《录鬼簿》的影响最为重要,其他如《元曲选》《元人杂剧选》《太和正音谱》《雍熙乐府》以及《也是园书目》等,都保存了丰富的元杂剧剧本或剧本的一部分和名目。从中我们可以看到,元杂剧中以历史传说和民间传说、民间故事为题材的,占据了相当大的比重。选取历史传说者,如"三国"故事类,有关汉卿的《关张双赴西蜀梦》《关大王单刀会》,无名氏的《诸葛亮博望烧屯》和《两军师隔江斗智》等,我们姑且称为"三国戏";包拯传说故事是元杂剧中十分突出的题材,可称为"包公戏",诸如关汉卿的《包待制三勘蝴蝶梦》《包待制智斩鲁斋郎》,郑廷玉的《包待制智勘后庭花》,武汉臣的《包待制智勘生金阁》,李行道的《包待制智勘灰阑记》,无名氏的《陈州粜米》《包待制智赚合同文字》等。梁山泊水浒英雄传说故事可称为"水浒戏",诸如高文秀的《黑旋风双献功》,李文蔚的《同乐院燕青博鱼》和康进之的《梁山泊李逵负荆》等。历史上的作家,在传说中以风流面目出现者颇多,可称为"文人传说戏",诸如马致远的《江州司马青衫泪》,吴昌龄的《花间四友东坡梦》,石君宝的《李亚仙诗酒曲江池》,王伯成的《李太白贬夜郎》,乔吉甫的《杜牧之诗酒扬州梦》《李太白匹配金钱记》,费唐臣《苏子瞻风雪贬黄州》,鲍天祐的《王妙妙死哭秦少游》和郑光祖的《醉思乡王粲登楼》等。历史上的英雄、圣贤、忠臣、良将,留下了许多生动的传说,成为元杂剧的重要题材,此可称为"英雄戏",诸如李寿卿的《说专诸伍员吹箫》,尚仲贤的《尉迟公三夺槊》《尉迟公单鞭夺槊》,赵明道的《陶朱公范蠡归湖》,周文质的《持汉节苏武还乡》,纪君祥的《赵氏孤儿冤报冤》,张国宾的《薛仁贵衣锦还乡》,狄君厚的《晋文公火烧介子推》,金仁杰的《萧何追韩信》,朱凯的《昊天塔孟良盗骨殖》,无名氏的《冻苏秦衣锦还乡》《小尉迟将斗将认父归朝》《庞涓夜走马陵道》和《随何赚风魔蒯通》等。历史上的一些帝王或叱咤风云,或风流多情,他们的传说也是元杂剧的题材,此类作品可称作"帝王戏",诸如高文秀的《好酒赵元遇上皇》,郑廷玉的《楚昭王疏者下船》,白朴的《唐明皇秋夜梧桐雨》,李直夫的《便宜行事虎头牌》,尚仲贤的《汉高祖濯足气英

---

① 王国维:《宋元戏曲考》,中国戏剧出版社,1999年版,第22页。

布》、郑光祖的《周公辅成王摄政》等。历史上还留下来一些神仙传说，这些神仙或者有真实的历史人物作为产生的依托背景，或者纯属乌有，但是他们都与一定的风物相联系，他们的传说故事与其他一些宗教传说一起构成元杂剧的内容，此可称为"神仙戏"。诸如郑廷玉的《布袋和尚忍字记》，马致远的《吕洞宾三醉岳阳楼》《太华山陈抟高卧》《马丹阳三度任风子》，吴昌龄的《张天师断风花雪月》，岳伯川的《岳孔目借铁拐李还魂》，李时中的《邯郸道省悟黄粱梦》，范康的《陈季卿悟道竹叶舟》，李寿卿的《月明和尚度柳翠》，王晔的《破阴阳八卦桃花女》，杨景贤的《马丹阳度脱刘行首》，无名氏的《严子陵垂钓七里滩》《庞居士误放来生债》《玎玎珰珰盆儿鬼》《萨真人夜断碧桃花》等。此外，元杂剧中还有一些公案传说，可称为"公案戏"，诸如孟汉卿的《张鼎智勘魔合罗》，孔文卿的《秦太师东窗事发》，孙仲章的《河南府张鼎勘头巾》，萧德祥的《王翛然断杀狗劝夫》和无名氏的《张子替杀妻》等。关汉卿的《感天动地窦娥冤》，是"公案戏"中难得的悲剧，千百年来备受世人感动。在历史传说之外，还有一些表现情爱纠葛的民间生活故事，或者实有其事，或者纯粹是民间百姓的幻想，在其流传中体现出下层民众的情爱观念和具体的人生观、审美观、道德观。这类故事以言情为主要内容，被人喻之为"风月"，在元杂剧中最为感人，我们可以称之为"风月戏"。这些情爱故事以"风月"的面目出现，表现出不同类型的情爱生活，是整个元杂剧中最能体现时代气息的内容，诸如关汉卿的《闺怨佳人拜月亭》《赵盼儿风月救风尘》《诈妮子调风月》，白朴的《裴少俊墙头马上》，王实甫的《崔莺莺待月西厢记》，武汉臣的《李素兰风月玉壶春》，尚仲贤的《洞庭湖柳毅传书》，石君宝的《鲁大夫秋胡戏妻》《诸宫调风月紫云庭》，李好古的《沙门岛张生煮海》，张寿卿的《谢金莲诗酒红梨花》，郑光祖的《㑳梅香翰林风月》《迷青琐倩女离魂》，曾瑞的《王月英元夜留鞋记》，乔吉甫的《玉箫女两世姻缘》，无名氏的《孟德耀举案齐眉》《逞风流王焕百花亭》等。这些扑朔迷离的爱情世界，或者是有情人终成眷属，或者是棒打鸳鸯散、劳燕两分飞而令人扼腕叹息不已，都以真情感染着人。

在这些形形色色的"戏"中，我们也可以看到"理论是灰色的，生活之树常青"的道理。有许多"戏"与"戏"内容是相近的；有时候，一些戏中间同时存在着几种主题，任凭我们怎样去划分类型，都不能穷尽它们。同时，我们发现在元杂剧所包容的传说中，历史传说与情爱故事成为两个亮点。究其原因，一是在民族歧视和民族压迫下汉民族对自己历史的咀嚼，意味着对心灵伤痛的抚慰，对人格尊严的寻找，借以增强民族自信心；一是对黑暗、野蛮的专制制度的发自心灵深处的仇视与反抗，借情爱世界的众生相，唤起人们的道德感、责任感，从而去鞭挞邪恶力量。在元杂剧中，"汉代戏"有着特殊的意义，一些剧作剧本已失传，单从其名目上即可见元代作家对汉代历史的特殊感情。如钟嗣成的《汉高祖诈游云梦》，李寿卿的《吕太后使计斩韩信》，郑廷玉的《汉高祖哭韩信》，王仲文的《汉张良辞朝归山》，王廷秀的《周亚夫屯细柳营》等。尤其是"吕后戏"相当多,吕太后成为恶的代表。特别是作为历史传说一部分的包拯传说故事和水浒故事,在元杂剧中被多处运用,意味着对元代统治者践踏法制、草菅人命、滥杀无辜等种种野蛮黑暗现象的反抗,是对社会良知的热切呼唤。我们应该承认,元杂剧对民间传说故事的大量运用,饱含着广大作家强烈的民族自尊心。元杂剧在潜移默化中熏陶着民间百姓的情操,积聚着他们反抗的力量,从这个意义上讲,元代民间文学通过元杂剧,孕育、酝酿着与邪恶和黑暗势力殊死搏杀的愤怒的雷霆。元代杂剧的形制"以一宫调之曲一套为一折","普通杂剧大抵四折,或加楔子","合动作、言语、歌唱三者而成","每折唱者止限一人,若末,若旦;他色则有白无唱,若唱,则限于楔子中;至四折中之唱者,则非末若旦不可";"脚色中,除末旦主唱,为当场正色外,则有净有丑"①。也正如王国维所言,"元杂剧最佳之处,不在其思想结构,而在其文章",即"意境"。② 而正是民间语言、民间传说和故事,具体构成了这种"意境"。元杂剧再一次显示出民间文学的力量和意义;它告诉我们,真正有出息的作家,从来都密切关注着人民大众的命运,关注着于百万人民所创造的口头文学。尤其是元杂剧的作家,因为朝廷废除了科举制度,断绝了他们仕进的道路,汉人和南人只能在社会底层喘息,他们与人民共命运,才创造出一章章优秀的剧作。他们与唐宋时期的作家有相当大的不同,最突出的就是他们所保持的民间视野与民间立场。唐宋作家更多地把自己当作拯救世界的主人,一再高唱"致君尧舜上,再使风俗淳","仰天大笑出门去,吾辈岂是蓬蒿人",将自己与千百万百姓割裂开来。元杂剧作家虽然也有这种意识存在,但他们更多地把自己作为民间百姓的代言人。最典型的就是"水浒戏",元杂剧作家把李逵、鲁智深这些民间英雄塑造成真正的救世者,而在蔡衙内、刘衙内等人身上则集中了社会政治的黑暗及种种罪恶,其结局也多是惩恶扬善。如无名氏的《黄花峪》写民间书生刘庆甫与妻李幼奴自泰安烧香回家中,路遇蔡衙内;蔡衙内抢去李幼奴,吊打刘庆甫;梁山好汉病关索杨雄得知此事,猛拳教训蔡衙内,将刘庆甫救下,并告诉刘庆甫,若再受欺侮,可去梁山告状;后来李幼奴再遭蔡衙内所抢,李逵巧扮作货郎,从水南寨救出李幼奴;蔡衙内逃至黄花峪,在云岩寺被鲁智深活捉;梁山英雄刀斩蔡衙内,刘庆甫夫妇团圆。李逵疾恶如仇,连呼"打这厮无道理、无见识,羊披着虎皮,打这厮狐假虎威";鲁智深借宿云岩寺,与蔡衙内为争僧房而厮打,先骂"打你个软的欺,硬的怕,蜡枪头",后又骂"打你个强夺人家良人妇,你是个吃剑头"。在文学史上,作家的贵族意识和平民意识在审美表现上是根本不同的,或者高高在上,动辄指斥群氓愚昧不堪,或者走进民间,与人民同呼吸共命运。然而,我们的文学史对此却严重忽视,这种倾向应该纠正!元代杂剧作家们的命运是时代造成的,他们的道路和创作

---

① 王国维:《宋元戏曲考》,中国戏剧出版社,1999年版,第28页。
② 王国维:《宋元戏曲考》,中国戏剧出版社,1999年,第47页。

实践及其突出的成就,值得我们深思。

二 "说话"与笔记中的民间传说和民间故事

　　元代小说以"说话"中的"讲史"和文人笔记为典型,保存了许多民间传说和民间故事。尤其是"说话"中的"讲史",今天我们所能见到的《三国志平话》《五代史平话》《前汉书平话续集》《秦并六国平话》《武王伐纣书平话》《乐毅图齐七国春秋平话后集》和《宣和遗事》等文献,其初刻都在元代。元人在宋代毕昇所发明的泥活字印刷基础上,发明了木活字和铜活字印刷,这为文化典籍的传播提供了极大方便。这也是元代刻印的"讲史"话本得到大量保存的一个非常重要的原因。如《三国志平话》今存版本,最早是元英宗至治时建安虞氏所刊,三卷,各卷均题"至治新刊全相平话三国志"。《五代史平话》十卷,传说为常熟张敦伯家藏,光绪二十七年曹元忠在杭州访得,董氏诵芬楼刊本类于元刊,书中杂有元人语,当为元人所增益刊刻成书。《前汉书平话续集》三卷,亦为元至治时建安虞氏所刊;《秦并六国平话》三卷,同上,为元至治间建安虞氏刊本。《武王伐纣书平话》,别题《吕望兴周》三卷,元至治时建安虞氏刻本,其卷首诗中有"隋唐五代宋金收"诗句,可知为元人所编。《乐毅图齐七国春秋平话后集》三卷,元至治时建安虞氏刊本。《宣和遗事》二卷,"宋人旧编",书中有元人语多处,亦为元人增益后所刊。元代刊刻此类"讲史",而且是在"建安"(今福建建瓯)刻印,远离大都(今北京),应是江南民间书坊业对宋代刊刻传统的继承;同时这也告诉我们,"讲史"在元代应当数江南地区最为盛行。

　　当然,这与宋代流传这些历史传说并不矛盾。如《东京梦华录》中就曾记述"霍四究,说《三分》。尹常卖,《五代史》"。值得人回味的是《三国志平话》在开场诗中记述道:"江东吴土蜀地川,曹操英勇占中原,不是三人分天下,来报高祖斩首冤。"其中叙述司马仲相看亡秦之书,"毁骂始皇,有怨天公之心",而被迎入"报冤殿"做审问冤鬼的阴司之君,遇韩信、彭越、英布三个冤鬼状告刘邦,由天公敕准,使他们三个分别托生成曹操、刘备、孙权,使刘邦托生成汉献帝,司马仲相"生在于阳间,复姓司马,字仲达,三国并收,独霸天下"。《三国志平话》多写平民,刘备织草鞋,诸葛亮"出身低微,元是庄农","牧牛村夫",都是一群民间野生的英雄;其中也充满了民间信仰中的神鬼报应,完全是民间百姓的生活观念。这则平话当是宋元时代三国传说故事的汇集"大纲",上卷写黄巾起义和刘、关、张结义起事,到曹操斩吕布;中卷写汉献帝宣召刘、关、张,欲诛杀曹操,到刘备任豫州牧,诸葛亮指挥赤壁之战,大显神通,以及刘备在东吴娶亲后回到荆州;下卷写周瑜气死,刘备在诸葛亮的帮助下袭西川,最后三家归晋。平话中张飞杀太守、鞭督邮,到太行山落草,战吕布,王允设计献貂蝉,诸葛亮于黄婆店遇神女等,这些传说至今还在民间流传,而并不见诸《三国志》,也不见诸《三国演义》。此可见《三国志平话》自成体系,是一部"民间《三国》""口述《三国》"。《五代史平话》凡十卷,记述梁、唐、晋、汉、周五代故事,有人以为是"宋巾箱本",而其中"平话"一词是元代才出现的,所以当见之于元,书中往往直称赵匡胤、赵玄郎的名字,亦当是宋以后人所为。书中有许多处开场诗,显然是民间说唱艺人的口气,诸如《周史平话》中的"汉之国祚遂为周太祖郭威取了也,复有人咏道:忆昔澶州推戴时,欺人寡妇与痴儿。周朝才得九年后,寡妇孤儿又被欺"。《五代史平话》中的帝王将相与草莽英雄,都是民间化的角色,与正史有很大出入,这也正是民间文学的特征,即传奇性及神秘意蕴的融合。如其中写黄巢题反诗:

黄巢因下第了,点检行囊,没十日都使尽,又不会做甚经纪,所谓:"床头黄金尽,壮士无颜色。"那时分又是秋来天气,黄巢愁闷中未免题了一首诗,道是
柄柄芰荷枯,
叶叶梧桐坠。
细雨洒霏霏,
催促寒天气。
恐吟败草根,
雁落平沙地。
不是路途人,
怎知这滋味!
题了这诗后,则见一阵价起的是秋风,一阵价下的是秋雨。望家乡又在数千里之外,身下没些个盘缠,名既不成,利又不遂,也只是收拾起些个盘费,离了长安……

在《五代史平话》中,那些仁君明主都被夸张出鲜明的个性,附之以神秘意蕴,体现出民间百姓渴盼社会安宁、生活安康的朴素愿望。如《唐史平话》中记述明宗"于宫中每夜焚香","告天密祷,曰:臣本胡人,不能做中国主;至今甲兵未息,生灵愁苦,愿得上天早生圣人,为中国万民之主"。所以,明宗继帝位后,便"大赦天下","凡诸司使务,有名无实,废之",其"初政清明,有可称者"。周世宗柴荣在此评话中也备受称赞,"讲史"人以诗话论说道:"五代都来十二君,世宗英特更仁明。出师名将谁能敌?立法均田非徇名。木刻农夫崇本业,铜销佛像便苍生。皇天尚假数千寿,坐使中原见太平。"在《五代史平话》中,放过猪的朱温,放过羊、做过小厮的石敬瑭,喂过马的刘知远,等等,一个个历史"名角"都是卑贱出身,在民间传说故事中展示出个性独特而又栩栩如生的形象。《前汉书平话续集》取材于《汉书》,记述了刘邦、项羽、韩信、陈豨、

英布、彭越、萧何、张良、陈平、周勃和吕后等历史人物的传说故事;尤其是对待项羽,平话作者运用一首民间艺人常用的诗来衬托其不凡的功绩:"刀剑垓心夜不停,楚歌散尽八千兵,溃围破敌三更出,失路都无百骑行。单剑指呼犹斩将,万人辟易尚何惊!不言决死天亡楚,四海干戈卒未宁。"其中赞项羽有"八德",即"英雄之至""断之明""勇略之深""仁之大""言之厚""知其命""有耻之不爱其生""知死有分定"而"有终有始"。至于刘邦和吕后则卑劣无耻,与睢景臣《高祖还乡》中的无赖形象是一致的。如平话中蒯通痛陈韩信十大罪过,其实是借用反语述说韩信的十大功劳,借以指斥刘邦过河拆桥、背信弃义、残忍之至。尤其是平话中记述韩信六将军与蒯通起兵反汉,为韩信报仇,要刘邦交出吕后,而刘邦只好以某酷似吕后的妇人头颅相送的故事,超出了史实;吕后阴险之至,诬陷忠臣良将,滥杀无辜,曾与沈字私通,计杀戚夫人和赵王如意,最令人发指的是她令张石庆"于民间买十数个怀孕妇人"。将其中某屠夫之妻所生子充作惠帝之子而立为太子,其余孕妇皆被活活淹死井中!这样一个冷酷无情的女人,违背了刘邦的遗嘱,强逼他人娶吕氏诸女,又滥封吕氏为王,是腐朽专制政治种种罪恶的集大成者。平话中极力渲染两类品格与性情相异的历史传说人物,展示出鲜明而独特的历史观。《秦并六国平话》记述秦始皇统一六国的历史传说,其中引王安石诗"秦皇筑城何太愚,天实亡秦非北胡,一朝祸起萧墙内,渭水咸阳不复都",又引诗"世代茫茫几聚尘,闲将《史记》细铺陈"等,颇有后世"列国志"小说的文风。其中所记述的吕不韦传说、楚襄王领六国伐秦传说、徐福率五百童男童女入海求仙遭秦始皇焚烧湘山而"尽丧其身"等故事,以及对刘邦"宽仁爱人"的赞誉,都给人以新鲜生动的感觉。《武王伐纣书平话》所突出的是纣王的"十过",即"囚吾(武王)父,醢吾(武王)弟身为肉酱,共妲己取乐""虿盆、酒池、肉林、炮烙之刑,苦害宫妃""去摘星楼上撺下姜皇后缢死,山陵不修,葬后宫第七棵梧桐树下""信妲己之言,远窜太子""杀害忠臣,贬剥忠良""杀吾(姜子牙)母""醢黄飞虎之妻""信妲己之言,剖孕妇,辨阴阳""信妲己之言,斫胫看髓""信妲己之言,修筑台阁,劳废民力,费仲谗言,自乱天下"。每一种罪过,实际上都是一种传说故事,在平话中增添了许多神秘氛围。诸如比干在纣王宴上见到一只九尾金毛野狐,以箭射中,并除掉狐妖百数,即与妖狐所化妲己结下仇怨,后来使比干剖腹掏心;纣王好色,对女娲神像想入非非,索天下美女,九尾金狐换妲己灵魂而入宫成祸;其他还有雷震子出世、文素赠纣王镇妖宝剑、姜尚与周文王相遇等具有神奇意蕴的故事。这些都是民间文学中的普遍现象。《乐毅图齐七国春秋平话后集》记述齐使孙膑伐燕,齐愍王无道,燕拜乐毅为帅而伐齐,孙膑和田单打败燕,乐毅与孙膑斗阵,中间穿插鬼谷子等传说中的人物。其"前集"今不见,有学者以为应是孙膑与庞涓"斗智"的故事。"后集"中有诗"七雄战斗乱春秋,兵革相持不肯休;专务霸强为上国,从兹安肯更尊周",以及"燕邦乐毅齐孙膑,谋略纵横七国中""纵横斗智乐孙辈,青史昭垂万世名"等;最后写"封神","加封黄伯杨回风仙人,次加封乐毅奉圣仙人,又加封张晃出世仙人","加封鬼谷先生普惠仙人","把众仙官都加官位","孙子等亦加封了"。最能体现历史传说兴亡教训意义的平话,是在元初出现的《宣和遗事》。《宣和遗事》亦名《大宋宣和遗事》,《也是园书目》列为"宋人词话",但其中却有许多宋之后的内容,如"南儒""省元"和"一汴二杭三闽四广"等称谓,还引用了宋末刘克庄的诗,可知应是元代人所为。当然,其传说故事在宋代形成并流传,这也是正常的,与元人的整理刊刻并不矛盾。因为"南儒"是元人称呼;"省元"是吕中的字,他因遭忌而被徙于汀州,曾著《宣和讲篇》,时已在宋灭亡后。所谓"一汴二杭三闽四广",是指宋代先以汴梁为都,后以杭州为都,蒙古人兵陷杭州后陆秀夫等人在福州即"闽"拥立益王,最后文天祥、陆秀夫等人又在南海即"广"立卫王等事。而后者已是宋人所不熟悉的历史;刘克庄卒年离杭州陷落的时间很近,其诗被引用应该也在元代。有学者还考证出《宣和遗事》与元代脱脱所撰《宋史》在史实上相同①。在《宣和遗事》中,记述了宋徽宗赵佶时代的历史传说,诸如其沉湎女色,私幸妓女,崇道士,重佞臣,大兴土木,以花石纲扰乱天下而引发宋江、方腊起义;同时还记述了金人南下,汴京陷落,徽钦二帝被掳走,高宗在临安称帝立都等。其内容重点在于前者,突出事件有宋徽宗私幸李师师、重用道士林灵素和花石纲引起宋江等水浒英雄起义等。这些传说在后世都产生了重要影响,被演绎成戏曲、小说。尤其是宋徽宗私幸李师师形成了一个著名的帝王传说,有许多学者下决心要考证出李师师是何等人物,这其实有悖于民间传说的发生规律。宋徽宗狎妓在正史中确有记载,如《宋史》卷二二《徽宗本纪》中,载"帝数微行,正字曹辅上书极论之";《续资治通鉴长编拾补》卷四十"徽宗宣和元年"中,载徽宗受怂恿而"纳其言,遂都市、妓馆、酒肆亦皆游焉"。宋人笔记《鸡肋编》卷下中,也记述"宣和中""上皇多微行,而司谏曹辅言之"。在《宣和遗事》中还记述了曹辅的谏疏,称"臣近睹邪傅臣某(蔡京)有谢表,谓陛下轻车小辇,七临私第,臣以为陛下之眷臣京,为不薄矣","近闻有贼臣高俅、贼臣杨戬,乃市井无籍小人,一旦遭遇圣恩,巧进佞谀,簧蛊圣听,轻屑万乘之尊严,下游民间之坊市,宿于娼妓,事迹显然,虽欲掩人之耳目,不可得也","且倡优下贱,缙绅之士,稍知礼义者,尚不过其门","陛下贵为天子","听信匹夫之谗邪,宠幸下贱之泼妓,使天下闻之,史官书之,皆曰易服微行,宿于某娟之家,自陛下始,贻笑万代",劝"陛下不可不自谨"。因而激起徽宗大怒,将曹辅编管郴州。张端义在《贵耳集》中,曾记述"道君幸李师师家,偶周邦彦先在焉,知道君至,遂匿于床下";其他如《墨庄漫录》《浩然斋杂谈》《汴都平康记》等笔记小说中,也都有记述。那么,《宣和遗事》记述此类民间传说,应当是正常的事情。《宣和遗事》记宋徽宗与李师师多在"樊楼"即"丰乐楼"上"宴饮","士民皆不敢登楼"。这里,我们不必考据宋徽宗如何与李师师有交往,即令不是李师师,也还有其他娼妓,只要宋徽宗狎妓属

---

① 见萧相恺:《宋元小说史》,浙江古籍出版社,1997年版,第87~80页。

实,就可以作为民间传说的根据。《宣和遗事》中的宋江等三十六人聚义,是《水浒传》形成的重要基础。其中有"杨志等押花石纲违限配卫州""孙立等夺杨志往太行山落草""宋江因杀阎婆惜往寻晁盖""宋江得天书三十六将名"以及"张叔夜招宋江三十六将降"等名目,形成《水浒传》的基本框架。这些传说分载于《宣和遗事》元、亨、利、贞四集,将梁山好汉事迹置于上至尧舜传说下至高宗定都临安这样一个大背景中。其主要记述杨志和孙立、李进义等十二人奉命押送花石纲,结拜成兄弟,后杨志因"旅途贫困",缺乏旅费而卖刀,遇恶少而杀人获罪,被发配充军,路遇孙立、李进义等十兄弟在黄河岸边救下杨志,同往太行山落草。杨志十二兄弟在太行山安营扎寨,打富济贫,后与晁盖等八人同往梁山,为第一部分。宋江杀阎婆惜,受官兵捉拿,在九天玄女庙中得天书,上有三十六人名录,后其与雷横等人共上梁山,投奔晁盖,被推为首领,此为第二部分。最后一部分是宋江受到朝廷招安,收方腊得胜,被封为节度使。水浒三十六人的传说,可称全书最动人处,展示出官逼民反的社会政治现象。官逼民反的背景在此平话中体现为皇帝的昏庸无能,以及蔡京、章惇、童贯、朱勔、李邦彦、梁师成等奸佞的为非作歹。正是他们欺上瞒下,使天下人民一贫如洗,怨声沸腾,才导致起义军"略州劫县,放火杀人,攻夺淮阳、京西、河北三路二十四州八十余县"。起义军"誓有灾厄,多相救援","来时三十六,去后十八双,若是少一个,定是不还乡",使朝廷命将屡战屡败。诸如呼延绰、受降海贼李横等人原为镇压起义军而来,后来也反叛朝廷,融入梁山起义军。起义军汇聚了天下英雄豪杰,如火如荼,最后却被招安,成为朝廷的鹰犬。《宣和遗事》是对宋代有关宋徽宗传说、梁山英雄传说的系统性总结,为《水浒传》的成书奠定了十分必要的思想文化基础。从另一种意义上讲,《宣和遗事》对梁山英雄传说和宋徽宗故事的记述,除了对深刻的历史教训进行总结之外,与元代盛行的"水浒戏"一样,还包含着"挑动黄河天下反"的鼓动意义。元代"说话"中的历史传说在启迪元代人民反抗民族压迫的同时,对后世各种文学形态的发展,也起到了十分重要的影响作用。

元代民间"说话"中的"讲史"作为历史传说的典型,体现出元代民间文学对宋代的继承和发展;"说话"中的"小说"诸如《白娘子永镇雷峰塔》等作品,也具有这种意义。《白娘子永镇雷峰塔》存于冯梦龙所编《警世通言》中,其篇首有"话说宋高宗南渡,绍兴年间,杭州临安府"字样,篇中有"原来宋高宗策立孝宗,降赦通行天下"的情节。有学者考证认为"非宋人口气",应是"去宋未远的元人所作"[①]。应该说,此种传说当在南宋时形成,元代人整理而成这篇"说话"。明人田汝成《西湖游览志余》卷三中曾载"吴越王妃于此建塔,俗称王妃塔。俗传湖中有白蛇青鱼两怪,镇压塔下",其

---

① 萧相恺:《宋元小说史》,浙江古籍出版社,1997年版,第126~127页。

卷二十中载明嘉靖时有盲艺人说唱"雷峰塔",明万历时有陈六龙编《雷峰塔》传奇剧作①。在明代之前的宋元时期出现此传说,并形成"说话"底本,这应当是正常的。《西湖三塔记》与《洛阳三怪记》中,都提到白蛇精、赤斑蛇精这类蛇怪,说明宋代已有蛇怪被真人所收除,但作为《白蛇传》故事的基本结构,此时还未完全形成。《白娘子永镇雷峰塔》的问世,标志着此传说已完全形成。这个故事记述绍兴时,有许宣在某生药店谋生,清明回家扫墓时遇雨,于舟中逢白蛇与青蛇所化妙龄妇人;后白娘子主动提婚并赠银,许宣请姐夫为媒,不料白蛇所赠银正是官府所失库银;于是许宣被发配苏州,后重逢白娘子,并在苏州成婚,开药店谋生;茅山道士告知许宣其妻为蛇妖,被白蛇吊打;许宣因持白蛇所盗扇去游庙会,为人捕入牢狱,发配镇江;许宣在镇江再遇白娘子,有李员外以白娘子貌美,欲戏弄而为其惊吓;金山寺僧人法海劝许宣回杭州;许宣与白娘子争执,白蛇威胁许宣;许宣又遇法海,得其所赠金钵,收服白娘子于金钵之中而镇于雷峰塔下;法海亦收服青蛇。此处所记故事并非异常优美,但在后世流传中,人妖之恋的文化主题被日益美化,至今成为家喻户晓的美丽传说。当然,在其流传过程中,也有人借以宣扬糟粕。后世小说、戏曲、弹词、民歌等表现的审美内容更多地替代了神怪类民俗文化生活。

元代民间故事,有许多源自宋代文献。如无名氏《纂图增新群书类事林广记》保存了许多笑话,此书刊于元至元年间(郑氏积诚堂刊行),明显根据宋人陈元靓本增扩而成。其《风月笑林》等集所载《兄弟相拗》《嘲客久住》《通判贪污》等故事,对后世颇有影响。

宋代笔记小说《夷坚志》在我国民间文学史上有重要影响,金代元好问曾作《续夷坚志》四卷、208则,记述泰和、贞祐间的民间传说故事,每条传说故事的结尾都注明出处,所记内容多为因果报应类。元代有无名氏撰《新刊湖海异闻夷坚志续编》,分为前后两集,计17个门类,收入各种传说故事500余篇;所收故事多采自《太平广记》《酉阳杂俎》《青琐高议》等文献,另外还有一些自己采录的"新闻"即民间传说和民间故事。其所收神仙与精怪传说故事集中于"后集",计九门类,288条,占据了全书相当大的比重。其所记张天师、八仙以及民间道士等传说人物故事,或与历史上人物相联系,或与一定的风物相融合,是传说与民间世俗生活融为一体的典型。如著名的《赵州石桥》:

赵州城南有石桥一座,乃鲁班所造,极坚固,意谓古今无第二手矣。忽其州有神姓张,骑驴而过桥。张神笑曰:"人言此桥石坚而柱壮,如我过,能无震动

---

① 参见罗永璘:《论白蛇传》,《民间文艺集刊》,第一集,上海文艺出版社,1981年版。

乎？"于是登桥，而桥摇动若倾状。鲁班在下以两手托定，而坚壮如故。至今桥上则有张神所乘驴之头尾及四足痕，桥下则有鲁班两手痕。

　　此古老相传，他文未载，故及之。

　　这则传说广为流传，在河北民歌《小放牛》中就有"赵州石桥什么人修"之类的歌句。还有一些传说演绎成各种故事，诸如《马王爷三只眼》《八仙试桥》等，均为同类作品。《赵州石桥》是我国古代第一篇关于"鲁班造桥"传说完整而详细的记述文本；与鲁班传说的其他文献相比，其记述方式更加可贵。这部故事集中得道成仙的内容尤为丰富，如《邛州杨女食茯苓成仙》为早期人参传说类故事的原型，其结尾处记"吾观神仙者甚多，皆不载此，因录之，以示来者"。此故事集中还有大量动物报恩故事，貌似传说，实为民间故事中的幻想类故事。如《衢州江山县柴郎中医猴》记述柴郎中为老猴母治愈喉疾，得群猴所送"所有金银"并"纸绢"，而"至今盛富"。又如《温州吴姬》中记述吴姓老娘夜间为"一女子坐蓐""收生"，有"二虎咆哮于门"，"次日开门，见篱上有猪肉一边，牛肉一脚"，原来是虎以此谢产婆。虎报恩故事在民间流传甚广，这是元代的典型文本。

　　元末陶宗仪所著《南村辍耕录》，是元代少见的笔记著作。其"叙"中记述陶宗仪利用树叶随时撰写，"作劳之暇，每以笔墨自随，时时辍耕，休于树阴，抱膝而叹，鼓腹而歌"，"遇事肯綮，摘叶书之，贮一破盎，去则埋于树根，人莫测焉。如是者十载，遂累盎至寸十数"，"一日，尽发其藏，俾门人小于萃而录之，得凡若干条，合三十卷，题曰《南村辍耕录》"。此书"上兼六经百氏之旨，下极稗官小史之淡，昔之所未考，今之所未闻"；《四库提要》称其"多杂以俚俗戏谑之语，闾里鄙秽之事"，这正是他对民间文学的保存。尤其是其中所载"院本名目"和"杂剧曲名"，是我们研究宋、金、元时代民间戏曲的重要材料。其中保存民间传说、民间故事、民间歌谣和谚语等民间文学作品，散见于各卷中，其记述颇有特色。如卷一中所记《江南谣》"江南若破，百雁来过"，并述"当时莫喻其意"，"及宋亡，盖知指丞相伯颜也"。又如其卷十九《阑驾上书》中所记歌谣："九重丹诏颁恩至，万两黄金奉使回"，"奉使来时惊天动地，奉使去时乌天黑地，官吏都欢天喜地，百姓却啼天哭地"，"官吏黑漆皮灯笼，奉使来时添一重"；其中还着重指出："如此怨谣，未能枚举，皆万姓不平之气，郁结于怀，而发诸声者然也。"和其他民间歌谣与谚语一样，每一则都有一个民间传说故事。陶宗仪晚年致力学问，对民间传说和民间故事情有独钟，其所记传说故事中，神鬼精怪和世俗生活类是尤为典型的民间文学作品，诸如卷三中的"木乃伊"记回回田地老人故事；卷六中的"沙魇"记"湖南益阳州，夜中同寝之人无故忽自相打"的故事，"鬼赃"中记"陕西某县一老妪"以"所佩铁简投酒灶火内"，"击死猕猴数十"，即道流所预言"二十年后汝家当有难"的除妖故事。卷七中的"黄巢地藏"，是一则识宝传说与惩戒故事相融合的作品，记述某夫妻见蛇而得宝,因贪得无厌地索求,后来传说为唐代黄巢留下的财宝也消失殆尽。卷十中的"南池蛙"记"三十八代天师张广微"将符箓"投池中",蛙声便消失。卷十一中"猪妖"记"江阴永宁乡陆氏家,一猪产十四儿,内一儿人之首、面、手、足而猪身"。这些传说故事有长有短,从不同方面展示出元代社会的民俗生活等内容。

《南村辍耕录》中还有一些优美的民间寓言故事,在宋元时代的笔记中尤为引人注目。如其卷十五中所记述的"寒号虫":

> 五台山有鸟,名寒号虫。四足,有肉翅,不能飞,其粪即五灵脂。当盛暑时,文采绚烂,乃自鸣曰:"凤凰不如我!"比至深冬严寒之际,毛羽脱落,索然如鷇雏,遂自鸣曰:"得过且过!"

作者针对现实,对"求尺寸名"而"志满意得","以为天下无复我加","稍遇贬抑,遽若丧家之狗","惟恐人不我恤"之辈,提出了"视寒号虫何异哉"的责问,并发出"可哀已"的感叹,其寓意尤为朴素而深邃。

陶宗仪在《南村辍耕录》中保存了大量与宋代历史有关的传说故事,表现出他对宋代社会的独特理解。诸如其卷五中的"雕刻精绝"所记"宋高宗朝匠人,雕刻精妙无比";"朱张"中所记"宋季年,群亡赖子相聚,乘舟抄掠海上,朱清、张瑄最为雄长",而后来"二人者既满盈,父子同时夷戮殆尽"的报应故事;卷二十五"院本名目"中记述了"唐有传奇,宋有戏曲、唱诨、词话,金有院本、杂剧、诸宫调",以及"国朝院本、杂剧始厘而二之",并记述了"或曰,宋徽宗见爨国人来朝","使优人效之以为戏"的传说。同时,他也记述了大量当世民间传说故事,每每冠之以具体年号,或加以"国朝故事"字样,有时还以自己亲眼所见做记述,增强了传说故事讲述效果的真实性。如卷二二中"禽戏"以"余在杭州日,尝见一弄百禽者"开端,记述"乌龟叠塔""虾蟆说法",并在故事中阐明己见;又如卷二四中"黄道婆"记述"国初时,有一妪名黄道婆者自厓州来,乃教以做造捍弹纺织之具,至于错纱配色,综线挈花,各有其法"的故事。黄道婆死后,松江府人"莫不感恩洒泣而共葬之,又为立祠,岁时享之"。这是文献中最早记述黄道婆传说故事的内容,体现出元代纺织技术的发展。其他如"数谶"中所记"阿合马拜中书平章"的故事,述"神验如是"等。由此,我们可窥元代当代传说故事之一斑。

《南村辍耕录》所记民间传说和民间故事,除了传统故事和时事传说之外,还有一些少数民族故事和域外故事。如卷二六"高昌世家"转述"畏吾儿之地"(即维吾尔族)民间传说故事:"树生瘿,若人妊身然","而瘿裂,得婴儿五",后来"唐以金莲公主妻玉伦的斤之子葛励的斤"。这是我国少数民族文学史上的重要内容。陶宗仪还记述了文献中少见的元代农民起义传说,诸如卷二七中的"旗联"载"中原红军初起时",义旗上有"虎贲三千直抵幽燕之地,龙飞九五重开大宋之天"的字样;但陶宗仪仇视农民起义,称之为"贼",可见其狭隘。《南村辍耕录》还记述了一些民间称谓,对一些物名作民俗文化的诠释,这也是研究元代民间文学的重要材料。

与《南村辍耕录》相似的,熊梦祥撰《析津志》,是一部专门记述元大都(北京)民俗生活的著述,内分"古迹""人物""风俗""岁时"等十八个科目,保存了一些民间传说故事。元代无名氏所著《居家必用事类全集》《易牙遗意》和费著的《岁华纪丽谱》,都保存了一些与民俗生活相关的传说故事。周达观的《真腊风土记》是元代记述柬埔寨民俗生活的笔记著述;意大利旅行家马可·波罗在其《马可·波罗游记》中,也有元代民俗生活的记述。这些民俗笔记是我国文化史上珍贵的文献。

元代的笔记著述,还有郭凤霄的《江湖纪闻》和吴元复的《续夷坚志》,高儒在《百川书志》中称此二书记"二千有余事,皆奇见新闻、鬼神怪异之事,颇骇人观听,未必皆实也"。另有无名氏的《异闻总录》,所述亦有出自《夷坚志》中传说故事者,并载有宋徽宗、宋钦宗被俘等历史传说。

因为元代历史时期较短,不足百年,加以元朝统治者不注重文治,甚至压抑、排斥以汉民族文化为主体的传统文化,所以在文化的发展与建设上没有太多建树。元代民间文学中的传说、故事,基本上为上述文献所记载;其中的民间歌谣,我们在《元史·五行志》和人物传中可以看到一些零星保存。如《元史·五行志》所记至正年间的歌谣,这些歌谣多具有谶纬性质,诸如"至正十六年六月彰德路苇叶顺次倚叠而生,自编成若旗帜,上尖叶聚粘如枪",民间歌谣唱道:"苇生成旗,民皆流离;苇生成枪,杀伐遭殃"。在"至正二十八年六月壬寅","彰德路天宁寺塔忽变红色",河北民间歌谣唱道:"塔儿黑,北人作主南人客;塔儿红,朱衣人作主人公。"前一句意为北方异族入主中原,后一句则指刘福通红巾军起义。"至正十六年七月,彰德李树结实如小黄瓜",民谣则唱"李生黄瓜,民皆无家"。"至正五年",有"淮楚间童谣"为"富汉莫起楼,穷汉莫起屋,但看羊儿头,便是吴(无)家国",这和"至正十五年京师童谣"所唱"一阵黄风一阵沙,千里万里无人家,回头雪消不堪看,三眼和尚弄瞎马"在意义上是一样的。"元统二年六月,彰德雨白毛,俗呼云老君髯",民间歌谣唱道:"天雨氅,事不齐。""至元三年三月,彰德雨毛,如线而绿,俗呼云菩萨线",民间歌谣唱道:"天雨线,民起怨;中原地,事必变。"在《元史·五行志》中,民间歌谣总是因某种怪异的自然景观而发出与主流文化相异的声音,借以述说人民的痛苦和怨恨、反抗。这种现象在我国民间文学史上并不少见,《元史·洪君祥传》中引歌谣"杀人一万,自损三千"和这种现象所表述的意义是一致的,都在吟唱千百万人民在动荡中所遭受的各种痛苦。所以,广大人民忍无可忍,奋臂高呼"石人一只眼,挑动黄河天下反",正是在这愤怒的声浪中,元帝国的腐朽统治化作了尘烟。

蒙古族民间文学是我国民间文学的重要组成部分,诸如《孤儿传》《成吉思汗的两匹骏马》《征服三百泰亦赤兀惕人的故事》《箭筒士阿尔戈聪的传说》《成吉思汗的箴言》和《智慧的钥匙》等,都热烈地歌颂了蒙古族人民的英雄成吉思汗统一蒙古族的伟大业绩。但是,"随着历史的演进,成吉思汗及其后继者们穷兵黩武,割据内争,越来越暴露出他们剥削阶级的反动本质,因而激起了人民群众的反抗斗争。元朝前后的著名民歌《金宫桦皮书》《阿莱钦柏之歌》都沉重地控诉了封建统治者对外征掠的不义战争,反映出普通牧民要求过安定幸福生活的愿望"①。元朝统治者与蒙古族人民是两个概念:蒙古族人民有着追求真理和正义,反抗邪恶的光荣传统,他们的史诗《江格尔》和《格斯尔可汗》,是我们中华民族的文化瑰宝,是古代蒙古民族优秀文化的集中体现。

---

① 齐木道吉、梁一孺、赵永铣等编著:《蒙古族文学简史》,内蒙古人民出版社,1981年版,第8页。

第八章 天机自动:明代民间文学

元帝国的崩溃是历史规律的必然体现,但这个朝代对中国文化的影响,却是相当久远的。一位法国学者对此种"崩溃"进行了颇为全面的总结:"政权机构的杂乱(其中使用了无数互相矛盾的法规)、蒙古和穆斯林官吏们混杂在一起并贪得无厌、纸币的极端迅速的膨胀、控制了整个中国僧侣界并干涉政治事务的吐蕃喇嘛教僧侣们的腐化、汉族居民每天都受到的压迫和农民阶级日益增长的苦难"①,这就是当时社会的真实写照。1368年,曾出家为僧以求生存,后来参加农民起义并在战争中脱颖而出的朱元璋,在南京创建了明王朝,自此,历史又翻开全新的一页。朱元璋吸取了元帝国及其前各王朝的一些教训,在政治、经济、文化,尤其是法律等方面,实行了一些新的措施,如废除中书省和丞相,把主要政务分别由布政使、按察使、都指挥使管理,设立监察机构,弹劾不法官吏,至各地巡察民情等,有效地控制了政权;同时,朱元璋还创设卫所,制定《大明律》,完善政治制度,集中打击曾影响元末政治形势的地方豪强,实行大规模移民,注重发展农业生产和城镇经济,保证了明初政治、经济秩序的良性运行和发展,这些都具体影响到明代民间文学的形成及其基本格局。其他诸如"靖难之役""一条鞭法"、科学技术的发展、自然灾害、非农产业的发展与市镇规模扩大、对外开放及商贸往来的增多、宗教力量的形成与发展,以及李自成农民起义的兴起、各种社会矛盾的加剧等,都融入了明代的民间文学,并呈现出与其他历史时期民间文学迥异的局面。

民间歌谣、民间戏曲、民间传说和民间故事等,都具有鲜明的时代特点;以民间歌谣为典型的民间文学引起社会的广泛注意,并深刻影响到明代作家文学的发展变化。如李梦阳、李开先、王叔武等人,强调"真诗只在民间"②,又如徐渭所感叹:"乐府盖取民俗之谣,正与古国风一类。今之南北东西虽殊方,而妇女儿童,耕夫舟子,塞曲征音,市歌卷引,若所谓竹枝词,无不皆然。此真天机自动,触物发声。"③特别是明代出

---

① 谢和耐(Jacques Gernet):《中国社会史》,耿昇译,江苏人民出版社,1997年版,第336页。
② 见《崆峒集》《李开先集》中《市井艳词序》等,上海古籍出版社,2014年版。
③ 见《徐文长集》卷十七《奉师季先生书》,清宣统元年依青藤书屋刻印。

现的长篇小说《西游记》《水浒传》《三国演义》等巨著,标志着俗文学出现了空前繁荣,有力地推动了民间文学的发展,冯梦龙、李开先等民间作品搜集整理者为此做出了卓越贡献;同时期的少数民族民间文学,在文献记述与整理上也取得了可喜的成就。明代民间文学的全面发展与繁荣,标志着中国民间文学史上又一个黄金时期的到来。当然,民间文学的繁荣与政治、经济的发展并不是同步的,从某种意义上讲,作为"怨声"的民间文学出现得越多,越说明社会矛盾的复杂及众多。真正的民间文学多植根在美刺之中。

一 民歌和民间叙事诗

广义上的民间歌谣,包括民间时政歌谣,也包括市井传唱的民间歌曲,甚至一些民间小调和篇幅较短的民间叙事诗、抒情诗。明代民歌主要保存在明代辑印的民歌集中,《明史》《明季北略》等史籍文献,与一些笔记等私人著述和《明诗综》之类的文学作品集中也有保存。一些民间叙事诗至今还被传唱,从内容上可以断定其为明代作品。尤其是一些民歌集中保存在明代刊印的民歌集中,如成化年间金台鲁氏所刊的《四季五更驻云飞》《题西厢记咏十二月赛驻云飞》《太平时赛赛驻云飞》《新编寡妇烈女时曲》,正德年间刊印的《盛世新声》,嘉靖年间刊印的《词林摘艳》和《雍熙乐府》,万历年间刊印的《玉谷调簧》和《词林一枝》,天启、崇祯年间刊印的由冯梦龙编的《挂枝儿》《山歌》,以及陈所闻编的《南宫词记》,杨慎编的《古今风谣拾遗》,凌濛初编《南音三籁》,醉月子编《新镌雅俗词同观挂枝儿》和《新锓千家诗吴歌》等。其中,《挂枝儿》《山歌》所保存的民歌,原始性较突出。

明代民歌流传较广、保存较为丰富者,首推爱情歌谣。其中最为直接、大胆的,如《汴省时曲》中的一篇《锁南枝》唱道:

傻俊角,
我的哥,
和块黄泥儿捏咱两个。
捏一个儿你,
捏一个儿我,
捏的来一似活托(脱),
捏的来同床上歌卧。
将泥人儿摔碎,
着水儿同和过,

> 再捏一个你,
> 再捏一个我。
> 哥哥身上也有妹妹,
> 妹妹身上也有哥哥。

《词林一枝》中的《罗江怨》《劈破玉》《时尚闹五更哭皇天》等,都满含深情。尤其是《时尚闹五更哭皇天》,成为后世民间流行的《五更调》的"范本",其第一句都以"x更里,x x月,正照 x x"开题,如"一更里,靠新月,正照纱窗",然后抒发思念情郎和自身寂寞的情感,在歌句中穿插"唔唔唔"类的衬腔,形成一种浓重的情思氛围,表达这种爱情生活。这类民歌情思缠绵,多运用夸张、重复等修辞方式,体现出情歌的审美特征及格式特征。在这些歌谣中,明显具有商女的气息。以往我们总是排斥妓女、僧人和道士等群体作为民间文学的创作主体,而在民间文学的实际形成与发展过程中,他们常起到重要作用;民间文学也往往借助这类社会底层的人物,述说民间百姓的衷肠。这里所抒的"想只想我的亲亲,痛只痛碎裂肝肠"不是乡间妹子与哥哥的爱,而是城市商贸经济发展条件下的产物。这是扭曲的爱,但它毕竟是一种爱。有人曾说明代中后期出现了资本主义的萌芽,从这些民歌中可见一些端倪。但是,我们也可以看到,农耕生活和生产方式与封建专制政治相结合,资本主义作为一种以城市经济为背景的先进生产方式,其萌芽是极其脆弱的;当时的知识阶层仍然是封建专制的附属者,根本不具备领导、支持和影响新兴的资本主义思潮的能力。综观明代民歌,可见其内容主要有两大类,一是《锁南枝》《罗江怨》这样的情歌,一是《富阳谣》之类的怨恨之歌,很少有直接反映商业经济活动的歌谣。尤其是色欲成为明代情歌的重要内容,诸如《山歌》中的《熬》,高唱"二十姐儿睏弗着在踏床上登,一身白肉冷如冰,便是牢里罪人也只是个样苦,生炭上薰金熬坏子银"。这种歌谣不仅不会对城市经济有促进作用,相反,当其弥漫开来时,只能对资本主义萌芽形成扼杀。更重要的是封建专制政治从来都把科学技术仅仅作为一种技能,没有科学理论的支持,新的城市经济便不会得到迅速发展。

冯梦龙是明代在民间文学搜集整理和编选等方面取得成就最突出的一位。他所编的《挂枝儿》分"私""欢""想""别""隙""怨""感""咏""谑""杂"等十部,即十卷,计收435首民歌,大部分属爱情类;其所编《山歌》十卷,其中卷一至卷四为"私情四句山歌",卷五为"杂歌四句山歌",卷六为"咏物四句山歌",卷七为"私情杂体山歌",卷八为"私情长歌",卷九为"杂咏长歌",卷十为"桐城时兴歌",句式多为七言。两种民歌集中,爱情民歌占据了相当大的成分。如《挂枝儿》中"欢"部的《分离》:

> 要分离,

除非是天做了地;
要分离,
除非是东做了西;
要分离,
除非是官做了吏!
你要分时分不得我,
我要离时离不得你,
就死在黄泉(里)也做不得分离鬼!

冯梦龙在此首歌的结尾处注其搜集情况:

> 琵琶妇阿圆能为新声,兼善清讴,余所极赏。闻余广《挂枝儿》刻,诣余请之,亦出此篇赠余。云传自娄江。

琵琶妇阿圆当是一位歌女,"能为新声,兼善清讴",应当与冯梦龙有着深厚的友情。她将此篇"传自娄江"的情歌赠予他,从另一个方面也说明他搜集整理民歌的范围广泛。这也就难怪我们可以把《挂枝儿》《山歌》看作一部民间传唱的诗体(民歌体)"明史"了。

在《山歌》中,冯梦龙搜集的民间歌谣还牵涉一个非常复杂的社会问题,这就是非婚姻生活背景下的"私生子"问题。如:

眼泪汪汪哭向郎,
我吃腹中有孕耍人当。
裟婆树底下乘凉奴踏月,
水涨船高难隐藏。

姐儿肚痛呷姜汤,
半夜里私房养了个小孩郎。
五指尖尖抱在红灯下看,
半像奴奴半像郎。

非婚生子女问题在明代史册、文献中几乎找不到,冯梦龙的记述是对这种缺憾的补充,具有一定的史学价值。

冯梦龙搜集整理的民间歌谣,既有纯情吟唱,又有偷情内容。如《山歌》中的《怕老公》,其中有"丢落子私情咦弗通,弗丢个私情咦介怕老公。宁可拨来老公打子顿,那舍得从小私情一旦空"。他所搜集整理的长篇《吴歌》,其中的《灯笼》《老鼠》《睏弗着》等,是难得的民间抒情长诗。冯梦龙搜集以"情真"为编选标准,强调其"真境""妙境",不但范围广,而且类型全备。再如《山歌》卷五所收《月子弯弯》这首所谓的"杂歌",就是曾被《京本通俗小说》中《冯玉梅团圆》记述的"月子弯弯照九州,几家欢乐几家愁,几家夫妇同罗帐,几家漂泊在外头"。这首特殊的情歌,到今天我们还能听到它在传唱。又如《山歌》卷一中所收的《模拟》唱道:"弗见子情人心里酸,用心模拟一般般。闭子眼睛望空亲个嘴,接连叫句俏心肝。"冯梦龙在注中称它"是真境,亦是妙境";而这种"望空亲个嘴"之类直接描述情爱的歌谣,正是封建卫道士所嫉恨的,也是一般文人所不能够"模拟"即仿作得了的。冯梦龙的民歌搜集与编选标准,体现出他独到的民间文学思想理论,正如他在《叙山歌》中所说:

> 书契以来,代有歌谣。太史所陈,并称风雅,尚矣。自楚骚唐律,争妍竞畅,而民间性情之响,遂不得列于诗坛,于是别之曰山歌,言田夫野竖矢口寄兴之所为,荐绅学士家不道也。唯诗坛不列,荐绅学士不道,而歌之权愈轻,歌者之心亦愈浅。今所盛行者,皆私情谱耳;虽然,桑间濮上,国风刺之,尼父录焉,以是为情真而不可废也。山歌虽俚甚矣,独非郑卫之遗欤?且今虽季世,而但有假诗文,无假山歌,则以山歌不与诗文争名,故不屑假;苟其不屑假,而吾藉以存真,不亦可乎!抑今人想见上古之陈于太史者如彼,而近代之留于民间者如此,倘亦论世之林云尔。若夫借男女之真情,发名教之伪药,其功于《挂枝儿》等,故录《挂枝词》而次及《山歌》。

冯梦龙所倡导的和他所实践的保持一致,即对人性情之真的追求和向往。与那些口头上骂民间爱情歌谣如何下流,而生活中或纳妾或嫖娼的文士们相比,冯梦龙更显得磊落、正大。冯梦龙的民间文学思想理论及其搜集整理的民歌,在中国民间文学史上是非常可贵的。

明代民歌对明代社会现实的直接记述,主要保存在《明史》《明诗综》《明季北略》,以及谈迁的《枣林杂俎》、沈德符的《野获编》、朱国祯的《涌幢小品》等文献中。这些文献从不同角度表现出明代社会历史风貌。诸如《明史·五行志》中记述"张士诚弟伪丞相士信及黄敬夫、叶德新、蔡彦文用事",时有歌谣"丞相做事业,专靠黄、蔡、叶,一朝西风起,干鳖";魏忠贤、罗汝才、严嵩严世蕃父子等败坏朝政、祸国殃民时,《明史·五行志》以歌谣"委鬼当头坐,茄花遍地生""邺台复邺台,曹操再出来"记述,《明史·杨继盛传》以歌谣"大丞相,小丞相"记述;时有李蕃、李鲁生、李恒茂"卑污奸险",《明史·阉党霍维华传》中记述歌谣"官要起,问三李";时有"朝政浊乱,贿赂公行,四方警报狎至","马士英"身掌中枢","日以锄正人、引凶党为务","诸白丁、隶役输重赂,立跻大帅",《明史·奸臣马士英传》记述歌谣"职方贱如狗,都督满街走"①。社会政治高度腐败,人民倾家荡产,苦不堪言,《枣林杂俎·智集》中记述《富阳江谣》:"富阳江之鱼,富阳江之茶,鱼肥卖我子,茶香破我家。采茶妇,捕鱼夫,官府拷掠无完肤。昊天何不仁?此地亦何辜?鱼胡不生别县?茶胡不生别都?富阳山,何日摧?富阳江,何日枯?山摧茶亦死,江枯鱼始无。呜呼!山难摧,江难枯,我民不可苏!"此类歌谣还有《古今风谣拾遗》中的"有山无木,有水无鱼,有人无义;地无三尺土,人无十日欢;水走孟家湾,黎民逃上山"等。《豆棚闲话》第十一则中记述的歌谣,代表了千百万劳苦大众最真切的心声:

  老天爷,
  你年纪大,
  耳又聋来眼又花;
  你看不见人,
  也听不见话。
  吃斋念佛的活活饿死,
  杀人放火的享受荣华。
  老天爷,
  你不会做天,
  你塌了吧!

  在《明季北略》卷十中,"京师童谣"借"温体仁(为)相",指斥"用人不当,流寇猖獗",用"崇皇帝,温阁老"和"崇祯皇帝遭温了"来述说时事,以"温"言"瘟",可见当时民间百姓对统治者的强烈愤恨。时有李自成起义,《明史》卷三〇九《流贼李自成传》记述了李岩所造"迎闯王,不纳粮"的歌谣。《明季北略》卷十九中记述了"穿他娘,吃他娘,开了大门迎闯王,闯王来时不纳粮";其卷二三中记述了"朝求升,暮求合,近来贫汉难存活。早早开门迎闯王,管教大小都欢悦"等歌颂起义的歌谣。万历年间发生了两广瑶民起义,杨慎《古今风谣拾遗》卷四记述了与之相关的《瑶人谣》:"撞石鼓,万家为我房;吹石角,我兵齐宰割。官有万兵,我有万山。兵来我去,兵去我还。"时有张献忠、蓝廷瑞等人发动农民起义,《蜀碧》《蜀难叙略》《痛余杂录》和《二申野录》等文献分

---

① 《明代会纂》中记为"中书随地有,都督满街走,监纪多如羊,职方贱似狗",《清芬集》中则记为"监纪多如羊,职方贱似狗。扫尽江南钱,填塞马家口"。内容大同小异,都是对卖官鬻爵的社会现象进行记述、抨击。

别记述了相关的歌谣。如孙之騄《二申野录》卷三中所记“强贼放火，官军抢火；贼来梳我，军来篦我”，其又记“海熟田荒”。《二申野录》卷四中记嘉靖时歌谣：“前头好个镜，后头好个秤。镜也不曾磨，秤也不曾定”，“嘉靖二年半，秫黍磨成面，东街咽瞪眼，西街吃磨扇。姐夫若要吃白面，只待明年七月半”，“石产房州，胡明善祸从地出；星临井宿，张孚敬灾从天来”。崇祯辛巳年，“杭城旱饥，即富家亦半食粥，或兼煮蚕豆以充饥，贫者采榆屑木以为食”，《二申野录》卷八中记述歌谣：“湖船底漏，司厨刀锈，梨园饿瘦。上瓦下瓦，抱裯远走。”又如靖难之役，燕王扫北，给人民带来极大痛苦，《明史·五行志》载歌谣《莫逐燕》记述它。沈德符的《野获编》记述的两首歌谣很典型，一是“选科不用选文章，只要生来胡胖长”，一是“可恨严介溪（嵩），作事忒心欺。常将冷眼观螃蟹，看你横行得几时”。这是愤怒的声音。民间百姓爱憎分明，善恶分明，如“成、弘间，黄州知府卢濬”“守己爱民，得罪上司，去职”，而“曹濂继之”，“贪暴自恣”，褚人获《坚瓠集》“广集”卷二中记述道：“卢濬不来天没眼，曹濂重到地无皮。”朱彝尊《明诗综》卷一百中所记“府香炉，县铁索。一为善，一为恶”，与此记述性质相同。由此可见，民间歌谣并不是永远在诅咒、谩骂政府；若是统治者对百姓有一点宽容，能为其利益着想，百姓们就感激不尽。如况钟《况太守集》卷一载“况太守，民父母，众怀思，因去后，愿复来，养田叟”。又如《明诗综》卷一百中记“清苑王哲为湖广布政使，廉政严明，人不敢以私”，民间歌谣就为他唱道：“王捕虎，最执古；囊无钱，衣有补。”又记“会稽商为正，万历初巡按福建，与巡抚都御使庞尚鹏协心共事，百废具兴”，福建百姓就在歌谣中唱“恤我甘苦，庞父商母”。这也说明明代社会尽管有种种黑暗，但也有一些正直之士在兢兢业业地为社会进步，为民富国强而尽自己的职责，如海瑞就是这类人物的典型。只有这些人，才使人民看到希望；也只有这些人，才是国家和民族真正的栋梁。民间百姓用雪亮的眼睛去识别他们，也用最真实的歌声区分忠与奸，记录下这个时代真正的历史。又如晚明时代《林石逸兴》中所录《题钱》一则，愤怒地控诉了金钱带来的各种罪恶：

人为你跋山渡海，
人为你觅虎寻财，
人为你把命倾，
人为你将身卖，
细思量多少伤怀！
铜臭明知是祸胎，
吃紧处极难布摆。

人为你亏行损，

人为你断义辜恩,
人为你失孝廉,
人为你忘忠信,
细思量多少不仁!
铜臭明知是祸根,
一个个将他务本。

人为你东奔西走,
人为你跨马浮舟,
人为你一世忙,
人为你双眉皱,
细思量多少闲愁!
铜臭明知是祸由,
每日价营营苟苟。
…………

明代社会由高度专制带来的全面腐败,在民间歌谣中得到真实体现;许多民歌本身就是社会罪恶的实录,是腐朽时代的口碑。

明代曾出现民俗志的修撰热潮。在一些民俗志中,尤为详细地记述了一些民间歌谣。如刘侗等所著《帝京景物略》中记:

凡岁时不雨,家贴龙王神马于门,磁瓶插柳枝,树门之旁;小儿塑泥龙,张纸旗,击鼓金,焚香各龙王庙。群歌曰:
青龙头,
白龙尾,
小孩求雨天欢喜。
麦子麦子焦黄,
起动起动龙王;
大下,小下,
初一下到十八。
摩诃萨!
初雨,小儿群喜而歌曰:
风来了,
雨来了,

禾场背了谷来了。

雨久,以白纸作妇人首,剪红绿纸衣之,以苕帚苗缚小帚,令携之,竿悬檐际,曰扫晴娘。日月蚀,寺观击鼓钟、家击盆盎铜镜救日月,声嘈嘈屯屯满城中。蚀之刻,不饮不食,曰生噎食病。幼儿见新月,曰月芽儿,即拜笃笃,祝,乃歌曰:

月,月,月,

拜三拜,

休教儿生疥。

小儿遗溺者,夜向参星叩首,曰:

参儿,

辰儿,

可怜溺床人儿。

见流火,则啐之,曰贼星。夜不以小儿女衣置星月下,曰:

女怕花星照,

儿怕贼星照。

亦不置洗濯余水为夜游神饮马也,曰不当价(如吴语云罪过)。初闻雷,则抖衣,曰蚤虱不生。见霓曰杠,戒莫指,谓生指顶疮,曰恶指也。初雪,戒不入口,曰毒;再雪,则以炖茶;积雪,以塑于庭。燕旧有风鸢戏(俗曰毫儿),今已禁。风,则剖秫秸二寸,错互贴方纸,其两端各红绿,中孔,以细竹横安秫竿上,迎风张而疾趋,则转如轮,红绿浑浑如晕,曰风车。

这里的民间歌谣是以记述民俗生活的形式出现的。从其"叙"中,我们可以看到刘侗、于奕正和周损三人的辛苦合作,书中"所采古今诗歌,以雅,以南,以颂,舍是无取焉","三人挥汗属草,研冰而成书",十分艰辛;其"略例"中称,"闾里习俗,风气关之,语俚事琐,必备必详。盖今昔殊异,日渐淳浇,采风者深思焉。春场附以岁时,弘仁桥附以酬香,高粱桥附以熙游,胡家村附以虫嬉"。以上所记,正是"春场附以岁时"中的内容,其中分别记述了"民间剪彩为春幡簪首",记述了从"正月元旦""二月二日曰龙抬头""三月清明日""四月一日至十八日"等一年间各月习俗。这些习俗是民间歌谣的基本生活场景。

明代民间叙事诗以少数民族民间文学为典型,反映出明代社会民间文学的历史价值。诸如哈萨克族中《少年阔孜和少女巴颜》《少女吉别克》《英丽克和杰别克》《少女玛克帕勒》《阿娜尔与赛吾米别克》等爱情题材的民间叙事诗[1],表现了哈萨克民族的爱情观念与爱情生活,其中包含有萨满教观念与"安明格尔"制即弟妻嫂婚姻习俗;

---

[1] 参见毕桪:《哈萨克民间文学概论》,中央民族学院出版社,1992年版。

其他还有《四十大臣》《达斯塔尔汗》《巴克蒂亚尔》《克孜尔和木萨的旅行》和《鲍兹吉格特》等社会生活题材的民间叙事诗①，其中的《巴克蒂亚尔》有四十部长诗，以"引子"为开题，又以"引子"为结尾，记述阿扎提可汗与宰相之女出走，途中生一子，弃于井旁，为某强盗所收养，即巴克蒂亚尔。后来，强盗与阿扎提可汗发生战事，巴克蒂亚尔被俘带进宫，成为财务大臣，却遭到其他大臣的嫉妒陷害，被送上绞刑架，于是，巴克蒂亚尔在绞刑架上接连唱了40天，唱了40部动人的叙事诗；宝衣让可汗与王后认出巴克蒂亚尔，使其继承阿扎提可汗之位，成为新可汗，万民敬仰。巴克蒂亚尔唱的每个故事在叙事诗中环环相连，在传唱过程中没有人能全部演唱完；此叙事诗成为我国民间文学史上一部不可多得的优秀之作。明代的维吾尔民族出现了《古丽与诺鲁兹》《伊斯坎德尔的城堡》《世事记》《艾里甫——赛乃姆》《塔依尔与祖赫拉》《优素甫——阿合麦特》《帕尔哈德与西琳》等一批民间叙事诗②。尤其是其中的《艾里甫——赛乃姆》有1500多行诗句，讲述国王之女赛乃姆与宰臣之子艾里甫相爱，因国王毁约，二人历尽苦难，殉于爱情；这部长诗和传说故事在维吾尔人民中广为流传。蒙古族在明代刊印了具有蒙语教科书功能的《蒙古秘史》，《格斯尔可汗》也当在此时流传并有手抄本流行(1716年在北京以蒙文形式首次刊印)。此外，罗卜桑丹津的《黄金史》具体记述了许多民间文学作品，如《征服三百泰亦赤兀惕人的故事》《箭筒士阿尔戈聪的传说》《孤儿舌战成吉思汗九卿》等，在元代就已流传的民间叙事诗；《成吉思汗的两匹骏马》也在此时流传，应有手抄本出现。在柯尔克孜人民中间，这一时期流传着《库尔曼别克》和《江额里·木尔扎》等民间叙事诗；东乡族的《米拉尕黑》、乌孜别克族的《阿依苏曼》等民间叙事诗，也在这一时期得到广泛流传③。在这一时期的傣族人民中，民间叙事诗高度繁荣，著名的《召树屯》即在此时出现并流传。《论傣族诗歌》④的作者祜巴勐说，此时的长诗"确切达到整整五百部"，他亲眼所见者有"三百六十五部"。傣族"五大诗王"及《兰嘎西贺》《巴塔麻戛捧尚罗》《乌沙麻罗》《粘巴西顿》《粘响》《松帕敏与嘎西娜》《窝拉翁与召烘罕》《宛纳帕丽》《南波冠》等一批民间叙事诗，都在这一时期出现⑤。彝族的《阿诗玛》、苗族的《仰阿莎》、纳西族的《鲁班鲁饶》、壮族的《唱离乱》和《唱文秀》等民间叙事诗也都在明代出现⑥。这些民间叙事诗集中出现在相当于明王朝的历史时期有多方面的原因，其中明代文化的发展及其与少数民族文化的相互影响尤为重要。各民族的民间叙事诗都是我国民族文化的重要遗产，它们犹如一串串

---

① 参见毕桪：《哈萨克民间文学概论》，中央民族学院出版社，1992年版。
② 参见刘发俊等：《维吾尔族民间叙事长诗》，新疆人民出版社，1980年版。
③ 参见吴肃民等：《中国少数民族文学古籍举要》，天津古籍出版社，1990年版。
④ 《论傣族诗歌》，岩温扁译，中国民间文艺出版社，1981年版。
⑤ 岩蜂等：《傣族文学史》，云南民族出版社，1995年版。
⑥ 参见马学良等主编：《中国少数民族文学史》，中央民族学院出版社，1992年版。

珍珠玛瑙，镶嵌在我们伟大祖国的文化史上，成为中华民族的精神财富。

二　别具特色的明代民间谚语

我国民间谚语的编录选辑，在明代出现高潮，如杨慎的《古今谚》《丹铅总录》《谭苑醍醐》《古今风谣》《俗言》，大量记述了民间谚语及其发展历史；李时珍的《本草纲目》和张介宾的《景岳全书》，大量记述了一些医疗和生活知识方面的民间谚语；徐光启的《农政全书》、邝璠的《便民图纂》和娄元礼的《田家五行志》等，记述了丰富的农业谚语；王象晋的《群芳谱》（原名《二如亭群芳谱》）、王路的《花史左编》等，记述了专门的花卉栽培谚语；在《明史综》和李梦阳的《空同集》、郭子章的《六语》、郎瑛的《七修类稿》、张居正的《张太岳文集》等诗文集中，也记述了明代社会生活中的各类民间谚语。这些谚语不但具有重要的史学意义，而且具有颇高的科学文化价值，使我们管窥到明代社会的发展变化。

谚语是运用极其简练而形象的语言来概括某种具有经验与知识意义的艺术。在明代之前的民间文学史上，谚语的记述不断出现，但它更多的是散存于各种典籍中，像明代这样集中并且大量专门性记述的现象则并不多见。应该说，这和明代社会的经济、文化发展有关；从某种意义上讲，明代确实出现了中华民族历史上古典文化复兴（以复古为主）的又一高峰，民间谚语的大量记述，就是这种现象的具体体现。同时，大量民间谚语被系统而广泛地搜集整理，也与明代出现方志修撰热潮的文化风尚有关。诸如仅记述北京都城地区民俗的，就有刘侗、于奕正的《帝京景物略》，沈榜的《宛署杂记》，刘若愚的《明宫史》，陆启浤的《北京岁华记》和蒋一葵的《长安客话》等民俗志著述。在吕坤的《四礼翼》、冯应京的《月令广义》、刘基的《多能鄙事》、沈德符的《万历野获编》和黄省曾的《吴风录》等民俗志著述中，也不同程度地保存了明代社会各地区的民俗。这对我们认识民间谚语的存在背景及其在生活中所体现的意义，都是非常重要的。还有一些文学作品中运用了一些民间谚语，记述了这些谚语在世俗生活中的具体运用，如吴承恩《西游记》卷三十八回中所记佛家"慈悲为本，方便为门"；沈璟《双鱼记》第十五出所记"张果老倒骑驴，永不见畜生面"；高明《琵琶记》第十九中所记"书中自有黄金屋""书中自有千钟粟"等。文学作品中的谚语除了对现实中的民间生活事项做记述外，还起到更广泛的传播作用。文学作品中的生活是可以自由杜撰的，但是，生活中广为流传的民间谚语，则是很难任凭作家去想象的。其他像冯梦龙、凌濛初编著的"三言二拍"中，民间谚语的运用与保存更为丰富。著名的科学家、音乐家、文学家朱载堉，其诗篇和散曲等作品中也保存了不少民间谚语；伟大的思想家、诗人李贽，在其著述中保存了许多具有哲理意义的谚语，诸如"天下无一人不生知"、"圣人不曾高,众人不曾低"、"日入商贾之肆,时充贪墨之囊"、"男子之见尽长,女子之见尽短"、"作生意者但说生意,力田作者但说力田作"等①,是我国文化思想史上珍贵的材料。敢于直面人生、敢于走进人民中间的人,其文化品格是非凡的。

在明代民间文学史上,我们应该重视杨慎的特殊贡献。这位才华卓著的作家、学者著述甚多,如《升庵全集》(八十一卷)、《升庵外集》(一百卷)、《升庵遗集》(二十六卷)、《升庵长短句》(三卷)、《陶情乐府》(四卷)、《二十一史弹词》(十二卷),以及《广夷坚志》《诗话补遗》《词林万选》《滇程记》《滇载记》等多卷,另外还有杂剧《宴清都洞天元记》《兰亭会》等,"著述之富,明时推为第一"(《明史·杨慎传》)。他既聪慧,又勤奋,勇于探索。他对民间文学情有独钟,其《古今谚》《古今风谣》《风雅逸篇》和《丹铅总录》《俗言》等著作对民间文学的记述,在我国民间文学史上有着独特的价值和意义。《古今谚》存录古今谚语总计260多条;《古今风谣》存录秦代至明代嘉靖时期的民间歌谣近300首;《风雅逸篇》共十卷,记述、存录歌谣和谚语等共计400多首,其中民间谚语有200多则,正如他在"序"中所述,"楚凤鲁麟,风之逸也,尧衢舜薰,雅之逸也,载在方册矣。曷以名之逸,外三百篇皆逸也"。杨慎博览群书,在被谪云南的艰辛岁月中,仍不忘注意搜集整理民间文学。他的《丹铅总录》搜集整理民间谚语之广,在同时代是很少见的,如其卷一"天文类"所记"日出雨落,公姥相扑"、"夹雨夹雪,无休无歇";卷四"花木类"所记"深山出俊鹘,十字街头出饿莩";卷八"物用类"所记"打出个令儿来";卷九"人事类"所记"乱王年年改号,穷士日日更名"和"慈不掌兵,义不掌财";卷十六"官爵类"所记"房上好走马,只怕蹦破瓦;东瓜做碓嘴,只怕捣出水";卷十九"诗话类"所记"船里不漏针";卷二一"诗话类"所记"日晕长江水,月晕草头空";卷二十六"琐语类"所记"枇杷黄,医者忙。橘子黄,医者藏。萝卜上场,医者还乡",等等。甚至可以说,杨慎所记述的民间谚语,是明代之前中国民间谚语的汇编,是一部缩写的"中国民间谚语史"。这在其《古今谚》与《古今风谣》等著述中体现得尤其明显。

农耕生活是我国千百年来民间百姓的基本生活方式。明代民间谚语被集中收录,是以明代社会的基本格局以农耕为主的现实条件为背景的。如徐光启的《农政全书》就是一部农耕生活的实用典册,其所记述的"无雨莫种麦"、"麦怕胎里旱"、"要吃面,泥里缠"、"麦收三月雨"、"麦秀风摇,稻秀雨浇"、"无灰不种麦"、"白露前是雨,白露后是鬼"等,是农时安排的准确概括和总结,至今还在使用。保存明代农谚更为集中的,当数娄元礼的《田家五行志》,其中所存录的民间谚语以日月星辰、风雨雷电云雾和草木鱼虫鸟兽等自然界的变化及其与社会生活的具体联系,来"占卜"各种事物对人们是否有利。其"占"天气变化即风雨阴晴的谚语,有"月晕主风,日晕主雨"、"朝天

---

① 此为对"见有男女"所作批驳时所引。其《童心说》中还强调"天下之至文,未有不出于童心焉者也",都是其叛逆个性的展现。这些著述中的民间谚语所具有的意义尤为特殊。

暮地","南耳晴,北耳雨。日生双耳,断风截雨","日头碰云障,晒杀老和尚","乌云接日,明朝不如今日","日落云没,不雨定寒","日落云里走,雨在半夜后","月偃偃,水漾漾。月子侧,水无滴","大二,小三","一个星,夜保晴","西南转西北,搓绳来绊屋","半夜五更西,天明拔树枝","日晚风和","恶风尽日没","日出三竿,不急便宽,风急雨落,人急客作","东风急,备蓑笠","东北风,雨太公","行得春风有夏雨","西风头,南风脚","朝西暮东,正旱天公","暴风不终日","一场春风对一场秋雨","冬南夏北,有风便雨","时里一日风,准黄梅三日雨","梅里西南,时里雨潭潭","岁旦西北风,大水妨农功","开门风,闭门雨","云似炮车行(形),没雨定有风","急风急没,慢风慢没","春风踏脚板","南风尾,北风头","初三月下有横云,初四日里雨倾盆;廿五廿六若无雨,初三初四莫行船;交月无过廿七晴","雨打六壬头,低田便罢休;壬子是哥哥,争奈甲寅何","久雨久晴,多看换甲","久晴逢戌雨,久雨望庚晴","久雨不晴,且看丙丁","上火不落,下火滴沰","大旱不过周天雨,大水无非百日晴","水面生青靛,天公又作变","六月初三一阵雨,夜夜风潮到立秋","(虹)对日鲎,不到昼","雨打五更,日晒水坑","一点雨似一个钉,落到明朝也不晴","上牵昼,暮牵斋,下昼雨哗哗","病人怕肚胀,雨落怕天亮","云行东,雨无踪,车马通;云行西,马溅泥,水没犁;云行南,雨潺潺,水涨潭;云行北,雨便足,好晒谷","上风皇,下风隘;无蓑衣,莫出外","西北赤,好晒麦","朝要天顶穿,暮要四脚悬","朝看东南,暮看西北","鱼鳞天,不雨也风颠","老鲤斑云障,晒杀老和尚","朝霞暮霞,无水煎茶","未雨先雷,船去步来","当头雷无雨,卯前雷有雨","一夜起雷三日雨","北闪三夜,无雨大怪异","黑龙护世界,白龙坏世界","鲇干鲤湿","干晴无大汛,雨落无小汛",等。以及"鸦浴风,鹊浴雨,八八儿洗浴断风雨","一声风,一声雨,三声四声断风雨","朝屋鸟 晴,暮屋鸟雨","草屋久雨,菌生其上,朝出晴,暮出雨"等,各种物候变化都与风雨阴晴有关①。传统的农耕生产与日常生活在大自然的变化面前,其抵御能力十分低下,天气的变化直接影响到人们生产劳动和生活的具体安排,所以,以物候占风雨的民间谚语,便成为农耕谚语的主要成分。风雨的变化不但影响人们的生产和生活,而且还影响到人们的心理,即忧患意识。如《田家五行志》中的"春雨人无食,夏雨牛无食,秋雨鱼无食,冬雨鸟无食","春雨壬子,秧烂蚕死","夏末秋初一剂雨,赛过唐朝一斛珠","九日雨,禾成脯;重九湿漉漉,穰草千钱束","夏至端午前,坐了种田年;夏至在月中,耽阁粜米翁","此日(五月二十六)阴沉沉,谷子压田塍","白棹风云起,旱魃精空欢喜;仰面看晴天,头巾落在麻圻里","七月无洗车(七夕有雨吉,名洗车雨),八月无蓼花"等。在这些谚语中,包含着浓厚的民间信仰观念。与此类似的,还有对某些动物出现和环境变化的占卜,如"荒年无

---

① 古人分一年为十二月、二十四节气,其中每个节气又有一、二、三候,自然现象与非自然现象在节气中的具体表现,统称为"物候"。这里的论述偏重于"风雨",即自然变化。

六亲,早年无鹤神"。其中最能体现这种古老信仰的是其"六畜卜"条:

> 凡六畜自来,占吉凶,谚云:"猪来贫,狗来富;猫儿来,开质库。"犬生一子,其家兴旺,谚云:"犬生独,家富足。"灯花不可剔去,至一更不谢,明日有吉事;半夜不谢,主有连绵喜庆之事,或有远亲信物至,谚云:"灯花今夜开,明朝喜事来。"

其他还有"新月落北,主米贵荒,谚云:月照后壁,人食狗食"等。记得著名学者竺可桢曾在20世纪60年代讲过,"迄今为止的天气预报水平,还没有超过民间谚语"。这说明千百年来,我们的祖先对物质世界气候变化与各种自然变化之间的联系早有准确的总结。这个结论对于自然性谚语来说是很恰当的,至于社会性谚语,我们所看到的只是民间信仰在民间文学中的残存,而多少年来,我们的祖先正是这样来预测未来世界的吉凶祸福,并形成了自己独特的审美思维方式的。直到今天,我们从民间文化生活中的吉祥物等内容,还能广泛看到这种信仰观念的存在。

王象晋的《二如事群芳谱》(即《群芳谱》)记述了大量与种植、养殖业有关的民间谚语,全书共二十八卷,包括天、岁、谷、蔬、果、茶竹、桑麻葛棉、药、木、花、卉、鹤鱼等"谱"。从其"天谱"与"岁谱"中可以看到各种自然变化,如"天谱"中的"(四月十六)月上早,低田好收稻。月上迟,高田剩者稀","梅里一声雷,时中三日雨;迎梅雨,送时雷,送了去,并弗回","梅里一声雷,低田拆舍归","八月一声雷,遍地都是贼","腊雪是被,春雪是鬼";又如"岁谱"中的"六月无蝇,新旧相登","三伏不热,五谷不接"。在"谷谱"中,我们可以看到"懒汉种荞麦,懒妇种绿豆","种绿豆,地宜瘦,不宜肥","收麦如救火","谷三千","稀谷大穗,来年好麦"等传统农耕生产谚语。其他如"果谱"中的"枣树三年不算死","竹谱"中的"(伐竹)公孙不相见,母子不相离","桑谱"中的"斧头自有一倍叶","麻谱"中的"头苎见秧,二苎见糠,三苎见霜","棉谱"中的"锄花要趁黄梅信,锄头落地长三寸","木谱"中的"插柳莫教春知","花谱"中的"春分分芍药,到老不开花"等,从中可以看到作为农耕生活一部分的种植、养殖经验在谚语中的表现,其科学文化意义尤为显著。

明代医学有很大发展,民间谚语对此也有许多系统性的总结,保存在李时珍的《本草纲目》、张介宾的《景岳全书》等典籍中。李时珍的《本草纲目》是祖国医学的重要文化遗产,经过了十六年的艰苦探索修撰而成,其中详细记述了可以作为医药使用的一千多种植物与一千多种动物,"我们于其中发现了对一种种痘或接种术的首次记载,其基本原理与后来在西方产生了免疫学的那种方法没有多少差异"①。在李时珍的这部著作中,可以看到他对民间医药谚语的系统总结与记述,诸如卷十六"草部"中

---

① (法)谢和耐:《中国社会史》,耿昇译,江苏人民出版社,1997年版,第381页。

对"穿山甲王不留行""能走血分,乃阳明冲任之药"所记述的"穿山甲,王不留,妇人服了乳长流";卷十七"草部"中所记"七叶一枝花,深山是我家;痈疽如遇者,一似手拈拿";卷三十、三一"果部"记有"十榛九空","槟榔为命赖扶留";卷三四、三五"木部"记有"黄芩无假.阿魏无真","白杨叶,有风掣,无风掣";卷四四"鳞部"记有"鲟鳇鱼吃自来食","(河豚)油麻子胀眼睛花"和"舍命吃河豚"等。这些谚语的记述伴随着药性、治疗原理等内容,在我国医药文化史上弥足珍贵。张介宾的《景岳全书》也保存了不少医疗谚语,诸如卷十六"小孔不补,大孔叫冤苦"对"虚损"的记述,卷十四"莫饮卯时酒,莫食申时饭"对"岭外谚语"的记述等;我们从中也可看到传统医学上的严重缺陷,如其卷三八对妇女病难以医治的记述:"宁治十男子,莫治一妇人;宁治十妇人,莫治一小儿。"虽然作者是在强调"妇人之情""与男子异",但它在实际上起到了一种误导作用,形成医疗上的偏见。应该说,这也正是我国传统医学长期在经验即感性知识上徘徊不前的原因之一。明哲保身的人生经验表现了一种自私的品格,极大地限制了我国传统医学深入、全面的发展。《空同集》中李梦阳所记的"卢医不自医",也应当是医疗方面的民间谚语。

在《明诗综》《空同集》《张太岳文集》等文献中,我们还可以看到社会生活经验类谚语的记述,如《明诗综》卷一百中记有"官粮办,便无饭","南道如虎,升官半府","有利无利,但看二月十二","三月沟底白,莎草变成麦","六月不热,五谷不结","除夜犬不吠,新年无疫疠","江阴莫动手,无锡莫开口";以及武夷民谚"一曲一湾,一湾一滩",广州民谚"饥食荔枝,饱食黄皮""秋冬食獐,春夏食羊",琼州(海南)民谚"海水热,谷不结;海水凉,禾登场"与"东路槟榔,西路米粿",贵州民谚"黄平铁,兴隆雪"和"四月八,冻杀鸭""九月重阳,移火进房"等内容。其卷一百中所记"翰林九年,就热去寒"也应当看作文人间流传的民间谚语。《空同集》中,李梦阳记有"讼事无天"(卷三七),"入田观稼,从小看大"(卷三七),"一年二年,与佛齐肩;三年四年,佛在一边"(卷六二),"谷要自长"(卷四五),"胡荽不结瓜,菽根不产麻"(卷四六),"循智保身,审时致位"(卷四八)等。《张太岳文集》中,记有"美服人指,美珠人估"(卷八),"若将容易得,便作等闲看"(卷三三),"常将有日思无日,莫待无时想有时"等。这些谚语的记述,反映了文人视野中的民间哲理。

三　明代民间传说与民间故事

明代民间传说与民间故事是中国民间文学的集大成,具有重要的意义。

明代的民间传说与民间故事,主要保存在一些传奇小说和笔记著作之中。诸如冯梦龙与凌濛初所编的"三言二拍",瞿佑的《剪灯新话》,李祯的《剪灯余话》,赵弼的

《效颦集》、陶辅的《花影集》、雷燮的《奇见异闻笔坡丛脞》、钓鸳湖客的《鸳渚志余雪窗谈异》、碧山卧樵的《幽怪诗谭》、徐震的《女才子书》、陆灿的《庚巳编》、陆采的《冶城客论》、周复俊的《泾林杂记》、侯甸的《西樵野记》、杨仪的《高坡异纂》、钱希言的《狯园》、邵景瞻的《觅灯因话》《艳异编》和《燕居笔记》，以及《绣谷春容》《国色天香》《风流十传》《明文海》《九籥别集》《眉公秘笈》《榕阴新检》《文苑楂桔》和《说郛续》等文集中，都保存了以传奇小说为外表的各类民间传说和民间故事。

明代出现了大量关于历史事件与历史人物演义的历史传奇小说，诸如周游的《开辟衍绎》，"钟惺伯敬父"编辑的《有夏志传》《混唐后传》，余邵鱼的《列国志传》，冯梦龙新编的《玉鼎列国志》，甄伟的《西汉通俗演义》，谢诏的《东汉演义传》，罗贯中的《三国演义》，无名氏的《续编三国志后传》，杨尔曾编的《东西两晋演义志传》，题"贯中罗本编辑"的《隋唐两朝志传》《残唐史五代演义传》，"齐东野人编次"的《隋炀帝艳史》，袁韫玉的《隋史遗文》，熊大木的《唐书志传通俗演义》《南北宋传》和《大宋演义中兴英烈传》，施耐庵的《水浒传》，兰陵笑笑生的《金瓶梅》，吴承恩的《西游记》，"秦淮墨客校阅"的《杨家通俗演义》，"徐渭文长甫编"的《云合奇踪》(《英烈传》)，"空谷老人编次"的《续英烈传》，罗懋登的《三宝太监西洋记通俗演义》，孙高亮的《于少保(谦)萃忠全传》，"吴越草莽臣撰"的《魏忠贤小说斥奸书》，"西湖野臣著"的《皇明中兴圣烈传》，"平原孤愤生戏笔"的《辽海丹忠录》，"吟啸主人撰"的《平虏传》，"西吴懒道人口授"的《剿闯通俗小说》等。这些作品保存了许多历史传说，其中有一些为无名氏之作，或题为某某编次、口授的作品，从其形制上看，当是明代说书艺人的"底本"，即"话本"。这种现象是明代之前从未有过的。

托名王世贞撰的《列仙全传》，吴元泰的《八仙出处东游记》，徐霞客的《徐霞客游记》，杨慎的《南诏野史》等著作，记述了丰富的当世流传的神仙传说、风物传说，尤其是《南诏野史》所记述的少数民族民间传说和民间故事，都相当珍贵。

在冯梦龙的《笑府》《广笑府》《古今谭概》等著述中，保存了许多明代民间的笑话故事和寓言故事。其他还有浮白主人的《笑林》，赵南星的《笑赞》，屠本畯的《憨子杂俎》，都穆的《谭纂》，江盈科的《雪涛野史》等，也都保存了丰富的民间笑话故事等民间文学作品。应该说，没有明代的民间文学，我们就无从认识到一个真正的明代中国。当然，如何从丰富的文献典籍中辨识民间传说与史实的真伪，是很艰难的。

从总体上看，明代文人著述中的民间故事日益体现出自由、独立的风尚，包括民间幻想故事、生活故事和笑话，占据了明代民间文学史的主要内容；具有一定真实意义的民间传说，则居于次要位置。这是民间文学发展的必然结果。幻想是民间文学的生命。民间文学从来都对自由充满了热爱和向往，"没有半点的奴颜和媚骨"，是最可贵的艺术。

明代社会的思想文化对自由思潮的融入，造就了明代民间文学的特色，这在民间传说和民间故事中体现得最为典型。我们不必详数李贽、袁宗道、袁宏道、袁中道等人以及明末爱国文社的诗人们如何为自由而战,推动了明代中后期自由思潮的发展,仅从"《剪灯新话》案"就可以看到明代作家与民间文学的密切联系,及其中以"邪妄"面目出现的民间文学对时代政治、文化、思想所形成的冲击。瞿佑在《剪灯新话序》中说:"余既编辑古今怪奇之事以为《剪灯录》,凡四十卷矣。好事者每以近事相闻,远不出百年,近止在数载,蘩积于中,日新月盛,习气所溺,欲罢不能,乃援笔为文以纪之,其事皆可喜可悲可惊可怪者。所惜笔路荒芜,词源浅狭,无蒉目鸿耳之论以发扬之耳。既成,又自以为涉于语怪,近于诲淫,藏之书笥,不欲传出……今余此编,虽于世教民彝莫之或补,而劝善惩恶,哀穷悼屈,其亦庶乎言者无罪,闻者足戒之一义云尔。"其"校后识语"中还提到"盖是集为好事者传之四方"。集中收入的故事,大体为史传类与言情类两大部分,诸如《太虚司法传》记述鬼怪盛行,《令狐生冥梦录》记述阎罗王昏聩无能,"贫者入狱而受殃,富者转经而免罪",《三山福地志》记述"多杀鬼王"和"无厌鬼王"横行无忌,《翠翠传》记述离乱所造成的棒打鸳鸯散,《绿衣人传》记述奸臣贾似道对青年情侣的迫害,《爱卿传》记述罗爱爱所遭受的种种不幸等。这些故事从《剪灯新话》的成书情况上看,应该都是有历史传说和时事传说作为根据的,特别是《令狐生冥梦录》记述秦桧在阴司中受到惩罚,充满了民间传说的神秘意蕴。整部《剪灯新话》无论是在当世还是在今天,都受到人们的普遍喜爱。究其原因,这是与作品中大量采用民间故事,形成生动的审美效果分不开的;同时,诸如《令狐生冥梦录》中所引用的民间歌谣"一陌纸钱便返魂,公私随处可通门。鬼神有德开生路,日月无光照覆盆"等,使作品具有更为深刻的思想性,启发人们去思索社会与人生。《剪灯新话》问世后很快受到社会欢迎,不久便有李祯所撰的《剪灯余话》作为响应。《剪灯余话》模仿《剪灯新话》,"豁怀抱,宣郁闷",亦记述了丰富的民间传说故事,诸如《长安夜行录》《何思明游丰都录》等借用历史传说以讽今,《连理树记》《鸾鸾传》《秋千会记》以及《贾云华还魂记》《武平灵怪录》等,记述了许多爱情悲剧故事。这两部以"剪灯"命名的故事集,让无数人从中找到知音;甚至皇家宗室安塞王也把《剪灯新话》中的名篇,作为自己作品的前言(《明文海》卷四二七载)。但是,卫道士却以反对异端邪说为幌子,对此大加挞伐,如《明实录·正统七年》记述李时勉上言朝廷,称"近有俗儒假托怪异之事,饰以无根之言",并以《剪灯新话》为例,言其"不惟市井轻浮之徒争相诵习,至于经生儒士,多舍正学不讲,日夜记忆,以资谈论","若不严禁,恐邪说异端日新月盛,惑乱人心"。他请求各部门合作,"凡遇此等书籍,即令禁毁;有印卖及藏习者,问罪如律。庶俾人知正道,不为邪妄所惑"。其中所言"争相诵习",正说明此书感人之至。明英宗在李时勉的上书建议中看到了《剪灯新话》问题严重,即令禁毁,但这部书因此在后世闪放出更强烈的光芒。和宋代的"乌台诗案"一样,"《剪灯新话》案"并不是由最高统治者首先发难的,而是出于披着文士外衣的无耻之徒的陷害。这是中国文化史上肮脏的一页。但是,民间文学的魅力是无限的,任凭什么样的毒手都休想禁得了它的传播!

(一)传奇小说与笔记中的民间传说和民间故事

以民间传说和民间故事写入文学作品,《剪灯新话》为后世开辟了一条更宽广的道路。诸如赵弼在《效颦集》的《后序》中就提到自己是效"瞿宗吉"(即瞿佑)而"编述",书中内容"皆闻先辈硕儒所谈,与己目之所击者","初但以为暇中之戏,不意好事者录传于士林中","业已流传,收无及矣"。其中的《续东窗事犯传》借胡迪游历冥国,见到祸国殃民的蔡京、秦桧、贾似道之流备受严惩,作奸佞传以记,《国色天香》和《喻世明言》都曾记述此传说。《钟离叟妪传》记述了王安石微服私访,闻世人皆咒骂新法而自责,以致"一夜间须发皆白",后呕血而亡;这则传说的意义是相当复杂的。陶辅的《花影集》模仿《剪灯新话》《剪灯余话》和《效颦集》,在作品中记述了一些历史传说,如《云溪樵子记》中的陈桥驿兵变传说、《潦倒子》中的王安石推行新法传说,《邮亭午梦》中的岳飞和秦桧传说等。雷燮的《奇见异闻笔坡丛脞》也保存了许多民间流传的历史传说和民间故事,诸如《竹亭听笛记》记述了唐玄宗因宠爱杨贵妃,重用安禄山,引来安史之乱的传说;《毛娇娘》记述了人与狐妖相爱,狐妖痴心待人而为人所害的故事;《陶泽遇仙传》记述了书生陶泽与仙女柳氏相爱,柳氏挚爱陶泽的故事等。钓鸳湖客的《鸳渚志余雪窗谈异》也记述了关于历史人物的民间传说,诸如《东坡三过》中苏东坡三访本觉寺,还有其他篇中关于张浚、朱买臣、范蠡、西施等人的传说,都很有特色。

明代民间故事中的爱情故事和文人传说,在明代民间文学史上尤为显眼,其内容与唐宋民间故事中的同类主题相似,但更多地体现了明代社会的思想文化。最明显的就是对唐宋历史和文化的思索,有许多故事是从唐宋时期的文学作品中转述来的。对那些历史上的著名奸佞和忠贤,明代社会给予了密切关注,并在故事中融入了自己的思考;如前面所举到的唐玄宗、王安石、苏东坡等,是明代民间传说中的热门话题,他们每一个人事实上都代表着一个历史时期,或体现出某一种独特的历史现象。尤其是对于王安石,明代民间传说与宋代相比,其评价态度更显公允。宋代社会由于多种原因,把王安石与蔡京之流并提,列为误国的罪人;然而,明代社会由于时过境迁,所保持的理性态度更多,所以在传说中不同程度地强调了"吾以新法为利民,焉知民怨恨若此"(《钟离叟妪传》)。对于苏东坡这位传说中的一代风流,明代民间传说多强调其哲人性格。如《鸳渚志余雪窗谈异》中的《东坡三过记》记述苏东坡三次过访本觉寺的文长老,而第三次所见者其实是文长老的灵魂;待入本觉寺之后,苏东坡才发现这个情况,题下了"初惊鹤瘦不可识,渐作云归无处寻。三过门间老病死,一弹指顷去来今。存亡见惯浑无泪,乡曲难忘尚有心。欲向钱塘吊圆泽,葛洪川畔待秋深"的诗句,化用了"三生石"和"葛洪川"两则民间传说。

关于情爱主题的表述,明代民间文学中尤为突出。唐宋时代的同类故事主要写鬼妖精怪,更多地是以"奇"来显示世间百态,而明代社会则突出了"俗"的一面,借以描述世间的恩怨,显示两情相悦。如《鸳渚志余雪窗谈异》所录《招提琴精记》记述琴精与人间的姻缘情话,述说"音音音,你负心";其所录《景德幽澜记》写景德寺僧人遇"长身大眼,勇力过人",自称能"降魔伏鬼"的胡僧,寺僧请其降妖,一女子"媚质雅妆","对月长吁",胡僧与其一问一答,以"窗外谁家女"对"堂中何处僧",以"好敏捷佳人"对"真风流长老",是典型的民间文学套式——最后才知此女为"清泉一泓","涓洁且甚可爱"。《女才子书》记述了十八个美女的传说故事,"胆识和贤智兼收,才色与情韵并列",颂扬了自由的情爱。《庚巳编》中的《洞箫记》记述仙女三访徐鏊,徐鏊善吹洞箫,博得仙女真情相爱,但徐母却将他们分开,最后仙女将徐鏊杖责八十,以惩罚其负心。《冶城客论》中的《鸳鸯记》记述郑卿求学,与施家娘子相恋,二人以鸳鸯饼相赠的故事;这是一篇偷情故事,郑卿与施家娘子一见钟情,称可以符使妻"立致其来","指女郎云:汝即其人也",颇见世俗真性情。其中记述郑卿岳父谢秀才厚颜无耻,也想调戏施家娘子,施家娘子痛斥并加拒绝,可见其虽有艳情,却非滥交。《高坡异纂》中的《唐文》是一篇《牛郎织女》的异文,记述山西书生唐文娶继妻张氏,夫妻二人买童仆寿安即牛郎,买妾玉英即织女,唐文不以玉英为妾,使玉英与寿安重聚(即牛郎与织女团圆);这是牛女爱情神话传说在明代演为世俗性传说故事的典型。明代以牛郎织女为小说题材的,以华玉溟所撰《牛郎织女传》最为典型①。其中记述武陵书生夜梦玉帝宣诏其为牛宿,其妻为女宿,皆为"朕之佳婿佳儿"。后多次梦上天,见天帝及日月之神。《觅灯因话》中的《翠娥语录》记述淮扬名妓李翠娥喜读古代典籍,看透了世间情爱的虚伪,以为有些人家的婚姻比妓院中还要肮脏,她不愿为娼,也不愿从良,最后出家脱俗;其中的《卧法师入定录》记述铁、胡二人相交为友,胡勾引铁妻狄氏,狄氏向卧法师求助,卧法师以"福善祸淫"相慰。在《榕阴新检》中,《张红桥传》记述闽县良家才女张红桥与林鸿一见钟情,张红桥因与林鸿离别,思念而亡;《双鸳冢志》记述侯官林澄与才女戴伯麟相爱,二人约会时,林澄为盗贼所杀,戴伯麟因而自尽。

冯梦龙编撰的《燕居笔记》中,有记述著名民间故事杜丽娘还魂的《杜丽娘》;有记述杭州富家少女刘秀英与苏州书生文士高相爱,文士高猝死后,刘秀英自缢,后二人墓中复活,重结良缘的《刘秀英还魂记》;有记述秀才徐成丧妻,三向有夫之妇的表姊求爱,后来结为连理的《天致续缘记》等。其中的《杜丽娘》故事,被汤显祖演为《牡丹亭》戏曲名著。《绣谷春容》中的《娇红记》记述申纯、王娇表兄妹间的爱情,他们相互爱慕,却屡受他人陷害,后两人殉情,合葬后,其灵魂化为在墓冢上比翼而飞的鸳鸯

---

① 薛洪绩:《传奇小说史》,浙江古籍出版社,1998年版,第289页。

鸟。《国色天香》中的《双卿笔记》记述苏州书生华国文娶张端为妻,后至岳父家读书,又爱上小姨张从,最后经同窗帮助,华国文与张端、张从两姐妹共结良缘。所有这些情爱、婚姻类民间故事,都应该是明代社会婚姻状况与情感世界的真实写照。

  最为特殊的是,在明代传奇小说和笔记中,有一些性爱内容的表现,这当是民间荤故事的转相记述。如《风流十传》中的《天缘奇遇》,记述风流才子祁羽狄知忠识奸,曾辅佐朝廷建功,能够急流勇退,与五十多个女人相爱,得娇妻美妾一百多人,后俱升仙得道。其中祁羽狄所爱的龚道芳,是织女下凡。《万锦情林》中的《传奇雅集》,记述江右世家子某人,也是与一百多个女人有性爱关系。《如意君传》记述武则天与薛敖曹淫乱的传说故事,同类传说故事还有《控鹤监秘记》。《痴婆子传》记述少女上官阿娜出嫁之前就与人淫乱,出嫁栾家后继续淫乱,与其淫乱者既有其小叔,又有其公公,堪称明代荤故事大全。《国色天香》中的《金兰四友传》记述了事实上为同性恋的传说故事。《榕阴新检》中的《金凤外传》记述王室中乱伦、淫荡的传说故事;从周亮工《闽小记》中可知,这个故事在社会上有手抄本流传。这与"文革"中所流传的《少女之心》手抄本类似,其存在与流传既是有关生活内容的真实体现,又显示了对虚伪的专制文化的逆反心理。此类故事在明代常常假托某个历史人物,借以演说在卫道士看来不堪入目的内容,这是明代市民力量崛起后日益增强的文化、精神需要的直接产物,也是对宋明理学的强烈反抗。这类民间荤故事有许多在今天还有流传,它表明了民间文学对社会现实的真实反映,与明代民歌中的肉欲描绘在实质上是一致的。这样,我们就可以更全面地理解《金瓶梅》在明代产生的思想文化背景。作为思想文化的畸形产物,荤故事和荤歌谣在明代大量出现是一种绝对的精神怪胎。明统治者以理学扼杀思想自由,甚至在服饰上对民间百姓都有诸多限制,以维护皇家权威,如《阅世编》卷八记叶梦珠忆及明初"庶民莫敢效","隶人不敢拟","其市井富民"亦"不敢从新艳也",民间男女不得用金绣、锦绮,只能用绸、绢、素纱,连大红、鸦青和黄色都不许用;更不用说朱元璋"飞诬立构,搞竿牍片字,株连至十数人"(《明史·刑法志》)的文字狱了。直到明中后期,这种局面才有所改观,但它所形成的僵化的思维则贻害无穷。思想行为上的不自由,造成了社会上狎亵风行,沉湎酒色的局面,这样,明代民间文学中就较多地出现以宋元时人物为背景述说故事的风尚。明中后期,"靡然向奢"的大潮汹涌澎湃,如谢肇淛在《五杂俎》中所说,"今时娼妓满布天下,其大都会之地动以千百计,其他偏州僻邑,往往有之",人"良贱不及计","配偶不及择","女家许聘,辄索财礼","富贵相高"。社会上"礼崩乐坏",诚如《客座赘语》卷一中人所吟诗歌:"嵯峨大船夹双橹,大妇能歌小妇舞,旗亭美酒日日沽,不识人间离别苦。长江两岸娼楼多,千门万户恣经过,人生何如贾客乐,除却风波奈若何。"荤故事荤歌谣在这样的氛围中若不产生,才是怪事。明代社会不仅产生了《金瓶梅》,还有《肉蒲团》《玉娇女》《绣榻野史》等荤小说作为荤人荤事的集大成。我们的民间文学史不应该回避这种现象,因为在民间荤故事中,包含着大量社会性和非社会性的因素,其形成背景是相当复杂的。明代社会的市民意识是其形成的重要因素,而不是唯一的因素。早在唐代张鷟的《游仙窟》中就已经包含着这类内容;而在明代忽然涌现出那么多,其描述又那么露骨,除了社会心理的历史原因与现实原因之外,有很多因素是值得我们深入思索的。

再者是神仙传说问题。明代神怪文学异常繁盛,出现了著名的神魔小说《四游记》《封神演义》《西游记》等作品,以及明代戏剧中的大量神仙戏。这与唐代杜光庭的《神仙感遇传》《仙传拾遗》《录异记》和《墉城集仙录》,沈汾的《续仙传》,宋代张君房的"小《道藏》"《云笈七签》,元代赵道一的《历世真仙体道通鉴》等神仙典籍的流行是分不开的。再往前数,甚至可推至汉代刘向的《列仙传》和东晋葛洪的《神仙传》等神仙典籍。这些神仙传说一脉相承。明代出现了托名王世贞的《列仙全传》、朱星祚编撰的《二十四尊得道罗汉全传》、吴元泰的《东游记》、邓志谟的《唐代吕纯阳得道飞剑记》和杨尔曾的《韩湘子全传》等作品(据宁稼雨《中国文言小说总目提要》所计,明代文言神怪小说有80多种)。在这些典籍的影响下,形成了明代神仙传说的繁盛及在更广范围内的流传。《列仙全传》有明万历二十八年刊本,其卷一中所记东王公"道性凝寂,湛体无为","育化万物","凡上天下地,男子登仙得道者,悉所掌焉"。其中把"学道得仙之品"列为九等:"一曰九天真皇,二曰三天真皇,三曰太上真人,四曰飞天真人,五曰灵仙,六曰真人,七曰灵人,八曰飞仙,九曰仙人"。由此可见明代神仙体系的一斑。明代神仙体系之庞大,神灵名目之众多,是与靖难之役后统治者有意利用造神来愚弄民众分不开的。

许仲琳的《封神演义》是一部家喻户晓的神怪小说,记述的神仙传说故事更为丰富;但其偏重于对历史传说的总结,对民间信仰中的神谱构成有重要的影响。

总之,明代流传的神仙传说是特殊的民间文学,其中包含着丰富的民间传说与民间故事,也包含着复杂的民间信仰观念。明代传奇小说和笔记中的民间传说与民间故事,由于著述者和编选者的身份及目的不同,记述的详略与原始成分的保存也不同,但我们可以从中看到明代民间文学以种种面目在社会生活中出现的意义。这些记述作为世俗生活和神仙世界的具体描绘,与明代的民间歌谣、民间谚语一样,都是明代社会最真实的记录,是明代民间社会生活的口述史册。

(二) 历史传奇与历史传说

所谓历史传奇,在明代民间文学中,专指那些以历史题材为讲述对象的著述,其中民间艺人的加工,使那些原来较为零散的民间传说和民间故事更为系统化,也更生动。它集中了明代社会的民间历史传说;若我们从这些历史传奇所记述的对象来看,会发现又一部从远古至明代的历史文化长卷。这在我国文化史上是一道奇观,是我国民间文学对古代历史的深情言说所形成的"口碑"长卷。它明显不同于各朝代所谓正史的写作,也不同于《资治通鉴》那类的教科书式的历史事件的阐释,而是将几千年历史风云的文化碎片重新"还原"成活生生的历史。更重要的是这一部部"还原"的历史有许多是瞽叟们靠一代代人口耳相传,是由作为社会历史前进动力的千百万人民靠自己的理解所写就的,是真正的民间的"历史"。

明代历史传奇所表现的历史传说,在发生时代上最早的当数周游的《开辟衍绎通俗志传》,简称《开辟衍绎》,也称《开辟演义》,今存有明代崇祯间麟瑞堂本,共六卷八十回。它主要记述了从盘古开辟世界到"武王克纣伐罪吊民"这一段历史传说,主要内容是神话传说。明代"靖竹居士王黉"在《开辟衍绎叙》中详细记述了当时"历史开辟"类作品的流传,举到《列国志》《西东汉传》《三国志》《两晋传》《南北史》《隋唐传》《南北宋传》《水浒传》《岳王传》和"一统华夏"的《英烈传》。王黉称,"《开辟衍绎》者,古未有是书",又称"如盘古氏者,首开辟也;天、地、人三皇,次开辟也;伏羲、神农、黄帝、尧、舜,又开辟也;夏禹继五帝而王,又一开辟也;商汤放桀灭夏,又一开辟也"。显然,他和周游一样,是把夏之前的神话传说也当作真实的历史看待的。周游把盘古开创世界作为中国历史的第一个时代,使我们联想到司马迁在《史记》中只从黄帝记述起,其中一个重要原因是盘古神话被详细记述的时间较晚。但从中我们也可以看到,周游对当世的神话传说进行了认真的整理,他把盘古神话放在伏羲、神农、黄帝、尧、舜众神之前,是很有见地的;周游还相当完整地记述了不同神话时代的神话系统,诸如"伏羲之有仓颉,黄帝之有风后,尧有舜佐,舜有臣五人而天下治,禹、弃、契、皋陶、伯益,又有八元八恺,禹有治水之功而兴夏"等内容。这是我国文化史上对史前时代的历史第一次较为清醒的记述与整理,其价值无论是作为神话传说还是作为著述者的勾勒,都是卓越的,在我国神话史上有着独特的地位。

其次是吴承恩的《禹鼎志》。这虽然是一部传奇小说集,而且其书也已亡佚,但它对大禹时代的神话传说作了系统整理,其记述方式具有明确的目的性,这一学术行为是很有意义的。从保存下来的吴承恩的《禹鼎志序》①,我们一方面可以管窥到此书的内容,另一方面则可以看到吴承恩与民间文学的联系。如其中有"昔禹受贡金,写形魑魅,欲使民违弗若"的记述,当为该书的主体内容。关于禹铸九鼎的传说,《左传·宣公三年》有记述,称"昔夏之方有德也,远方图物,贡金九牧,铸鼎象物,百物为之备,使民知神奸"。吴承恩在《序》中说"余幼年即好奇闻,在童子社学时,每偷市野言稗史","比长,好益甚,闻益奇","迨于既壮,旁求曲致,几贮满胸中矣"。从中我们可以理解他如何创作《西游记》及其思想文化上的长期积累和准备。

"钟惺伯敬父编辑""冯梦龙犹龙父鉴定"的《有夏志传》和《有商志传》,各有四卷,

---

① 见《吴承恩诗文集》,古典文学出版社,1958年版。

人合刻为《夏商合传》（存清嘉庆十九年稽古堂刊本）。其中夏代历史记述大禹治理天下，收服水怪，"传十七世四百五十八载"，而至桀时耽于酒色，终于亡国；商代历史记述商汤"祷雨救民"，"传二十八世六百四十四年"，而至纣王时因妲己而使"千载天下，一旦亡乎哉"。相续出现的历史传奇是余邵鱼的《列国志传》（存万历年三十四年三台馆刊本，见《春秋五霸七雄全像列国志》八卷本），记述自姜子牙助周灭商到秦始皇统一六国间的历史，明代陈继儒称其为"此世宙间一大账簿也"。作者称意在"维持世道，激扬民俗"，"莫不谨按五经并《左传》《十七史纲目》《通鉴》《战国策》《吴越春秋》等书"，其"演义"中还是明显保存了不少民间历史传说，至少是转述了一些传说。如秦哀公临潼斗宝事，后人就指出"久已为闾阎恒谭"，伍员为明辅"尤属鄙俚"。冯梦龙根据余邵鱼这部著述并参考相关史籍，撰成《玉鼎列国志》即《新列国志》（存清初覆明金阊叶敬池本），保存了更多的历史传说，诸如屠岸贾、秦野人、庆忌、甘罗、勾践、西门豹、信陵君、屈原、介子推、鲁仲连、杞梁妻等传说人物故事，语言尤为通俗、生动、流畅，给人以深刻的印象。先秦时期社会历史多动荡，人才辈出，有许多动人的民间传说和民间故事，两部《列国志》保存了这些内容，并影响着后世相关民间文学的嬗变形态。

记述汉代历史传说的传奇著述，有"钟山居士建业甄伟"所撰的《西汉通俗演义》、谢诏的《东汉十二帝通俗演义》，以及两本合刻而成的《东西汉通俗演义》（存明末剑啸阁刊本）。如袁宏道《东西汉通俗演义序》田中所讲："今天下自衣冠以至村奇里妇，自七十老翁以至三尺童子，谈及刘季起丰沛，项羽不渡乌江，王莽篡位，光武中兴等事，无不能悉数颠末，详其姓氏里居。自朝至暮，自昏彻旦，几忘食忘寝，聚讼言之不倦"，"则《两汉演义》之所以继《水浒》而刻也，文不能通，而俗可通"，"汉家四百余年天下，其间主之圣愚，臣之贤奸，载在正史及杂见于稗官小说者详矣。"（存明末剑啸阁刊本）甄伟本记述楚汉相争与汉初灭诸王，至汉高祖死；谢诏本记述自王莽建新朝，光武帝中兴，到汉桓帝党锢之祸为止；合刻本夹评夹议，有明显的说书人加工色彩。至罗贯中的《三国演义》出现，汉代末年即三国时代的历史传说得到异常系统而完整的整理；若将之与陈寿《三国志》相比较，可见"演义"中历史传说和民间故事比比皆是。学者公认其取材于《三国志》和裴松之的注，以及当世所流传的民间传说。如明代"庸愚子"在嘉靖本《三国志通俗演义序》中，提到"历代之事，愈久愈失其传。前代尝以野史作为评话，令瞽者演说，其间言辞鄙谬，又失之于野"，而罗贯中本"文不甚深，言不甚俗，事纪其实，亦庶几乎史"，"若《诗》所谓里巷歌谣之义也"。他也强调"结义桃园，三顾草庐"诸事与诸葛亮的忠诚智勇，"关、张之义"等写得生动传神；而这些内容，正是民间传说所体现的。《三国演义》在明清时期有许多版本问世，也有许多批评家对其评论不已，其中有人如明代"秃子"在"明建阳吴观明刊本"《序批评三国志通俗演义》中极称其"俗"；李渔在"清《声山别集》本"中提到《三国演义》为四大奇书之一，并提到其受到前"三分之说"故事讲述模式的影响。也有人指出罗贯中本与元代"讲史"中《全相三国志平话》的联系。明代关于三国历史的演义小说存有多种,如"晋平阳侯陈寿史余杂记""西蜀酉阳野史编次"的《续编三国志后传》(见孙楷第《日本东京所见小说书目》,为万历年间本)等。杨尔曾编的《东西两晋演义志传》存有明万历四十年"周氏大业堂"本,为《西晋志传》《东晋志传》的合编,其中记述了晋武帝、晋元帝等历史人物的传说故事。明代"雉衡山人"在《东西两晋演义序》中,还提到罗贯中因为"作俑"于"以通俗谕人",其"子孙三世皆哑"并以此作为"口业之报"的传说。

隋唐时代英雄辈出,民间传说层出不穷。对于这一段历史传说的记述,明代民间文学给予了特别关注,在历史传奇中屡有表现。诸如题"东原贯中罗本编辑""西蜀升庵杨慎批评"的《隋唐两朝志传》存十二卷一百二十二回,有明万历四十七年"龚绍山刊本",其中记述自杨坚到唐僖宗时历史传说多种。又如题"齐东野人编次"的《隋炀帝艳史》存八卷四十回,有明崇祯时"人瑞堂本"。其中记述隋炀帝风流事迹,诸如三幸辽东、避暑汾阳、下江南,"荒淫成性"等;同时还记述了与隋炀帝同代的许善心、独孤盛、独孤开远、王义、朱贵儿、封德彝、萧后、苏威、宇文化及等人物的传说故事。袁韫玉撰《隋史遗文》共十二卷六十回,存有明崇祯六年原刊本,记述了隋朝末年瓦岗寨英雄聚义到玄武门之变后唐太宗即位这一段历史传说,其中秦琼的传说故事甚多,其他还有尉迟敬德、程咬金、罗成、单雄信等传奇人物的传说故事,充满宿命色彩,亦尤为动人。熊大木撰《唐书志传通俗演义》又名《秦王演义》,共八卷,存有明嘉靖三十二年"杨氏清江堂刊本",记述李渊晋阳起兵到秦王征高丽这一时期的历史传说故事。题"竟陵钟惺敬伯编次"的《混唐后传》又名《薛家将平西演传》,共八卷三十二回,存有"清芥子园刻本",其中记述了民间传说中的薛仁贵、薛鼎山的神奇故事;同代还有刊刻的《薛仁贵征辽事略》(见《永乐大典》),二者在一些历史传说的记述上有相似处。题"贯中罗本编辑"的《残唐五代史演义传》共六卷六十则,主要记述黄巢起义至唐亡国、宋赵匡胤陈桥兵变这一段历史的传说故事,诸如李存孝、王彦章、李克用等历史人物的传说,记述颇为详细。

两宋时代是明代人百感交集的时代,在相关的历史传奇中,我们可以看到他们对宋初兴时辉煌的向往,也可以深切感受到他们对宋代英雄所受冤屈的不平,其中包含着明代社会特有的民族感情。熊大木的《南北两宋志传》(即《南北宋传》,十卷五十回,存清浙绍敬艺堂刊本,明代有玉茗堂批点本)就是体现这种感情的典型。《南北宋传》分别记述了自后唐石敬瑭起家、割燕云十六州到宋太祖平定南方和宋真宗、宋仁宗时代的历史。其中《北宋志传》以杨家将故事为中心,记述了大量生动的民间传说,如杨业父子故事、杨五郎传说、杨宗保传说和萧太后等人的故事。正如明代"玉茗主人"在《北宋志传序》中所述,"志有所寄,言有所托"(清浙绍敬艺堂刊本)。熊大木的《大宋中兴通俗演义》(别题《大宋演义中兴英烈传》)中,这种情绪更为明显。此书存八卷八十则,有明万历间"三台馆本"、万历书林"万卷楼"和清代"映秀堂刊本"等,在"三台馆本"中被易名为《大宋中兴岳王传》。其中主要记述岳飞抗金故事,以及李纲、宗泽、韩世忠等人的传说,最后以秦桧在冥间受到报应为结尾。同时流行的岳飞传说故事还有明代邹元标根据熊大木此本删节而成的《岳武穆精忠传》,存六卷六十八回,有清代"大文堂刊本"。邹元标在《岳武穆精忠传序》中称"从来忠孝名贤、贞烈义士,每不愿存形骸于世宙,留躯壳于人间,则死固奇节也",而岳飞"真有诸葛孔明之风",并引晋刘宋所杀檀道济诗"自坏万里长城",斥"高宗忍自弃其中原,宜其忍杀一飞也"。岳飞传说故事的流传,表现了"天地有正气"[1],这种正气"在天为日星,在地为河岳,在人为忠义"[2]。正是此类故事的流传,铸成了我们中华民族威武不屈的高贵品格的核心。如人所感慨:"山河至于今,流峙也,日月至于今,照临也","正气之在于天地者如此",而"若夫贼桧之邪,至今视之,一狗彘耳,一虮虱耳,一粪壤耳。纪异者传桧变为牛,而雷碎之",见"邪气之不容于天地也"[3]。宋代传说故事中,岳家将与杨家将是一双璧玉,无论在明代还是其他时代,人们对这种传说都注满深情。明代社会此类历史传说因民间艺人的加工而广为传播,当是有识者有感于社会道德的腐朽败坏而大力呼吁正气的产物。如题"秦淮墨客校阅"[4]的《杨家通俗演义》(别题《杨家府世代忠勇通俗演义》)存八卷五十八则,有明万历三十四年"卧松阁刊本",其中记述杨业父子辈英雄传说,以及"自令公以忠勇传家,嗣是而子继子,孙继孙,如六郎之两下三擒,文广之东除西荡,即妇人女子之流,无不摧强锋劲敌以敌忾沙漠,怀赤心白意以报效天子"[5]等杨家满门忠烈的故事。诚如人在其"序"中所慨叹,"贤才出处,关国运盛衰";不佞之徒与草木同朽,只有此"忠勇如杨令公者",才使华夏"树威"。由此我想起关羽传说在明代流传亦颇广的现象,这些英雄传说越盛行,说明当时社会道德大厦正潜伏着危机;民间传说对于铸造民族精神有着非常重要的影响,它常起到自救和自我调节的作用,使社会道德不断得到更新与完善。

《三遂平妖传》题"东原罗贯中编次",存明"墨憨斋批点金阊嘉会堂刊本",记述了宋代王则起义被剿平的传说,与施耐庵的《水浒传》一样,都是对官逼民反主题的演绎。所不同的是,《三遂平妖传》中大量的民间神魔鬼怪传说,冲淡了这种主题。诸如其中的胡媚儿系白狐精圣姑姑之女,托生后嫁给河北王则,后同蛋子和尚、左黜儿及圣姑姑等一起与王则谋反,文彦博率兵征讨,王则被剿平。书名称为"三遂",是故事

---

[1] 李春芳:《岳鄂武穆王精忠传叙》,清映秀堂刊本载。
[2] 李春芳:《岳鄂武穆王精忠传叙》,清映秀堂刊本载。
[3] 李春芳:《岳鄂武穆王精忠传叙》,清映秀堂刊本载。
[4] 考,秦淮墨客当为明纪振伦号,此当为纪振伦校阅本。
[5] 秦淮墨客:《杨家通俗演义序》,明万历三十四年卧松阁刊本。

中有马遂、李遂,和蛋子和尚叛离王则后自称诸葛遂,他们共破圣姑姑的法术,对平王则起到关键作用。王则故事在宋末罗烨《醉翁谈录》辛集"妖术"类以《贝州王则》出现,至明代又一次被记述,体现出明代社会民间文学的历史观。

在与宋朝有关的历史传说之后,明代对元代历史传说几乎不提,即使有,也只是作为明王朝兴起的背景即明代开国的内容而涉及。关于当代历史性传说的整理,在明代出现了"徐渭文长甫编"的《云合奇踪》即《英烈传》,存明万历刊本,共二十卷八十则,记述的主要是元末朱元璋和他的战友们拼杀疆场,建立明朝的一系列历史故事,包括徐寿辉、陈友谅等人的传说。此外,又有题"空谷老人编次"的《续英烈传》五卷三十四回,有清"集古斋刊本",主要记述明成祖靖难之役的传说故事。也有建文、永乐时的传说故事,与《英烈传》在历史时空上相承接,描述了明代社会初期的风云变幻。

明代曾发生三宝太监下西洋的历史传说,在明传奇小说中也有记述,如罗懋登的《西洋记》,即《三宝太监西洋记通俗演义》,存二十卷一百回,有清光绪四年上海申报馆仿聚珍版刊本,记述郑和使南洋故事,出现许多神仙魔怪之类的民间传说,完全按照作者个人对南洋的想象而撰,有些传说取自《山海经》中,有些"锄强扶弱,海道一清"的故事,则与《大唐三藏取经诗话》相似。作品写郑和历经三十九国,沿途凭借着金碧峰长老和张天师的法力战胜重重困难,可看做假借郑和下西洋史实之名而作的又一部《西游记》。两者相同的在于此传说故事中融入了明代社会的民间信仰,出现了元始天尊、玉皇、观音、托塔天王、哪吒、骊山老母、八仙等神佛人物,许多情节也明显地照搬《西游记》,诸如羊角真君的吸魂瓶被金碧峰钻成小孔,以及设置女儿国等。甚至郑和下西洋的起因也刻意模仿《西游记》,形成特有的神话传说氛围。如张天师对永乐皇帝称传国玉玺流失西番,应当寻回,但他心中想的却是借此灭佛;金碧峰是由燃灯古佛转生,他想拯救佛教,在金殿与张天师斗法获胜,这在《西游记》中也有类似情节。《西洋记》同《西游记》一样集中体现了明代社会民间宗教等内容的传说,应该为我们所重视。

明代社会阉党横行,引起民众的极大愤慨,崇祯即位后清除阉党,以声讨魏忠贤为内容的传奇小说应运而生,出现了题"吴越草莽臣撰"的《峥霄馆评定新镌出像通俗演义魏忠贤小说斥奸书》,简称《魏忠贤小说斥奸书》。有人考据,"吴越草莽臣"即冯梦龙,将此书收入《冯梦龙诗文》中。作品记述了魏忠贤的一生,"自忠贤生长之时,而终于忠贤结案之日"。题"西湖野臣著"的《皇明中兴圣烈传》和题"长安道人国清编次"的《警世阴阳梦》,也都记述了魏忠贤作祟多端的民间传说。题"平原孤愤生戏笔"的《辽海丹忠录》和题"吟啸主人撰"的《平虏传》,记述了明代后期边疆动荡的传说。

由"西吴懒道人口授"的《剿闯通俗小说》,又名《剿闯小史》《忠孝传》,是明代第一部完整记述李自成农民起义传说故事的传奇小说。其所记从魏忠贤擅权到吴三桂降清,与《明季北略》所载史实有符合的地方,也有不符的地方。郭沫若在《剿闯小史跋》

中考,"今观其前五卷专叙北方事,确出传闻","与《明史·流贼传》则大有出入","《流贼传》绳伎红娘子救李信出狱事,最宜于做小说材料,而本书则无之",其成书当在"甲申、乙酉之间"①。这部作品在我国民间文学史上是很有价值的,可作为我国当世农民起义传说记述的典型。不论作者的立场和态度如何,他保存了明代李自成这一农民起义历史人物的传说,具有重要的口述史学意义。

明代历史传奇与历史传说之间的联系十分密切,也十分复杂,相关文献的继续发掘与考据,以及可以依照历史文献而进行的田野作业,将是解决这个问题的有效途径。

(三) 民间笑话和寓言故事

明代民间故事中,笑话和寓言别具特色。其中一些民间笑话与机智人物型、呆子型民间故事相糅合,或指斥社会黑暗腐朽,或讽刺世间不良行为。诸如明代广为流传的解缙、唐伯虎、祝枝山、阿丑等历史人物,他们在民间故事中完全被传奇化,已失去民间传说的纪实意义。这些作品以谐谑形成特殊的风格,应看作是民间笑话。如冯梦龙所编的《古今谭概》,就保存了不少此类故事。当然,更典型的民间笑话,还应以《笑赞》《笑府》《广笑府》和《雪涛谐史》等笑话专集中的作品为主。

冯梦龙所编的《广笑府》和《笑府》,在保存民间笑话的原始性方面最具代表性。诸如《广笑府》中的《属牛》《有钱者生》《衣食父母》《死后不赊》《指石为金》《新官赴任》《愿踢脚》《不请客》《须寻生计》《是何言行》《合做酒》《下公文》《豆腐》《性刚》《不识人》《错死人》《有天无日》等,语言通俗而简洁,有不少作品至今还在民间流传,甚至成为常用的俗语。这些作品寓意深邃,在明代民间文学中独树一帜。其所编《笑府》,与《广笑府》同为中国民间文学史上的双璧,其中保存的笑话故事诸如《打半死》《厨子》《恍惚》《不留客》《解僧卒》《合种田》等,都给人以嬉笑这一特殊的审美愉悦效果。在冯梦龙选录的笑话故事中,有两类人物性格最为突出,一类是昏官,一类是世间众生的呆憨相。如《广笑府》中的《新官赴任》,新官问如何"做官事体",吏答道"一年要清,二年半清,三年便浑",新官为急于"浑"而自叹,令人发笑。《笑府》中的《恍惚》记"三人同卧",都将别人当自己,第一人将第二人腿抓出血,第二人以为第三人"遗溺","促之起",第三人"起溺",听邻家榨酒声而以为溺未完,"竟站至天明"。这是对整个国民性格的探刻描绘,堪称民间文学史上的经典。

其次是赵南星的《笑赞》,其中的《做屁文章》《昏官》《放生》《行孝》《说大话》《买靴》《岂有此理》《甘蔗渣》《我却何处去了》《和地皮卷来》等于诙谐中刻画人物性格,入木

---

① 郭沫若:《剿闯小史》,重庆说文出版社,1944年版。

三分。浮白主人的《笑林》,保存了民间笑话如《拿屁》《借牛》《问令尊》《虾》《许日子》《不留客》等故事,有浓郁的生活气息和深刻的哲理意识,给人以丰富的启迪。江盈科的《雪涛谐史》和《雪涛小史》保存了《假银》《原来就是我》《悭师》《惧内》《心在哪里》《说谎者》《骗下楼》《拿团鱼》《脚痛》《北人啖菱》《补则生》等故事,记述了明代社会精神空虚无聊的一面。尤其是其中的《假银》记述"有官人性贪",连城隍庙中的假银锭也不放过,明知是假的还"要取个进财吉兆",可见其贪婪到何种程度。

无名氏的《时尚笑谈》明确记述当世笑话,诸如《学官贪赃》《厚脸皮》《看相》等,在平常事件中揭示出严肃的社会主题,颇有与今天流传的政治笑话类似的意义。另外还有明代郭子章所编《郭子六语》中的《谐语》,也保存了丰富的笑话(其《六语》包括们《谐语》七卷、《讥语》一卷、《谶语》六卷、《隐语》二卷、《谚语》七卷和《谣语》七卷)。我们透过这一串串笑声,可以看到明代作家对民间众生相的一丝忧虑。从一些跋和序中可以看到,许多人并不是单纯为了记述供人娱乐的笑料,而是有所寓意。如明"三台山人"在为李贽所撰《山中一夕话》①作序时,即指出其"不为无补于世"。又如冯梦龙在《古今笑自叙》中所述,"一笑而富贵假,而骄吝悭求之路绝;一笑而功名假,而贪妒毁誉之路绝;一笑而道德亦假,而标榜倡狂之路绝;推之,一笑而子孙眷属皆假,而经营顾虑之路绝;一笑而山河大地皆假,而背叛侵陵之路绝"(明阊门叶昆池刻本存)。

有一些民间笑话故事,其意义之丰富,可以作为民间寓言看待。如《笑府》中的《蝙蝠》,《笑赞》中的《搬坏了》,《广笑府》中的《技术争高下》,《笑林》中的《猫吃素》,《雪涛谐史》中的《以猫饲雏》,以及马中锡的《东田文集》所存《中山狼传》等。刘元卿的《贤奕编》所存民间寓言也甚多。这些作品多通过某种故事讲述或揭示一定的道理,启发人们对社会、人生诸问题的深入思索,故事的倾向性甚为明显。诸如《笑府》中的《蝙蝠》记述"凤凰寿,百鸟朝贺,惟蝙蝠不至",蝙蝠对凤凰说自己是兽,对麒麟说自己是鸟,当凤凰与麒麟相遇谈及蝙蝠的两面性时,慨叹"如今世上恶薄,偏生此等不禽不兽之徒。真个无奈他何"。《贤奕编》中的《猱搔虎痒》《猩猩》《猫号》《万字》《争雁》等篇以动物寓言故事为主,揭示某种道理。如其中的《猫号》记述为猫取名,或称"虎猫",或称"龙猫",或称云、风、墙等号,最后归之于"鼠猫","东里文人嗤之曰:'噫嘻,捕鼠者故猫也;猫即猫耳,胡为自失本真哉!'"《中山狼传》曾被许多人用作寓言题材,作品借民间流传的寓言故事,以"杖藜老人"的话结尾,述说不能滥于信任,要辨识忠奸的道理。此篇的特点集中在"三问"上,即问树、问牛、问杖藜老人,这种结构符合民间故事的基本模式,包含着"事不过三"的朴素观念。

还值得一提的是刘基在《郁离子》中所保存的寓言,诸如《蟾蜍与蚵蚾》《蒙人吃

---

① 李贽撰,《山中一夕话》,十二卷,卷首题"卓吾先生编次,笑笑先生增订,哈哈道士校阅",存有上海申报馆丛书续集本。

虎》《割瘿》等,包含着一些民间故事。杨慎的《艺林伐山》、方孝孺的《逊志斋集》和《正学文集》、庄元臣的《叔苴子》等文集中,也包含着一些具有民间故事色彩的寓言。其他还有无名氏所撰的《华筵趣乐谈笑酒令》等,也不同程度地保存了一些民间寓言故事。在15世纪即明代的中后期,藏族民间文学中出现了央金噶卫洛卓编著的《甘丹格言注释》和洛卓白巴编著的《益世格言注释》等少数民族典籍,其中保存有许多民间寓言故事,不少作品都富有特色。

明代民间传说和民间故事等民间作品的保存,不独体现在以上诸种文献中,还保存在一些传统形式的文学作品,诸如明代的诗、词、小说、散曲和戏剧中。尤其是戏剧在明代称为"传奇",有许多题材都是从民间传说和民间故事中选择出来的。明初杨景言的杂剧《西游记》采用了《大唐三藏取经诗话》中的民间故事;贾仲名的《铁拐李度金童玉女》采用了神仙传说;明代剧坛上大量出现类似于元杂剧的表现历史题材的"三国戏""水浒戏""神仙戏"和"风月戏"等,都以民间传说和民间故事为表现对象。诸如李开先的《宝剑记》取材于林冲弹劾童贯、高俅等奸臣,遭到陷害后被逼上梁山的民间传说故事;梁辰鱼的《浣纱记》取材于西施和范蠡的历史传说;徐渭的《四声猿》(包括《渔阳弄》《雌木兰》《女状元》《翠乡梦》)也分别借用了"三国传说"中的《击鼓骂曹》、民间传说中的《木兰从军》、神仙传说中的《度柳翠》等故事情节。汤显祖此时提出神话的概念。他的《邯郸记》《南柯记》《牡丹亭》《紫钗记》(即"临川四梦")同样是采用古老的民间传说故事。我们也看到一种情况,即明代剧作大都远离社会现实,这是与明代的专制政治有着直接联系的。如《大明律·禁止搬做杂剧律令》对戏剧有许多限制,这是扼杀明代戏剧现实性的真正罪魁。而正是在这种背景下,民间文学表现出独特的魅力;明代剧作家借古骂今,痛斥当世如李林甫辈者"嫉贤妒能,坏了朝纲"(王九思《杜甫游春》)。民间文学给明代文学注入了新鲜的血液,也为之提供了广阔的审美表现空间。

当然,明代民间文学并不是孤立地存在着的,明代社会表现出时代的觉醒,在思想文化的发展中流露出启蒙和批判的倾向,引发出现代意识。它伴随着残酷的封建专制,度过了大明帝国的风风雨雨;在明代社会的文化世界中,它犹如冲天的大潮,一次次冲垮封建神学、封建理学的堤岸。明代民间文学和明代作家文学告诉我们,专制,尤其是以封建理学武装起来的专制制度及其思想文化,是严重摧残和踩躏我们的民族文化健康发展的大敌!明代社会继宋代之后,又一次使我们的民族错过了最早进入现代化的机会,它告诉历史,也告诉未来,没有思想文化的解放,社会就很难有大的发展!

第九章 最后一声叹息:清代民间文学

明帝国伴随着明末农民起义的烈火,终于寿终正寝了,而历史并没有因此进入一个全新的时代。满清王朝入主中原,仍然将封建专制的枷锁套在中华民族的头上。虽然也有嘉定三屠的大屠杀,但他们毕竟吸取了历史的教训,有效地改造了儒教、佛教、道教,以及民间宗教与民间世俗生活,一定程度上调和了社会矛盾。但是,从明王朝灭亡的时刻起,就注定了封建理学的败落,启蒙思潮在黄宗羲、王夫之等人的努力呐喊下渐渐崛起。无论清王朝的统治者如何抱残守缺,启蒙的大潮还是汹涌澎湃,从太平天国起义、捻军起义、鸦片战争到辛亥革命,中国封建专制政治的大厦支撑了几千年后终于坍塌了!新世纪的太阳伴随着科学和民主的思想喷薄而出,什么力量都不能挡住它的光芒。

清代的民间文学,成为整个封建专制时代的挽歌;封建专制的幽灵虽然还曾猖獗一时,但它只有最后一声叹息!

宋明理学曾经长期充当封建专制思想文化的基础理论,在其创构时,就已经融合了佛教和道教等思想内容,将儒学与宗教思想、世俗思想结合在一起;清代统治者同样选择了它,将它渗透进社会思想文化的各个方面。清王朝实行文字狱,进行对思想文化的残酷扼杀,曾出现乾嘉学派,以义理、辞章、考据来回避现实;而另一方面,清王朝统治者又实行封建神学与理学的结合,倡导佛老,愚弄人民。他们组织大批人力物力,整理和刊行佛教文献。诸如对《龙藏》的整理,对《造像量度经》的翻译,康熙时全国曾经有七万九千多处寺庙,有十一万八千九百多名僧尼。更有甚者,据《大清令典》卷十五《礼部方伎》统计,中外神学相勾结,制造新的神学,如梁发所著《劝世良言》鼓吹安贫乐道,称"贫穷者虽瓮餐不给,亦有余欢"。正如熊钟陵在《无何集》的"跋"中所述,"吾国数千年来,仙鬼灵怪,妖妄祸福,深中人心,牢不可拔","上有好者,下尤甚焉"(清乾隆衡衡子刻本,中华书局,1979年版)。《清世祖实录》鼓吹顺治皇帝应天命而成"统一天下之主",称其母"孝庄文皇后梦神抱一子授之",这和刘邦辈制造刘邦之母与龙交的谰言是一样的货色。从《清史稿》中,我们可以看到清廷大肆封神建坛,广设庙宇,在府、州、县各级政权辖治处,都配有相等级别的神庙;《天文大成管窥辑要》

《地理大成》之类鼓吹神学的世俗性典籍也广为流行,民间"一切寻常日用之事皆有宜忌"①。社会上到处乌烟瘴气,牛鬼蛇神为统治者作虐作祟,这些都必然影响到民间文学的内容。虽然清代曾出现张履祥的《补农书》、梅文鼎的《历算全书》、叶天士的《伤寒论》《瘟热论》、王清任的《医林改错》和方以智的《物理小识》等科学著作,也出现了一批无神论思想家,但他们势单力薄,并不能从根本上改变这种局势。当然,社会的进步与发展是任何力量都抵挡不住的,启蒙思潮与时新的进步思想一起酿就的新思想、新潮流,最终还是激扬新风,迎来了新的时代;而这些太漫长,太艰难,太曲折了。

清代民间文学除了传统的民间文学形式外,还出现了弹词、鼓词、道情等新的民间文艺,民间叙事诗更加繁盛,少数民族中的民间文学被记述于文献者也很多。尤其是清代的文人笔记,如纪昀的《阅微草堂笔记》等著作中,保存了大量的民间传说和民间故事;这一时期还出现了蒲松龄的小说《聊斋志异》,记述了许多民间故事。其他还有李调元的《粤风》对民间歌谣的搜集整理,以及大量的方志、风俗志,尤其是县志的修撰,保存了大量的民间歌谣。这些都是清代民间文学的新气象。从这些民间作品的具体内容中,我们可以看到清代民间文学对旧时代的告别和它对新时代的召唤。

一　民间歌谣和谚语

清代的民间歌谣和谚语是对清代社会时代风云的记录,也是对我们的民族从古典向现代转型时期心灵历程的记录。诸如乾隆时期北京"永魁斋"的《时尚南北雅调万花小曲》,颜自德编、王廷绍订的《霓裳续谱》,华广生编的《白雪遗音》,李调元的《粤风》和《粤东笔记》中对民歌的记述与研究,招子庸的《粤讴》,范寅的《越谚》,杜文澜的《古谣谚》,以及《天籁集》《广天籁集》和《北京儿歌》等,在各种笔记、史籍与方志中,特别是县志材料中所记民间歌谣与谚语尤其多。这种单纯而系统地搜集整理民间歌谣的现象,以往的各个历史时期是无可比拟的。杜文澜的《古谣谚》②广泛钩沉、整理清代之前各种文献中保存的歌谣和谚语,是一部难得的歌谣、谚语集成。它为我们研究古代歌谣和谚语的发展,起到了勾勒线索的重要作用。特别是其中的"凡例"等处,体现出颇有见地的民间歌谣谚语观,是难得的民间文艺学思想史料。

(一) 民间情歌

据有学者考,清代最早的民间歌谣集,是乾隆九年由"京都永魁斋"梓行的《时尚

---

① 熊伯龙:《无何集》,卷七《宜忌类》,中华书局,1979年版,第270页。
② 今存咸丰十一年"曼陀罗华阁丛书本"及光绪十八年"扫叶山房本",中华书局,1983年重印。

南北雅调万花小曲》①,其中存《小曲》36 首,《劈破玉》53 首,《鼓儿天·五更》一套,《吴歌·五更》一套,另有《银纽丝·五更十二月》《玉娥郎·四季十二月》《金纽丝·四大景》《十和谐》30 首,《醉太平·大风流》《黄莺儿·风花雪月》《两头忙·恨媒人》等。这些作品中,爱情民歌占据着主要位置,表现出清代社会的民间情爱观念。如《小曲》中的民歌:

> 小亲人儿心上爱,
> 爱只爱情性乖。
> 因此上恹恹病儿牵缠害,
> 一见你魂灵儿飞在云霄外。
> 一刻儿不见你放不下怀,
> 要不想,
> 除非你在俺不在。
>
> 我为你招人怨,
> 我为你病恹恹,
> 我为你清减了桃花面,
> 我为你茶饭上不得周全,
> 我为你盼望佳期把眼望穿。
> 亲人若团圆净手焚香答谢天,
> 怎能勾手挽手儿同还愿。

在这部民歌集中,情爱与性爱成为咏唱的主题,尤其是其中的《十和谐》,纯粹是性爱的具体描述,相当于后世的《十八摸》。这类民歌的记述还具有商业炒作的色彩,如"永魁斋"所题"此集小曲数种,尽皆合时,出自各家规式,本坊不惜重金,镌梓以供消闲清赏"。清代社会承袭了明代的娼妓歌唱艺术,这类民间歌曲被"镌梓",而且坊间还"不惜重金",正因为它迎合了社会发展中市民求俗求淫的文化心态。其他曲调如《鼓儿天》《银纽丝》《金纽丝》,包括《两头忙》中的《恨媒人》,都具有此类内容。尤其是《恨媒人》,原题为《闺女思嫁》,其中有"艳阳天,桃花似锦柳如烟。见画梁双燕,女孩儿泪涟。奴家十八正青年,恨爹娘不与奴家成姻眷"等语,结尾又唱"女爱男来男爱女,男女当斯配。女爱男俊俏,男爱女标致,他二人风情真个美",中间把媒婆说嫁,到

---

① 郑振铎:《中国俗文学史》,下册,作家出版社,1954 年版,第 410 页。

沐浴、梳头、饮交杯酒,即婚俗的全部过程都展现出来,与情爱内容相融合。在民间流行的《出嫁歌》《骂媒人》等民歌,在内容与曲调上都与之类似。

颜自德选、王廷绍订的《霓裳续谱》刊于乾隆末年,存547首民间歌谣,其中杂曲有333首;其中保存的曲式诸如《剪靛花》《岔曲》《马头调》《秧歌》《莲花落》《隶津调》《北河调》等,至今还在民间传唱着。如《剪靛花调》记述道:

> 二月春光实可夸,
> 满园里开放碧桃花,
> 鸟儿叫喳喳,
> 鸟儿叫喳喳。
> ……

这种曲调在民国初年的豫西地区还流行,有青年学者曾在《歌谣周刊》上做过介绍,其调式在豫剧的"豫西调"中还具体运用着。再如《岔曲》中有"正"有"白",以及"正白""小白""小唱""正下"和"唱"等句式,与河南、陕西一带民间庙会上流行的《打岔(钗)》极相似。《秧歌》在民间娱乐中更为常用,主要分布在北方,这种曲调具有综合性,常融入其他民间歌曲,如《小放牛》和《十二月花调》等,相互间有唱有答,内容多为情爱题材。《霓裳续谱》所选《正月里梅花香》与今天所流行的《秧歌调》相同。此篇先唱《西厢记》,后唱"蔡伯喈"(《琵琶记》),接着唱"梁山伯与祝英台",以及"陈妙常""梁鸿传""王昭君""李三娘""翠眉娘""杨贵妃""浣纱记""王祥卧冰"等,堪称民间传说故事的大荟萃。这首民歌在我国民间文学史上属经典之作,如其所唱:

> 正月里,梅花香,
> 张生斟酒跪红娘。
> 央烦姐姐传书信,
> 快请莺莺会西厢。
>
> 二月里,杏花开,
> 五娘煎药为谁来,
> 剪发又把公婆葬,
> 身背琵琶找伯喈。
>
> 三月里,桃花开,
> 山伯去访祝英台。

杭州读书整三载,
不知他(她)是个女裙钗。

四月里,芍药香,
必正偷诗陈妙常。
你贫我爱恩情好,
二人哭别在秋江。

五月里,石榴红,
孟光贤德配梁鸿,
夫妻相敬人间少,
举案齐眉礼貌恭。

六月里,赏荷花,
昭君马上弹琵琶。
心中恼恨毛延寿,
出塞和番离了家。

七月里,秋海棠,
李氏三娘在磨房。
狠心哥嫂无仁义,
刘郎一去不还乡。

八月里,桂花香,
玉郎追赶翠眉娘。
难割难舍多恩爱,
几时才得会鸳鸯。

九月里,菊花黄,
杨妃醉酒在牙床。
眠思梦想风流事,
只为情人安禄山。

十月里,款冬花,

越国西施去浣纱。
花容月貌人间少，
送与吴王享荣华。

十一月，水仙香，
为母卧冰是王祥。
好心感动天和地，
得尾活鱼奉亲娘。

十二月，腊梅多，
月红割股孝公婆。
葵花井下将身葬，
书房托梦与夫郎。

月月开花朵朵鲜，
多少古人在里边。
一年四季十二个月，
五谷奉登太平年。

同集所录《秧歌》中的《凤阳》，以"凤阳鼓，凤阳锣，凤阳姐儿们唱秧歌"开头，是中原地区流传的《凤阳花鼓调》的原型。

《霓裳续谱》中所存《西调》计214首，语气为江南民歌，内容也多是表达思念之情的。

华广生所编《白雪遗音》刊印于道光八年，内存四卷，收有《马头调》《岭头调》《银纽丝》《岔曲》《湖广调》《九连环》《剪靛花》《八角鼓》《起字呀呀哟》《小郎儿》《七香车》《南词》等曲调。其中所保存民歌在地域上以济南民歌为主，因为华广生本人居于济南，但也"兼收南北诸调"。这些民歌以市井生活为主要内容，有表现男女思念之情的，如《马头调》中的《露水珠》《鱼儿跳》等，有表现各种知识教育和训导的，如《岔曲》中的《两亲家顶嘴》等。这些民歌的原始意义很突出，如《起字呀呀哟》，这是四川民歌《一枝梅》的原型。由于华广生等人多居于商业都市，耳濡目染的多是市井之声，这种背景也影响了民歌搜集的全面性、广泛性。如《白雪遗音》中所载《为何闰月不闰夜》唱道："喜只喜的今宵夜，怕只怕的明日离别。离别后，相逢不知哪一夜。听了听，鼓打三更交半夜，月照纱窗影儿西斜，恨不能双手托住天边月。怨老天，为何闰月不闰夜？"这首歌谣表现的仍是市井中歌妓爱唱的内容，其词句虽然生动，但只限于市井生活。

在民歌的曲调、内容及其分布地域上最有典型性的民歌集,当数李调元所辑的《粤风》。《粤风》共四卷,其形成当受在此之前吴淇等人所编《粤风续九》①的影响。这是我国民间文学史上第一部具有明确的地域意识,而且收集类型齐备的地区性民间歌谣集,其第一卷主要是广东地区汉族间流传的民间歌谣,计 53 首;第二卷主要是瑶族民间歌谣,计 23 首;第三卷是俍(苗)族民间歌谣,计 29 首;第四卷是壮族民间歌谣,计 8 首。在原吴淇等人所辑《粤风续九》中,还能见到"邓娘同行江边路,却滴江水上娘身。滴水上身娘未怪,表凭江水作媒人"。李调元保存了《粤风续九》中的一些民歌,更多地记述了当世所流行的民歌,如其卷一中所记《离身》:

> 远处唱歌没有离,
> 近处唱歌高一身。
> 愿兄为水妹为土,
> 和来捏作一个人。

多少年后,《西南采风录》的编者刘兆吉等人重又采集到与此基本相同的一首歌谣。《粤风》卷一中基本上都是情歌,如《妹相思》:

> 妹相思,
> 妹有真心弟也知。
> 蜘蛛结网三江口,
> 水推不断是真丝。

这里的"真丝"即"真思",与民间竹枝词中常用的谐音、双关等表现方法相同。类似者还有"中间日头四边雨,记得有情人在心"、"一树石榴全着雨,谁怜粒粒泪珠红"、"天旱蜘蛛结夜网,想晴只在暗中丝"、"竹篙烧火长长炭,炭到明天半作回"等。尤为重要的是其后三卷所记述的少数民族民间歌谣,这是我国少数民族民间文学史上的珍贵材料。如其卷二《瑶歌》中有记述清代广东刘三妹(刘三姐)传说的歌谣:

> 读书便是刘三妹,
> 唱价本是娘本身。

---

① 此由吴淇、赵龙文、吴代、黄道四人合编,后失传,仅在王士禛《池北偶读》和陆次云《峒溪纤志志余》等文献中有零星保存。李调元所编《粤风》,清《函海》本存。

> 立价便立价雪世,
> 思着细衫思着价。

其注道:

> "价"是歌,"立价"是造歌,刘三妹是造歌之人。"雪世"是传世。"细衫"指唱歌之人,义(意)同红裙。

其歌其注,在我国民间文学史上都是典范。

李调元是一位杰出的民间文艺家,除编辑了《粤风》之外,还在其撰写的《蜀雅》和《罗江县志》中保存了丰富的民间文学资料,如著名的晋代民歌《豆子山》等。另外,在他所编的《尾蔗丛谈》和《新搜神记》中,还保存了许多直接采录于民间的传说和故事,其中也有一些少数民族中流传的作品,如《产翁》《断肠草》等。李调元还曾删节屈大均的《广东新语》,编成《南越笔记》①一书,记述了大量民间文学作品,诸如《伏波神》《五羊石》和《罗旁瑶谣》等。在他编的《函海》丛书中,收录了历史上许多保存有民间文学内容的典籍文献;尤其是杨慎的《山海经补注》《风雅逸篇》《古今谣》《古今风谣》等,都保存在此丛书中。杨慎的《风雅逸篇》记述了许多古代歌谣,若不是李调元在《函海》中保存了它,恐怕早就遗失了。

特别值得一提的是李调元的《粤东笔记》,其中记述了"粤俗好歌"的具体内容,是我们理解其《粤风》的重要参考材料。如其所记,"凡有吉庆,必唱歌以欢乐","以不露其题中一字,语多双关,而中有挂折者为佳"。"其歌也,辞不必全雅,平仄不必全叶,以俚言土语衬之","唱一句或延半刻,慢节长声,自回自复,不欲一往而尽","辞必极其艳,情必极其至"。其中还记述了"歌伯""坐堂歌""歌仔""汤水歌""山歌""峒(畲)歌""秧歌""踏月歌""月歌"等民歌。其所记"瑶俗最尚歌,男女杂遝(沓),一唱百和"."其歌与民歌皆七言而不用韵,或三句或十余句,专以比兴为重"等内容,以及瑶族"以布刀写歌","壮歌与俍颇相类","其歌亦有竹枝歌,舞则以被覆首,为桃叶舞"。这使我们清晰地看到少数民族民歌演唱的情景,是我国民间文学史不可忽视的内容。

清代民间情歌还散见于光绪间刻版的《四川山歌》《时兴呀呀呦》和《京都小曲钞》等文献中。诸如《四川山歌》中的"高高山上一树槐,手攀槐枝望郎来。娘问女儿望什么,我望槐花几时开",和"十八女儿九岁郎,晚上抱郎上牙床,不是公婆双双在,你做儿来我做娘"等,两首情歌一喜一忧。《时兴呀呀呦》中则是另一番情致:"思想着才

---

① 有学者解释,此为李调元保护屈大均的著作,屈大均因反清,其书被禁毁。见陈子艾:《李调元及其民间文艺》,《民间文艺学文丛》,北京师范大学出版社,1982年版。

郎,恼恨着爹娘。脚踹着花盆,手扶着墙,两眼不住的泪汪汪。因为才郎挨了一趟打,打的奴浑身上下茄样。郎嗳!能舍这皮肉不舍亲郎。"《京都小曲钞》中记述了类似于"能舍这皮肉不舍亲郎"的民歌:"冤家要去难留下,满满斟上一杯茶。这杯茶,留下冤家说句儿话:既要去,就该留下知心话,偷偷瞒瞒不是个常法。倒不如瞒着爹妈,逃走了罢;瞒着爹妈,逃走了罢!"清代民间情歌的流传与明代有着相似的意义,即通过情爱的诉说倾吐衷肠,宣泄胸中的积郁,在爱的热烈中表达对生活的热爱,在怨恨的愤懑中表达对以封建礼教为代表的种种腐朽顽固的社会力量的强烈不满、抨击、嘲讽与反抗。但清代民间情歌又颇不同于明代,它遭到了封建专制政治对民间文学的残酷扼杀。如《大清律例按语》卷二六《刑律杂犯》中,就明确把"鄙俚亵慢之词刊刻传播者"归为"照律科断"之类。但民间文学从来不畏惧邪恶,在邪恶势力面前常常勇敢地以"恶声"相反击,如《白雪遗音》等典籍照唱不误,照印不误。这也使我们想起了一首近世流传的民间情歌:"铁打练子九十九,哥拴脖子妹拴手;不怕官家王法大,出了衙门手扯手。"有人考证,此民歌即流行于清代的江南地区。类似于此"恶声"者,还有《清稗类钞》中的"和砷跌倒,嘉庆吃饱","毕不管,福死要,陈到包"(讽刺两广总督毕沅、巡抚福宁和布政司陈淮朋比为奸、广纳苞苴)等歌谣。更不用提那些表现太平军、义和团、捻军、小刀会、三合会等民间反抗力量的战斗歌谣,这些歌谣直指腐朽黑暗的满清最高层统治者,为他们唱响了挽歌。诚如冯梦龙在《山歌序》中所说,"但有假诗文,无假山歌",民间文学从来不掩饰自己的情感,敢爱敢恨,是清代社会最真实、最可贵的文学。

(二)民间儿童歌谣

清代民间儿童歌谣主要保存在郑旭旦编的《天籁集》、悟痴生编的《广天籁集》、清代抄本《北京儿歌》等民歌集中。此外,在一些方志等文献中也保存一些民间儿童歌谣。

当然,民间儿童歌谣是儿童所唱,其歌式与内容都必须与儿童的审美相适应。民间文化正是通过这种传唱,使儿童预习社会生活。如《天籁集》中的《月亮光光》:

> 月亮光光,
> 女儿来望娘。
> 娘道心头肉,
> 爷道百花香。
> 哥哥道赔钱货,
> 嫂嫂道扰家王。

我又不吃哥哥饭,
我又不穿嫂嫂嫁时衣。
开娘箱,
着娘衣。
开米柜,
吃爷的!

这是一种生活启蒙,表面看来是对哥嫂的冷漠表示不满,而事实上是对男女老少在家中的地位进行适当的安排,也即当今所称社会角色认定。又如《天籁集》中的《一株草》:

墙头上,
一株草,
风吹两边倒。
今日有客来,
杀啥子好?
鲫鱼好。
鲫鱼肚里紧愀愀。
为啥子不杀牛?
牛说道,
耕田犁地都是我;
为啥子不杀马?
马说道,
接官送官都是我;
为啥子不杀羊?
羊说道,
角儿弯弯朝北斗;
为啥子不杀狗?
狗说道,
看家守舍都是我;
为啥子不杀猪?
猪说道:
没得说。
没得说,

一把尖刀戳出血。

这里从用鲫鱼待客,引出牛、马、羊、狗、猪诸种家畜的角色与职能,归之于"猪就是让人吃肉的"这种朴素的生活道理。

而在《天籁集》中的《大雪纷纷下》里,社会生活教育就更多了一些理性色彩,让儿童去感受和理解生活的艰辛:

> 大雪纷纷下,
> 柴米都涨价。
> 乌鸦满地飞,
> 板凳当柴烧,
> 吓得床儿怕。

如果说《月亮光光》还只是生活的启蒙,那么《大雪纷纷下》就是直面人生的教诲了。在这些儿歌中,"月亮"和"大雪"都是一种比兴,寓意中包含着民间百姓朴素的生活美学的熏陶。

《广天籁集》中保存了与《天籁集》相似的内容。如其中的《虫儿斗》:

> 虫儿斗,
> 雀儿飞,
> 飞到高山吃白米。
> 高山哪有白米吃,
> 虫儿钻窠雀儿急。

记述民间儿童歌谣最为丰富且最为明确者,在清代当数《北京儿歌》,它对民间儿童进行生活知识的教育,充满了情趣。如其中的《鼠歌》:

> 小耗子,
> 上灯台,
> 偷油吃,
> 下不来。
> 叫奶奶,
> 奶奶抱猫来,
> 唧溜骨辘滚下来。

民间流传的《鼠歌》相当丰富而普遍,在内容上大致相同,形象地宣示了老鼠怕猫的物与物相克的生活道理。物物相生相克是我国文化发展中古老的物质变化联系观念,民间文化选择老鼠爬上高高的灯台去偷吃灯盏中的油,给人以生动传神的审美环境设置,给儿童以深刻的印象。民间广为流传《鼠咬天开》《老鼠嫁女》等传说故事,鼠崇拜观念在我国民间文化史上有着十分特殊的意义。在许多《鼠歌》中加上一个"叫奶奶"的情节,给人以亲切、温馨的感觉;奶奶成为我国儿童的第一位老师,这正是民族文化的一个重要内容和鲜明特色。尊老观念作为一种道德教育,在历史文化生活中不断被强化,从而形成人伦美学,这是我国民间文学史上应该重视的内容。

儿童教育作为民间文化中不自觉的素质教育沿袭了无数的岁月,从而也形成了我国民族素质教育传统的基本内容。"从小看大",这是最形象而典型的注释。在民间儿童歌谣的启蒙和教诲中,我们可以看到婚姻生活的内容在其中不断出现,具有更为特殊的意义。如《北京儿歌》中的《小女婿》:

> 有个大姐整十七,
> 过了四年二十一。
> 寻个丈夫才十岁,
> 她比丈夫大十一。
> 一天井台去打水,
> 一头高来一头低。
> 不看公婆待我好,
> 把你推到井里去。

这是一首对不平等婚姻制度表示不满的歌谣,通过大媳妇与小女婿年岁上的差别,真实地记述了女性在婚姻生活中无法自主的情况,这正是我国妇女生活史上的典型内容,

又如《北京儿歌》中的《花喜雀》:

> 花喜雀(鹊),
> 尾巴长,
> 娶了媳妇不要娘。
> 妈妈要吃窝儿薄脆,
> 没有闲钱补笊篱。
> 媳妇儿要吃梨,
> 备上驴,

去赶集。
买了梨，
打了皮，
媳妇儿媳妇儿你吃梨！

这是一首劝诫歌谣，意在让儿童从小就明白不要只顾及媳妇而忘记娘，这是很典型的道德传承教育。以"花喜雀"为代表的被述主角要面临两种生活选择，或为娘亲而不再以"没有闲钱补笊篱"来开脱生活的责任，或者只顾疼爱媳妇而丢弃应具有的道德即暗含的报恩。在民间文化中，哺乳类动物更多地受到美化，出现了许多此类动物的报恩型传说故事，而飞禽类动物则较多地受到相对的排斥或贬抑。如人们盛赞羊羔跪吮母乳，而斥飞禽为"扁毛"即无义。亲情接触与回报作为一种社会关怀和文化主题，在这首歌谣中的表现是非常典型的。

其他还有《北京儿歌》中所记述的《大脚大》，述说"大脚大，阴天下雨不害怕"，"大脚好，阴天下雨摔不倒"，其意在于对缠脚习俗的批判。这是清代民间儿童歌谣中尤有价值的内容，包含着对传统的封建礼教的指斥。

清代民间儿童歌谣的记述与保存，在一些民俗志和方志材料中也有所表现。如光绪时代，随着各种域外思潮的涌进，有许多人注意到对民间歌谣和谚语的记述，并选入方志等材料中。一些民间儿童歌谣的录入，使我们看到这类民歌在清代社会的流传状况。如清代光绪三年刻本《黄岩县志》中，保存了一些具有鲜明地方色彩的儿歌并有注释，使我们管窥到浙江黄岩地区清末社会民间文化之一斑。如其记录了"讴韶车，十八进士共一家""洋山青，出海精"和"灵龟落水，状元抹嘴"等童谣，并运用"旧志"（即明代万历年间刻本《黄岩县志》）和《临海水上记》等文献及当地的民间传说来进行阐释。这些歌谣有的在明代就已流传并记入文献，有的则至今还在流传，并被当代小说作家、影视艺术家所运用。如其所记"点点斑斑，斑过南山。南山北斗，鲇鲥张口。四十弓箭，羊毛被线。半边鼓，马蹄脚。驴蹄马蹄，斫只狗脚蹄"，即与《明诗综》卷一百中所录明代民间儿童歌谣相似。只是个别词句略有出入，《明诗综》中记为"狸狸斑斑，跳过南山。南山北斗，猎回界口。界口北面，二十弓箭"。

这种歌谣的传唱，使儿童得到对农耕生活的感性认识。在我们理解素质教育时，常片面强调艺术素质，而从中我们可以看到，民间百姓所关注的，更多的是生产技术能力和素质的提高。在我国古代民间文学史上，这类民间歌谣的价值，远远高于那些从小就让孩子利欲熏心、以剥削他人为荣的贵族童谣。

清代是我国方志修撰的繁盛时代，方志中有许多对民间儿童歌谣的记述与保存这些民间儿童歌谣被记述与保存，除了受传入国内的域外新史学等观念的影响之外，关注民间儿童歌谣，也是清代学者对我国史志修撰传统的发扬。如，我国先秦时代就有民歌采集行为,秦汉时代还设置了乐府;在《汉书》等史籍中列有《五行志》,许多史学家把历史上的童谣或作为真实而典型的史料,或作为谶纬之谣载入史册。这种行为无论其目的如何,在事实上为我们保存了极有价值的民间文学史料。其他还有一些歌谣,如"道光二十三,黄河飞上天,冲走太阳渡,捎上云锦滩",至今还在人们口头上保存着。这些歌谣的价值更为特殊。

我们伟大的祖国地大物博,物产丰富,历史文化悠久而绚丽多彩,人民勤劳勇敢,这些内容在清代方志材料中被歌谣和谚语传唱出来。

清代民间歌谣和谚语除了方志中的保存外,在一些民俗笔记等文献中也有许多记述。如潘荣陛的《帝京岁时纪胜》,戴璐的《藤阴杂记》,富察敦崇的《燕京岁时记》,震钧的《天咫偶闻》,李光庭的《乡言解颐》,顾禄的《清嘉录》,李斗的《扬州画舫录》,徐珂的《清稗类钞》,翟灏的《通俗编》,景日昣的《说嵩》,以及无名氏《息县风土记》等,都不同程度地记述了清代流传的民间歌谣和谚语等民间文学内容,它们也是不可忽视的重要材料。如李光庭在他的《乡言解颐·前言》中充满深情地说道:"追忆七十年间故乡之谣谚歌诵耳熟能详者,此心甚惬然也。"(许多作者在笔记中与他一样,激动地述及自己亲身经历的民俗生活。)其卷一中"雨"条记述了"春雨贵如油","夏忌甲子雨"和"五月连阴六月旱,七月八月吃饱饭"等民间谚语,还记述了"下雨了,冒泡儿,老翁戴着草帽儿。下雨了,乱搭搭,小孩醒了吃妈妈"等儿童歌谣,还说明道:"京师谓乳为嗯嗯,乡人直谓之妈妈,天籁可听也。"①此类记述既有具体的民间文学作品的流传背景,又有某些语句、字词的详细说明,使我们看到了一个活生生的民间文学典型。这同样是民间文学史不可缺少的一部分,具有特殊的文化生活史的价值。

二 清代民间长诗与少数民族歌谣集

在清代,我国民间文学的整体发展进入了一个新阶段,具有综合意义的民间长诗及少数民族歌谣集,在这个时期纷纷形成并出现,成为我国民间文学史上又一个繁盛阶段。

(一)民间长诗

民间长诗包括民间叙事诗和民间抒情诗两大类,在内容上集中表现出对社会生活的描述、对爱情生活的咏叹,以及对民族历史的回顾等。民间长诗在我国秦汉时代

---

① 李光庭:《乡言解颐》卷一《天部》,中华书局,1982年版,第7页。

就已经形成,诸如《孔雀东南飞》等经典之作,还有后来屡被改编的《木兰辞》(《木兰辞》不能称为民间叙事诗,其中文人改编的成分太浓,而在魏晋南北朝时期或隋唐时代,民间还存在着另一种形式的《木兰歌》),都为后世民间长诗的发展起到重要的影响作用。明代已经出现了具有一定数量和一定规模的民间长诗,被冯梦龙等人记述并保存,诸如《挂技儿》中的《五更天》,《山歌》中的《灯笼》《老鼠》《睏勿着》《门神》《破骔帽歌》和《山人》等,以及《词林一枝》中的《罗江怨》《玉谷调簧》中的《琵琶记》,其他还有《时尚闹五更哭皇天》等,真是繁花似锦,直接影响了清代民间长诗的形成和发展。清代的民间长诗迄今为止还没有得到很充分的整理,但已经发掘和整理出来的就相当可观了。诸如汉民族的《郭丁香》(《民间文学》,1981年第10期)和《双合莲》(湖北人民出版社,1954年1月版),以及长篇吴歌《江南十大民间叙事诗》(上海文艺出版社,1989年版)等;在少数民族中,民间长诗出现群体现象,如傣族的"三大悲剧长诗"《线秀》《叶罕佐与冒弄养》《娥并与桑洛》,壮族的"苦情三部曲"《达稳之歌》《达备之歌》《特化之歌》,傈僳族的"悲剧三部曲"《生产调》《逃婚调》《重逢调》。其他影响较大的民间长诗还有数十部,如纳西族的《游悲》(即《殉情调》),彝族的《我的幺表妹》,侗族的《珠郎娘美》,哈萨克族的《萨里哈与萨曼》,维吾尔族的《帕塔姆汗》,回族的《尕豆妹与马五哥》等。这些民间长诗以不同的方式,表现出各族人民的智慧。

汉族民间叙事诗《郭丁香》是一篇富有中原古典文化特色的优秀作品,集中体现了民间文学对传统道德的具体态度,塑造了在我国民间文学史上具有独特性格的郭丁香这一妇女形象。它是以传统的民间灶书形式传播的,而这种存在于民俗生活之中的民间长诗形态,正是各民族民间文学保存的普遍现象。《双合莲》原为打铁歌,也是保存在民俗生活中的;这是一首记述汉民族民间妇女郑秀英与民间文人胡三保爱情悲剧的优秀长诗,可与《郭丁香》共称为清代汉族民间叙事诗的双璧。但它们的流传却为一般文学史家所忽视,因为长期以来,我们的文学史基本上属于文献史。江南地区发现的《白杨村山歌》《五姑娘》《薛六郎》《魏二郎》《孟姜女》等"十大民间叙事诗",保存了清代民间文学的重要内容,使我们看到清代社会汉民族中间流传的民间长诗的群体存在状况。这些民间长诗的内容,主要记述普通百姓的爱情悲剧,是我国民间文学史上的又一类典型。

傣族的"三大悲剧"《线秀》《叶罕佐与冒弄养》和《娥并与桑洛》,都以男女主人公殉情为主要内容,傣族人民视之为转世"三世婚",与汉族把《牛郎织女》《董永与七仙女》和《梁山伯与祝英台》称为转世婚的观念颇为相似。其中《娥并与桑洛》影响最大,记述桑洛抗婚,离家出走,路遇娥并,二人真诚相爱,却遭到桑洛母亲的反对;娥并寻夫,为桑洛母亲所伤害,后来二人皆殉情而亡。这是对社会黑暗力量的血泪控诉,其中保存了丰富的清代傣族历史与文化的具体内容。壮族的"苦情三部曲"《达稳之歌》《达备之歌》《特化之歌》,同样是记述爱情悲剧的;达稳拒绝与穷表兄的婚姻,逃回家中,又被拒门外,后与人逃走,被抓回后受到更惨重的迫害;达备夫妇也是惨遭社会腐朽势力的迫害,"从此像孤雁各自失散分离";特化"小小年纪就死了爹妈","没有土地也没有家产","穷得比鸡蛋还要光滑",他与"可怜的小妹妹"相爱,"写呵写呵又写了一张";作品运用"勒脚歌"的反复、回唱等形式痛说自己的遭遇与对恋人的思念。傈僳族的"悲剧三部曲"《逃婚调》《重逢调》《生产调》通过男女对唱等形式诉说青年人的爱情,在《生产调》中充满理想,而在《逃婚调》和《重逢调》中则记述了有情人难成眷属的悲伤。尤其《重逢调》充满凄凉,他们咏唱着"江边的砂粒永远数不清,贫苦人的灾难永世说不完",咀嚼着"恒乍绷"①的传说,各自祝福未来。哈萨克族的《萨里哈与萨曼》是一部七百多行的爱情叙事诗,讲述了哈萨克民族在蒙古贵族压迫下,"黑骨头"即贫穷的牧民萨曼与"白骨头"即可汗女儿萨里哈相爱,因为贵贱之分酿成爱情悲剧;萨里哈纯洁、美丽、善良,为了真挚的爱情敢于冲破一切,当她与萨曼私奔被迫返回,不能与心爱的人结合时,毅然拔刀自刎,其形象尤为感人。维吾尔族的爱情长诗《帕塔姆汗》长达1400多行,记述库尔班与奴尔曼相爱,却被国王拆散,库尔班加入了帕塔姆汗的起义军,并在战斗中与帕塔姆汗结下深厚的感情,后却因为奴尔曼的出现,使三人陷入感情的激烈冲突中;帕塔姆汗忍痛割舍自己的爱情,真诚祝贺库尔班与奴尔曼的重逢。这首长诗的内容奇特而感人,语句优美而热烈,在我国民间文学史上是少见的优秀之作。回族中流传的《尕豆妹与马五哥》记述了一对青年男女相爱,最后同被斩杀的故事。这是一首长篇"花儿",歌唱时语句自由明快、形象生动。故事从"烧茶做饭是巧手"的尕豆妹同"样样农活是能手"的马五哥相遇,"眉对眉来眼对眼"写起,两人"换记手"即定情之后,却遭到社会邪恶势力的迫害,被强行拆散,后两人冲破阻挠,杀死"尕西木",为此惹下官司,官府"金银早吃上"而"活罪判到死罪上","尕豆妹和马五哥实可怜,一同斩在了华林山"。这首长诗运用了多种民歌表现手法,如"人家女婿十七八,我配的女婿拳头大",即与清代《北京儿歌》《四川山歌》等民歌集中的《小女婿》相似。

此外,清代民间长诗还有苗族长篇民间叙事诗《张秀眉之歌》和壮族民间历史叙事诗《中法战争史歌》等,反映了清代以少数民族起义为原型的反压迫斗争。《张秀眉之歌》中的"二世再转来,转来杀官家",表达了苗族人民誓死抗争的决心。

(二)少数民族歌谣集《盘王歌》

清代少数民族中的民间文学迅速发展,出现了集中保存民间歌谣的《盘王歌》抄

---

① 清代嘉庆时傈僳族起义领袖,反抗压迫,在云南维西等地仍然流传着其传说故事,在民族中唱着"傈僳人永远不忘恒乍绷",表达对自由的向往。

本等现象。抄本的出现时间可能在清代咸丰九年,也可能更早,我们依据文献的记载,将它纳入清代民间文学史。有人统计,现存的《盘王歌》手抄本颇多,有"二十四段、三十二段和三十六段三种",其"歌词均在三千行以上"。这是我国古代少数民族歌谣集的典型。

《盘王歌》是祭祀瑶族人民敬奉的远古大神盘瓠的仪式歌,主要流传在我国南部广东、广西、云南、湖南等地信奉盘王的瑶族群众中,东南亚国家瑶族聚居地也有流传。盘瓠神在我国古代典籍中早就出现,如汉代应劭在《风俗通义》中就曾提及,后来梁代任昉在《述异记》中也提及。这里我们姑且不去辨识盘瓠与盘古的联系等问题,在《盘王歌》中,集中体现了瑶族人民的古典歌谣;在这些歌谣中,保存了瑶族人民中间流传的各种神话传说、民间故事、民间情歌和劳动歌谣等民间文学内容。诸如表现神话传说内容的歌谣,有《盘王图歌》《伏羲小娘歌》《鲁班歌》和《请三娘出来游乐歌》等;表现生产劳动与爱情生活的歌谣,有《放猎狗》《雷公歌》《何物歌》《日落岗》《歌春》《歌花》《歌果》《歌茶》《歌酒》等;表现宗教和民俗生活等内容的歌谣,有《大碗酒歌》《付灵圣》《梅花曲》《请修山修路》和《彭祖歌》等。在这些歌谣中,瑶族人民的起源、发展和民间信仰等历史生活,得到了具体表现。尤其是《彭祖歌》等表现民间信仰的作品,应该引起我们的重视,因为《盘王歌》的性质,在最原始的意义上是属于仪式歌,即"还盘王愿"的祭祀歌,民间称之为《盘王书》和《盘王大歌》,是民间唱本,其演唱目的在于娱神,让盘瓠这位瑶族传说中的大神高兴。人们在盘王面前设祭,跳盘王舞,唱娱神歌,这些娱神的歌谣被集中起来,才形成这部意义独特的古典歌谣集。那么,歌唱"好衣留给圣人着","煎盏清茶圣人饮","好双也报圣人连"的《付灵圣》,歌唱"愿得圣王来舍施",使"儿孙代代使银杯"的《梅花曲》,和歌唱"安葬地龙深七尺,儿孙世代出官人"的《彭祖歌》,自然成为祭祀盘王的主要内容。

在《盘王歌》中,那些古老的神话、传说和民间故事,在瑶族人民的信仰中,就是真实发生在他们的历史和生活之中的,并不意味着虚构。如《盘王图歌》唱道:"大岭原是盘古骨,小岭原是盘古身;两眼变成日和月,牙齿变作金和银,头发化作草和木,才有鸟兽出山林;气化为风汗成雨,血成江河万年青。"这和《绎史》所引《五运历年纪》中称"首生盘古,垂死化身"是一致的,与任昉《述异记》中记"昔盘古氏之死也,头为四岳,目为日月,脂膏为江海,毛发为草木"亦相同。在《天下郡国利病书》和《粤西琐谈》中,也都记述了不同地区人民祭祀盘古的民俗生活。瑶族民间流传的盘古和盘瓠神话传说,是《盘王歌》形成的重要基础。这是神话传说意味着历史的真实存在这种民间信仰观念的又一典型。又如《盘王歌》中的《伏羲小娘》记述伏羲兄妹造人和遭遇洪水的神话,并把这种民族起源的神话传说也作为历史的真实存在。这里所记述的伏羲神话与古代文献有所不同,称"七日七夜洪水退,葫芦跌落昆仑山",伏羲"兄妹二人出葫(芦)心"后遇到乌龟,乌龟告诉他们由于洪水而世人皆死,"你俩兄妹结为婚",

"兄妹闻得如此语,刀砍乌龟烂成泥"。这与汉族民间流传的滚石(磨)成亲、验占成婚等内容形成鲜明对比;从李冗《独异记》等文献中,也可以看到伏羲神话在瑶族民间流传后所出现的这些差异。瑶族人民曾经有过艰辛而漫长的迁徙历史,《魏书·蛮僚传》和《隋书·地理志》《宋史·蛮夷列传》等文献中记述了这些内容;他们在迁徙过程中与中原地区的古典文化发生联系,这在《盘王歌》中也有表现。如汉族民间文学中的《鲁班传说》《梁山伯与祝英台》等被瑶族人民接受和改造,形成具有瑶族文化特色的《鲁班歌》和《请三娘出来游乐歌》。在《鲁班歌》中,鲁班这位民间传说中的匠人祖师是"静江府"人,"教得广西个个精",他是"铁匠""木匠""银匠""裁缝""泥水(匠)"的祖师神,"千般都是鲁班教,若无鲁班都不成"。在《请三娘出来游乐歌》中,记述"山伯无计吞药死,葬在大州大路边","英台出嫁大路上,山伯摄入里头眠"。《梁山伯与祝英台》的基本情节在这里得到保存,增添了"生时同坐死共枕,死人阴州共欢言"的结局,最后变成"一对鸳鸯飞上天",融入了瑶族人民的信仰观念与生活内容。

《盘王歌》中表现瑶族人民生产劳动及爱情生活的歌谣,更富有地方特色和民族特色。如《放猎狗》中对"湖南江口立横枪","打到皮穿正放娘"的狩猎生活作了描述;《雷公歌》则记述了一年十二月间每个月的劳动情况,从"正月雷公唤"到"耙田撒谷子","芒种插禾秧","泼田水","十月收禾谷满仓","十二月担伞送公粮",全部生产过程都被生动地描述了出来。这类歌谣和汉民族中流传的农谚一样,成为人们安排耕作,调整农时活计的自然依据。在《对歌》《歌春》《歌花》《歌果》《歌茶》《歌酒》以及《何物歌》《日落歌》《天上星》等歌谣中,我们看到了瑶族民间情歌的集中体现。其歌唱内容运用了典型的比兴手法,即以花和果的香来比爱情的芬芳,以酒的甘淳来形容爱情的纯洁与幸福,寄寓对美好生活的憧憬和向往,如《歌酒》中的"斟落怀中花样香","好双连个当干娘"。这些情歌形成了"三七七七"的常见歌式。如《歌春》:

  春到了,
  百般春鸟叫洋洋,
  百般春花样样开,
  早禾谷种在人乡。

民间情歌并不是都述说爱情的甜蜜,有些情歌充分表现了对爱情不如意的不满,如《二娘歌》就表现出作为"苦媳妇"的种种痛苦感受。当然,生活中并不是仅仅有爱情,还有更多的内容,如《见怪歌》中对各种奇异现象的有趣描述;《桃源峒歌》中对未来世界的设计;《何物歌》中通过对唱,描述"镰刀""田螺""五雷""日头"等事物的存在形状,借以介绍生活知识。

在瑶族等少数民族中,还存在《过山榜》之类的石碑铭文,具有"法"的意义;有一些内容明显是传唱的歌谣,应是为了便于记忆才采取了这样的形式。

在这些碑文中多种歌谣并存,也可看作歌谣集。

清代民间长诗和少数民族歌谣集是我国民间文学史上的重要内容,从中可以看到民间文学经过千百年的积淀,在审美表现和思想智慧上都有历史性的继承与发展;同时我们也可以看到,在多种文化影响下,清代民间文学表现出自己的时代特色。清代民间长诗和少数民族歌谣集与其他民间文学形式共同处于一个广阔的社会生活空间,由此我们更进一步地感受到清代弹词、鼓词等民间文学形式在产生和发展过程中所受民间长诗和歌谣的影响。正是清代民间文学各门类之间的相互影响,及其在整体上受到清代各种社会思潮的影响,形成了全社会文化品格不断裂变、重聚、再生的大趋势。

三 清代民间弹词与鼓词

弹词和鼓词是清代南方和北方分别流行的民间曲艺形式。弹词主要是吴侬软语,多讲唱才子佳人类民间情爱传说故事,而鼓词则显得慷慨激昂,多讲唱金戈铁马类民间英雄传说和公案故事。两者都属于讲唱艺术,是民间文学中为中下层民众所喜爱的形式,在不同地区还因为民间艺人的不同风格,形成各具特色的民间文艺流派。在这些曲艺演唱及其流派中,一定地域内民间文学与民俗文化生活的典型体现,其中包含着民间文化所显示的个性。当然,清代弹词和鼓词作为民间文艺的重要内容,其发展无论如何离不开对其前代民间文艺的继承,我们可以从唐宋至元明各代的各种说唱文学中,看到这种文化嬗变。

弹词在明代就已经出现,如田汝成的《西湖游览志余》卷二八中记有"优人百戏,击球,关扑,鱼鼓,弹词,声音鼎沸";臧懋循《负苞堂文集》卷三《弹词小记》中称"若有弹词,多瞽者以小鼓、拍板,说唱于九衢三市,亦有妇人以被弦索"。《野获编》《蓉塘诗话》《南园漫录》等处,都记有"弹词"概念。"弹词"之名见于载籍,郑振铎以为当数万历时臧晋叔所刻元代作家杨维桢的《四游记弹词》①,在元代就已经出现这一概念;但真正有完整的文本保存下来,当数明代正德至嘉靖时期杨慎的《二十一史弹词》②;其开题有引述的曲或诗,已经近于后世发展成熟的弹词艺术。这种文艺形式的兴起,如郑振铎所言,是与妇女阶层分不开的,他指出,"弹词为妇女们所最喜爱的东西,故一般长日无事的妇女们,便每以读弹词或所唱弹词为消遣永昼或长夜的方法。一部弹

---

① 郑振铎:《中国俗文学史》,下册,作家出版社,1954年版,第350、353页。
② 有人以为杨慎的《二十一史弹词》是词话,并非弹词。

词的讲唱往往是需要一月半年的,故正投合了这个被幽闭在闺门里的中产以上的妇女们的需要"①。妇女阶层的参与,固然是弹词兴盛的原因之一,但从现在所存的作品来看,它的兴盛更多地出于广大市民的喜爱与中下层文人的努力;妇女写,妇女听,写妇女,只是弹词的一个方面。

弹词在清代出现了繁荣景象,有其对宋元时期讲唱文学(如陶真、词话)的继承,而更多的是由于它对清代民间文艺的吸收与融汇;没有多种民间文艺形式的相互支持、促进,这种艺术就不可能出现繁荣。现存的弹词在表现形式主要是弹词语言上,可分为两大类,一类是以国音(相当于普通话)记述、整理的作品,诸如《安邦志》《定国志》《凤凰山》《天雨花》《笔生花》《凤双飞》等;一类是以吴音记述、整理的作品,包括用粤语记述、整理的《木鱼书》;用闽语记述、整理的《评话》;用浙江方言记述、整理的《南词》,如《珍珠塔》《玉蜻蜓》《义妖传》《三笑姻缘》等。在具体内容即题材上,主要取自历史传说(或文学名著故事)、时事(即当代传说、故事)、民间故事等内容;在演唱方式上,主要由说(即说白)、噱(即穿插,带有打诨性质)、弹(即三弦、琵琶等丝弦类伴奏)、唱等部分具体组成。弹词以唱为主,间以"说"与"噱",在演唱中伴以乐器;其唱词一般具有固定的格式,以七言为主,或加上三言、四言,形成语气语句上的变化;其开题一般为唱,长者十几韵,短者两韵(四句)。演唱所用的曲式多为地方流行的民间歌曲、词曲;在表演上,应该还有舞的成分。弹词的篇幅一般较长,如记述赵宋王朝历史传说的《安邦志》(20册)、《定国志》(20册)、《凤凰山》(32册),总计达674回,郑振铎在《中国俗文学史》中称这"三部曲"是"中国文学里篇幅最浩瀚的一部书"。一般的弹词作品也有几十回。郑振铎在清代弹词的搜集整理上做出了卓越贡献,他曾考证"今日所见国音的弹词,其时代很少在乾隆以前",还编出《弹词目录》(《小说月报》1927年6月"号外"载),发掘出不少珍品。

弹词记述内容以历史传说为主,表现出清代社会的文化时尚。因为弹词主要流行在江浙一带,宋代曾在杭州建都,所以其所记历史传说也就多选择宋代。如前所提《安邦志》《定国志》和《凤凰山》,记述唐五代之后赵匡胤家世兴衰故事,包括神化赵氏兄弟及夹马营传说、千里送京娘等内容。又如《绵绣囊》(乾隆三十九年钞本)②开题所唱:

　　大宋中宗永和年,
　　孝宣皇帝坐金銮。
　　九省华夷归一统,

---

① 郑振铎:《中国俗文学史》,下册,作家出版社,1954年版,第350、353页。
② 存于郑振铎:《中国俗文学史》,下册,作家出版社,1954年版,第354~357页。

八方宁静四海安。
六龙有庆千家乐，
五谷丰登万姓欢。
七旬老叟不负戴，
三尺孩童知逊谦。
二气阴阳同舜日，
十分清泰比尧年。
天下奇闻难尽数，
单表个英才出四川。

其实这篇弹词所记述的只是托名于宋代的民间传说故事，即何质与于月素夫妻恩爱，受到强盗出身的"言午官"许豹所害，后来夫妻团圆，斩杀许豹。但弹词编撰者却用了那么大的篇幅去述说宋中宗时代的繁盛安宁，而宋代并无中宗和永和年号，显然具有浓重的"怀宋情结"。这里包含着民族压迫下的仇恨情绪，若我们联想起江南人民坚持数年的反清复明斗争，对此种"怀宋情结"就不难理解了。其他像《西汉遗文》《东汉遗文》和《北史遗文》等弹词，都是对历史传说的演绎；尤其是《北史遗文》的结尾处引用了"堪叹人生在世间，争名争利不如闲；古来多少英雄辈，尽丧幽魂竟不还。不信但看《高王传》，到今哪有一人存？图王霸业今何在？多做南柯梦里人"的诗歌。表面上是对名利的超越，在弹词的字里行间，分明是"万里江山成帝业，华夏贤士尽为臣"，"国姓改元为汉主，百官尽改汉朝人；南迁国在河南府，重修礼乐化夷民"。这种感情与"怀宋情结"是一致的，都表达了对异族统治下社会黑暗的愤懑。在这些弹词中，我们看到历史传说故事被深情而细腻地传唱，这绝不仅仅是为了消闲，也就难怪后来的革命党人借弹词来做反对满清王朝的战斗檄文了。

土音弹词的内容多为民间爱情故事。如《玉蜻蜓》记述了申贵升和女尼相爱而死在其庵中，后其子状元及第，迎养其母（即女尼）的故事（在中原地区此故事被改编成豫剧《桃花庵》广为传播）。《珍珠塔》记述书生方卿因家贫求助于姑母家，遭到姑母羞辱，却得到表姐陈翠娥的帮助，陈翠娥以珍珠塔相赠；后来方卿刻苦读书，高中状元，扮成乞丐，来到姑母家演唱道情，借以报复。这是江南民间广为流传的一个故事。最为典型的是《义妖传》，作品相当完整地记述了白蛇与许仙的传说，其中的白蛇（即白素贞）以"义"先行，敢于牺牲，为了维护自己与许仙的爱情，同破坏其婚姻的老法海坚决斗争；小青泼辣、热烈、刚正，许仙善良、诚实，但却懦弱，老法海则残忍、奸诈，这些人物个性，在弹词中淋漓尽致地体现出来。

值得注意的是，在弹词的写作中出现了几位女性作家，诸如陶贞怀和她的《天雨花》，陈端生和她参加创作的《再生缘》，邱心如和她的《笔生花》等。她们都选择民间传说故事作为题材,使这些传说故事得到进一步传播,同时,她们借此抒发自己的感受,使弹词艺术的文化结构发生了重要变化。她们将女性特有的细腻感情融入弹词创作,使这一民间曲艺形式在艺术上也更为精细。如邱心如生活清苦,"多病慵妆闲宝镜",她将这种感受融入作品,自然得到了更广大的民间妇女的共鸣。

其他像福州《评话》中的《榴花梦》,广东《木鱼书》中的《花笺记》和《二荷花史》等,在民间也广为流传。

最后应该一提的是,在清代弹词的讲唱中,出现了一批颇有影响的民间艺术家。在往昔,如在明代,弹词艺人多为瞽人,这种情况在清代仍有存在。如解弢在《小说话》中所记"幼年每当先祖母寿辰,辄见六七老瞽人弹词祝嘏,所歌诸曲,典雅绵丽"。清代所不同于明代者,在于出现了弹词艺人群体性结社等现象,这直接促成了流派的形成和一批民间艺术家的成长。如陈汝衡所述的苏州"马姚赵王"①,即善说《珍珠塔》的马如飞,善说《水浒传》的姚士璋,善说《玉蜻蜓》的赵湘舟,善说《南楼传》的王石泉。在《清稗类钞》"音乐"中,记有"晚近彼业中之善琵琶者,首推(张)步瀛","步瀛坐场子,逢三六九日,例必于小发回时,奏大套琵琶一折,侪辈咸效颦焉,然终不能越步瀛而上之"。在《扬州画舫录》卷十一中,记有"天麻子"王炳文"兼工弦词","人参客王建明瞽后工弦词,成名师,顾翰章次之",还有高晋公、房山年等弹词名艺人。此外,从范祖述的《杭俗遗风》中,还可以看到有"倪老开、张老福、陈金姑、沈小六"和"戴鼎、孟隆、许焕、莫培等"一大批"风流蕴藉""滑稽诙谐"的弹词艺术家。弹词民间团体"文书老会","凡省中唱书者",于"五月十九仓桥元帅庙"会上,"不取工钱,挨唱一回,以家伙到庙先后为序","不大出名者以此为荣也"。"文书"即"四明文书";可见弹词艺术的人气之旺,不但与一批艺术家的竞赛有关,而且与此培养人、发现人的书会有关。从以上这些材料中可以看到,以苏州为中心的弹词艺术,已经出现了诸如"扬州派""浙江派"等实际存在的民间流派;尤其是苏州弹词在同治、光绪年间出现了杰出的艺术家马如飞,标志着弹词艺术所达到的鼎盛局面。马如飞写作开篇,改编弹词唱本,对促进苏州弹词艺术的迅速发展和提高,起到了相当重要的作用。他经常奔走在常熟、无锡、江阴一带,是苏州光裕书社的领袖人物。他以弹唱《珍珠塔》而闻名,出现著名的"马调《珍珠塔》"。同时期能与马如飞并称的,还有一位杰出的弹词艺术家俞秀山。徐珂在《清稗类钞》"音乐"中记道:

> 弹词为吴郡所有,而越有平调,粤有盲妹,京津有鼓词,其声调有足与弹词相颉颃者。然弹词亦有派别,今即俞调马调比较言之。俞调音节宛转,善歌之者如春莺百啭,竭抑扬顿挫之妙,其调便于少女。如飞出,一变凡响。以科举时代之

---

① 《说书史话》,作家出版社,1958年版,第179页。

八股例之，俞调犹管韫山，而马调则周犊山，亦弹词家之革命功臣也。

清代的弹词演唱中，还出现了一批女性艺术家。如赵翼在《瓯北诗钞》中所撰《重遇盲女王三姑赋赠》，记述"十年前听拨琵琶，曾惜明眸翳月华"，"无目从何识字成，偏能演曲写风情"。又如李家瑞在《说弹词》中记述有女弹词艺人项金姊、杨玉珍，"为当时女弹词之最著者"。王弢《瀛壖杂志》卷五①和惜花主人《海上冶游备览》"女说书"条，都记述了一批女弹词艺术家自"道、咸以来""肆业说书"，"业此者常熟人为多"，"所说之书为《三笑》《白蛇》《玉蜻蜓》《倭袍传》等类"。袁翔甫著《沪北竹枝词》中，记述"一曲琵琶四座倾，佳人也自号先生。就中谁是超群者，吴素卿同黄爱卿"，并在"注"中记到"说书女流，声价颇高"。这些材料从不同的方面显示出清代弹词艺术的繁盛，使我们具体了解到清代民间文学中的弹词在社会生活中的实际地位、价值与意义。

与南方流行的弹词相比，北方的鼓词表现出清代北方民间文学的文化个性。

鼓词也称鼓子词，南宋文献诸如《武林旧事》卷七中就已经出现，并记述"此是张抡所撰鼓子词"。有人以为，由于历史年代久远等原因，鼓子词的底本作为文献，只能从明末清初贾凫西所撰《木皮散人鼓词》中见一端倪。在贾凫西的"鼓词"出现之前，应该有大量民间鼓词存在。陆游诗中"负鼓盲翁正作场"，就应该是这一现象的历史描述。郑振铎举最早的鼓词是其所得《大唐秦王词话》（一名《秦王演义》），他说"此书始名《词话》，实即鼓词"②。对待民间文学的形式问题，应从具体的历史情况出发，不应当从某某人的概念出发。况且任何一种民间文学都不会凭空发生，都有一个必然存在的酝酿、孕育、继承和发扬的过程。民间曲艺形式的鼓词也是这样，它有讲有唱，所配乐器以鼓为主，这主要与北方地区战争频繁，民间百姓形成尚武崇猛的文化个性有着直接联系；那么，它就必然融入北方地区的各种民间文艺。鼓词既然以鼓为主要伴奏乐器，其演唱又以抒怀为基本目的，可以是一段直发胸臆的抒情（如贾凫西所撰鼓词），也可以是叙事内容尤为明显的长篇讲唱（如《大唐秦王词话》）。在田野作业中，我就亲眼见到过行乞艺人的鼓书小段和坐场艺人的大段讲唱；清代鼓词的演唱情况也应该与此相似。我们所讲的鼓词以金戈铁马类传说故事为主，应是主要针对大段讲唱类鼓书而言。

所谓小段鼓书，多取民间小调和情节较简短的民间传说故事。清代文献所载北方地区流传的那些《颠倒歌》之类，是小段鼓书常唱的内容；还有一些民间长诗，也是

---

① 此中记述："徐月娥、汪雪卿皆以艳名噪一时。兵燹以后，皆在城外。推为此中翘楚者，则如袁云仙、吴素卿、朱幼香、俞翠娥、吴丽卿，并皆佳妙。今时继起者，则又有朱丽卿、陆琴仙、陈芝香、金玉珍、张翠霞，吐属雅隽，颉颃前秀。每一登场，满座倾倒……此又于裙钗中别开生面者矣。"
② 郑振铎：《中国俗文学史》，下册，作家出版社，1954年版，第385页。

小段鼓书所唱的内容。如著名民间长诗《郭丁香》和《孟姜女》在小段鼓书中被唱诵，是很正常的事情，况且《郭丁香》原来就是民间灶书。民间小调和民间叙事诗若被丝弦伴奏，就成为弹词；若其被鼓来伴奏，那它就是鼓词，就是鼓书。如《珍珠塔》《雷峰塔》既是南方弹词中的名篇，又是北方鼓词中有影响的刊本，当然，在讲唱中有民间艺人根据自己的理解做一些加工，因而形成南北方同一故事而演唱风格不同的现象。这除了语言上的具体差别外，在塑造人物、抒发情怀上，都具有鲜明的地方性。小段鼓书与大段讲唱的基本区别，就是小段鼓书一唱到底，中间不作停歇；而大段讲唱则较为复杂，有开题诗，有常用的套式即曲段，讲唱相间。这都是因其内容的长短不同而决定的。

大段讲唱类鼓书的内容未必尽以金戈铁马为主，公案类、神仙类、言情类作品只要内容生动，都可以成为讲唱对象。诸如《大明兴隆传》《乱柴沟》《北唐传》《呼家将》《杨家将》《平妖传》《三国志》《忠义水浒传》《西唐传》《反五关》等历史传说类鼓词，"这些都是每部在五十册以上的"①，可见演唱时间相当长，成为清代北方人民的重要娱乐内容。其中，《大明兴隆传》"这部鼓词凡一百零二册"②。我们可以设想，若三天讲唱一册，仅《大明兴隆传》就得一年才能讲完，而且这一年只能听鼓书，什么活儿都得停下来。正因为这些历史传说类鼓词太长，所以，在清代中叶之后，又出现了"摘唱"；"摘唱"是从一部完整的鼓词中摘出情节生动、内容集中的片段。诸如《刘快嘴诓哄宋江》这个片段共四卷，其内容取诸《水浒传》第三十九部，可独立成为一部完整的鼓词。久而久之，"摘唱"成为有自己特色的独立的民间曲艺形式。另一类鼓词是"讲唱风月的故事的"③，夹杂着其他内容，偏重于世俗社会生活，诸如《蝴蝶杯》《巧连珠》《凤凰钗》《满汉关》《红灯记》《三元传》《紫金镯》《二贤传》《珍珠塔》《千金全德》《双灯记》等，一般在四册、十册左右，规模较小于前类。此外还有《馒头巷》《施公案》《方玉娘产子滴血》《宝莲灯》《孽姻缘》《雍正八义》《白良关父子相会》《红拂传》《迷魂阵》《唐宫闹妖记》《郑元和莲花落》《迷人馆》《铁公鸡》《侠风奇缘》《骚翁贤媳》《霸王娶虞姬》《雷峰塔》《侠女伶》《封神榜》《双合桃》《张松献地图》等出现较晚的鼓词刊本，广泛取材于民间传说、民间故事，其种类之多，内容之丰富，不亚于南方的弹词。诚如在鼓词刊本搜集整理上做出重要贡献的郑振铎所感慨的那样：这些鼓词"有如江潮的汹涌，雨后春笋的怒茁，几有举之不尽之概，差不多每一个著名些的故事，都已有了鼓词"，"这可见北方民众是如何的爱读这类的东西。不一定听人讲唱，即自己拿来念念，也可以过瘾

---

① 郑振铎：《中国俗文学史》，下册，作家出版社，1954年版，第391、386页。
② 郑振铎：《中国俗文学史》，下册，作家出版社，1954年版，第391、386页。
③ 见郑振铎：《中国俗文学史》，下册，作家出版社，1954年版，第396页。

了"①。鼓词作为一种民间曲艺,深受北方人民的喜爱,具有明显的地域性文化特征,其形式多种多样,与一定地区的民间文艺相结合之后,形成了鼓书演唱的民间曲艺流派。诸如在中原地区有豫东调大鼓(以开封为中心)和豫西调大鼓(以洛阳为中心),在山东有梨花大鼓,在天津有西河调即西河大鼓,其他还有东北大鼓、京韵大鼓、乐亭大鼓等,体现出清代社会北方地区民间文艺繁荣的又一番景象。由于各地鼓词的演唱和伴奏不同,形成了千姿百态的鼓子曲。20世纪的三四十年代,张长弓先生搜集民间流传的鼓子曲,钩沉典籍文献,进行多方努力,编撰出《鼓子曲谱》《鼓子曲言》《鼓子曲存》等著述②,其中有不少内容是在清代刊印、流传的。

鼓词在淮河以北地区的流传,形成了广大北方地区的鼓词文化群,与弹词在淮河以南地区(主要是江浙一带)流传所形成的阵容相对峙,颇有分庭抗礼之势。它们各自代表了南北双方民间曲艺的特点。由于清代的历史文化在南北两地区分布的密集程度不同,传授形式、控制管理的效果不同等原因,弹词艺术集中在南方城镇,有专业书会和专业艺人群,而且弹词需要多人合作,所以出现了更令人瞩目的民间曲艺流派;鼓词在北方的流传,更多的是属于个体行为,既能在城镇演唱,又能在广大乡村演唱,分布较为分散,所以缺乏专业性的流派,而更多的是在不同地域出现了不同的民间曲艺群体。这两种民间曲艺形式在清代民间文学的发展中发挥了重要的集散作用,成为古今南北我国民间文学的中转站,一方面使丰富的民间文学得到汇聚和交流,另一方面使民间传说等内容得到更大范围的传播。同时,鼓词和弹词作为民间曲艺,是与其他讲唱文学诸如北方的相声、南方的滑稽,以及坠子、琴书、牌曲、杂曲、二人转、莲花落、子弟书、快板、快书等曲艺形式联系在一起的,它们共同丰富了历史上民间百姓的精神文化生活。民间曲艺的繁荣及其成熟发展,还极大地推动了民间戏曲的进步。清代前期的高腔、昆腔、梆子、皮簧等地方戏曲和后期的京剧,都融入了丰富的民间曲艺等内容;更不用说清代剧作家李玉、洪昇、孔尚任、李渔等人,都自觉采用历史传说和民间故事进行戏剧创作,使清代戏剧得到旺盛发展。如李玉的"一人永占"(《一捧雪》《人兽关》《永团圆》《占花魁》)、洪昇的《长生殿》、孔尚任的《桃花扇》等,大多取材于民间传说。李渔既写戏,又编排戏,还带领戏班去各处演出,"二十年间,游秦、游楚、游闽、游豫,游江之东西,游山之左右"(李渔《一家言·复柯岸初掌科》),亲身感受世态炎凉,更是民间文艺的搜集者和参与者,在其剧作和剧作理论中,我们可以看到这样一位东方莎士比亚式的优秀剧作家与民间文学的密切联系。其《闲情偶寄》中,有"词曲""演习""声容"等部,如他所述,"传奇不比文章","戏文做与读书人与不读书人同看,又与不读书之妇人、小儿同看,故贵浅不贵深",应"本之街谈巷议",

---

① 郑振铎:《中国俗文学史》,下册,作家出版社,1954年版,第397页。
② 参见拙作《中国现代民间文化科学史上的河南学者略论》,《河南大学学报》,1997年第4期。

这是我国民间文学理论史上的重要思想。清代戏剧文学的发展,是清代历史文化上的一座高峰,而在其山麓上处处都可看到民间曲艺之光。在清代地方戏即民间戏曲的发展中,诸如民间曲艺中的弹词、鼓词、俗曲等内容融入其中的现象更为普遍。《扬州画舫录》中曾记,"两淮盐务,例蓄花雅两部以备大戏。雅部即昆山腔,花部为京腔、秦腔、弋阳腔、梆子腔、罗罗腔、二簧调,统谓之乱弹"。这些"乱弹"有许多即出自民间曲艺,包括民间歌曲。李调元在《剧话》中也提到"俗呼梆子腔,蜀谓之乱弹",还记述了吹腔"与秦腔相等","但不用梆而和以笛为异耳"。有人总结清代民间戏曲有弦索腔、梆子腔、吹拨腔、乱弹腔、皮簧腔等五大系统[①],而这五种"腔"全都离不开民间曲艺,其本身实际上就是民间曲艺的一种。这种现象不但在清代存在,在今天仍然存在着,显示出民间文学不衰的生命力。

四 清代民间传说与民间故事的多元构成

民间传说和民间故事在清代社会的流传,呈现出崭新的多元构成形态。这是与清代社会的文化发展紧密联系在一起的,即一方面是传统的民间文学在这一时期得到完整继承,一方面是新的传说和故事随着社会政治形势的急剧动荡而不断产生,涌现出新的类型;同时,中外文化的空前汇聚,打破了传统的文化格局,全社会表现出礼崩乐坏的文化态势,古典时代的终结与现代文化的萌动,都充分体现在这一大转折时期的民间文学之中,民间传说和民间故事成为这种态势的典型。

(一) 新旧传说的交织与并存

在这一时期的民间传说中,我们可以看到新与旧两种内容的并存。所谓的"新",是指时事传说,清代文化作为中国古典封建文化的最后一页,旧的封建神学与理学的结合,而不得不让位于新兴的以启蒙为主要内容的民主文化思潮,"洋人盗宝传说""太平天国传说""义和团传说""捻军起义及其他民间反清反洋斗争传说"风起云涌;在民间文学思想上,相应地出现了改良派与革命派的民间文学观。所谓的"旧",即传统意义上的民间传说在这一时期进一步完善、丰富;诸如历史人物传说及各种历史事件传说、风物传说等,特别是祖师传说与刘三姐(妹)传说的流传,具有尤为独特的意义。当然,"新"与"旧"两种传说的区别并不是截然分明,在具体的流传中,它们常常混杂在一起。其中传统传说故事的流传远多于新的传说故事;而且新的传说要被认

---

① 见余从等著:《中国戏曲史略》,人民音乐出版社,1996年版。

可,即被社会确认,还存在一个时间界限问题。这些新的传说故事在文献上的记载并不是很多,它主要以鲜活的口承形式存在于当世民间百姓之中,对于它的理解和总结,我们更多地依据于距之很近的近现代社会所提供的材料,这些材料需要我们去做大量的钩沉,尤其是通过深入而广泛的田野作业,获得相关的民间传说。可喜的是,自20世纪80年代中期在全国开展的"三套集成"(即民间故事集成、民间歌谣集成、民间谚语集成)工作,为我们提供了大量宝贵的口述材料及相关的线索,更方便于我们对清代民间传说进行整理和研究。在这些材料中,我们看到的是与赵尔巽等人编撰的《清史稿》不同的又一种口述的"历史",其形成过程非常复杂,而更重要的是它包融着民间百姓的理想愿望,即他们对清代社会历史发展的具体理解。

清代民间传说主要集中在历史人物方面,既有帝王将相、文人雅士,又有无数的民间百姓,他们的传说构成了一部浩瀚的清代社会的口述长卷。诸如其中的帝王传说,我们看到民间传说对第一个入关的满清皇帝顺治的神圣化表现;其次是对康熙、雍正、乾隆几个盛世帝王的美化,特别是关于乾隆皇帝三下江南的传说,包含着民间百姓对安宁富庶的社会生活的强烈向往;再次是关于慈禧和光绪皇帝的传说,在慈禧身上,几乎集中了所有的罪恶,包融了历史上所有祸国殃民的"女祸"故事。在这些传说中,民间百姓对那些给国家带来强盛,使民族得到发展,为人民的生活安宁带来幸福的统治者,不论是什么样的出身背景,都给予公正的评价;而对于那些刚愎自用、飞扬跋扈,完全不顾百姓生死的腐朽、无耻之辈,则给予无情的批判与辛辣的嘲讽。在民间传说中,乾隆三下江南是传统的才子佳人风流故事的展现,更是历史上清官传说的变相描述,在两种传说故事的结合中,体现出民间百姓的审美理想与生活愿望。这里的乾隆皇帝其实已经与历史生活中实际存在的满清王朝最高统治者相分离,完全成为百姓意志的形象体现。而对于慈禧心胸狭隘,冷酷残忍,自私自利,骄奢淫逸,特别是关于她与太监厮混、不顾国家和民族的安危而为自己大办寿诞庆典的传说,则充分集中了民间百姓对所有的腐败者的愤恨和谴责。我们不必追究这些传说是否完全符合历史的真实,而应该看到情感倾向在述说历史发展中的合理性。其他像以和珅为典型的贪官,以李莲英和安德海为典型的势利小人,以林则徐、郑成功、关天培等为典型的维护民族利益的民族英雄,以刘墉、郑板桥为典型的敢于为民请命、立身正直、廉洁的清官,以王五等民间英雄为典型的侠义者,张之洞、曾国藩、李鸿章、左宗棠、袁世凯等被褒贬不一的权臣,以及太平天国、捻军、义和团等农民起义斗争中的各色人物和各地流传的机智人物,这些形形色色人物的传说故事,都是民间百姓对自己理想愿望的具体表达;当然,这些传说总有一个真实的历史事件为依托,绝不是空穴来风;在某种意义上讲,这些传说是对社会历史发展所做的最为真实的记录,其深刻意蕴是一般史籍所不能达到的。由于种种原因,特别是强大的文化专制政治对文化宣传的控制,尤其是罪恶的文字狱的流行,使这些民间传说只限于人们的口头传播,而为文献所不容,即使有所记述,也多限于手抄本;这样,我们就只能依靠田野作业与典籍钩沉等方式来整理这些以"逆声""恶声"面目出现的民间传说。布罗代尔的口述史学理论告诉我们,口述史料所达到的真实性常常更高,反映的社会生活也更全面、更准确。

在我国,由于特殊的社会政治原因,对待清代农民起义的历史传说,有一些当代的记录、整理者为了配合阶级斗争、政治斗争的需要,产生了舍弃历史传说的原始性而进行随意编造的现象,这无疑会影响到我们对相关内容调查、整理、研究的科学性;在"三套集成"中也存在这种现象,对采集工作产生了有害的影响。这就提出了如何进行田野作业并辨识资料真伪的问题,也提出了如何运用"第二手的资料"的问题。清代历史有近三百年的时间,出现了无数风云人物,在清代就流传着他们的许多传说故事。这些传说的流传,具体体现出民间百姓对他们的认识与评价;有一些传说至今还保存在民间百姓口头上。要全面整理这些传说,无疑是相当困难的,但又是尤为必要的。

文献的记录与保存,对于民间文学发展史的研究有着无可替代的价值与意义。相比较于以上内容而言,清代民间传说在文献中的记述与保存,以边疆地区即偏远地带较为丰富。尤其是少数民族中的许多民间传说,在文献中得到了较为完整的记述与保存。如清代中期大理诗人杨履宽在《星回节再吊邓赕夫人慈善》《妇负石歌》中对大理地区民间传说作了记述;白族女作家周馥著有《绣余吟草》一卷,其中的《汉阿南夫人》《唐阁逻凤女》《梁阿禢郡主》《段羌娜闺秀》等作品记述了大理地区白族民间传说,如贞烈的阿南、钟情的阿禢、复仇的羌娜等当地著名女性的传说故事。赵载彤是周馥的儿子,著有《懒谷诗草》六卷,记述了许多地方传说,如在《星回节咏阿南夫人》中详细记述了白族女英雄阿南的传说,其中的"曼阿娜""阿南"和"娘子军"等形象,个性鲜明,是清代白族民间传说中异常珍贵的内容。广西壮族曲艺《唱吴亚终》记述了天地会领袖壮族英雄吴亚终领导黑旗军抗法的传说。康熙时期流传在贵州毕节一带的彝文典籍《西南彝志》共二十六卷,包括《创世志》《谱谍志》《地理志》《天文志》《人文志》和《经济志》,是清代彝族民间文学的重要文献,其中记述了彝族神话和民间传说故事,诸如《创世志》中的《津梁断》关于氏族间婚姻生活的传说,《天文志》中关于风雨雷电和年月日的传说,《谱牒志》中关于彝族六祖起源、迁徙及其兴衰历史的传说等。藏族刀喀夏仲·才仁旺阶的《颇罗鼐传》记述了藏族历史人物颇罗鼎索南多吉的传说故事以及藏族人民反抗外来侵略的传说等,是清代民间传说中颇有特色的内容。另外,在偏远省份的地方志材料中,也保存了一些少数民族的民间传说,如康熙时的《顺宁府志》卷一所记镇压少数民族起义,将起义者"沉于江"的残忍行径的传说。

清代民间传说对于前代传统民间传说的继承,可以中国四大民间传说《牛郎织女》《孟姜女》《梁山伯与祝英台》和《白蛇传》为代表,在这一时期这些作品都得到充分发展。同时，在各种文献中，尤其是在各种讲史类话本中所记述的前代历史传说，到了清代都在继承的基础上有了发展变化。我们可以把历史传说类作品分为前后两个阶段，即包括明代在内，之前的属于古典形态的历史传说，之后的则属于具有现代意义的近代形态的历史传说；古典形态的历史传说表现出浓郁的英雄主义色彩，它们集中表现了我国历史上著名的"十大家族"，即民间传说中重墨书写的唐王朝"李氏家族"和宋王朝"赵氏家族"两个皇族，包拯和海瑞两个民间传说中的公案类英雄群体，最典型的当然还是唐代的"罗家将""薛家将"，宋代的"杨家将""岳家将""狄家将"和"呼家将"。这"十大家族"在民间传说中被反复演绎，包含着尤为深厚的民族感情。近代形态的历史传说包括明代末年的李自成起义和清代的太平天国洪秀全起义，这些作品标志着我们的民族在历史传说的大潮中对于这些被统治者诬之为"反贼"的历史人物和历史事件的重新思索；此外还有郑成功收复台湾和林则徐禁烟的传说，包含着强烈的民族自尊心；第三类近代形态的历史传说是对日俄战争在辽东发生和华人劳工遭受苦难等民族耻辱事件的传说记述，既表现了强烈的民族自尊心，又有民间百姓对于清王朝腐朽无能的极大愤恨等情绪的宣泄。古典形态与近代形态两大类民间传说主题的展示与诉说，正是清代民间文学与其他时代最鲜明的不同之处。这也是清代民间文学的时代性的重要表现。

清代社会对于林则徐、郑成功、洪秀全、胡雪岩等当代人物传说，对于日俄战争和华人劳工的当代历史事件、传说，以及明代李自成起义传说的记述，是清代民间传说最具时代性意义的体现。

（二）清代民间故事

清代民间故事包括民间幻想故事、民间生活故事、民间笑话和民间寓言四大类，除至今还活跃在民间百姓口头上作为活性形态继续流传之外，集中保存在清代的一些笔记著述中。诸如袁枚的《子不语》和《续子不语》，墉纳居士的《咫闻录》，沈起凤的《谐铎》，吴炽昌的《客窗闲话》，寄泉（高继衍）的《蝶阶外史》，徐珂的《清稗类抄》，许奉恩的《兰苕馆外史》和《里乘》，邹弢的《三借庐笔谈》和《浇愁集》等。纪昀的《阅微草堂笔记》和蒲松龄的《聊斋志异》最典型，屈大均的《广东新语》，张潮的《虞初新志》，李光庭的《乡言解颐》，梁绍壬的《两般秋雨庵随笔》等都保存了丰富的民间故事；少数民族民间故事中出现了和邦额的《夜谭随录》，长白浩歌子的《萤窗异草》和申在孝的《春香传》等；笑话故事集有游戏主人的《笑林广记》，程世爵的《笑林广记》，独逸窝退士的《笑笑录》，石成金的《笑得好》，小石道人的《嘻谈录》，陈皋谟的《笑倒》和《半庵笑政》等。这些典籍从另一个方面细致地表现了清代社会的世俗生活，也映现出我们民族的心灵在这个非凡时代的变迁。

清代记述和保存民间故事的文献,以蒲松龄和纪昀两位的著述最具有特色,还有石成金的《笑得好》等清代文人所记述的笑话故事,其记述的丰富性、完整性,以及记述目的的明确性都很突出。在大量的笔记中,民间故事只是零散的记述。

蒲松龄的《聊斋志异》是传统的志怪体文人笔记,相当系统地保存了当世所流传的民间故事,其中以幻想故事和生活故事为主要内容。这部笔记小说在民间故事的记述上有颇强的原始性,搜集整理的自觉性也很鲜明。如作者在《聊斋自志》中所述:"披萝带荔,三闾氏感而为骚。牛鬼蛇神,长爪郎吟而成癖。自鸣天籁,不择好音,有由然矣。""才非干宝,雅爱搜神;情类黄州,喜人谈鬼。闻则命笔,遂以成篇。久之,四方同人又以邮筒相寄,因而物以好聚,所积益夥。""集腋为裘,妄续幽冥之录;浮白载笔,仅成孤愤之书。寄托如此,亦足悲矣!"①其孙蒲立惪在《聊斋志异跋》中说,蒲松龄"幼有轶才,学识渊颖,而简潜落穆,超然远俗","然数奇,终身不遇,以穷诸生授举子业,潦倒于荒山僻隘之乡。间为诗赋歌行,不愧于古作者;撰古文辞,亦往往标新领异,不剿袭先民,皆各数百篇藏于家。而于耳目所睹之,里巷所流传,同人之籍录,又随笔撰次而为此书";又记此书"初亦藏于家,无力梓行,近乃人竞传写,远迩借求矣"②。同时代的邹弢、石庵、徐珂等人,也都记述蒲松龄直接向人采录此类故事,"如是二十余寒暑,此书方告蒇"③。

《聊斋志异》中保存的民间故事,显然是经过了蒲松龄本人的加工。如鲁迅所说:"明末志怪群书,大抵简略,又多荒怪,诞而不情,《聊斋志异》独于详尽之外,示以平常,使花妖狐魅,多具人情,和易可亲,妄为异类,而又偶见鹘突,知复非人","描写委曲,叙次井然,用传奇法,而以志怪,变幻之状,如在目前"④。其中保存的民间故事原型,与今天所流传的故事相同,可见蒲松龄的苦心。在《聊斋志异》中,民间故事保存最多的是狐精故事,即民间故事分类中的幻想故事,表现出北方民间文学的重要特点,平常人所说的"北狐南仙"。北方的狐仙崇拜在民间故事中是突出的主题;蒲松龄所记述此类故事,有单纯的狐仙崇拜,而更多的则与生活故事糅合在一起。如其所记《狐女》中的狐精是一位善良的女子,深爱伊生,当伊生遇难时,立即赶去给予帮助。《小翠》中的狐精遭受雷击,为王氏所救,后王氏登第,并生有一子,但此子性痴呆,狐精遂使痴呆之子开窍并恢复理智;某给谏与王氏有过节儿,欲使王氏遭祸,告给朝廷,却反被以诬告罪充军受罚,此亦为狐精之助。此类故事还见于《婴宁》《青凤》《莲香》《娇娜》等篇中。精怪故事除狐仙外,还有《阿纤》中的鼠女精,《花姑子》中的獐女精,

---

① 见《聊斋志异会校会注会评本》,上海古籍出版社,1978年版。
② 见《聊斋志异会校会注会评本》,上海古籍出版社,1978年版。
③ 见《三借卢笔谭》《忏观室随笔》《清稗类钞》等。
④ 鲁迅:《中国小说史略》,《鲁迅全集》,第9卷,人民文学出版社,1981年版,第209页。

《白秋练》中的鱼女精,《象》中的象精,《赵城虎》中的虎精和《葛巾》中的牡丹花精、《黄英》中的菊花精等,《泥书生》中还记述了泥人成精。这些故事中既有动物故事,又包含着报恩故事等类型,是精怪故事与报恩故事等多重母题与原型的综合。其次是鬼怪故事的记述,在《聊斋志异》中亦相当丰富。如《王六郎》中的许姓渔人遇溺鬼所化少年之助而获鱼甚丰,《布商》中的红裳女子救布商脱难而惩罚不义僧人等。更重要的是蒲松龄借民间故事描述世间百态,不但给人以愉悦,而且给人以启发。如《香玉》中的黄生真心爱花,感动花神,讴歌人间真情;《连城》中的乔生与连城相爱,却因家贫而遭阻碍,后二人在冥间相会并还魂再生,对封建婚姻制度进行了抨击;《叶生》中的叶生才高却屡试不中,化鬼借以助人,抨击了旧科举制度对青年俊才的埋没与扼杀;《促织》中的成名之子魂化蟋蟀,改变家庭因皇家好斗蟋蟀而造成的苦难命运,借以指斥封建专制政治的腐朽;《席方平》中的席方平在冥间连连上访,不屈服于邪恶势力,既是对黑暗现实的影射,又是民间百姓敢于反抗、敢于斗争的颂歌。这些故事在记述中被如此处理,丝毫不影响故事原型的保存,反而使民间故事具有更加感人的魅力,从而得到更广泛的传播,至今在蒲氏故里还流传着许多"聊斋汉子"①。

纪昀字晓岚,自号观奕道人,他的《阅微草堂笔记》与《聊斋志异》一样,保存了丰富多彩的民间故事,只是纪昀属于上层文人,曾任《四库全书》总纂官,官至协办大学士。他对故事的记述和采录方式当然会与蒲松龄有所不同。《阅微草堂笔记》原分为《滦阳消夏录》《如是我闻》《槐西杂志》《姑妄听之》和《滦阳杂录》五种,嘉庆五年,由其门人盛时彦合刻为《阅微草堂笔记》。鲁迅在《中国小说史略》中对之评价颇高,称其"凡测鬼神之情状,发人间之幽微,托狐鬼以抒己见,隽思妙语,时足解颐;间杂考辨,亦有灼见","与《聊斋》之取法传奇者途径自殊",其语言"雍容淡雅,天趣盎然","后来无人能夺其席,固非仅借位高望重以传者"②。纪昀在《滦阳消夏录自序》中记述自己"昼长无事,追录见闻,忆及即书,都无体例","街谈巷议,或有益于劝惩"③;在《槐西杂志自序》中又记到"缘是友朋聚集,多以异闻相告,因置一册于是地,遇轮直则忆而杂书之,非轮直之日则已,其不能尽忆则亦已"④;在《姑妄听之自序》中亦称其中作品"多得诸传闻"⑤。可见他所采录的民间故事多来自知识阶层,其目的也仅在于"使人知所劝惩"。蔡元培把这部著述与《石头记》(《红楼梦》)和《聊斋志异》同看作"清代小说最流行者",称其"颇有老妪都解之概"⑥。

---

① 参见董均伦、江源:《聊斋汉子续集》,中国民间文艺出版社,1978年版。
② 鲁迅:《中国小说史略》,《鲁迅全集》,第9卷,人民文学出版社,1982年版,第213页。
③ 据清嘉庆二十一年北平盛氏重刊本。
④ 据清嘉庆二十一年北平盛氏重刊本。
⑤ 据清嘉庆二十一年北平盛氏重刊本。
⑥ 蔡元培:《评注阅微草堂笔记序》,上海:1918年会文堂书局石印本。

《阅微草堂笔记》中所记述的民间故事,也是以幻想故事和生活故事为主,其中,精怪神鬼类的幻想故事给人以深刻的印象。诸如《翁仲凶淫》中记翁仲精污辱了无数新葬的女鬼,最后遭受惩罚被焚毁;《李秀》中记李秀路遇"少年约十五六,娟丽如好女","邀之同车","间以调谑",后却发现此人渐渐变色,初"貌似稍苍",最后"乃须鬓皓白,成一老翁","一笑而去","竟不知为何怪也";《遇罗刹》记某狂生为鬼,滥迫少女,最后被捉弄;《仆与鬼斗》是一则流传于蒙古族中的故事,在清代民间故事中尤为少见,作品记述"科尔沁达尔汗王一仆"路遇二毡囊,其中分别满贮人牙和人指爪,又遇寻囊女鬼即"老妪","仆徒手与搏",女鬼不胜,诅咒仆人来日"必褫汝魄",而三年过后仍"不能为祟","知特大言相恐而已";其他还有《南皮许南金》《举担灭鬼》《鬼魂报恩》等篇,记述了各种各样的民间鬼故事。在《假鬼》《郭六》《假狐女》《破寺僧徒行骗》和《唐打猎打虎》等篇中,记述了一些生活故事。其中的《狼子野心》是一篇民间寓言故事。这些故事与《聊斋志异》中所记相比,在总体内容上缺少蒲氏笔端的"诡异",更多的是平常气息;其结局也仅仅是善恶各自有报,缺乏《聊斋志异》中的"孤愤"。这表明由于民间故事的记述者的知识背景与出身身份不同,对故事的取舍以及记述态度和记述效果也明显不同。

在清代民间故事的记述中,袁枚的《子不语》和《续子不语》有着自己的特色。袁枚有着很好的文学修养,他在文学创作上主张"性灵"说,不满于当时在学术思想上居于主流的汉宋学派,反对考据,以为六经"多可疑",提倡"赤子之心",直抒"性情";所以,他所记述的民间故事也多求于自然。其所标"子不语",如其在《新齐谐序》中所述,即取"怪力乱神,子所不语"之意。他"生平寡嗜好","文史外无以自娱","乃广采游心骇耳之事,妄言妄听,记而存之";他还举"昔颜鲁公、李鄴侯功在社稷,而好谈神怪","韩昌黎以道自任,而喜驳杂无稽之谈","徐骑省排斥佛老,而好采异闻,门下士竟有伪造以取媚者",自以为是窃取了"四贤之短"①。

袁枚所采录民间故事,如《子不语》中的《赑屃精》记述赑屃精痴爱某书生,虽遭磨难,终不改痴情;《陈圣涛遇狐》中的狐精挚爱着贫士,使其得到生活上的温暖;《狐读时文》中的狐翁之女与贫士相爱,婚后鼓励贫士发愤努力,进取学业;《猎户除狐》中的狐精蔑视道士,使其法术不灵,呈现狼狈相,甚至天师府派来的法官,也备受其捉弄;《罗刹鸟》中的罗刹鸟幻化为假新娘,最后经过多种曲折事件,真正的夫妻才得团聚;《不倒翁》中的不倒翁精扰乱民间,被驱赶;《鬼差贪酒》记述袁观澜"年四十"而"未婚",与邻家女子相爱,其父嫌袁观澜贫穷而不允,以致女儿"思慕成瘵"而"卒",后来他月夜饮酒,发现鬼差用绳缚其女,便以酒"浇入其口",使鬼差"身面俱小",又"画八

---

① 蔡书《新齐谐》为袁枚见"元人说部有雷同者"所改名,但后人仍名之《子不语》,存清乾隆五十三年随园刊本。

卦镇压之",最后袁观澜得与其邻家女子团圆;《鬼买儿》记述鬼附在人身上,负主妇之责;《水仙殿》记述水鬼迷惑行人,妄图寻找替身;《鬼冒名索祭》记述野鬼为了享受祭祀,冒用某老翁姓名;《山西王二》记述鬼魂为了惩罚凶手,附于女巫之身,并通过其诉冤而使凶手得到应有的报应;《蔡书生》记述有宅闹鬼,蔡书生毫不畏惧,与女鬼较量,最后"怪遂绝"而"蔡亦登第";《白虹精》记述热心篙工渡人获善报,得"麻布一方"与黄金所化黄豆,初疑而后信,最后登麻布而升天,与白虹之精结为良缘。他所记述的生活故事,如《偷墙》《奇骗》《骗人参》中的骗子;《徐四葬女子》中的嫂与小叔徐四俱谦让,徐兄误杀他人;《官癖》中的赃官恬不知耻;《卖蒜叟》中的杨二相公通过较量,乃知卖蒜叟武艺非凡等。这些故事的记述语言平中见奇,简洁而生动。

《续子不语》中的故事类型与《子不语》大致相同。诸如《石人赌钱》记述郡署前的石人成精,盗库银赌博;《韩铁棍》记述韩舍龙路遇道士,为之养病,获赠"如拳"小羊,食后力气大长,"铸精铁为棍,长丈有二,重八百斤"而"无能御者","盗贼莫敢犯其锋",最后神羊自其体内出,遂"手无捉鸡之力","九十寿终"。其中的《沙弥思虎》是清代民间故事中最为生动:

> 五台山某禅师收一沙弥,年甫三岁。五台山最高,师徒在山顶修行,从不一下山。后十余年,禅师同弟子下山,沙弥见牛马鸡犬,皆不识也。师因指而告之曰:"此牛也,可以耕田。此马也,可以骑。此鸡犬也,可以报晓,可以守门。"沙弥唯唯。少顷,一少年女子走过;沙弥惊问:"此又是何物?"师虑其动心,正色告之曰:"此名老虎,人近之者,必遭咬死,尸骨无存。"沙弥唯唯。晚间上山,师问:"汝今日在山下所见之物,可有心上思想他的否?"曰:"一切物都不想,只想那吃人的老虎,心上总觉舍他不得。"

这篇故事的记述,我以为同袁枚所倡的性灵之说有着密切联系。由此可以联想起《十日谈》中的《绿鹅》;当然,我们不必去考证两者是否有渊源关系。这里的沙弥是"赤子之心"的体现者,而禅师则意味着禁欲主义,与追求考据的汉宋学派等守旧势力相合。这篇故事的内容,事实上已经远超过它在清代中叶这个具体的时代所表现出的意义;直到今天,还能启发我们去思索如何对待理想与人生等问题。

(三) 民间笑话和民间寓言

清代的民间笑话故事和民间寓言故事,在我国民间文学史上是发展成熟的一页,也是内容相当丰富的一页;它们的意义并不仅仅在于使民间百姓获得审美上的愉悦、轻松,更重要的是它们常常在激烈的社会矛盾冲突中充当战斗檄文。

这一时期的笑话集非常丰富,诸如石成金的《笑得好》,陈皋谟的《笑倒》,小石道人的《嘻谈录》和《嘻谈续录》,题"吴下独逸窝退士辑"的《笑笑录》,俞樾的《一笑》,赵恬养的《解人颐》,李渔的《古今笑史》,游戏主人辑的《笑林广记》和程世爵的《笑林广记》等;另外还有大量的笑话散见于一些笔记中。与此同时,我国最早的笑话故事集魏邯郸淳的《笑林》,以及宋代的《东坡问答录》《耕禄藁》,元代的《拊掌录》,明代的《艾子后语》《山中一夕话》《谐语》《笑赞》《广笑府》《智囊》《古今谭概》和《雪涛谐史》等笑话故事集,在这一时期都有刊刻本印行。应该说,这是一个笑话故事的集大成时代。总观这一时期的笑话,既有对往昔笑话故事的继承,而更多的是"笑谈"现实生活的新作,并不是像有些学者所说的那样是演绎明代之前的笑话。

最典型的就是时政笑话的涌现,如《笑得好》中的《折钱买饼》《臭得更很》《画行乐》《秀才断事》《疮痛》《驱鬼符》《答令尊》《不吃素》《独脚裤子》《灭火性》《有天没日》《吃人不吐骨头》《摆海干》《拳头好得很》《夫人属牛》《代绑》《判棺材》《胜似强盗》《剥地皮》《乡人看靴形》等篇。《夫人属牛》记述某官属相为鼠,有人为了巴结他,送给他一只金铸鼠,而他还想着让人送一只金铸大牛,可见其贪;《剥地皮》记述某官任满归家,其任上所属地的"土地爷"也随之而走,因为那地方上的地皮都被这个县官刮去,可见其更贪。时政笑话包含着大量的政治笑话,集中在对统治者的贪婪、无耻、残忍与狠毒的具体记述上。《笑得好》中的《胜似强盗》指斥"如今抬在四人轿上的,十个倒有九个胜似强盗";《吃人不吐骨头》借猫捉老鼠时"闭着眼睛念经","行出来的事竟是个吃人不吐骨头的",来述说人间官与民之间的关系。

《嘻谈录》中,《堂属问答》《富家傻子》《糊涂虫》《五大天地》《武弁看戏》《不改父业》《弟兄两谎》《酒誓》《喜写字》《穷鬼借债》《刮地皮》《死要钱》等时政笑话,也是将矛头指向为富不仁、为官不正种种愚昧、无耻的现象。如《武弁看戏》中的武弁把"孟获"说成孟子的后代,文官把"孔明"说成孔子的后代,是一对不学无术的官僚;《糊涂虫》中的某官"断事不明,百姓怨恨",名之为"糊涂虫",并将讽刺他"糊涂"的诗贴满墙上,而此官竟不自知,反让仆役去捉那"糊涂虫",故事将他的愚昧、愚蠢刻画得入木三分;《堂属问答》记述"一捐班不懂官话",把"风土""春花""绅粮""百姓""黎黍""小民"分别当作"大风和尘土""春棉花""身量""白杏""梨树""小名",令人啼笑皆非,尤其是写此"官忙站起答曰:卑职小名狗儿",更见其卑微。

这些时政笑话的指斥意义具有普遍性,其讽刺、嘲笑的对象,一般为官吏的贪婪、愚昧、残忍、无耻,也有腐朽文人的无聊、无知,僧人、道士的虚伪,某些世俗百姓的懒惰,以及富家子弟的愚蠢、呆笨等,都在引人发笑的同时,宣泄了对社会上种种不平等现象的愤恨。

清代民间笑话在一些少数民族民间文学中也有许多表现,流传较广的有布依族的《三女婿拜寿》,壮族的《傻女婿》和《做狗灌肠》,傣族的《傻女婿波岩养的故事》,蒙古族的《巴拉根仓故事》中也有一些笑话,鄂伦春族的《急性子的猎人》有自己的特色,维吾尔族中的阿凡提、赛莱恰坎、毛拉·再依丁和肉孜·喀尔、塔特里克·卡萨等机智人物故事中的笑话相当丰富,藏族的《阿古顿巴的故事》中的笑话更具有哲理意义。各民族的笑话故事,集中体现了不同民族的幽默特点及其审美观、价值观、道德观等内容,同样是民间文学史不可忽视的一部分。

清代流传的民间寓言故事被记述于文献的较为零散,有许多民间笑话故事其实也就是民间寓言故事。民间寓言故事的审美个性与思想内容是相当显著的,如《聊斋志异》中的《藏虱》《骂鸭》《禽侠》《大鼠》,《庸庵笔记》中的《蚓食蜈蚣》《蜘蛛与蛇》《壁虎与蝎》《鬼笑可谓》和《耳食录》中的《妻弟》《邻虎》等民间寓言故事,是清代社会民间文化哲学思想的典型体现,其寓意之深刻,语言之简洁,形象之生动,是其他民间文学形式所不能相比的。

这一时期最典型而最生动的民间寓言,主要体现在少数民族的民间故事中。如藏族中流传的《咕咚》《夸口的青蛙》《兔子报仇》和《猫喇叭念经》等故事,白族的《狼、狐狸和猴子》,佤族的《一只好胜的老虎》,普米族的《狮子和小兔》,羌族的《小鸡报仇》和《兔子弟弟》,纳西族的《乌鸦笑猪黑》,哈尼族的《铁鳞甲和乌鸦》,布朗族的《鹭鸶告状》,景颇族的《蝙蝠》,阿昌族的《大象走路为什么轻轻的》,维吾尔族的《聪明的青蛙》《狮子和老鼠》《狐狸和大雁请客》,哈萨克族的《乌龟、蚂蚁和狐狸》《自作聪明的猴子》,柯尔克孜族的《黄羊·乌鸦·老鼠·青蛙四个朋友》,锡伯族的《山羊和灰狼》,乌孜别克族的《自作聪明的毛驴》,塔吉克族的《黑熊和狐狸》,裕固族的《牧人、兔子和狐狸》,回族的《野鸡借粮》和《永远后悔的青蛙》,傣族的《抛弃国王的狗》和《鳄鱼的死》,侗族的《老虎和螃蟹》,壮族的《公鸡接受了教训》和《猫教老虎爬树》,高山族的《松、柏、杉和桧树比赛》《猴子和穿山甲》,瑶族的《蚂虫另告状》等,这些民间寓言故事大部分以动物形象出现,通过它们的活动显示深刻的寓意。尤其是藏族的《咕咚》被拍摄成儿童电影,制作成连环画,在邮票上、招贴画上都有此寓言故事的内容,还出现在国际民族文化的交流中,深受人们喜爱,显示出藏族人民的聪明智慧。

清代民间文学的发展,显示出清代社会我国各民族文化的发展水平和文化时尚,是我国传统文化的重要组成部分。

后　记

　　这本书是我的"中国民间文学史系列"之一，是古代部分。

　　民间文学口耳相传，千百年来，生生不息，滋养我们民族的文化精神，体现出中华民族的审美、意志和信仰。在几千年来中华文明的传承中，它具有非常重要的价值和意义。

　　我曾经多次论及中华文明的传承，形成口头传统、文字传统和生活传统。口头传统即口耳相传，有许多不识字的民众，能出口成章，将天下大事化作口中的珠玑，汇聚成口头语言形态的大历史，这是民间文学的主体。文字传统即文字记述历史和文化，汇聚成诸子百家的典籍，汇聚成汗牛充栋的经典文献。中国文化在发展中形成"礼失求诸野""不语怪力乱神"和"国之大事，在祀与戎"等重要思想理论，体现出人文思想与民间文学的密切联系，也形成中国文化雅俗共存的传统，文人阶层记述民间文学，成为民间文学传承传播的重要方式。生活传统即民间文学成为文化生活的主体，如各种节日，每一种习俗，都是民间文学的表演与阐释；民间文学成为传统文化的重要依据，即民间文学无处不在。因此，民间文学成为中国文化的底色，成为中华民族鲜活的记忆。

　　民间文学史的写作，是我的梦想。为人民书写历史，是我的光荣。我是农民的儿子，在乡村长大，自小就从祖母那里听到生动的歌谣和故事。大学读书时期，系统学习了民间文学理论，而且感受和认识到一种朴素的道理，无论中国还是外国，优秀的作家总是热爱民间文学。民间文学起源于民间，具有最直接的人民性。学习民间文学，走进人民大众火热的生活，不仅可以得到丰富的文化财富，而且可以感受到伟大的力量。从此，迷恋上民间文学，便锲而不舍，一直坚持民间文学研究到今天。所以，我的人生充满了幸福。

　　迄今，我出版了《中国民间文学史》(2001)、《中国现代民间文学史论》(2004)、《中国民间文学通史》(2012)、《中国民间文学发展史》(2015)和《中国民间文学史(上、下)》(2018)等系列著作。同时，完成了《中国古代民间文学史》《中国近代民间文学史》《中国现代民间文学史》和《马克思主义民间文艺学》等稿件的写作。自然，每一本书都包含着众多人的心血和关爱，特别是我的家人，我的亲人，还有我的朋友，所有帮助我、关心我的人，都使我充满感激之情。这里，谨让我拜谢四方！

为人民写史，有无限的幸福和快乐，是莫大的光荣。

高有鹏
戊戌年小满日于沪上